国家出版基金项目
国家重大出版工程项目
"十二五"国家重点图书

◎李会智 王金平 徐强 著

中国古建筑丛书

山西古建筑（下册）

中国建筑工业出版社

图书在版编目（CIP）数据

山西古建筑（下册）/李会智，王金平，徐强著.—北京：中国建筑工业出版社，2015.11（2024.2重印）
（中国古建筑丛书）
ISBN 978-7-112-18512-2

I.①山… II.①李…②王…③徐… III.①古建筑-介绍-山西省 IV.① K928.71

中国版本图书馆CIP数据核字（2015）第227862号

责任编辑：李东禧　唐　旭　吴　绫　杨　晓
书籍设计：康　羽
责任校对：姜小莲　刘梦然

中国古建筑丛书

山西古建筑（下册）

李会智　王金平　徐强　著
*
中国建筑工业出版社出版、发行（北京西郊百万庄）
各地新华书店、建筑书店经销
北京嘉泰利德有限公司制版
北京富诚彩色印刷有限公司印刷
*
开本：880×1230毫米　1/16　印张：$23\frac{1}{2}$　字数：617千字
2015年12月第一版　2024年2月第二次印刷
定价：368.00元
ISBN 978-7-112-18512-2
（25806）

版权所有　翻印必究
如有印装质量问题，可寄本社退换
（邮政编码 100037）

《中国古建筑丛书》总编委会

总顾问委员会：

罗哲文　张锦秋　傅熹年　单霁翔　郑时龄

总编辑委员会：

主　　任：吴良镛　周干峙
副 主 任：沈元勤　陆元鼎
总 主 编：陆　琦　戴志坚
委　　员（按姓氏笔画排序）：

丁　垚　王　军　王　南　王金平　王海松　左满常　朱永春
刘　甦　李　群　李东禧　李晓峰　李乾朗　杨大禹　杨新平
吴　昊　张玉坤　张兴国　张鹏举　陆　琦　陈　琦　陈　颖
陈　蔚　陈伯超　陈顺祥　范霄鹏　罗德启　柳　肃　胡永旭
姚　赯　徐　强　徐宗威　翁　萌　高宜生　唐　旭　黄　浩
谢小英　雍振华　蔡　晴　谭刚毅　燕宁娜　戴志坚

《山西古建筑》

李会智　王金平　徐　强　著

顾问委员会：
总顾问：胡苏平
顾　问：李玉明　柴泽俊　杨子荣　郭贵春　高珍明

编辑委员会：
主　任：王建武
副主任：刘正辉　李锦生　黄继忠　高　策　翟顺河
委　员：张元成　程书林　董养忠　张　海　师悦菊　赵曙光　郭廷儒
　　　　　于丽萍　白雪冰　张成喜　郭　创　雷宏刚　吴　锐　任毅敏
　　　　　郭治明　杨小明　朱向东　高鑫玺　韩卫成　闫　丁　李　博

总 序

中国历史悠久，地大物博，人口众多，是一个多民族的国家，文化遗产极为丰富。中国古建筑是世界建筑史上的四大体系之一，五千年来，光辉灿烂，独特发展，一脉相传，自成体系。在建筑历史发展过程中，从来都没有中断过，因而，积累了大量的极为丰富的优秀建筑文化遗产。中国古代建筑的实践经验、创作理论、工艺技术和艺术精华值得总结、传承和发扬。

中国古代建筑具有强大的生命力，首先是独特的地理环境。中国位于亚洲东方，北部有长白山、乌苏里江高山河流阻挡，西有天山、喀喇昆仑山脉和沙漠横贯，西南有喜马拉雅山脉，东南则沿海，形成封闭与外界隔绝的地域，加上地处热带、温带和寒带，宽阔的地理和悬殊的气候，促进建筑与环境的巧妙和谐结合。

其次，独特的民族性格。中国是以汉族为主的多民族所组成。以中原文化为主的汉族人民团结、凝聚着居住和生活在各地的少数民族。由于各民族的历史、文化、宗教信仰、生活习俗与审美爱好的不同，以及他们所处地区的自然条件和地理环境的差异，长期的劳动实践，形成了各民族独特的性格和绚丽灿烂的建筑风貌。

其三，文化的独特体系。中国文化是以黄河流域中原文化为中心，周围有燕赵文化、晋文化、齐鲁文化、吴越文化、楚文化、秦文化和巴蜀文化所烘托，具有历史渊源长久、人类智慧集中、思想资源丰富的特点。中国传统文化思想的集中表现是以儒学、道学为代表，其后，佛教的传入与中国传统文化的结合，形成以儒学为主的儒、道、释三者合一的中国传统文化思想。归纳起来，就是天人合一的宇宙观念，以人为本、和为贵的人文思想，整体直觉的思维方式，真善美相结合的美学观念。

封闭而独特的地理环境，团结凝聚而又富于创造的民族性格，以儒学为主的文化独特体系，创造了中华民族的雄伟壮丽的建筑工程。长期的经验积累，独树一帜，虽经战争的炮火，民族之间的斗争与融合，外来文化之传入及本土化，但中华民族建筑始终一脉相传，傲然生存下来，顽强发展，独树一帜而不倒，在世界建筑史发展中是罕见的、独有的。

中国古代建筑发展经历了原始社会、奴隶社会和封建社会三个历史阶段。

旧石器时代，原始人群利用天然崖洞作为居住场所。南方湿热多雨，虫害兽多，出现巢居。1973年，在浙江余姚河姆渡村发现大约建于6000~7000多年前的、长约23米、进深约8米的木构架建筑遗址，推测是一座长方形、体量相当大的干阑式建筑，这是我国最早采用榫卯技术构筑房屋的一个实例。

原始社会晚期，黄河流域有广阔而丰厚的黄土层，土质均匀，含有石灰质。黄河中游的氏族部落，在利用黄土层作为壁体的土穴上，用木架和草泥建造简单的穴居，逐步发展到浅穴居，再到地面上的房屋，形成聚落。

奴隶社会，夯土技术逐步成熟，宫室建于高大的夯土台上，木构建筑逐步成为中国古代建筑的主要结构方式。等级制度出现。工程管理有了专职的"司空"，以后各朝代沿袭发展成为中国特有的工官制度。

封建社会初期，高台建筑盛行，修建了长城、驰道和水利工程。东汉时代，建筑中已大量使用成组的斗栱，木构楼阁增多，城市和建筑类型扩充，中国古代独特的木构建筑体系基本形成。

两晋南北朝是我国历史上充满着民族斗争和民族融合的时期，佛教的传入，宗教建筑大量兴建，高大的寺庙、壮丽的塔幢，石窟中精美的雕塑和壁画，这是我国古建筑吸收外来文化使之本土化的创造时期。

隋、唐统一全国，开凿贯通南北的大运河，促进了我国南北物资和文化的交流和发展。唐代的长安、洛阳成为世界上最大的城市。木构建筑的宫殿、楼阁和石窟、塔、桥，无论布局或造型都具有较高艺术和技术水平，唐代建筑已发展到成熟的阶段。

宋、辽、金时期，南方在经济和文化方面居于先进地位。由于手工业分工更加细致，国内商业和国际贸易活跃，城市逐渐开放，改变了汉以来历代都城采用的封闭式里坊制度，形成沿街设店的方式。建筑的设计和施工达到一定程度的规格化、制度化，公元12世纪初在总结经验的基础上编写了《营造法式》这一部重要文献。

元代大都建立，喇嘛教和伊斯兰教建筑影响到各地。明、清时期官式建筑已经达到完全程式化、定型化阶段。明代后期出现资本主义萌芽，清代在城市规划上、建筑群体布局和建筑艺术形象上有所发展，例如北京城、故宫、天坛等。民居、园林和民族建筑遍布各地，呈现一片繁荣景象。

中国古建筑有明显的特征。在城市规划上，严谨规整、对称宏伟，表现出庄重威武的中华民族性格。单体建筑中，雄伟的飞檐屋宇、大红的排列柱廊、高大的汉白玉台基，呈现出崇高壮丽又稳定的形象。黄河流域盛产的木材资源，形成了中国古建筑木构架体系的特色。室外装饰的富丽堂皇、金碧辉煌，室内陈设装修的华丽多样、细腻雕饰，体现了中国古建筑绚丽多彩的民族风格。

聚居建筑方面，包含民居、祠堂、家庙、书院等遍布全国各地，它们与人民生活息息相关。各地各族人民根据自己的生活习俗、生产需要、经济能力、民族爱好和审美观念，结合本地的自然条件和材料，因地制宜、因材致用地进行设计与营造。他们既是设计者，又是营建者、使用者，可以说设计、施工、使用三位一体，因而，这种建造方式所形成的民宅民间建筑，既实用简朴，又经久美观，并富有民族风格和地方特色。

中国古园林的特征。以自然山水即中国山水画为蓝本，并以景区、景物和建筑、山水、花木为构件，由景生情，产生意境联想，达到艺术感受。皇家园林因其规模大、范围广，其园林布局自秦、汉时期的一池三岛，到唐、宋以山水画为蓝本，明、清仍沿袭池中置岛古制，但采用人工造山置水的方法。

明、清私家园林因属民间，士大夫文人常在宅后设园休闲宴客，吟诗享乐，其特点是以最小的场所造成无限的景色为目的。因其规模小，常以叠石或池水为主，峰峦洞壑、峭壁危径或曲径通幽取胜。在情景中则采用巧于因借、精在体宜的手法。

我国是一个人口众多的多民族国家。相传秦汉以前，中华大地上主要生存着华夏、东夷、苗蛮三大文化集团，经过连年不断的战争，最终华夏集团取得了胜利，上古三大文化集团基本融为一体，历史上称为华夏族。春秋、战国时期，东南地区古老的部族称为"越"，逐渐为华夏族所兼并而融入华夏族之中。秦统一各国后，到汉代都用汉人、汉民这个称呼，直到隋、唐，汉族这个名称才固定下来。

由于各民族的历史文化、宗教信仰、生活生产、习俗性格的不同，又由于各族人民所处地区的自然条件和环境的不同，导致他们各自产生了富有特色的建筑和民宅，如宏伟壮丽的藏族布达拉宫，遍布各族聚居地的寺院庙宇、寨堡围村、楼阁宅居，反映了绮丽多彩的民族风貌。

中国传统文化渗透了中国古建筑，中国古建筑深刻地体现了中国文化。

新中国成立后，作为全国性有领导有组织地编写中国古代建筑史，第一次是1959年，由原建筑科学研究院组织"编写三史"开始。当时集中了全国高等院校、科研部门分工编写，1962年由中国工业出版社出版《中国建筑简史》第一册（古代部分）。随后，又组织有关院校、文化、历史、考古等单位对古代建筑史有研究的人员，经多次修改，由刘敦桢教授执笔主编的《中国古代建筑史》，于1966年完成。由于"文化大革命"，未能出版，1980年才由中国建筑工业出版社正式出版。作为高等院校的中国建筑史教材则由全国高校教师编写，参考了上述专著，由中国建筑工业出版社1982年出版。

作为系统的、全面的、编写中国古建筑丛书是从1984年开始，当时作为《中国美术全集》中的一个门类——建筑艺术，称为《中国美术全集·建筑艺术编》，共6辑，包含宫殿、坛庙、陵墓、宗教建筑、民居、园林，1988年完成出版。

第二次编写从1992年开始，编写的原因是《中国美术全集·建筑艺术编》6辑出版后，各界反映良好，但感到篇幅不够，它与我国极为丰富的建筑文化遗产大国不相适应。于是，再次组织编写《中国建筑艺术全集》丛书30辑，其中古建筑24辑，近现代建筑6辑。古建筑部分仍按类型编写。该丛书中的24辑于1999年5月出版。

由于这两次丛书都是全国性编写，按类型写，又着重在艺术，因此，一些地方特色和民族特色的、中型的优秀古建筑就难于入选。为了弘扬和传承优秀传统建筑文化体系，总结经验和规律，保护我国优秀传统建筑文化遗产，因此，全面地、系统地、按省（区）来编写古建筑丛书是非常必要的、合时宜的。

本丛书编写的主要特点是：其一，强调本省（区）古建筑的民族特色和地方特色；其二，编写不限于建筑艺术，而是对本省（区）古建筑的全面叙述，着重在成就、价值、特色、技术和经验、规律等各个方面，这是我国民族和地区的资料比较全面和丰富的传统建筑文化丛书。

陆元鼎

2015年1月10日

前　言

古建筑是我国物质文化遗产的重要组成部分，蕴藏弥足珍贵的各种价值。保护好全国各地的建筑遗产，对于传承优秀文化，弘扬民族精神，维护地域特色，具有现实而深远的意义。山西文化积淀深厚，以其独特的自然和人文环境，保存了不同时期的古建筑。第三次文物普查结果表明，山西现存不可移动文物计有53875处，其中全国重点文物保护单位总数达452处，位居全国第一，历史久远、类型丰富、技艺精良、数量最多，被人们称之为"古代建筑的宝库"。"地上文物看山西"，受之无愧，恰如其分。由此可见，研究山西的古建筑，是一个极具挑战、非常复杂的系统工程。

山西地处黄河流域，是中华文明的发祥地之一。现存元代以前的早期建筑，居全国之首。我国仅存的四座唐代木结构建筑，均在山西境内。山西境内的古建筑，规模之巨大，质量之上乘，在全国实属罕见。研究山西古建筑的区域性结构特征，是整理和挖掘传统文化的一项重要课题。山西古建筑不仅形态丰富，而且呈地域性分布，由于它们所处的自然条件和人文条件之迥异，其建筑形态的表现也是千姿百态的，蕴藏着非常丰富的历史信息和文化内涵。

实地调查并查阅相关文献典籍，可以发现山西古建筑的类型极其丰富。举凡寺、观、祠、庙、宫、庵、堂、园、院、宅、斋、署、衙、楼、阁、台、亭、塔、关、驿、桥、馆、棚、洞、窟、牌、坊、壁、陵、墓、店、铺等，应有尽有，不胜枚举，从而给山西古建筑的分类研究和归纳总结，带来诸多困难。有鉴于此，本书主要以这些建筑的使用性质和功能为依据，进行类型研究。

概括来讲，本书所指的"寺"，主要指的是佛寺，包括一切用于佛教活动道场的庙、堂、院、洞、窟、庵、棚等，用"寺庙"一词来概括。

"观"，主要指的是道观，即所有用于道教活动的宫、院、窟、庙、洞、堂等，用"宫观"一词来诠释。

"祠"，主要指的是宗祠，同时也包括圣贤祠庙，是指祭祀祖先和先贤圣哲的活动场所，如宗族祠堂、大禹庙、晋祠、窦大夫祠、文庙、武庙等均在此列，用"祠庙"一词来概括。

"庙"，主要指的是"神庙"，既包括自然之神、也包括地方俗神，如皇天、后土、五岳、城隍、二仙、三嵕、府君等被广泛信仰和地方崇拜的神，甚至是人。

"院"主要指的是"书院建筑"，非指通常意义上的庭院。

"署"，主要是指府、州、县等行政公差类的"衙署建筑"。

"台"，主要是指供演出之用的戏台或舞亭，而非指历史上的高台建筑。

除此之外，本书将楼阁亭塔、摩崖石窟、关隘津梁、牌坊照壁等个体建筑列入章节，分门别述。

尽管这些单体建筑应该是群体建筑的重要组成部分，但由于保护状况殊异、保护等级不同，研究的侧重点会有所取舍。

综上所述，结合山西古建筑的遗存现状，本书涉及的建筑类型，主要包括聚落、居住、教育、行政、宗教、祭祀、娱乐、游憩、交通、军事等。

较之于全国的古建筑，山西古建筑既存在共同性特征，也存在地域性差异。从历史性来看，众多的研究资料证明，山西古建筑从其产生、发展及其演变，形成了一条较为完备的发展序列，反映着与华夏文明一脉相承的发展历程，具有一定的同一性。从发展的共时性来看，由于山西各地自然与人文环境殊异，使得处于不同地区的古建筑，在选材、工匠技艺和建筑形态等方面，呈现独特的地域风貌，与全国同时期的主流建筑形态相比，存在一定的差异性。唯其如此，不可以简单地用宋代《营造法式》、清代《营造则例》等官式营造法，一言以蔽之，此乃读懂山西古建筑之要处。

本书的上册由王金平统稿，下册由李会智统稿。

全书由文物保护专家杨子荣、科技史专家高策二位先生审稿。

书中的实景相片主要由温泉、徐强、李会智拍摄。书中的线条图主要由李会智、王金平、韩卫成组织完成。

本书共十二章，每章的编写，具体分工如下：

第一章、第十二章由李会智编写；

第二章、第十一章由王金平编写；

第三章由徐强、白文博编写；

第四章由张莹莹、韩卫成编写；

第五章由张海英、徐强编写；

第六章由李晓强、王金平编写；

第七章由曹如姬、王金平编写；

第八章由程文娟、温泉编写；

第九章、第十章由李会智、徐强编写。

许赞、郭潇、宋毅飞、梁健、苏毅南、叶若琛等研究生参加了各章插图的绘制工作。

全书涉及省境119个县、市、区现存的古建筑，插图计1904张。

该书较为全面地分析了山西古建筑的影响因素和区域特征；系统介绍了山西现存的聚落、民居，书院、衙署、寺、观、祠、庙、楼、台、亭、塔、造像、石窟、关隘、津梁、牌坊、照壁等各类古建筑的形制、结构、构造、构成要素、空间布局和组织方式；详尽介绍了山西不同地域古建筑的形态与风格；归纳总结了山西古建筑的技术和艺术成就。

仅以此书献给恩师高珍明先生。斯人已逝，风骨犹存！

王金平

2015年9月15日

目 录

(上册)

总 序

前 言

第一章　绪　论
第一节　山西的自然环境 / 〇〇二
　一、地理位置 / 〇〇二
　二、地质条件 / 〇〇四
　三、地形特征 / 〇〇四
　四、资源概况 / 〇〇五
　五、气候分区 / 〇〇七
第二节　山西的社会环境 / 〇〇八
　一、历史沿革 / 〇〇八
　二、早期聚居 / 〇〇九
　三、民族熔炉 / 〇一一
　四、内外边关 / 〇一一
　五、地方祠祭 / 〇一三
第三节　山西早期古建筑的发展 / 〇一四
　一、山西早期古建筑的发展历程 / 〇一四
　二、山西古建筑的几种柱列形式 / 〇二一
　三、山西古建筑铺作的时代特征 / 〇二六
　四、山西古建筑角梁的结构特征 / 〇三〇

第二章　城乡聚落
第一节　古代都邑 / 〇三七
　一、商代城邑 / 〇三七
　二、晋都新田 / 〇三八
　三、古都平阳 / 〇四〇
　四、北魏平城 / 〇四一
　五、北齐晋阳 / 〇四四
　六、中都蒲州 / 〇四八
第二节　城镇聚落 / 〇五〇
　一、规划型中心城镇 / 〇五一
　二、自由生长型城镇 / 〇六四
　三、防卫型城镇 / 〇七一
第三节　乡村聚落 / 〇八一
　一、乡村聚落的选址 / 〇八一
　二、乡村聚落的布局形式 / 〇八八
第四节　聚落居住模式 / 〇九三
　一、城镇居住模式 / 〇九三
　二、乡村居住模式 / 〇九六

第三章　民居建筑
第一节　山西民居的域分及其间架结构 / 一〇三
　一、山西民居的域分 / 一〇四
　二、山西民居建筑的类型 / 一〇五
　三、不同地域山西民居建筑的间架结构 / 一一二

第二节　山西民居院落的组合要素 / 一二一
一、正房 / 一二一
二、厢房 / 一二三
三、倒座 / 一二五
四、宅门 / 一二六
五、耳房 / 一二七
六、过厅 / 一二八
七、内门 / 一二九
第三节　不同地域山西民居院落的空间形态 / 一三一
一、山西民居院落的平面尺度 / 一三一
二、山西民居院落的竖向尺度 / 一三四
第四节　山西民居建筑的构造形态 / 一三八
一、山西民居建筑的选材 / 一三八
二、山西民居建筑的结构形式 / 一四〇
三、山西民居建筑的构造技术 / 一四四
第五节　山西民居建筑的艺术特征 / 一五八
一、雕刻装饰 / 一五八
二、图案构成 / 一六四
三、色彩表现 / 一六七

第四章　书院建筑
第一节　山西书院建筑的分布与发展 / 一七三
一、唐宋时期山西书院的兴起 / 一七四
二、元代山西书院建筑的发展 / 一七四
三、明代山西书院建筑的兴盛 / 一七五
四、清代山西书院建筑的繁荣 / 一七七
第二节　山西书院建筑的选址与布局 / 一七九
一、山西书院建筑的基址类型 / 一七九
二、山西书院建筑的环境因素 / 一八二
三、山西书院建筑的空间布局 / 一八八
第三节　山西书院建筑实例分析 / 一九四
一、河东书院 / 一九五
二、凤鸣书院 / 一九八
三、秀容书院 / 二〇〇
四、冠山书院 / 二〇四
五、褚铁书院 / 二〇六
六、卦山书院 / 二〇七
七、止园书院 / 二〇七
八、桂馨书院 / 二一〇
九、晋溪书院 / 二一二
十、山西官办书院与家族书院的功能差异 / 二一四

第五章　衙署建筑
第一节　衙署的演变与发展 / 二一九
一、汉代的衙署 / 二二〇
二、唐代的衙署 / 二二三
三、宋代的衙署 / 二二三
四、明代的衙署 / 二二三

五、清代的衙署 / 二二五
第二节　山西衙署建筑的组成与布局 / 二二六
一、旌表戒箴之所 / 二二六
二、治事之所 / 二三〇
三、宴息之所 / 二三二
四、吏攒办事之所 / 二三四
五、祭祀之所 / 二三六
第三节　山西衙署建筑实例分析 / 二三七
一、绛州州署 / 二三九
二、潞安府衙 / 二四三
三、太谷县衙 / 二四三
四、榆次县衙 / 二四四
五、临晋县衙 / 二五〇
六、霍州州署 / 二五〇
七、孝义县衙 / 二六〇
八、平遥县衙 / 二六一

第六章　宫观建筑

第一节　道教与宫观建筑 / 二七三
一、道教建筑的形制 / 二七三
二、山西道教建筑的发展 / 二七六
三、山西宫观建筑的分布 / 二七七
第二节　山西宫观建筑的空间布局 / 二八〇
一、山西宫观建筑的选址 / 二八〇
二、山西宫观建筑的功能 / 二八五
三、宫观建筑的空间布局 / 二八八
四、山西宫观建筑的空间组成 / 二九二
第三节　山西宫观建筑典型实例分析 / 二九七
一、芮城永乐宫 / 二九七
二、太原纯阳宫 / 二九九
三、柳林玉虚宫 / 三〇〇
四、陵川白玉宫 / 三〇一
五、高平万寿宫 / 三〇一
六、高平纯阳宫 / 三〇二
七、洪洞净石宫 / 三〇三
八、洪洞玉皇庙 / 三〇四
九、汾阳太符观 / 三〇五
十、离石天真观 / 三〇六
十一、浮山清微观 / 三〇八
十二、武乡会仙观 / 三〇九
十三、长治玉皇观 / 三〇九
十四、长治长春观 / 三一一
十五、长治琚寨玉皇庙 / 三一二
十六、高平清梦观 / 三一二
十七、平遥清虚观 / 三一三
十八、绛县长春观 / 三一五
十九、泽州府城玉皇庙 / 三一六
二十、陵川石掌玉皇庙 / 三一八

二十一、河津真武庙 / 三一八
二十二、河津玄帝庙 / 三一九
二十三、夏县堆云洞 / 三一九
二十四、高平玉虚观 / 三二〇
二十五、汾西真武祠 / 三二三
二十六、汾西神符真武庙 / 三二四
二十七、新绛乔沟头玉皇庙 / 三二五
二十八、稷山南阳法王庙 / 三二六
二十九、长子布村玉皇庙 / 三二八
三十、浑源北岳行宫 / 三二九
三十一、阳泉南庄遇真观 / 三三〇
三十二、阳泉新泉观 / 三三〇
三十三、中阳龙泉观 / 三三二
三十四、恒山宫观建筑 / 三三三

第七章　寺庙建筑
第一节　山西佛教建筑的发展 / 三四五
一、佛教的起源与传布 / 三四六
二、山西佛教建筑的历史分期 / 三四六
三、山西寺庙的创建 / 三四八
第二节　山西寺庙建筑的类型与实例 / 三五三
一、聚落中的寺庙 / 三五三
二、郊野中的寺庙 / 三八一
三、山林中的寺庙 / 三九八

第三节　山西寺庙建筑的空间组织 / 四二五
一、寺庙建筑的布局方式 / 四二六
二、寺庙佛殿的形式 / 四三一
三、寺庙建筑的组群形态 / 四三三
四、寺庙建筑空间的限定 / 四三六
五、寺庙建筑空间的延伸 / 四四〇
六、寺庙建筑的空间序列 / 四四四

山西古建筑地点及年代索引 / 四五二

参考文献 / 四六二

后记 / 四六四

作者简介 / 四六六

（下册）

总　序

前　言

第八章　宗族祠堂与圣贤祠庙
第一节　宗族祠堂 / 〇〇三

一、夏县司马光祠 / 〇〇四
二、榆次常氏宗祠 / 〇〇六
三、运城常平关氏宗祠 / 〇〇七
四、代县杨忠武祠 / 〇〇八
五、临县陈氏宗祠 / 〇一〇
六、灵石王氏宗祠 / 〇一二
七、代县刘氏宗祠 / 〇一三
八、浑源栗毓美墓祠 / 〇一四
九、寿阳平舒祁家祠堂 / 〇一六
十、阳泉平坦垴李氏宗祠 / 〇一七
十一、平定西回村耿氏祠堂 / 〇一七
十二、昔阳杜庄李氏宗祠 / 〇一八
十三、昔阳西大街村宋氏宗祠 / 〇一九
十四、昔阳河东卜氏宗祠 / 〇二〇
十五、襄垣连氏宗祠 / 〇二一
十六、沁县新店杨家祠堂 / 〇二二
十七、运城郊斜村李冰家庙 / 〇二二
十八、闻喜岭东孙氏祠堂 / 〇二三
十九、闻喜店头张氏祠堂 / 〇二四
二十、万荣薛瑄家庙 / 〇二四
第二节 圣贤祠庙 / 〇二五
一、临汾尧庙 / 〇二六
二、清徐尧庙 / 〇二八
三、运城舜帝陵庙 / 〇二九

四、平顺夏禹神祠 / 〇三〇
五、平顺西青北大禹庙 / 〇三二
六、阳城下交汤帝庙 / 〇三二
七、阳城中庄汤帝庙 / 〇三三
八、泽州大阳汤帝庙 / 〇三四
九、泽州神后村汤帝庙 / 〇三六
十、翼城四圣宫 / 〇三七
十一、太原晋祠 / 〇三八
十二、灵石晋祠庙 / 〇四二
十三、太原窦大夫祠 / 〇四二
十四、清徐狐突庙 / 〇四四
十五、乡宁荀大夫祠 / 〇四五
十六、盂县藏山祠 / 〇四五
十七、盂县大王庙 / 〇四七
十八、永济扁鹊庙 / 〇四八
十九、稷山李牧庙 / 〇四八
二十、永济华佗庙 / 〇四九
二十一、盂县烈女祠 / 〇五〇
二十二、沁水尉迟村敬德庙 / 〇五二
二十三、文水则天庙 / 〇五三
二十四、清徐贾状元祠 / 〇五三
第三节 文庙武庙 / 〇五四
一、太原文庙 / 〇五五
二、晋源文庙 / 〇五七

三、清源文庙 / 〇五八
四、平遥文庙 / 〇五九
五、平遥金庄文庙 / 〇六〇
六、灵石静升文庙 / 〇六〇
七、代县文庙 / 〇六三
八、原平崞阳文庙 / 〇六五
九、大同文庙 / 〇六七
十、襄汾汾城文庙 / 〇六八
十一、闻喜文庙 / 〇六八
十二、绛州文庙 / 〇七〇
十三、绛县文庙 / 〇七〇
十四、潞城李庄文庙 / 〇七二
十五、解州关帝庙 / 〇七二
十六、定襄关王庙 / 〇七四
十七、新绛龙香关帝庙 / 〇七六
十八、新绛泉掌关帝庙 / 〇七八
十九、汾阳南门关帝庙 / 〇七九
二十、太原大关帝庙 / 〇八〇
二十一、大同关帝庙 / 〇八一
二十二、阳泉林里关王庙 / 〇八二
二十三、古县热留关帝庙 / 〇八三
二十四、潞城李庄关帝庙 / 〇八五

第九章　自然神祠与民俗神庙
第一节　后稷庙与三皇庙 / 〇九一
一、万荣汾阴后土祠 / 〇九二
二、介休后土庙 / 〇九三
三、石楼后土圣母庙 / 〇九五
四、灵石静升后土庙 / 〇九六
五、夏县上冯圣母庙 / 〇九七
六、河津古垛后土庙 / 〇九八
七、和顺合山圣母庙 / 〇九八
八、平顺九天圣母庙 / 一〇〇
九、平顺北甘泉圣母庙 / 一〇一
十、霍州娲皇庙 / 一〇二
十一、河津台头庙 / 一〇四
十二、襄汾汾城社稷庙 / 一〇五
十三、稷山稷王庙 / 一〇六
十四、闻喜吴吕后稷庙 / 一〇七
十五、新绛阳王稷益庙 / 一〇八
十六、榆次庄子村社稷庙 / 一〇九
十七、孝义三皇庙 / 一一〇
十八、洪洞孙堡商山庙 / 一一〇
十九、高平古中庙 / 一一二
第二节　城隍庙与东岳庙 / 一一四
一、榆次城隍庙 / 一一五
二、平遥城隍庙 / 一一七

三、潞安府城隍庙 / 一一九
四、芮城城隍庙 / 一二〇
五、襄汾汾城城隍庙 / 一二一
六、清徐徐沟城隍庙 / 一二二
七、长治县都城隍庙 / 一二三
八、蒲县柏山东岳庙 / 一二四
九、黎城城隍庙 / 一二七
十、翼城南撖东岳庙 / 一二七
十一、介休五岳庙 / 一二八
十二、泽州冶底岱庙 / 一三〇
十三、泽州周村东岳庙 / 一三一
十四、陵川县玉泉东岳庙 / 一三三
十五、石楼兴东垣东岳庙 / 一三三
十六、汾阳北榆苑五岳庙 / 一三四
十七、万荣解店东岳庙 / 一三六
十八、盂县坡头泰山庙 / 一三七
十九、河曲岱岳庙 / 一三八
二十、绛县华山庙 / 一三九
二十一、榆次永康村东岳庙 / 一四〇

第三节　二仙庙、三嵕庙及崔府君庙 / 一四一
一、陵川小会岭二仙庙 / 一四一
二、陵川南神头二仙庙 / 一四一
三、陵川西溪二仙庙 / 一四三
四、高平中坪二仙宫 / 一四三
五、高平西李门二仙庙 / 一四五
六、壶关真泽二仙宫 / 一四六
七、泽州东南村二仙庙 / 一四七
八、泽州高都二仙庙 / 一四八
九、高平三王村三嵕庙 / 一五一
十、壶关南阳护村三嵕庙 / 一五二
十一、平顺北社三嵕庙 / 一五三
十二、长子大中汉三嵕庙 / 一五四
十三、潞城常庄府君庙 / 一五四
十四、长治郊区中村府君庙 / 一五五
十五、盂县府君庙 / 一五六
十六、沁水郭壁崔府君庙 / 一五八
十七、陵川礼义崔府君庙 / 一五九
十八、襄垣崔府君庙 / 一六〇

第四节　水神庙与其他神庙 / 一六一
一、广灵水神堂 / 一六二
二、浑源神溪律吕神祠 / 一六二
三、泽州西顿济渎庙 / 一六五
四、临县碛口黑龙庙 / 一六六
五、太原晋祠水母楼 / 一六六
六、介休洪山源神庙 / 一六六
七、襄垣太平灵泽王庙 / 一六七
八、襄垣郭庄昭泽王庙 / 一六七
九、潞城东邑龙王庙 / 一六九

十、新绛三官庙 / 一七〇
十一、运城池神庙 / 一七二
十二、平遥干坑南神庙 / 一七二
十三、临县李家山村天官庙 / 一七三
十四、平定新村八蜡庙 / 一七四
十五、平定金龙山大王庙 / 一七五
十六、介休张壁二郎庙 / 一七五

第十章 楼台亭塔

第一节 楼阁 / 一八一
一、绛州三楼 / 一八二
二、代州边靖楼和钟楼 / 一八三
三、万荣秋风楼和飞云楼 / 一八五
四、太原藏经楼和唱经楼 / 一八八
五、孝义中阳楼和魁星楼 / 一八八
六、隰县鼓楼 / 一八九
七、襄汾汾城鼓楼 / 一九〇
八、宁武鼓楼 / 一九〇
九、偏关鼓楼 / 一九二
十、大同鼓楼 / 一九二
十一、霍州鼓楼 / 一九三
十二、新平堡玉皇阁 / 一九三
十三、忻州北城门楼 / 一九四
十四、祁县镇河楼 / 一九五

十五、方山鼓楼 / 一九五
十六、榆次四明楼 / 一九五
十七、文水石永市楼 / 一九五
十八、交城奎星楼和吕祖阁 / 一九六
第二节 亭塔 / 一九七
一、五台山佛光寺祖师塔 / 一九八
二、太原童子寺燃灯塔 / 一九九
三、平顺明惠大师塔 / 二〇〇
四、运城泛舟禅师塔 / 二〇〇
五、太原连理塔 / 二〇一
六、运城太平兴国寺塔 / 二〇一
七、临猗妙道寺双塔 / 二〇二
八、安泽郎寨塔 / 二〇三
九、汾阳文峰塔 / 二〇四
十、晋源阿育王塔 / 二〇四
十一、阳曲帖木儿塔 / 二〇五
十二、代县阿育王塔 / 二〇五
十三、芮城寿圣寺塔 / 二〇六
十四、万荣稷王山塔 / 二〇七
十五、文水梵安寺塔 / 二〇八
十六、万荣八龙寺塔 / 二〇八
十七、襄汾灵光寺琉璃塔 / 二〇八
十八、临猗永兴寺塔 / 二一〇
十九、临猗圣庵寺塔 / 二一〇

二十、万荣旱泉塔 / 二一一
二十一、万荣南阳寿圣寺塔 / 二一一
二十二、代县洪济寺砖塔 / 二一二
二十三、稷山北阳城砖塔 / 二一二
二十四、浑源圆觉寺塔 / 二一二
二十五、长子法兴寺石舍利塔 / 二一三
二十六、安泽麻衣寺砖塔 / 二一四
二十七、太原晋祠舍利生生塔 / 二一五
二十八、太原晋祠三亭 / 二一五
二十九、洪洞大槐树碑亭 / 二一七
三十、汾阳杏花村古井亭 / 二一七
第三节 戏台 / 二二〇
一、高平二郎庙戏台 / 二二〇
二、临汾魏村牛王庙戏台 / 二二一
三、临汾东羊后土庙戏台 / 二二二
四、榆次城隍庙玄鉴楼戏台 / 二二三
五、河津樊村戏台 / 二二四
六、绛县董封戏台 / 二二四
七、永济董村戏台 / 二二四
八、运城三官庙戏台 / 二二四
九、太原晋祠水镜台 / 二二五
十、介休后土庙戏台 / 二二六
十一、临县黑龙庙戏台 / 二二六
十二、襄汾汾城城隍庙戏台 / 二二七
十三、翼城乔泽庙戏台 / 二二七
十四、平遥财神庙戏台 / 二二七
十五、介休祆神楼戏台 / 二二八

第十一章 其他建筑

第一节 摩崖石窟 / 二三三
一、大同云冈石窟 / 二三五
二、太原天龙山石窟 / 二四一
三、太原龙山石窟 / 二四五
四、隰县七里脚千佛洞 / 二四七
五、高平羊头山石窟 / 二四九
六、平顺金灯寺石窟 / 二五一
七、清徐都沟石窟 / 二五三
八、沁县南涅水石刻 / 二五四
九、昔阳石马寺石窟 / 二五六
十、平定开河寺石窟 / 二五七
第二节 关隘津梁 / 二五八
一、泽州天井关 / 二五八
二、代县十二连城 / 二六〇
三、平定娘子关 / 二六〇
四、偏关偏头关 / 二六二
五、宁武宁武关 / 二六三
六、代县雁门关 / 二六四
七、右玉永济桥 / 二六五

八、襄汾洪济桥 / 二六六
九、原平普济桥 / 二六七
十、平遥惠济桥 / 二六七
十一、泽州景德桥 / 二六七
十二、泽州景忠桥 / 二六九
十三、襄垣永惠桥 / 二六九
十四、太原晋祠鱼沼飞梁 / 二六九
第三节　牌坊照壁 / 二七〇
一、交口韩极石牌坊 / 二七〇
二、曲沃四牌楼 / 二七一
三、翼城四牌坊 / 二七二
四、翼城石牌坊 / 二七三
五、和顺石牌坊 / 二七四
六、介休太和岩牌楼 / 二七四
七、原平朱氏牌楼 / 二七七
八、绛县乔寺碑楼 / 二七七
九、绛县石牌坊 / 二七八
十、汾西师家沟石牌坊 / 二七八
十一、大同龙壁 / 二七九

第十二章　山西早期建筑结构与构造的区域特征

第一节　晋中早期建筑 / 二八五
一、五代建筑 / 二八六
二、宋代建筑 / 二八六
三、金代建筑 / 二九二
四、元代建筑 / 二九七
第二节　晋北早期建筑 / 三〇三
一、唐代建筑 / 三〇三
二、辽、宋、金建筑 / 三〇七
第三节　晋南早期建筑 / 三一六
一、唐代建筑 / 三一六
二、宋金建筑 / 三一七
三、元代建筑 / 三一九
第四节　晋东南早期建筑 / 三二二
一、唐代建筑 / 三二四
二、五代建筑 / 三二四
三、宋代建筑 / 三二六
四、金代建筑 / 三三〇

山西古建筑地点及年代索引 / 三三八

参考文献 / 三四八

后记 / 三五〇

作者简介 / 三五二

山西古建筑

第八章 宗族祠堂与圣贤祠庙

山西宗族祠堂与圣贤祠庙分布图

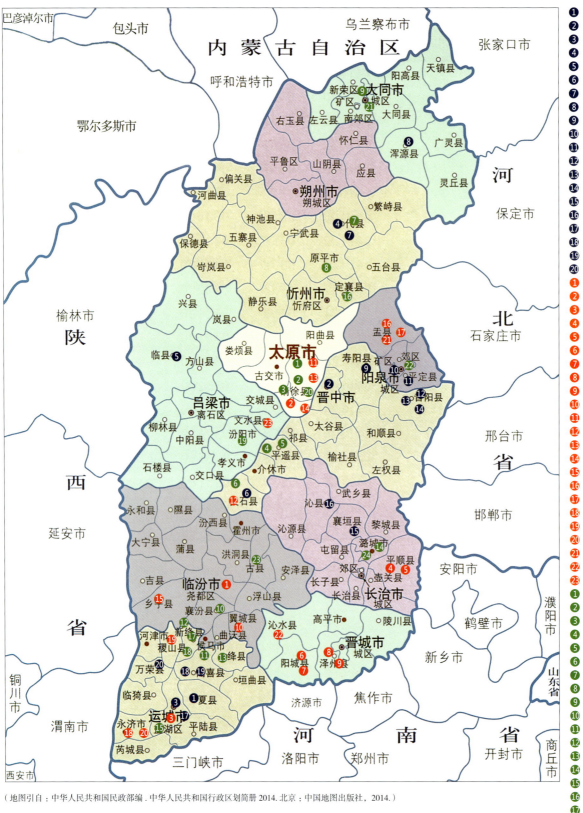

- ❶ 夏县司马光祠
- ❷ 榆次常氏宗祠
- ❸ 运城常平关氏宗祠
- ❹ 代县杨忠武祠
- ❺ 临县陈氏宗祠
- ❻ 灵石王氏宗祠
- ❼ 代县刘氏宗祠
- ❽ 浑源栗毓美墓祠
- ❾ 寿阳平舒祁家祠堂
- ❿ 阳泉平坦垴李氏宗祠
- ⓫ 平定西回village耿氏祠堂
- ⓬ 昔阳杜庄李氏宗祠
- ⓭ 昔阳西大街村宋氏宗祠
- ⓮ 昔阳河东卜氏宗祠
- ⓯ 襄垣连氏宗祠
- ⓰ 沁县新店杨家祠堂
- ⓱ 运城郊斜村李冰家庙
- ⓲ 闻喜岭东孙氏祠堂
- ⓳ 闻喜店头张氏祠堂
- ⓴ 万荣薛瑄家庙

- ❶ 临汾尧庙
- ❷ 清徐尧庙
- ❸ 运城舜帝陵庙
- ❹ 平顺夏禹神祠
- ❺ 平顺西青北大禹庙
- ❻ 阳城下交汤帝庙
- ❼ 阳城中庄汤帝庙
- ❽ 泽州大阳汤帝庙
- ❾ 泽州神后村汤帝庙
- ❿ 翼城四圣宫
- ⓫ 太原晋祠
- ⓬ 灵石晋祠庙
- ⓭ 太原窦大夫祠
- ⓮ 清徐狐突庙
- ⓯ 乡宁荀大夫祠
- ⓰ 盂县藏山祠
- ⓱ 盂县大王庙
- ⓲ 永济扁鹊庙
- ⓳ 稷山李牧庙
- ⓴ 永济华佗庙
- ㉑ 盂县烈女祠
- ㉒ 沁水尉迟敬德庙
- ㉓ 文水则天庙

- ❶ 太原文庙
- ❷ 晋源文庙
- ❸ 清源文庙
- ❹ 平遥文庙
- ❺ 平遥金庄文庙
- ❻ 灵石静升文庙
- ❼ 代县文庙
- ❽ 原平崞阳文庙
- ❾ 大同文庙
- ❿ 襄汾汾城文庙
- ⓫ 闻喜文庙
- ⓬ 绛州文庙
- ⓭ 绛县文庙
- ⓮ 潞城李庄文庙
- ⓯ 解州关帝庙
- ⓰ 定襄关王庙
- ⓱ 新绛龙香关帝庙
- ⓲ 新绛泉掌关帝庙
- ⓳ 汾阳南门关帝庙
- ⓴ 太原大关帝庙
- ㉑ 大同关帝庙
- ㉒ 阳泉林里关王庙
- ㉓ 古县热留关帝庙
- ㉔ 潞城李庄关帝庙

（地图引自：中华人民共和国民政部编．中华人民共和国行政区划简册 2014．北京：中国地图出版社，2014．）

第一节 宗族祠堂

"祠庙"不同于佛、道等宗教建筑，也不同于为民间信仰修建的民俗神庙，是中国古代特有的一种祭祀、纪念性建筑。其建筑形制严肃规整，昭穆有制，秩序井然。其类型大致可分为三类：一是祭祀祖先的庙，中国古代将帝王、诸侯奉祀祖先的建筑称为"宗庙"，帝王的宗庙称为"太庙"，庙制历代不同，民间用以纪念祖先的场所，称之为"祠堂"或"宗祠"。二是奉祀圣贤的祠庙，山西最著名的是奉祀晋国国君唐叔虞的晋祠庙和奉祀关羽的武庙，以解州关帝庙规模最大。三是祭祀自然诸神的庙宇或祭坛，中国古代农耕文明发达，崇拜天、地、山、川等自然神灵，并将祭祀活动制度化，设置专门的庙坛，分春、夏、秋、冬等不同季节进行纪念、祭祀，在山西，以祭祀中镇霍山、汾阴后土等最为著名。宗族祠堂的产生，是与人类按血缘关系聚族而居的生活方式分不开的，它既是家族的象征，也是维系血缘关系的纽带。聚居的生活方式，要求有供集体交往的场所，以便"出入相友、守望相助"，借以获得精神和物质上的相互支持。①而祖先崇拜则是聚居的基础，也是凝聚力的来源，人们只有以共同的观念在同一个场所进行约定俗成的活动，才能在思想上和行动上达成共识，从而巩固族权，形成相当稳固的社会组织结构。除此之外，宗族祠堂还具有宗教、行政、教育，甚至文化娱乐的功能。祠堂的发展和演变，经历了一个漫长的历史过程。从建筑布局上来看，汉代时，祠堂多建于宗族的墓所，司马光《文潞公家庙碑》曾有"汉代多建祠堂于墓所"的记载（图8-1-1、图8-1-2）。②唐朝时，官方规定"庶人"只能"祭于寝"，说明老百姓的祠堂是与住宅合二为一的。到了宋代，祠

图8-1-1 司马光祠碑楼（资料来源：自摄）

图8-1-2 司马光祠石碑龟趺坐（资料来源：自摄）

堂已与住宅分离，布置在住宅之东，这可以从朱熹《家礼》"君子将营宫室，先立祠堂于正寝之东"的说法中得到佐证。③明代已降，随着人口的繁衍，"居于正寝之东"和由祖先故居演变而成的祠堂，已经不能容纳更多参加祭祀活动的族众，才使得祠堂进一步脱离住宅，并且在规模上不断扩大。于是，一些临街而建或在村落中心建造的祠堂才应运而生（图8-1-3）。④山西的宗族祠庙既反映了乡民的精神追求，还记录了宗族制度的更替、人生信仰的变迁，以及与此相关的民风民俗。与寺院、道观、神庙等建筑相比，宗祠可以说是世俗的所在。一个祠堂，可以说是一部家族变迁史。因此，宗族祠堂建筑往往倾一地一族之力，集一地一族之智，在漫长的历史中，由子孙后代不断完善。这样就使得祠堂成为聚落中质量最好，规模最大，同时又是文化内涵最丰富的建筑类型。

一、夏县司马光祠

司马光祠1988年被国务院公布为全国重点文物保护单位，位于夏县水头镇小晁村北100米。坐北面南，东西约300米，南北约300米，分布面积约9万平方米。司马光（1019～1086年），字君实，号迂叟，宋代陕州夏县涑水乡（今山西省夏县水头镇）人，北宋著名的政治家、史学家，编撰有历史巨著《资治通鉴》。司马光祠与墓区建在一起，四周有砖围墙。空间布局中部为祠堂，西为墓地，东为余庆禅院（图8-1-4～图8-1-6）。

墓地现存墓碑4通，封土13座，底径5～20米，残高1～5米，司马光与其父司马池、兄司马旦墓呈东西向排列，司马池墓居中，司马光墓居右，司马旦及叔父司马沂、司马浩墓居左。司马光墓底径约20米，残高约5米，墓前两侧现存石像生8尊，其子司马康墓前两侧现存石像生20尊。现存宋、金、元、明、清及民国各代碑刻30通，碑文记载历代修墓概况、游记及墓主人生平事迹等。另存北魏石兽8尊。清光绪《山西通志》载，"司马世墓，在夏县西鸣条岗，天章阁侍制司马池，从弟都官郎中沂……太师温国公光……祔焉。"司马光祠堂创建于宋，历代重修，清乾隆二十七年（1760年）夏县县令李遵堂扩建，三十九年（1774年）竣工，现存主体结构为清代建筑。坐北面南，中轴线上自南往北有杏花碑亭、东西厢房、祠堂。祠堂为砖砌台基，高1.54米，东西长17.9米，南北宽11.84米。面阔五间，进深六椽，单檐悬山顶，灰筒瓦。六椽浅出廊式，属厅堂结构，廊柱头各置斗栱一攒，棂格窗，隔扇门。杏花碑亭内现保存有"杏花碑"、重修杏花碑亭碑、司马沂墓碑。杏花碑，宋元祐三年（1088年）年立，绍圣年间（1094～1098年），被谗毁仆碑。金皇统八年（1148年），夏县知县王庭直在杏花树下寻出残毁碑，感叹司马光政绩人品，在司马光曾侄孙司马作、司马通家寻得旧本，皇统九年（1149年）复摹刻苏轼碑文，名杏花碑。青石质，长方形，四石68行，满行41字，记载了司马光生平政绩及

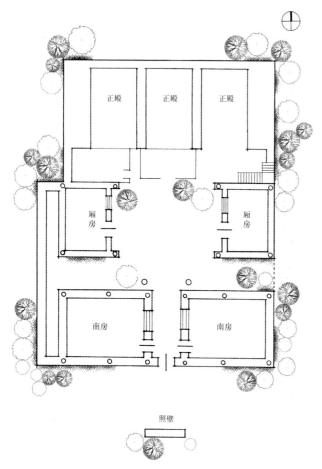

图8-1-3 灵石静升李氏宗祠平面图（资料来源：山西省第三次文物普查资料）

图 8-1-4 司马光祠大门（资料来源：自摄）

图 8-1-5 司马光祠祠堂（资料来源：自摄）

图 8-1-6 司马光祠余庆禅院正殿（资料来源：自摄）

渊博的知识。余庆禅院是司马光祖茔的香火院。据碑刻载，创建于北宋治平二年（1065年），元丰八年（1085年）敕赐额，历代重修。坐北面南，现存大雄宝殿为宋代原构，过厅、廊房为现代重建。大雄宝殿坐北面南，砖砌台基，高0.88米，面阔五间，进深三间，单檐悬山顶，梁架六架椽屋四椽栿对前乳栿通檐用三柱，柱头施四铺作单昂斗栱，无补间铺作，前檐当心间辟双扇板门，门上置匾额，刻字"别有天地"，次间辟直棂窗，方形石柱础。殿内明间及东西山墙下设佛台，上塑三世佛、文殊、普贤及十六罗汉等彩塑19尊，护法金刚木雕1尊，皆为宋代原作，清乾隆五年重装（图8-1-7、图8-1-8）。

忠精粹德之碑青石质，螭首、龟趺坐，又名司马光神道碑，通高9米。碑身高5.6米，宽1.78米，厚0.47米；螭首高1.8米；龟趺坐高1.6米，宽1.45米，长3.67米。额篆"忠清粹德之碑"，首题"宋故正义大夫尚书左仆射兼门下侍郎上柱国河内郡开国公食邑四千一百户食封一千五百户赠太师追封温国公谥文正司马公神道碑"，碑文楷书，共2266字，碑文记载了司马光生平政绩及渊博的知识。宋哲宗赵煦撰额，苏轼撰文，朱实昌书丹。碑额、碑座为宋代原作，碑身为明嘉靖三年（1524年）河东御史朱实昌复制。碑楼原为三层木结构，清末改为砖塔式结构，重檐歇山顶，雕梁画栋，装饰秀丽，威武雄壮。

二、榆次常氏宗祠

常氏祠堂位于榆次西南东阳镇车辋村，距榆次17.5公里。车辋由四个小自然村组成，四寨中心建一大寺，与四寨相距各半华里，形成一个车辐状，

图8-1-7 余庆禅院壁画（资料来源：自摄）

图8-1-8 余庆禅院塑像（资料来源：自摄）

故名"车辋"。车辋常氏始祖常仲林于明代弘治初年，由太谷惠安迁此为人牧羊，到清康熙、乾隆年间，七世祖常进全开始经商，八世祖常威率九世万玘、万达，从事商业活动，赢利颇丰，逐渐使常氏成为晋中望族，晋商中的一支劲旅，开始大规模地营造住宅大院。常万达在村北建"北祠堂"，立"世和堂"，由东向西毗连修建，成一条新街，俗称"后街"。常万玘在车辋村建"南祠堂"，立"世荣堂"，以村西南为轴心，向东、南发展。从清康熙年间到光绪末年，经过二百余年的修筑，常氏在车辋整整建起了南北、东西两条大街。街两侧深宅大院，鳞次栉比，楼台亭阁，相映生辉，雕梁画栋，蔚为壮观。共占地200余亩，楼房40余幢，房屋1500余间，使原先四个自然村连成了一片。常家"南祠堂"布局十分精美，建筑分外精巧，既有祠堂之幽静肃穆，又有园林式的雅致玲珑，只可惜早已荡然无存了。⑤现存的"北祠堂"，位于北常后街东端北侧，坐北朝南，总占地面积约3470平方米，厅舍82间，近1000平方米。祠堂总体布局一正一偏，三进院落。祠堂门庭高大，两侧立有旗杆，摆放石狮。祠堂始建于清光绪三年（1879年），竣工于光绪五年（1882年），历时三年。祠堂院宽25米，进深160余米，上下两院，戏楼正厅，游廊配房，无一不备。建筑结构舒展大度，气象雄浑，尤其是正厅两侧的六间回廊，布局更为精美，再加雕梁画栋、桃李芬芳和琴棋书画的彩绘、雕刻的点缀装饰，烘托出常氏家族特有的气派与威严，在幽静肃穆中更平添出翰墨飘香的儒雅之气（图8-1-9～图8-1-12）。

三、运城常平关氏宗祠

常平关氏宗祠位于运城市盐湖区解州镇常平村西，俗称关帝家庙、关帝祖祠、常平关帝庙等。创建年代不详，现存建筑大部分为清代重修重建之物，系当地村民和关氏后裔为纪念关羽而建。庙宇坐北朝南，面积13937平方米，布局为中轴线对称，沿袭着我国古代"前朝后寝"之制。在中轴线上依次排列有石坊、山门、仪门、献殿、崇宁殿、娘娘

图8-1-9 榆次常家祠堂入口（资料来源：自摄）

图8-1-10 常家祠堂献厅（资料来源：自摄）

图8-1-11 常家祠堂正堂（资料来源：自摄）

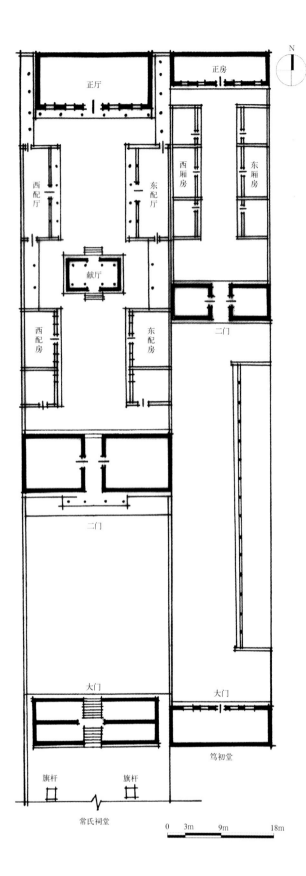

图 8-1-12 常家祠堂平面图（资料来源：自绘，1998 年实测）

殿、圣祖殿，东西两侧配以钟楼、鼓楼、木牌坊、廊房、官厅、官库、碑亭、太子殿，还有附属建筑祖宅塔和于宝庙，总占地面积 13937 平方米。家庙内保存的 29 尊塑像极为珍贵，关羽、关夫人及侍臣、侍女等彩塑，是明代塑像之珍品，无论人物造型、设色搭配，还是塑像技术，堪称雕塑艺术之佳作，具有珍贵的艺术价值。2006 年被国务院公布为第六批全国重点文物保护单位。崇宁殿，创建于金大定十七年（1177 年），原为三间，明代两度修葺改为五间，现存建筑为清同治九年（1870 年）重修，殿面宽五间，总宽 15.35 米，进深六间，总进深 13.18 米，四周设穿廊，重檐歇山顶，檐下斗栱用三踩单昂，殿内平面宽敞，无内槽柱分布，上有天花遮挡着颇为简洁的梁架结构，殿身上檐梁架，依明间两柱前后施五架梁，两端皆搭在檐头斗栱上，其上施瓜柱，承三架梁，四角施抹角梁，上置驼峰荷载着老角梁后尾和垂柱，梁架上瓜柱、垂柱和柱头上的小型额枋、平板枋、大斗、小斜栱等，其规格、手法近似金、元规制，两山及后檐斗栱耍头后尾的单步梁，似为明代构件，殿内神龛装饰简练，龛内塑关羽帝装彩像，目光严峻，意态矜持，凝神端坐其中，集帝王之庄重与武将之威武于一身，自成风格，神龛下左右塑有二侍臣彩像，神态谦恭，颇有神韵（图 8-1-13～图 8-1-17）。

四、代县杨忠武祠

杨忠武祠位于代县枣林镇鹿蹄涧村东。北宋名将杨业家族宗祠，又名杨家祠堂。据现存碑载，创建于元天历二年（1329 年），明嘉靖二十九年（1550 年）重建，清雍正年间（1723～1735 年）、嘉庆年间（1796～1820 年）重修。祠堂坐北向南，占地面积 928 平方米。二进院落布局，中轴线上建有祠门、过厅和正殿，两侧为东西厢房。祠门外建有旗杆、石狮和戏台。祠门三间，每间前檐各悬金字巨匾一面，中书"奕世将略"，左书"一堂忠义"，右书"三晋良将"。门楣上立一盘龙蓝底大匾，上有"忠武祠"三个金字。"忠武"为杨业

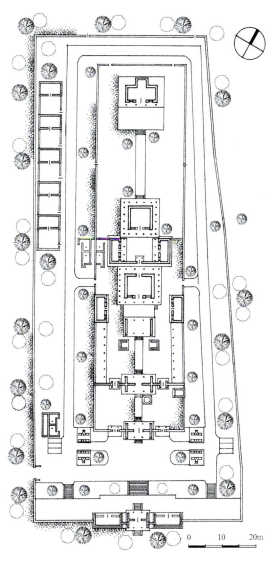

图 8-1-13 运城常平关氏宗祠平面图（资料来源：山西省第三次文物普查资料）

图 8-1-15 关氏宗祠正殿（资料来源：自摄）

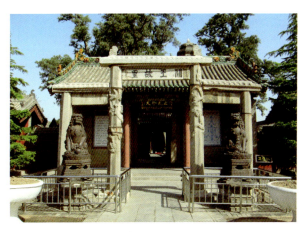

图 8-1-16 关氏宗祠石牌坊（资料来源：自摄）

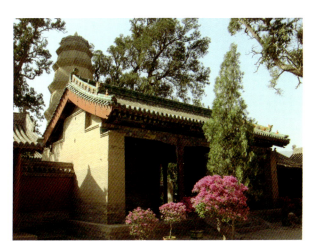

图 8-1-14 关氏宗祠大门（资料来源：自摄）

图 8-1-17 关氏宗祠木牌楼（资料来源：自摄）

战死后，宋太宗皇帝赐予他的谥号。祠门内侧高悬木匾一块，上面抄录了北宋皇帝关于杨家的诰敕十篇，其中有赠杨业太尉中书令1篇，加封杨延朗1篇，给杨延朗敕旨6篇，给杨宗保、杨文广敕书各1篇。⑥祠堂南侧建有戏楼三间，名为"颂德楼"，为杨氏族人祭祖场所。正殿为明代遗构，余均为清代建筑。正殿砖砌台基，基宽12.8米、深10.25米、高1米。面宽三间，进深五椽，单檐硬山顶，六檩前廊式构架，前檐明间施四扇六抹隔扇门，次间施四扇四抹隔扇窗。祠内现存明代塑像14尊，元、明、清碑各2通，元泰定元年（1324年）立鹿蹄石1块。1996年公布为省级文物保护单位（图8-1-18～图8-1-20）。

五、临县陈氏宗祠

陈氏祠堂位于临县碛口镇西湾村西北。西湾村是一个以陈氏家族血缘聚居为主的村落，约在明崇祯年间，陈氏两户同宗兄弟从今方山县迁居此

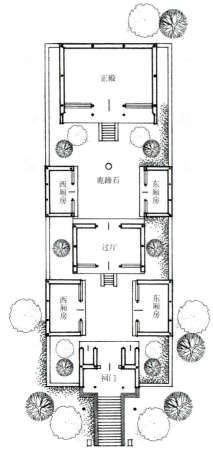

图8-1-19 杨忠武祠大门（资料来源：自摄）

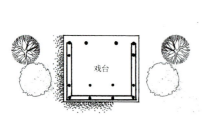

图8-1-18 代县杨忠武祠平面图（资料来源：山西省第三次文物普查资料）

图8-1-20 杨忠武祠过厅（资料来源：自摄）

地，其中一户居于西湾，另一户居于寨子坪，前者即为西湾陈氏的祖先陈儒公。在西湾陈氏的发展中，陈氏第四代孙陈三锡所起的作用举足轻重。陈三锡在世时正值康乾盛世，相传他带领一支商队通过黄河天险，往返于内蒙古与碛口之间，并在碛口招商设肆，把碛口变成一个繁华重镇，西湾村也在这个时期得以中兴。陈氏家族十分重视教育，出了不少岁进士、恩进士、明经第、昭武大夫等。陈氏祠堂坐北朝南，东西长16.4米，南北宽11.8米，占地面积194平方米。据《临县志》记载始建于清。一进院落布局，砖木结构。中轴线有大门、祭堂，两侧为厢房。大门辟墙拱券，硬山顶，位于正中，两边镶嵌石刻楹联："俎豆一堂昭祖德，箕裘千载振家声"，横批"承先启后"。祭堂砖拱券窑洞三孔，明间前檐插廊，外檐额枋间蝙蝠垫木，柱间镂空雕花雀替，两次间前檐挑檐。两侧厢房各两间，

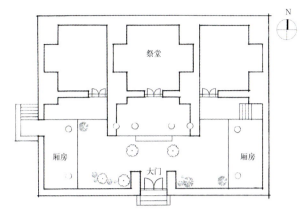

图8-1-21 临县西湾村陈氏祠堂平面图（资料来源：山西省第三次文物普查资料）

单坡硬山顶。该祠堂建筑形制与西湾当地民居建筑类似。柱头承接檩条，檩条下有造型精美的檩枋和雀替（图8-1-21、图8-1-22）。20世纪60年代村大队曾作学习班占用，墙面书写有"党内批评要防止主观武断和把批评庸俗化……"等具有

图8-1-22 陈氏祠堂外观（资料来源：自摄）

鲜明时代特征的语录标语。陈氏祠堂是 2006 年国务院公布的全国重点文物保护单位碛口古建筑群建筑之一。

六、灵石王氏宗祠

灵石静升村王氏有两支，散居于五里长街的东西两端，均为太原王氏的后裔。街东王氏称之为"东王"氏，其先祖早年从太原迁居祁县，后迁至静升。西部王氏称之为"西王"氏，是太原王氏后裔的另一支，最初居于灵石富家滩镇沟峪滩村，后于元朝皇庆年间迁居静升村。"西王"氏自先祖王实之后，历经二十余世，发展成"金、木、水、火、土"五个支系，特别是在清康雍乾时期，店铺增多，资本雄厚，成为入仕、经商兼事农耕的巨贾豪商，被人们称为灵石四大家族之一。[⑦]"西王"氏原来建有总祠，并以此为中心各支自立分祠。总祠今已损毁，仅存戏台，但依据乾隆版和咸丰版的王氏族谱，依迹可寻。族谱载："宗祠正厅三间，大门一座。创自明纪，年岁无考。国朝康熙丁酉，族人公议重修正厅，增修祭器、遗书、神厨、斋宿所东西各五间，大门三间。东北隅角房三间、西北隅角房一间为守祠者住宿之所。乾隆辛卯增修大门二间、石坊一座，并月台、石栏及祠东围房五间，前后补修无常，具详祠内各碑记"。由此可知，总祠创建于明代，当时规模很小，仅有三开间的正厅和大门。至清初，"西王"氏后人重修了总祠，增建了东西两厢，设置了旗杆、月台、石坊、献亭等专用祭祀设施和场所，并于嘉庆九年（1804 年），在东西街的南侧，花费重金建起了戏台及附属房舍，使总祠的功能更为完善。在"西王"氏的五个支系中，火派的分祠至今保存完好，称之为"孝义祠"（图 8-1-23～图 8-1-25）。"西王"氏十五世王梦鹏以孝行著称，

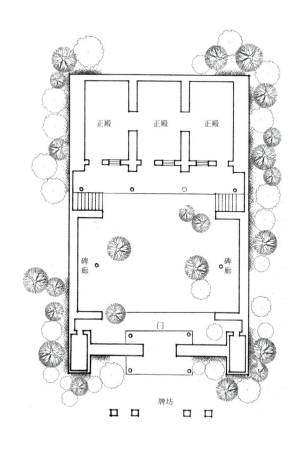

图 8-1-23 灵石王氏孝义祠平面图（资料来源：山西省第三次文物普查资料）

图 8-1-24 王氏孝义祠正殿（资料来源：自摄）

图 8-1-25　王氏孝义祠石牌坊（资料来源：自摄）

故于乾隆四十九年（1784年）和嘉庆元年（1796年）被朝廷两次旌表，并在五里长街北侧先后建造了孝义坊及孝义祠。孝义祠为台院式布局，在中轴线上，首层由南至北依次布置孝义坊、祠门和锢窑式堂屋，锢窑后部为灵柩房，供族人停灵之用。院落两侧布置砖木结构的东、西厢房，空间非常紧凑。在锢窑的两侧，布置有通往二层的台阶。二层为较封闭的四合院，北侧布置有寝室，明间与次间相近，寄放神主，也是族人的祭祀场所。南侧为一座小巧玲珑的歇山顶戏台，平面呈凸字形，两侧布置供演员化妆、休息的耳房。在二层院落的东西两侧布置廊庑，可设置观众席。孝义祠的建立，体现了"火派"在"西王"氏家族中的显赫地位，是家族繁盛、子孙兴旺的象征。

七、代县刘氏宗祠

刘氏宗祠位于代县阳明堡镇南关村的王里道街。王里道刘氏家族始祖刘一贤生有两子，老大叫刘祥、老二儿叫刘祚。因刘祥无后，刘氏后裔均为刘祚一系。刘氏族人最初只事农耕，到了四世祖刘显一辈，刘家人口越来越多，养家糊口都成了问题，因生活所迫，族人开始经商。刘家以种高粱造酒为业，买卖从代县做到了归化城的土默川，昔日的"刘缸坊"字号在内蒙古大草原很有名气。到了清代，刘氏一族发展迅猛，后代多耕读、经商、入仕者，刘家成为代州雁门关下的名门望族。到乾隆年间，族人开始在王里道街大兴土木，修建豪宅院落。刘家在修建房屋时不惜花钱，为了精工细做，一天只允许能工巧匠瓦瓦三垄，砌墙一堵。刘氏宅院由寿山堂、聚鑫堂、敦厚堂、怀仁堂、老院、旧院、新院、红大门、艺校、秀楼、东阁、西阁和刘氏宗祠等组成，各种院落高低错落，曲径通幽。宅院墙壁均为磨砖对缝砌筑，廊檐前伸，围合成多进四合院。院落中砖、木、石雕和精美匾额比比皆是。院落及街巷地面均用条石砌筑，坚实、光滑而平坦。石狮、旗杆、铁角兽、拴马石、斗栱、挂落、门罩、窗棂、照壁和所有梁柱穹顶，无不精雕细刻，雕刻手法多样。雕刻内容大都有祈福纳祥和训导教化之意。诸如百鸟朝凤、蟠桃献寿、杞菊延年、琴棋书画、梅兰竹松、福禄寿星等，一应俱全，体现了明清时期晋北民居建筑的风格。刘氏宗祠现存两进院落，保存基本完好。正房已毁，格局仍在，有柱础为证。大门为双坡硬山三间，梁枋施彩绘。过厅带有卷朋歇山抱厦，内施彩绘，结构独特精巧，山墙悬鱼雕花及屋脊吻兽雕刻精美。厢房三间，对称布置。两侧耳房两间，对称布置（图8-1-26～图8-1-28）。

八、浑源栗毓美墓祠

栗毓美墓祠位于浑源县城东门外。栗毓美，字含辉、友梅，号朴圆，生于1778年卒于1840年，山西浑源县人。清嘉庆七年（1802年）以拔贡考授河南知县，以后历任知州、知府、布政使、护理巡抚等职。道光十五年（1835年）任河南山东河道总督，主持豫鲁两省河务。创造了以砖代埽的治黄经验，著有《栗恭勤公砖坝成案》，为我国水利建设提供了有益的经验，是对我国古代水利事业的重要贡献。

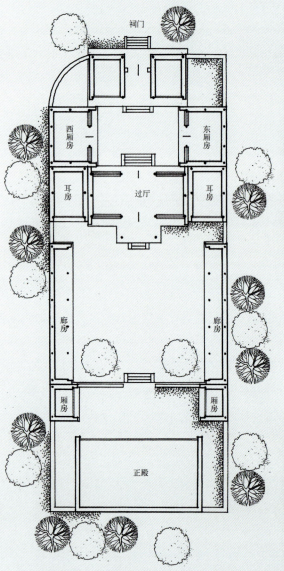

图8-1-27　代县刘氏宗祠祠门（资料来源：自摄）

图8-1-26　代县刘氏宗祠平面图（资料来源：自绘，2007年实测）　图8-1-28　代县刘氏宗祠过厅（资料来源：自摄）

后积劳成疾,卒于任上。道光帝追赠太子太保衔,谥恭勤,敕建坟祠。栗毓美墓占地12亩,又名"栗氏佳域",坐落在浑源县城的东北隅,北依浑河,面对恒山。墓祠布局严谨对称,建筑肃穆壮观。在中轴线上由南至北依次布置碑楼、大门、延泽桥、石牌坊、仪门、石供桌、祭厅及墓体等。在中轴线的两侧,由南至北对称布置有墓表、钟鼓楼、石像生和方亭等(图8-1-29～图8-1-33)。墓祠大门也称"南启门",为砖拱式,上书四个砖雕大字"栗氏佳域",苍劲有力。门前东西两侧,矗立着两座碑楼,楼内摆放高达5米多的汉白玉石碑,碑基刻海浪,碑首雕团龙,碑座以莲花、梅花、菊花、牡丹等图案为题材,寓意深远,耐人寻味。进入大门为一廊庑环绕的四合院,东西设有厢房,两侧为墓表和钟鼓楼。穿过延泽桥、石牌坊和仪门,便进入墓园。仪门正对祭厅,祭厅为单檐歇山顶,五开间,

图8-1-30 栗毓美墓祠石牌坊正面(资料来源:自摄)

图8-1-31 栗毓美墓祠鼓楼(资料来源:自摄)

图8-1-29 栗毓美墓祠石牌坊侧面(资料来源:自摄)　　　图8-1-32 栗毓美墓祠祭祀厅(资料来源:自摄)

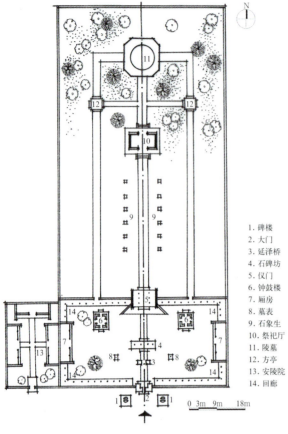

图 8-1-33　栗毓美墓祠平面图（资料来源：自绘，1998 年实测）

1. 碑楼
2. 大门
3. 延泽桥
4. 石碑坊
5. 仪门
6. 钟鼓楼
7. 厢房
8. 墓表
9. 石象生
10. 祭祀厅
11. 陵墓
12. 方亭
13. 安陵院
14. 回廊

积 392.7 平方米。创建人、创建时间均无考，现存为清代建筑。一进院落布局，中轴线由南向北建有大门、正堂，两侧为东西厢房。正堂面宽五间，进深四椽，单檐硬山顶，五檩前廊式构架。院内现存清乾隆五十年（1785 年）"祁氏家庙碑记"碑 1 通、正堂东廊现存大清咸丰二年（1852 年）"祁氏支词记碑"碑 1 通。院中有光绪三十二年（1906 年）石雕砂石香炉 1 个。院门前立旗杆石 2 杆（图 8-1-34、图 8-1-35）。

图 8-1-34　寿阳平舒祁家祠堂正堂（资料来源：山西省第三次文物普查资料）

梢间较窄。仪门和祭厅之间为长长的神道，神道两侧对称地排列着 5 组 10 尊石像生，两两相对，神态活现。温良的羊、凶猛的虎、矫健的马、威风的武将、谦恭的文臣，表现得栩栩如生，各具情态。祭厅北侧即为墓体，封土高 4.8 米，台高 0.75 米，墓室内有民族英雄林则徐为栗毓美所书的墓志铭，对栗毓美功绩评价颇高。栗毓美墓祠布局紧凑，保存完整，具有极高的艺术价值，是第六批全国重点文物保护单位。

九、寿阳平舒祁家祠堂

平舒祁家祠堂所在的平舒村地处寿阳县平舒乡，村东、北为梁，西南为砂帽岭。平舒村为乡政府所在地，这里是"三代帝师"祁寯藻的故里，省级历史文化名村，有文化之乡的美誉。祁氏祠堂北临沟渠，其余三面为村民住宅。祁家祠堂坐北朝南，占地面

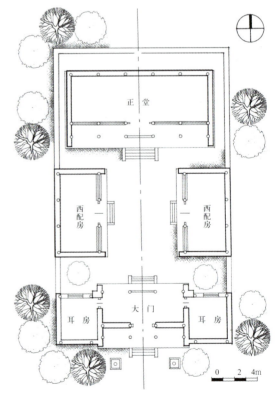

图 8-1-35　祁家祠堂平面图（资料来源：山西省第三次文物普查资料）

十、阳泉平坦垴李氏宗祠

阳泉平坦垴李氏宗祠位于平坦垴村中部，坐北朝南，东西长22.85米，南北宽32.8米，占地面积749.48平方米。始建年代不详，据碑文记载，明、清曾多次修缮，祠内有清内阁大学士倭仁所题牌匾。中轴线上建有山门、照壁、仪门、人祖殿，两侧存东西厢房，山门两侧建钟鼓楼。其中人祖殿为明代遗构，其余皆为清代所建。山门砖砌，面宽一间，置板门2扇，雀替木雕二龙戏珠，柱头置装花栱，歇山顶，筒板瓦覆盖。人祖殿高二层，底层为窑洞，面宽三间，明间出抱厦，歇山顶，筒板瓦覆盖。上层为木构建筑，面宽五间，进深五椽，五檩前出廊，明间设槅扇门，两次间和两梢间设槛窗。祠内存石碑4通、水井1口、旗杆石1对。平坦垴李氏宗祠原平面布局基本完整，现存各建筑基础稳定，梁架完整，门窗保持原状，外观均有轻微风化，整体保存较好（图8-1-36～图8-1-38）。

十一、平定西回村耿氏祠堂

西回村耿氏宗祠位于平定县东回镇西回村中余家巷东侧。坐北朝南，占地面积242平方米。据《创修耿氏宗祠正窑三圆碑记》载，始建于清同治七年（1868年），《赓续新修廊院大门碑记》载，外廊大门建于民国27年（1937年）。该祠为三合院布局，现存建筑有正窑和东西配窑。正窑为砖砌窑洞三孔，为一堂二室布局，一门两窗拱券式形制，平顶式窑顶。东西配窑各有石砌窑洞两孔，

图8-1-36 阳泉李氏宗祠俯瞰（资料来源：山西省第三次文物普查资料）

图8-1-37 阳泉李氏宗祠大门（资料来源：山西省第三次文物普查资料）

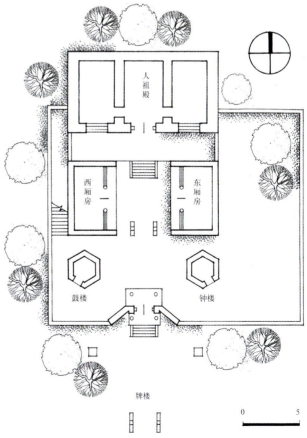

图8-1-38 阳泉李氏宗祠平面图（资料来源：山西省第三次文物普查资料）

门窗为拱券形，平顶窑顶。大门设置于院落正南，砖砌院墙门，门外带廊，左右各开一个便门（图8-1-39、图8-1-40）。另有创修、新修碑各1通。从耿氏先茔搬回清乾隆五十年墓碑4通，乾隆十七年墓碑1通。立于正窑东侧廊房下，青石质，高1.23米，宽0.38米，厚0.16米，碑文楷书16行，行最多36字。内容记述耿氏各脉散居于桥头、白泉、平定城，而西回耿氏自柏井迁到此，祖茔在鱼岭坪，茔中元至大四年碑碣载耿氏因金代战乱而迁走，至康熙五十年迁葬于郭家掌等村，刻字人王维一。

十二、昔阳杜庄李氏宗祠

杜庄李氏宗祠位于昔阳县大寨镇杜庄村河西300米。建筑依地势而建，坐西朝东，占地面积744.5平方米。据寺内碑文载，创建人李用中，建于清光绪八年（1882年）。二进院落布局，中轴线由东向西有大门、过厅、正堂、南北为厢房，正堂明间为石窑1孔，前出廊，左右各附石窑1孔做耳房，硬山式屋顶。正堂内壁后墙镶嵌有横置石匾1块，上刻文渊阁大学士倭仁书所写"李氏宗祠"4个大字。过厅建于高台上，面宽三间，进深六椽，前后廊式，山墙两侧设八字侧壁。台前左右立旗杆。过厅内现存清代石碑3通，其中两通为翰林院编修、贵州巡抚、陕西布政史李用清撰书的"家训十戒"和"劝俗二十条"，是反映清代家教内容的珍贵资料（图8-1-41、图8-1-42）。1990年公布为县级文物保护单位。该村清末曾出翰林院编修、贵州巡抚、陕西布政史李用清，时称一代廉吏，"乐平三李"之一，现村内李姓村民仍很多。李菊圃在南阁壁上书劝俗遗言二十条抄列于碑后，位于昔阳县大寨镇杜庄村李氏宗祠内，为青石质，额首佚，碑高1.6米，宽0.64米，厚0.15米，碑座龟形，高0.48米，宽0.7米，厚1.38米，碑文楷书，行20，行字52，王家桂抄书，内容劝俗遗言：勤敬业、俭持家、善交友、孝父母、守本分、勿作恶、近言长者、远巧佞者。李氏合族新建家庙碑，也位于李氏宗祠内，为青石质，额首佚，碑身高2.04米，宽0.9米，厚0.19米，碑座高0.11米，宽0.96米，厚0.47米，光绪十二年（1886年）仲秋下旬立石。碑文楷书，行22字，行字48，李用清撰文并书丹。内容家庙训诫十条：劝早起、勤敬业、交善友、早赋税、少生事、勿仗势、勿轻信、勿骄逸、富贵守本分、贫贱知立足。

图8-1-39 平定耿氏祠堂正堂（资料来源：山西省第三次文物普查资料）

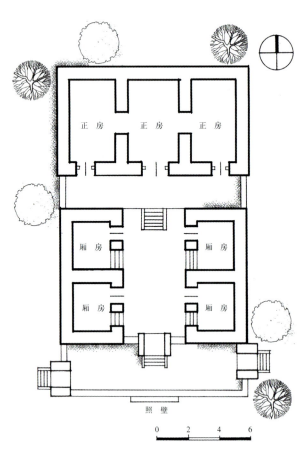

图8-1-40 平定耿氏祠堂平面图（资料来源：山西省第三次文物普查资料）

图 8-1-41　昔阳李氏宗祠正堂（资料来源：山西省第三次文物普查资料）

五十八年（1793年）重修，现存为清代建筑，2006年祠内建筑全面维修。一进四合院落布局，中轴线上由西向东建有大门、正堂，南北两侧为厢房、耳房。正堂高台构屋，基高 0.8 米，面宽三间，进深二间，单檐硬山顶，梁架前部为卷棚式，后部为五檩无廊式，前后梁架间由穿插枋连接。前檐檐下两柱间为几何形镂空雀替。明、次间门窗均为四扇六抹隔扇。殿前月台四周石雕栏板，暗八仙图案。南耳房墙体嵌"重建吕邑侯德政生祠序"石碣 1 方。宗祠四周为居民。祠堂内现存"重建吕邑侯德政生祠序"石碣 1 方，记载县侯吕维吉因战乱免乐平县人民赋税，捐粮出资赈灾济民。宋氏族人，不忘惠泽，刻石立碑永世供奉祠堂内，每年先祭吕侯，后供家祖（图 8-1-43～图 8-1-45）。

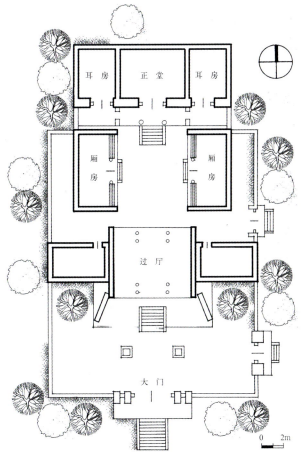

图 8-1-42　昔阳李氏宗祠平面图（资料来源：山西省第三次文物普查资料）

十三、昔阳西大街村宋氏宗祠

西大街村宋氏宗祠位于昔阳县城西大街村西门坡12号旁。坐东朝西，占地面积464平方米。创建人不详，据宋氏族谱载，始建于明代，乾隆

图 8-1-43　昔阳宋氏祠堂大门（资料来源：自摄）

图 8-1-44　昔阳宋氏祠堂正堂（资料来源：自摄）

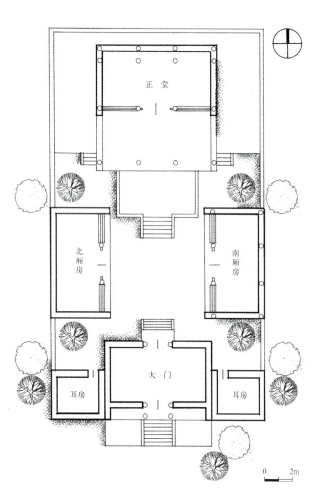

图 8-1-45　昔阳宋氏祠堂平面图（资料来源：山西省第三次文物普查资料）

图 8-1-46　昔阳卜氏宗祠正堂（资料来源：山西省第三次文物普查资料）

十四、昔阳河东卜氏宗祠

河东卜氏宗祠位于昔阳县乐平镇河东村中，坐北朝南，占地面积 238.83 平方米。据族谱载，清道光三十年（1850 年）卜氏家族创建了宗祠，咸丰三年（1853 年）、民国 16 年（1927 年）、2007 年均进行修缮。一进院落布局，中轴线由南向北建有大门、供厅。供厅石砌台基，面阔三间，进深五椽，单檐硬山顶，五椽六檩前廊式构架。前檐檐下设简易异形雕花斗栱 5 攒，明间门窗为四扇六抹隔扇，次间窗户已改。额枋、斗栱施以彩绘。大门面宽一间，悬山顶，内设木制屏风。院东西墙体新筑汉白玉悬雕，内容为孔子巡游讲学图。供厅廊下嵌有清道光三十年（1850 年）新修家庙碣 2 方。门外立石狮 2 只（图 8-1-46、图 8-1-47）。

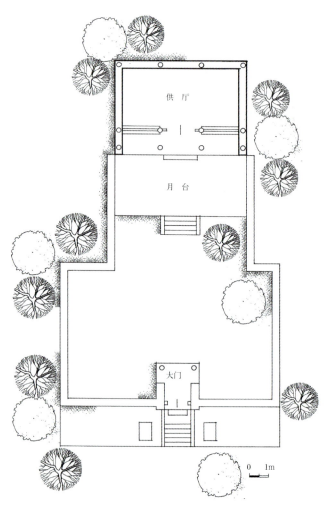

图 8-1-47　昔阳卜氏宗祠平面图（资料来源：山西省第三次文物普查资料）

十五、襄垣连氏宗祠

襄垣连氏宗祠由娘娘庙改建而成，娘娘庙所在的南峰沟村位于襄垣县古韩镇东南部，紧邻浊漳河，地势南低北高，该庙位于村北。坐北朝南，南北长16米，东西宽15.7，占地面积251平方米。据碑文记载始建于清道光十二年，现存建筑为清代遗构，一进院落布局。中轴线上建有山门、正殿，两侧有东西厢房、东西耳殿。正殿面宽三间，进深四椽，单檐硬山顶，五檩前廊式梁架结构，柱头斗栱为三踩单昂。庙内存壁画4平方米。原有碑碣不存。该地属于温带大陆性季风气候，年平均降雨量500毫米左右。庙前为广场，环境优雅。南峰沟村现有700余人，村民多以农耕为主，主要种植物为玉米。近年来，该村发展养殖业和旅游业，经济有了很大的发展。该村交通比较便利，又是连氏宗亲会的源地（图8-1-48～图8-1-50）。

图8-1-48　襄垣连氏宗祠全景（资料来源：自摄）

图8-1-49　襄垣连氏宗祠大门（资料来源：自摄）

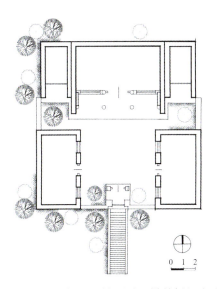

图8-1-50　襄垣连氏宗祠平面图（资料来源：山西省第三次文物普查资料）

十六、沁县新店杨家祠堂

新店杨家祠堂所在的新店村位于沁县新店镇的丘陵地区，东望东垴上坡，临东河湾，西临漳河，地势东高西低。该区属温带大陆性气候，干旱少雨，冬季较长，年平均气温9℃，年平均降雨量523毫米。新店杨家祠堂所在的新店村为新店乡政府所在地，现有人口850人，耕地1600亩，以杨姓居多。村北至南方向有208公路、太焦铁路通过。新店杨家祠堂位于沁县新店镇新店村村中，创建年代不详，现存为清代建筑。坐北朝南，长22.39米、宽18.58米，占地面积416平方米。一进院落布局，中轴线有祠门、宗祖堂，两侧有东、西厢房。祠门为四柱式门楼，面宽一间，进深四椽，单檐悬山顶，石鼓门枕石，板门。宗祖堂台基高0.9米，面宽三间，进深六椽，单檐悬山顶，莲花正脊，次间前出廊，柱头科三踩单昂，平身科一攒。垫木雕动物花鸟图案，额枋画"杜甫爱春君子图"。覆盆柱础。东、西厢房台基高0.1米，各面宽三间，进深三椽，单檐硬山顶，四檩前廊式构架，垫木雕花形图案，须弥座石鼓柱础（图8-1-51）。

十七、运城郊斜村李冰家庙

李冰家庙位于运城市盐湖区解州镇郊斜村。李冰，山西运城人，我国战国时期杰出的水利工程学家，公元前256年，在任蜀郡守期间，设计并修建了著名的都江堰工程，至今仍发挥着防洪和运输等各种重要功能。整体建筑布局坐北朝南，南北长80米，东西宽34米，占地面积2720平方米，梁记载有大清康熙二十三年（1684年）重修祖庙记、乾隆二十九年（1764年）重修题记和民国15年（1926年）重修题记。现存建筑有大门、正堂。大门面宽三间，进深二椽，硬山顶，大门额上刻有连续回纹和牡丹图案；正堂面宽三间，进深四椽，硬山顶，前檐下设一斗三升斗栱七攒，前后檐墙体有改动，屋面破损严重。东西山墙内侧分别嵌有清光绪十年（1884年）刻的众人捐田修戏台、廊房碑记和光绪三十年（1904年）所刻的祖庙动工碑记2通。2004年由运城市人民政府公布为第一批市级文物保护单位（图8-1-52～图8-1-54）。

图8-1-52 运城李冰家庙大门（资料来源：山西省第三次文物普查资料）

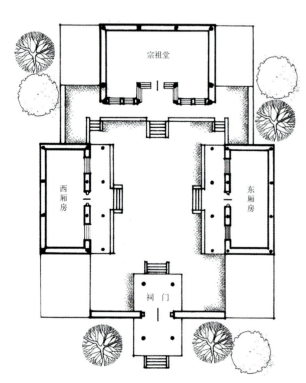

图8-1-51 沁县杨家祠堂平面图（资料来源：山西省第三次文物普查资料）

图8-1-53 运城李冰家庙牌匾（资料来源：山西省第三次文物普查资料）

十八、闻喜岭东孙氏祠堂

岭东孙氏祠堂位于闻喜县桐城镇岭东村中。据梁记记载,明万历三十八年(1610年)创建,清乾隆五年(1740年)重修。占地面积529.8平方米。坐北朝南,一进院落布局,中轴线上自南至北依次建有门厅、垂花门和祠堂,两侧为东西廊房。现存有祠堂、垂花门、西廊房和门厅。东廊房1964年毁于大火,现东廊房为重建之物。祠堂面阔三间,进深三椽,悬山顶。前设插廊,檐下施柱头科、平身科,阑额雕饰木刻牡丹花。檐柱皆为石方柱,明间石柱阴刻对联一副。内柱每间设六抹四隔扇门。室内后墙正面建砖券圆拱顶神龛,龛内竖立清康熙五十一年(1712年)所立的牌位碑刻1通。祠堂西山墙上嵌有清康熙五十一年(1712年)刊刻的"家法三十条"石碣2方。祠堂北墙上嵌有清康熙五十一年(1712年)刊刻的"闻喜孙氏世系昭穆图"连体石碑2通。祠堂东山墙上嵌有嘉庆二年(1797年)所刻的"孙氏世系续图"连体石碑4通。垂花门为木结构悬山顶,四角悬垂柱,正面檐下施柱头科、平身科,内外门匾皆阳雕额题,抱鼓石上雕刻石狮。垂花门左右各有砖券圆拱门1座。门厅面阔三间,进深二椽,悬山顶,正面檐下施柱头科,阑额雕饰龙和其他动物图案。门额题刻"孙氏祠堂"四字,门左右蹲踞石狮一对。西廊房面阔五间,进深二椽,悬山顶(图8-1-55、图8-1-56)。1995年8月18日,岭东孙氏祠堂被闻喜县人民政府公布为第一批县级文物保护单位。

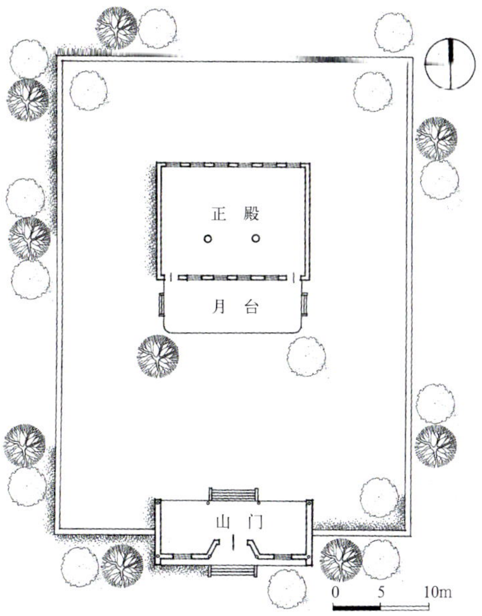

图8-1-55 闻喜孙氏祠堂正堂(资料来源:山西省第三次文物普查资料)

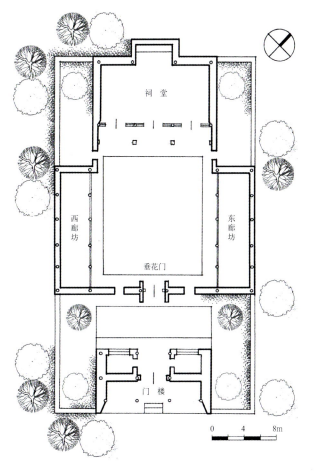

图8-1-54 运城李冰家庙平面图(资料来源:山西省第三次文物普查资料)

图8-1-56 闻喜孙氏祠堂平面图(资料来源:山西省第三次文物普查资料)

十九、闻喜店头张氏祠堂

店头张氏祠堂位于闻喜县桐城镇店头村中。据所存碑碣和梁记记载，清康熙三十二年（1693年）创建，康熙四十九年（1710年）、雍正三年（1725年）扩建，乾隆十七年（1752年）、嘉庆七年（1802年）先后重修，2006年又重修。东西长26.5米，南北宽16.8米，占地面积445.2平方米。坐西朝东，方向西偏南45度。四合院布局，中轴线上建有祠堂、山门，两侧配以南北厢房、耳房、门房等建筑。祠堂、南北厢房、东西门房和门楼、耳房等建筑现状保存较完整（图8-1-57、图8-1-58）。祠堂面阔三间，进深二椽，悬山顶，前檐每间辟六抹四隔扇门，木板横批。祠堂左右各建耳房一间。南北厢房均面阔五间，进深二椽，南厢房单坡顶，北厢房悬山顶。额枋下均雕饰缠枝花木刻花板。门楼砖木混构，面阔一间，进深二椽，悬山顶。门枕石上存石狮一对。门楼左右各建有门房三间，悬山顶。祠堂和南北厢房内存有清康熙、乾隆、嘉庆、咸丰年间所立的张氏世系碑2通、重修祠堂碑碣5通（方）。

图8-1-57　闻喜张氏祠堂正堂（资料来源：山西省第三次文物普查资料）

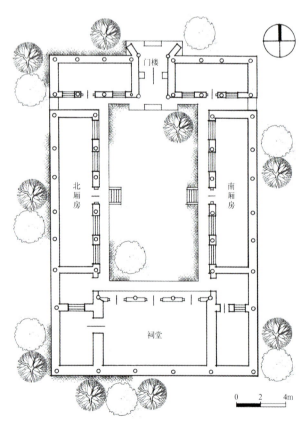

图8-1-58　闻喜张氏祠堂平面图（资料来源：山西省第三次文物普查资料）

二十、万荣薛瑄家庙

平原村为明代著名思想家、教育家、理学大师薛瑄的故里，现存文物古迹多、价值较高，1991年3月被确立为万荣县传统教育基地。薛瑄（1389～1464年），山西河津人（今万荣县里望乡平原村），字德温，号敬瑄，谥文清。明永乐年间进士，官至礼部左侍郎，明代理学家，学宗程朱，著有《薛文清全集》、《读书录》。薛瑄故居位于薛瑄家庙东北约100米，现仅存门楼、西房，1986年曾修缮。薛瑄家庙及墓地南北长160米，东西宽101米，占地面积约1.6万平方米，由北向南依次为砖照壁、薛公坊木牌楼、拴马石柱、石虎、石羊、石马、山门、墓地（图8-1-59、图8-1-60）。薛公坊木构牌楼正面书"文清祖茔"，背面书"薛公坊"，两边有"理学"、"真儒"字样。牌楼下有宽2.7米，长240余米的通道，道旁立石柱及石像生。墓地约合23亩，土墙围护，现存封土堆百余座，薛瑄墓在墓地东南侧，封土底径约6米，残高约0.5米，墓前有墓碑1通，碑文记载其姓名及官职。清光绪《山西通志》载，"学士文清公薛瑄墓，在河津县平远村（今万荣县平原村）。"墓地还存有明代石碑19通。1996年1月，被公布为山西省重点文物保护单位。

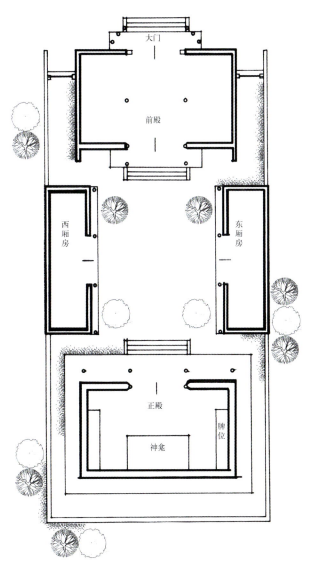

图8-1-59 万荣薛瑄家庙平面图（资料来源：山西省第三次文物普查资料）

图8-1-60 薛瑄家庙分祠门楼（资料来源：山西省第三次文物普查资料）

第二节 圣贤祠庙

圣贤祠庙祭祀的对象是历史人物，是凡人而不是神灵，是为国家和地方做出过重大贡献的君王、名宦等先贤智者，或符合封建礼教道德操守、德行显著的普通人物。山西各地历代均建圣贤祠庙，以便承前启后，继往开来，纪念贤者，激励后人。举凡具备仁、义、礼、智、信品德的凡夫举子、贞洁烈妇，治国安邦、勤政爱民的忠臣良将等，均在祭祀之列。这些祠庙，或由圣上敕旨修建，或由地方组织建造，或由民间自发修建，规模与等级依据祭祀对象的身份和地位的不同而迥异。也有一些功绩非常显著的先贤人物，并不单独建造祠庙，而是被直接奉祀在当地的文庙或乡贤祠内。据史料记载，山西修建圣贤祠庙，始于春秋战国时期。最早修建的圣贤祠庙，是代州人为赵襄子的姐姐磨笄修建的。《魏土地记》曰："代城东南二十五里有马头山，其侧有钟乳穴，赵襄子既害代王，迎姊代夫人，曰以弟慢夫不仁也，以夫怨弟非义也。磨笄自刺而死。使者自杀，民怜之，为立神屋于山侧，因名之为磨笄之山"。由此可知，早在春秋战国之际，代州人因为同情赵襄子的姐姐而为其修建了祠庙。[8]另一处修建较早的祠庙，是在西汉时期为晋国名臣介子推修建的，如今介休的绵山已与寒食节紧密地结合在一起了。南北朝时期修建的圣贤祠庙，较著名的有唐叔虞祠、西门豹祠、代王祠、赵襄子祠、赵武灵王祠、原过祠、介子推祠等。山西唐至五代修建的圣贤祠庙，比北魏时增加了许多，但几乎没有一处留存至今。这个时期新建了师旷祠、卜子夏祠、蔺相如祠、赵盾祠、程公祠、李牧祠、赵括母祠、智伯祠、三贤（卜子夏、段干木、田子方）祠等，在这些人物中，既有儒者，也有音乐家和治水家，还有战败者。宋金时期，新建的圣贤祠庙又有所增加，如灵源公祠、晋文公祠、豫让祠、羊舌祠、先轸祠、程婴祠、冯亭祠、潞子祠、狐突祠、窦犨祠、造父祠、荀子祠、里克祠、赵简子祠等（图8-2-1）。至元明清时期，山西圣

图 8-2-1 代县羊舌祠后殿（资料来源：自摄）

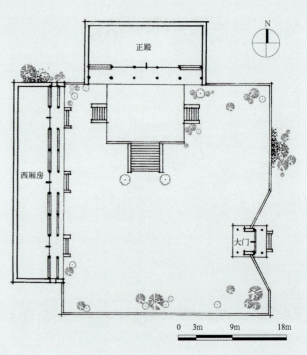

图 8-2-3 太原傅公祠平面图（资料来源：山西省第三次文物普查资料）

图 8-2-2 太原傅公祠细部（资料来源：自摄）

贤祠庙的修建，迎来新的历史高潮，上至尧舜禹汤，中到孔子关羽，下及薛瑄傅山，均在祭祀之列（图 8-2-2、图 8-2-3）。这些祠庙建筑形制更趋成熟，用地规模愈来愈大，建造数量愈来愈多，且大都留存至今，具有较高的建筑技术科学价值。

一、临汾尧庙

尧庙，位于临汾市尧都区尧庙镇尧庙村北。坐北向南，占地面积4.8724万平方米。始建于晋，旧址在汾河以西，西晋元康年间迁至汾河东岸，唐高宗李治显庆三年（公元658年），庙址由府城西南迁至城南现址。宋、元泰定、明正德和万历间屡有修建，规模渐增，分别建成尧、舜、禹庙，明末清初称三圣庙。清康熙三十四年（1695年）平阳一带大地震，庙宇坍毁，康熙四十二年（1703年）敕令重修并御书匾额，咸丰年间遭兵焚，光绪十七年（1891年）修复。抗日战争中尧庙再次遭劫，1985年落架重修广运殿，恢复明代规制。1998年广云殿再遭火焚，近年重新恢复。中轴线现存山门（新建）、五凤楼、广运殿（复建）、寝宫（图8-2-4～图8-2-8）。五凤楼，又称光天阁，始建于唐乾封年间（公元666～667年），明万历三十七年重修。平面呈方形，下层用通长角柱13根，其间以直撑、斜撑构成不同方向的框架，将楼身连为一体。上层四周设围廊，重檐歇山顶。庙内存清代彩塑2尊，历代重修碑12通，其中元碑1通，明碑5通，清碑6通。1965年5月被公布为山西省级重点文物保护单位。

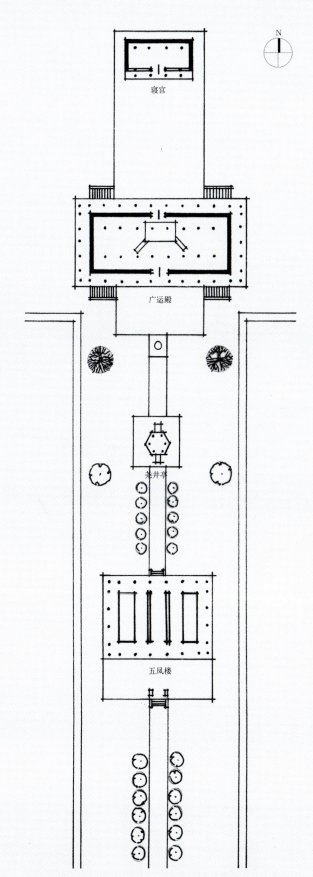

图 8-2-4　临汾尧庙平面图（资料来源：自绘，1996 年实测）

图 8-2-5　临汾尧庙广运殿（资料来源：自摄，1996 年）

图 8-2-6　临汾尧庙五凤楼（资料来源：自摄，1996 年）

图 8-2-7　临汾尧庙尧殿（资料来源：自摄，2010 年）

图 8-2-8 临汾尧庙尧井台（资料来源：自摄，2010 年）

二、清徐尧庙

清徐尧庙位于清徐县孟封镇尧城村北。相传尧帝自涿鹿徙居于此，短期建都，又说此地为陶唐造历法之所，故庙为纪念尧帝所建。坐北朝南，东西长 70.9 米，南北宽 52.4 米，占地面积 3715 平方米。明正统年间（1436～1449 年）重修，明、清屡有增补、修葺。尧庙现存两个轴线，东轴线仅存尧王殿，西轴线仅存倒座戏台，西侧存偏院，三合院布局。偏院四星楼存正殿，两侧东、西配殿各三间。正殿面宽三间，进深四椽，单檐歇山顶，五檩前廊式构架，花脊，筒板瓦屋面。柱头斗栱三踩单昂，平身科明间二攒，次间一攒。2004 年 6 月 10 日山西省人民政府公布为重点文物保护单位。尧王殿为明代遗构，台基高 0.75 米，宽、深各 13.8 米。面宽五间，进深六椽，七檩周廊式，重檐歇山顶，上檐施双翘斗栱，四周 36 攒，下檐施单昂单翘斗栱，四周 44 攒。覆盆柱础。前檐明间略宽，次间、梢间略窄。梁架下层设庞大藻井，全部用斗栱挑出。藻井分三层，底层、中层为正方形，上层为八角形斗栱层层叠置，中心为井底盖板。戏台为清代遗构，位于长 12.5 米，宽 9.8 米，高 1 米的台基之上，面宽三间。进深五椽，卷棚硬山顶，六檩构架。三踩单昂斗栱，柱头上置通面宽大额枋。石鼓柱础。明间略宽，次间稍窄，明间雕龙形雀替（图 8-2-9～图 8-2-11）。

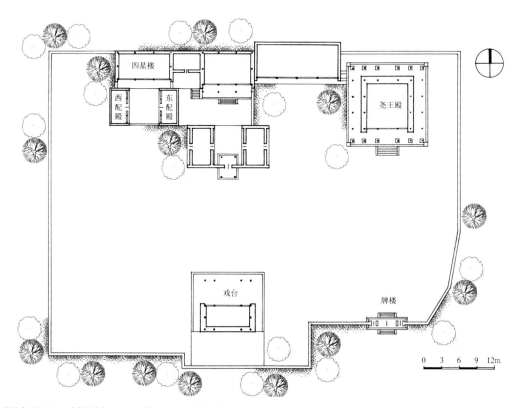

图 8-2-9 清徐尧庙平面图（资料来源：山西省第三次文物普查资料）

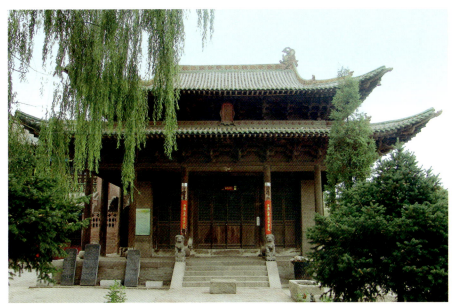

图 8-2-10 尧庙尧王殿（资料来源：郝彪摄）

图 8-2-11 尧庙戏台（资料来源：白宇锋摄）

三、运城舜帝陵庙

舜帝陵庙，位于盐湖区北相镇西曲马村南。坐北向南，分神道、陵园、皇城三个部分，东西 300 米、南北 850 米，占地面积 255000 平方米。史料载，舜卒于鸣条，此地为鸣条岗西端，唐代开元二十六年（公元 736 年）修建陵庙。宋、元、明、清、民国皆有修葺。南建神道，中为陵园、北为皇城，自成格局。陵园轴线由南至北有山门、月台、过殿、享厅、舜帝陵冢；两侧有东设关公祠、关公戏台、东廊，西设敤首祠、配殿、西廊。皇城南门为随墙砖券门三道，城内轴线由南至北有照壁、戏台、卷棚看廊、献殿、正殿、寝宫。两侧有东、西碑廊，廊东、西设钟、鼓楼，寝宫东、西耳房。舜帝陵庙现存建筑 23 座，其中过殿为元代遗构，正殿为明代遗构，2004 年重建寝宫，余皆清代建筑。陵墓系砖砌正方形，高 2.9 米，边长 13.3 米。庙寝又名"皇城"，或称"离乐城"，建于陵墓北部，前陵后庙的格局。陵园过殿，面宽五间、进深四椽，单檐不厦两头造，灰布筒板瓦屋面。前檐减去明间檐柱，且外移，梁架为四椽栿通檐用二柱，檐下铺作为四铺作单下昂、里转单杪计心造。皇城正殿，《舜帝陵庙重修寝宫碑记》载，明正德九年因"正殿狭小，且二妃并座共待，使殿内空间更显局促"故将此殿"移为寝宫"，在"殿前又新建一殿"，正殿门墩石上刻有明正德九年（1514年）题记，佐证正殿为明代遗构。面宽五间，进深四椽，回廊式重檐歇山顶，灰布筒板瓦屋面，上檐屋顶琉璃脊饰。梁架为五架梁前后单步梁用四柱。二层檐柱斗栱三踩单下昂、里转单翘，补间斗栱三踩、里转设弯曲形挑幹。前檐明间辟板门。殿内明间塑舜帝像，两侧塑有皋、夔、稷、契四大臣的塑像（图8-2-12～图8-2-15）。2006年5月被公布为全国重点文物保护单位。

四、平顺夏禹神祠

夏禹神祠，位于长治市平顺县阳高乡候壁村中。坐北朝南，一进院落布局，创建年代不详，现存正殿为元代遗构，余皆清代遗构。中轴线由南向北依次分布为山门（上为倒坐戏台）、正殿，两侧分布为东、西厢房。神祠东西长18.5米、南北宽31米，占地面积570.7平方米（图8-2-16～图8-2-18）。2006年国务院公布为第六批全国重点文物保护单位。据正殿前青石质须弥座上石刻题记载，创建于元至元二年（1265年）。石砌台基，高1.10米，面阔三间，进深六椽，前廊式单檐悬山顶。梁架为四椽栿前压乳栿用三柱。柱头斗栱四铺作单昂，补间一朵。前檐门窗已不存，青石覆莲柱础。山门分为二层，一层为山门过道，设对开板门；二层为倒坐戏台，面宽三间，进深六椽，七檩式构架，单檐硬山顶，灰板瓦屋面。柱头科一斗二升交麻叶，平身科每间一攒。东、西厢房面宽五间，进深四椽，五檩式构架，单檐悬山顶，灰板瓦屋面，无斗栱，门窗不存。正殿前廊两侧嵌石碣3方，分别记载了记载清道光十年（1830年）、清道光二十九年（1848年）对该祠的重修情况；碣2记载了明万历十一年（1583年）创建石供桌的情况和捐资人姓名。

图8-2-12　运城舜帝陵庙山门（资料来源：自摄）

图8-2-13　运城舜帝陵庙献殿（资料来源：自摄）

图8-2-14　运城舜帝陵庙正殿（资料来源：自摄）

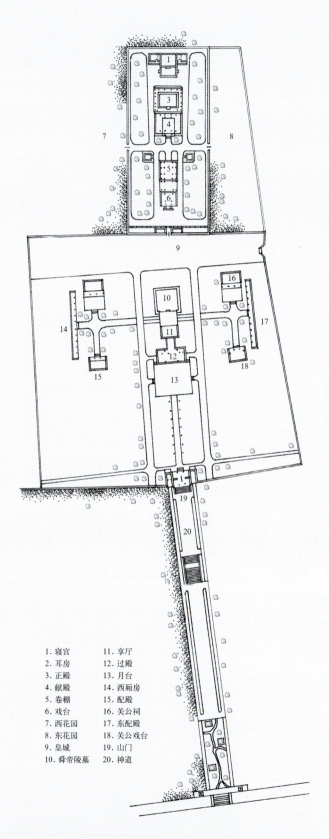

1. 寝宫
2. 耳房
3. 正殿
4. 献殿
5. 卷棚
6. 戏台
7. 西花园
8. 东花园
9. 皇城
10. 舜帝陵墓
11. 享厅
12. 过殿
13. 月台
14. 西厢房
15. 配殿
16. 关公祠
17. 东配殿
18. 关公戏台
19. 山门
20. 神道

图 8-2-15 运城舜帝陵庙平面图（资料来源：山西省第三次文物普查资料）

图 8-2-16 平顺夏禹神祠全景（资料来源：自摄）

图 8-2-17 平顺夏禹神祠正殿（资料来源：自摄）

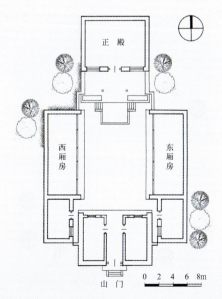

图 8-2-18 平顺夏禹神祠平面图（资料来源：山西省第三次文物普查资料）

五、平顺西青北大禹庙

西青北大禹庙位于平顺县北社乡西青北村中。坐北朝南,一进院落布局,东西长 23.38 米,南北宽 32.03 米,占地面积 748.9 平方米。创建年代不详,据碑载清雍正八年(1730年)、清道光二十八(1848年)年、民国 21 年(1932 年)均有重修,现存正殿为明代遗构,其他建筑皆为清代遗构。中轴线上由南向北依次为山门(上为戏楼)、献殿及正殿;两侧遗有东、西妆楼,钟、鼓楼,东、西配殿,东、西偏殿,东、西耳殿。正殿建于高 0.96 米的石质台基上,面宽三间,进深四椽,五檩前廊式构架,单檐硬山顶,灰筒板瓦屋面,柱头科五踩双下昂,平身科每间一攒,明、次间均设隔扇门。斗栱、梁架上有彩绘残存,神像为 1998 年新塑。山门由二部分组成,一层为山门过道,对开板门;二层为戏台,面宽三间,进深四椽,五檩式构架,单檐硬山顶,灰筒板瓦屋面,柱头科三踩单翘式,平身科明间二攒,次间各一攒。庙内保存碑、碣各 4 通(方)。该庙是平顺县保存较好的一处明、清代庙宇,为研究平顺县的寺庙建筑提供了实物资料(图 8-2-19、图 8-2-20)。2004 年被省政府公布为第四批省级文物保护单位。

六、阳城下交汤帝庙

下交汤帝庙,位于阳城县河北镇下交村村北。坐北向南,二进院落,南北 60.37 米、东西 33.85 米,占地面积 2044 平方米。创建于宋哲宗元祐元年(1086年),金大安二年(1210 年)重修,元至清均有大规模修缮。中轴线上由南至北依次建有山门、马王殿、舞楼、拜殿、正殿(广渊殿),两侧有东西华门、妆楼、文昌阁、乐楼、厢房、配殿、耳殿。拜殿为金代遗构,正殿为元代遗构,西厢房为 2009 年恢复之构,余皆明、清建筑。正殿面宽三间、进深三间,单檐九脊顶,灰布筒板瓦屋面、琉璃脊、吻、兽。梁架结构为四椽栿通檐用二柱,檐下铺作为五铺作双下昂、里转单杪承榑头木,补间铺作里转设挑斡。方形抹角石柱上周设大额枋,柱身有线刻雕

图 8-2-19 平顺西青北大禹庙戏楼(资料来源:宋文强摄)

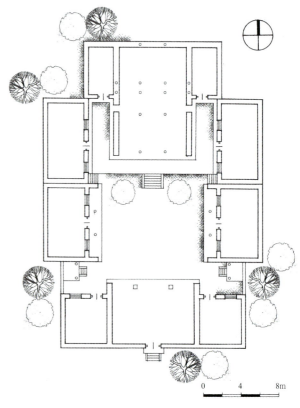

图 8-2-20 平顺西青北大禹庙平面图(资料来源:山西省第三次文物普查资料)

图 8-2-21 阳城下交汤帝庙舞台(资料来源:自摄)

图 8-2-22 阳城下交汤帝庙拜亭（资料来源：自摄）

图 8-2-23 阳城下交汤帝庙正殿（资料来源：自摄）

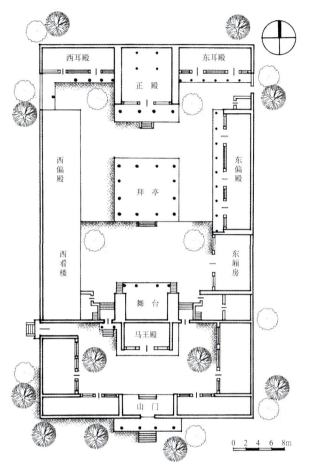

图 8-2-24 阳城下交汤帝庙平面图（资料来源：山西省第三次文物普查资料）

饰，东北角柱遗有"本社张珪自愿施柱壹条，大安三年岁次辛未匠人杨琛"铭文刻记。清康熙四十八年（1700正殿）重修时，将原有两间易为三间，亭内现存历代碑刻10数通。正殿，又称广渊祠，面宽三间、进深六椽，前廊式单檐九脊顶，琉璃瓦屋面。梁架为四椽栿前后剳牵用四柱，檐下设五铺作双下昂计心，补间一朵。方形抹角石檐柱，柱周线刻化生童子、儒士、神话故事及花鸟图案。正面三间六抹头隔扇门装修（图 8-2-21 ~ 图 8-2-24）。2006年5月被公布为全国重点文物保护单位。

七、阳城中庄汤帝庙

中庄汤帝庙位于阳城县润城镇中庄村村中。坐北朝南，一进院落，南北长 35.15 米，东西宽 43.87 米，占地面积 1542 平方米。创建年代不详，据现存碑记记载，于明万历、清顺治、康熙、乾隆年间屡有重修、增修、补修，现存正殿为明代风格，其余建筑为清代风格。中轴线上由南而北建有舞台、拜亭、正殿，两侧有山门、耳殿、配殿、小拜亭、看楼、妆楼、钟鼓楼（图 8-2-25、图 8-2-26）。山

图 8-2-25 阳城中庄汤帝庙舞台（资料来源：自摄）

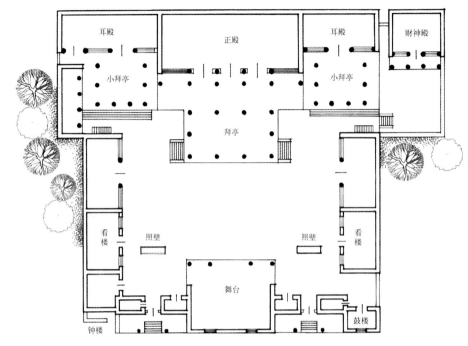

图 8-2-26　阳城中庄汤帝庙平面图（资料来源：山西省第三次文物普查资料）

门设在舞台左右，东门门匾书："惠兹万物"，西门门匾书："粒我蚕民"，门内迎面均建砖雕影壁，壁心嵌碑。正殿面宽五间，进深四椽，单檐悬山顶，顶覆灰筒瓦，琉璃脊饰、剪边，五檩前廊式构架，木质檐柱，青石雕鼓形加覆莲柱础，柱头斗栱五踩双昂，平身科每间置1攒，每间均施隔扇门。拜亭据花梁题记记载，创建于清顺治八年（1651年），乾隆二十四年（1759年）重建，青石台基，面宽三间，进深四椽，单檐歇山顶，柱头斗栱三踩单昂，平身科每间出一攒，明间出有斜栱。庙内存明清碑碣14通（方），新刻捐款功德碑13通。1982年中庄汤帝庙被阳城县人民政府公布为县级文物保护单位。

八、泽州大阳汤帝庙

大阳汤帝庙，位于泽州县大阳镇大阳西街村东侧，坐北向南，东西两院组成，南北64.95米、东西46.75，占地面积3036.41平方米。西院历史情况不详，后为民居，2008年规划后为管理用房区；东院为庙祭祀主区，三进院落，南北64.95米、东西29.55米，占地面积1919.27平方米。创建于宋乾德五年（公元967年），宋宣和元年（1119年）重修，金初毁于兵火。据庙内现存明、清碑碣及匾额"大元至正四年并脊有记"、脊刹吞口"至正"题记确定元、明、清均有修建。现存建筑正殿为元代风格，其余建筑为明、清风格。中轴线上由南至北遗有戏台、山门、中门、成汤殿，两侧依次有配殿、厢房、耳殿等（图8-2-27～图8-2-30）。成汤殿，面宽三间、进深八椽，前廊式单檐悬山顶，灰布筒板瓦屋面，琉璃脊、吻、兽、剪边。明间前施月台、廊柱外移，梁架为四椽栿后压乳栿，再后两道剳牵用五柱。前檐廊柱和檐柱上均施以大额枋，廊部铺作为五铺作双下昂、里转双杪计心造，补间铺作出45度斜栱里转设挑斡。前檐明间施六抹隔扇门四扇，次间设隔扇窗装修。山门，面宽三间、进深二间，单檐悬山顶建筑，梁架为四架梁前单步梁用三柱，檐下斗栱五踩双下昂、后檐单翘单下昂计心造，明间辟板门。中门，面宽三间、进深一间，单檐悬山顶，梁架为三架梁通檐用二柱，檐下斗栱三踩单下昂，明间辟板门，牌楼式建筑。戏台，面宽三间、

图 8-2-27 泽州大阳汤帝庙舞楼
(资料来源：自摄)

图 8-2-28 泽州大阳汤帝庙山门
(资料来源：自摄)

图 8-2-29 泽州大阳汤帝庙正殿
(资料来源：自摄)

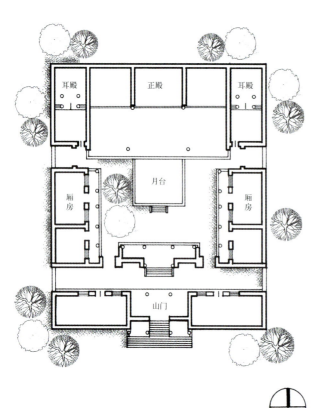

图 8-2-31 泽州神后村汤帝庙拜殿（资料来源：自摄）

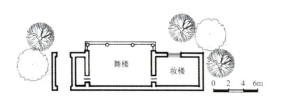

图 8-2-30 泽州大阳汤帝庙平面图（资料来源：山西省第三次文物普查资料）

进深一间，倒座式单檐悬山顶。2006年5月公布为全国重点文物保护单位。

九、泽州神后村汤帝庙

泽州神后村汤帝庙位于泽州县南岭乡神后村南，坐北朝南，三进院落。南北长100.07米，东西宽31.74米，占地3176.22平方米。创建年代不详，现存建筑后殿为元代风格，其余建筑为清代风格。南北中轴线上由南至北依次有山门（舞楼）、转阁楼、中殿、拜殿、正殿，两侧依次有妆楼、看楼、厢房、耳殿（图8-2-31、图8-2-32）。正殿面阔三间，进深五椽，单檐悬山顶，灰筒瓦

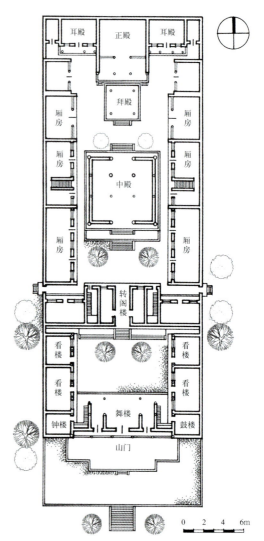

图 8-2-32 泽州神后村汤帝庙平面图（资料来源：山西省第三次文物普查资料）

布面，明间施四扇六抹隔扇门，次间隔扇窗，廊柱八棱抹角砂石质，下设方形青石柱础。2004年6月被山西省人民政府公布为第四批省级重点文物保护单位。

十、翼城四圣宫

四圣宫，位于临汾市翼城县西闫镇曹公村北500米。坐北向南，由西向东分别为道舍院、四圣宫、关帝庙三院并列组成，均一进院落，东西66米、南北49米，占地面积3234平方米。四圣宫，东西30.26米、南北49米，占地面积1482.14平方米。据庙内"重修尧舜禹汤之庙记"碑记载，创建于元至正年间（1341～1368年），"关帝庙碑记"关帝庙院创建于清嘉庆十五年（1810年），明嘉靖三十八年（1559年）、清乾隆十七年（1752年）曾重修四圣宫，民国7年（1918年）、1999年、2005年进行了保护修缮。中轴线南遗戏台、北遗正殿，戏台东西遗有宫门、院内东西南向遗有看楼、北向遗有厢房，正殿东西遗有耳房（图8-2-33～图8-2-36）。现存戏台及正殿为元代遗构，其他为清代建筑。戏台坐南向北，石砌台基高1.5米，平面近方形，面宽、进深各一间，单檐九脊顶，灰布筒板瓦屋面、琉璃脊、吻、兽。梁架结构为四根角柱上施大额枋，上设铺作置施抹角梁，铺作耍头后延与抹角梁共同挑承由兰额、普拍枋构成的八边框架上施铺作，形成八角藻井，藻井铺作承平榑及系头栿，系头栿上立蜀柱置栌斗、丁华抹颏栱及攀间斗栱、替木承脊榑，叉手捧戗脊榑下部及替木两侧，脊榑中部设垂莲柱。檐下施五铺作双下昂铺作，后檐砌墙封闭，两山设半墙，前面敞露，三面看戏。大殿面宽五间，进深四椽，单檐不厦两头造，梁架为四椽栿通檐用二柱，檐下铺作为五铺作。四圣宫正殿前月台西南边遗有明嘉靖三十八年（1559年）"西闫曹公里重修尧舜禹汤之庙记"，记载了"重修尧舜禹汤庙"之经过及迎神赛会之盛况。2006年5月被公布为全国文物保护单位。

图8-2-33 翼城四圣宫山门（资料来源：自摄）

图8-2-34 翼城四圣宫戏台（资料来源：自摄）

图8-2-35 翼城四圣宫大殿（资料来源：自摄）

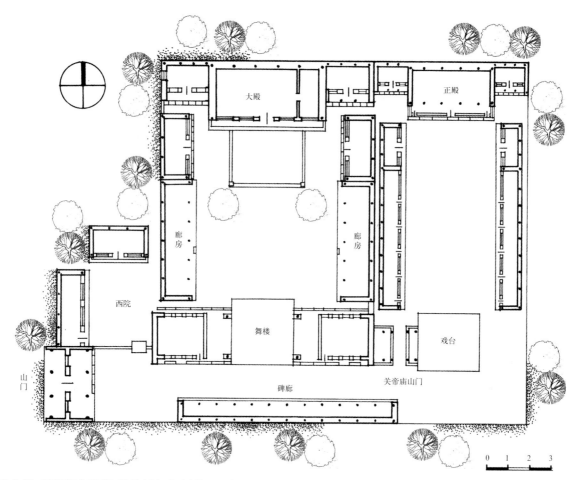

图 8-2-36　翼城四圣宫平面图（资料来源：山西省第三次文物普查资料）

十一、太原晋祠

晋祠，位于晋源区晋祠镇晋祠社区悬瓮山麓。原为晋王祠（唐叔虞祠），为纪念周成王胞弟晋（汾）王唐叔虞及母后邑姜而建。坐西向东，祠以圣母殿为主体建筑，另有关帝庙、文昌宫、唐叔虞祠、三圣祠、奉圣寺等，占地面积 11.53 万平方米。

据《水经注》和《魏书·地形志》记载，创建于北魏之前，北齐天保年间（公元 550~559 年）文宣帝于此"大起楼观，穿筑池塘"。天统五年（公元 569 年）后主高纬下诏改为大崇皇寺。五代后晋天福六年（公元 941 年）额题兴安王庙。宋太平兴国四年（公元 979 年）扩建。天圣年间（1023~1031年）在祠内西隅为叔虞之母邑姜营建圣母殿，熙宁年间（1068~1077 年）改为惠远祠，重修鱼沼飞梁，增建献殿、牌坊、钟楼、鼓楼、金人台、水镜台等。金大定年间（1161~1189 年）重建。元至元四年（1338 年）重修叔虞祠及祠内建筑。明代在圣母殿南侧建水母楼，并对其进行大规模的修葺，复名为晋祠，清代多次增建，中轴线建有山门、水镜台、会仙桥、金人台、对越坊、献殿、鱼沼飞梁和圣母殿，两侧为关帝庙、文昌宫、唐叔虞祠、三圣祠、奉圣寺、胜瀛楼等建筑（图 8-2-37~图 8-2-39）。

现存建筑中圣母殿、鱼沼飞梁为宋代遗构，献殿为金代遗构，景清门为元代遗构，叔虞殿及奉圣寺中殿木构部分尚存元制，余皆为明、清建筑。祠内除建筑外，周柏、难老泉、宋代侍女像被称为"晋祠三绝"，唐太宗李世民御书《晋祠铭》碑及《华严经》刻石、宋绍圣四年（1097 年）及政和七年（1117 年）铸造铁人像，铁狮，元代木雕伎乐像及诸多明代琉

图 8-2-37 晋祠"对越"坊(资料来源:自摄)

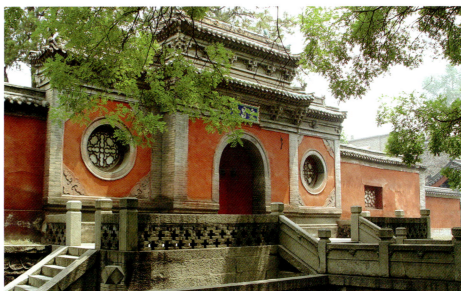

图 8-2-38 晋祠文昌宫(资料来源:自摄)

图 8-2-39 晋祠朝阳洞(资料来源:自摄)

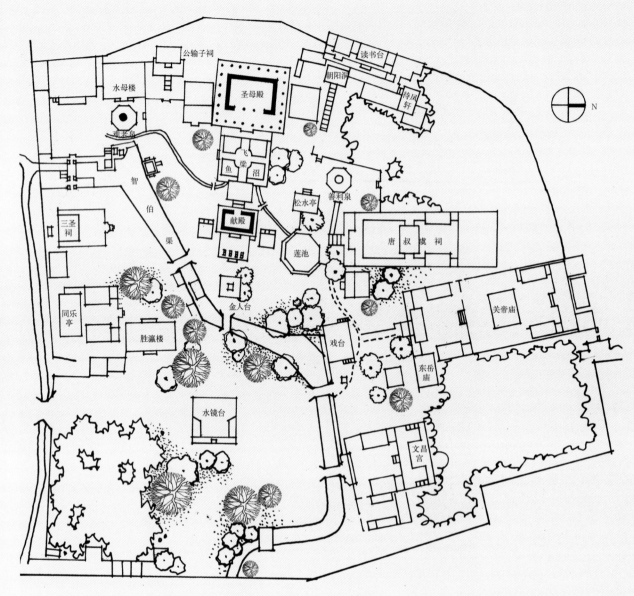

图 8-2-40 太原晋祠平面图（资料来源：《中国古代建筑史》）

璃、明清彩塑等，均为珍品。此外还保存有宋、元、明、清壁画约180.74平方米。晋祠内还保存有众多古树名木（图8-2-40）。⑨

昊天神祠为清代遗构，位于东岳祠之西，由关帝祠、三清祠、玉皇阁组成。创建年代不详，明代扩建，清乾隆六十年（1795年）再次扩建。坐北朝南，分前、后院。前院为关帝祠，正殿石砌台基，面宽三间，进深六椽，单檐悬山顶，七檩前廊式构架，柱头科三踩单昂，平身科每间二攒。殿内正中设神龛，内奉彩塑金面关羽像，东西两壁存明代沥粉贴金彩绘关羽生平故事壁画67.2平方米。后院正面有窑洞5眼，中间3眼窑洞供新塑玉清元始天尊、上清灵宝道君、太清太上老君三清。三清洞上架飞阁，称"玉皇阁"，阁内塑像无存（图8-2-41～图8-2-44）。

景清门为元代遗构。始建于元代（1206～1368年），总高10.50米，砖砌台基，面阔五间、进深四椽，单檐九脊顶，灰布筒板瓦屋面、琉璃剪边。四架椽分心用三柱，当心设分心柱一列，安板门三道。檐下铺作为五铺作双杪计心造，每间设补间铺

图 8-2-41　晋祠昊天神祠（资料来源：自摄）

图 8-2-42　晋祠东岳祠（资料来源：自摄）

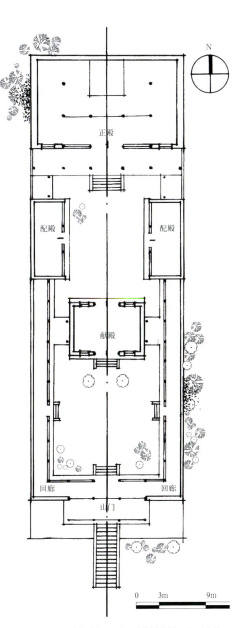

图 8-2-44　晋祠唐叔虞祠平面图（资料来源：山西省第三次文物普查资料）

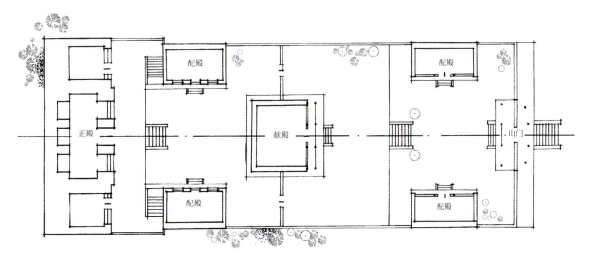

图 8-2-43　晋祠昊天神祠平面图（资料来源：山西省第三次文物普查资料）

作一朵。当心间、次间辟板门，梢间及两山以墙封闭。芳林寺大殿为明代遗构，位于奉圣寺内。宋熙宁二年（1069年）创建，明代重建，20世纪80年代从马庄迁至此。坐西向东，殿高13.50米，面宽五间、进深八椽，单檐歇山顶，九檩无廊式构架。柱头科五踩单翘单昂，平身科每间一攒。明、次间四扇六抹码三箭隔扇，梢间槛窗。

十二、灵石晋祠庙

晋祠庙，位于灵石县马和乡马和村北。坐北朝南，二进院落，东西32.6米，南北53.4米，占地面积1741平方米。庙碑记载，始建于元至正三年（1343年），明嘉靖年间（1522～1566年）、隆庆年间（1567～1572年）、神宗万历二十四年（1596年）进行维修，清道光十三年（1833年）修葺戏台、钟鼓楼及东西耳殿、配殿。中轴线上由南至北遗有戏台、献殿、正殿，戏台西侧遗有鼓楼，一进院东、西两侧遗存配殿。正殿、献殿为元代遗构，余皆明、清遗构。正殿，亦称"昭济圣母殿"，建于元至正三年（1343年），面阔三间、进深六椽，前廊式单檐硬山顶，灰布筒板瓦屋面。梁架为四椽栿前后剳牵用四柱，前檐铺作为五铺作单杪单下昂。前檐当心间辟板门，次间设直棂窗。献殿，元代遗构，平面方形，单檐九脊顶，屋面灰布筒板瓦覆盖，檐柱粗壮，覆盆式柱础，梁架结构为铺作里转出跳叠承井字栿，井字栿之上千角处设抹角梁，上承系头栿和平栿，系头栿上设蜀柱承脊部。檐下设五铺作双下昂铺作。院内现存元至正三年（1343年）碑1通、石狮2尊（图8-2-45、图8-2-46）。2006年5月公布为全国重点文物保护单位。

十三、太原窦大夫祠

窦大夫祠，又名烈石神祠、英济祠。位于尖草坪区上兰街道办事处寒泉社区新兰路733号。为纪念春秋时晋国大夫窦犨而建。窦犨字鸣犊，因与晋国权臣赵简子政见不和而被杀。相传其封地在今太原西北古城村。生前在狼孟（今阳曲县黄寨）开渠

图8-2-45　灵石晋祠庙献殿（资料来源：自摄）

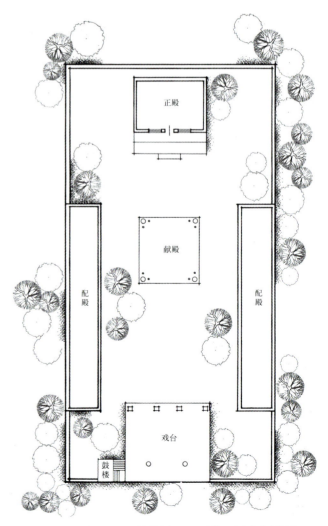

图8-2-46　灵石晋祠庙平面图（资料来源：山西省第三次文物普查资料）

引水灌田，有利于发展农业生产和改善人民生活，受到当地民众的爱戴。死后，人们在汾河汇合处，立祠祀之。因祠依傍烈石口，故又名烈石神祠。

祠坐北向南，二进院落，东西40.5米、南北83.6米，占地面积3385.8平方米。始建年代不详。祠碑记载，唐代已有，宋元丰八年（1085年）被汾水所淹，遂北移重建，并封窦犨为英济侯，又称"英济祠"。元至正三年（1343年）又予重建，明、清均有修葺、增建。中轴线建有山门、献亭和正殿，两侧为钟楼、鼓楼、东西配房和耳房。山门外30余米存乐楼1座。献亭、正殿为元代遗构，山门及正殿耳房为明代遗构，戏台、钟鼓楼及山门耳殿为清代遗构，东西厢房20世纪80年代复建（图8-2-47～图8-2-49）。

山门，南向面阔五间、北向面阔三间，进深六椽，前廊式单檐硬山顶，灰布筒板瓦屋面，琉

图8-2-47　太原窦大夫祠戏台（资料来源：自摄）

图8-2-48　太原窦大夫祠献亭与正殿（资料来源：自摄）

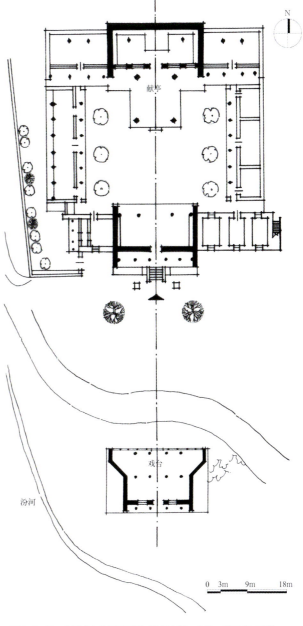

图8-2-49　太原窦大夫祠平面图（资料来源：自绘，1998年实测）

璃剪边。柱网布列特殊，北向檐柱施以元代惯用的减柱和移柱造，梁架结构为七架梁通檐用三柱，纵架后檐减柱、移柱柱头施以大额枋，各缝梁架由大额枋承托。檐下斗栱五踩双下昂、里转双翘，前檐柱斗栱内外三翘五踩计心造。前檐明间劈板门、后檐无装修。寺内存元明清碑24通、碣4方、侧柏5株。祠东侧有烈石寒泉，旁建有小庙，石砌月台墙体刻清道光壬辰年（1832年）题篆体"灵泉"二字。2001年6月被公布为全国重点文物保护单位。

图 8-2-50 清徐狐突庙献殿（资料来源：自摄）

十四、清徐狐突庙

狐突庙，亦称狐神庙、狐大夫祠，为纪念春秋时晋国大夫狐突而建。位于清徐县马峪乡西马峪村北。坐北向南，二进院落，东西32.46米、南北75.1米，占地面积2437.75平方米。据清顺治十八年《清源县志》及庙内石碑，庙始建于宋宣和五年（1123年），元至元二十六年（1289年）重修。中轴线存戏台遗址、献殿、寝宫，两侧有鼓楼，望楼，东、西厢房，东、西碑廊，东、西耳殿。寝宫为金代遗构，献殿为明、清遗构，余皆清代遗构。寝宫面宽三间、进深四椽，单檐九脊顶，灰布筒板瓦屋面。梁架为四椽栿通檐用二柱，檐下铺作斗口跳。两山设平直式剳牵，角梁斜置式。前檐各间设六抹头隔扇装修。殿内正中遗有狐突夫妇金装像，两侧各有侍女塑像3尊。殿前设献殿，后檐石柱上题"（明）正德三年（1289年）五月初六日立柱"。东、西山墙现存明代壁画50平方米。西墙为"利应侯出巡布雨图"，东墙为"施雨回宫图"。面宽三间、进深五椽，六檩前廊式，卷棚悬山顶，殿外悬挂清光绪十六年（1890年）"三晋名臣"匾额，清光绪十八年（1892年）"功著晋邦"匾额。两侧立官吏、侍者、武士彩塑6尊，另有3尊塑像为他处移至殿内（图8-2-50、图8-2-51）。望楼清代建筑，三层楼阁式，二、三层四面皆设拱形窗。东、西厢房面宽三间，进深三椽，单檐硬山顶。东、西碑廊面宽三间，进深三椽，单檐硬山顶。

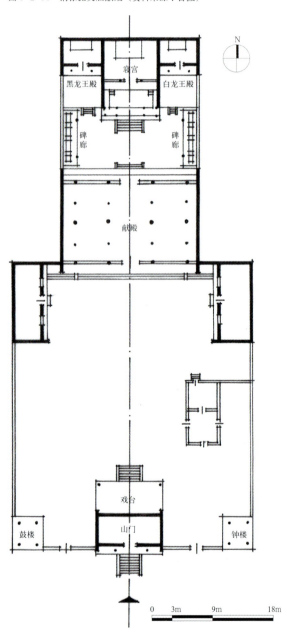

图 8-2-51 清徐狐突庙平面图（资料来源：自绘，1998年实测）

东、西耳殿面宽三间，进深三椽，单檐硬山顶。戏台遗址现存石砌台基总长14.5米，宽7.5米，高1.9米。庙内存元碑2通、明碑3通、清碑10通、民国碑3通。2006年5月被公布为全国重点文物保护单位。

十五、乡宁荀大夫祠

荀大夫祠又名柏山寺，位于乡宁县管头镇樊家坪村东南。坐东北向西南，占地面积2553.78平方米。据《乡宁县志》记载，创建于宋代，金、元、明、清皆有重修。据献殿脊板题记，清宣统三年（1911年）改建。现存大殿为元代建筑，献殿为清代建筑。中轴线上有山门（过道戏台）、献殿、大殿，轴线两侧为北、南廊房，现仅存献殿、大殿、老君殿（1998年重修）。献殿砖石台基，宽8.85米，深4.62米，高1.15米，面阔三间，进深四椽，单檐硬山顶，五架无廊式。前檐施飞椽，檐下装饰性斗栱三攒。大殿砖石台基，宽9.80米，深9.56米，高0.57米，面宽三间，进深四椽，单檐厦两头，四椽栿通檐用三柱，前檐施飞椽，檐下柱头铺作四朵，皆为四铺作出单昂。左侧为圣母陀郎龙王诸神庙，庙内现存药王殿、娘娘殿、龙王殿，由东向西，一字布局，为清代建筑。庙内存清代重修碑3通。1983年被乡宁县人民政府公布为县级文物保护单位（图8-2-52、图8-2-53）。

十六、盂县藏山祠

藏山祠位于盂县芪池镇藏山村东约200米。坐北朝南，占地面积1955平方米。创建年代不详，据祠内现存碑记载，金大定十二年（1172年）重修。明、清两代曾予修葺。依山势而建，中轴线依次建有石雕影壁、牌楼、仪门、戏台、正殿、寝宫，两侧建有钟、鼓楼、东西配殿、耳殿。山门开在影壁西侧。祠内存金、元、明碑各1通，清碑82通，民国碑1通、明嘉靖铁焚炉3个，明万历二十八年（1600年）铸铁钟1口，壁画69平方米。1996年山西省人民政府公布为省级文物保护单位。正殿，清代遗构。石砌台基，高0.72米，面宽五间，进深四椽，单檐歇山顶，琉璃瓦剪边灰瓦屋面，五檩后廊式构架。斗栱一斗二升交龙形耍头，平身科每

图8-2-52 乡宁荀大夫祠全景（资料来源：自摄）

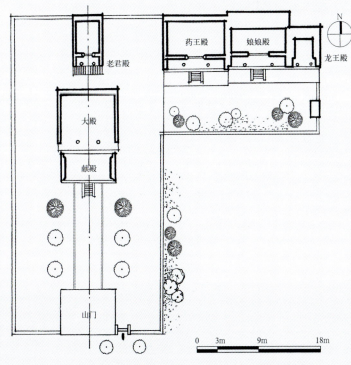

图8-2-53 乡宁荀大夫祠平面图（资料来源：山西省第三次文物普查资料）

图 8-2-54 盂县藏山祠山门（资料来源：自摄）　图 8-2-55 盂县藏山祠全景（资料来源：自摄）　图 8-2-56 盂县藏山祠俯瞰（资料来源：自摄）

间 1 攒。梁架上饰木雕团龙、行龙等图案，前檐明间辟六抹槅扇门 4 扇，两次间和梢间辟六抹槅扇门 2 扇。殿内两山墙及后檐墙彩绘赵氏孤儿生平故事壁画 69 平方米（图 8-2-54～图 8-2-57）。神台上新塑鎏金彩像 5 尊。前檐明间悬清道光二十九年（1849 年）礼部侍郎何桂清所题"功懋晋阳"牌匾 1 方。藏山神庙记碑，清代遗物。青石质，首佚，方座。高 1.88 米，宽 0.89 米，厚 0.20 米。金大定十二年（1172 年）立石。碑文楷书，满 22 行，每行 58 字，主要记述藏山庙之由来及对藏孤功臣之赞颂。智楫撰文，薛颐贞书丹。碑阴为清雍正十年（1732 年）重修藏山祠记，记述当年对该庙进行维修。王梅撰文。重修藏山庙记碑，青石质，首佚，方座。高 1.88 米，宽 0.89 米，厚 0.20 米。大定十二年（1172 年）立石。首题重修神泉里藏山神庙记碑，碑文楷书，满 14 行，每行 35 字。主要记述藏山庙之由来及对藏孤功臣之赞颂。智楫撰文，薛颐贞书丹。碑阴为清雍正十年（1732 年）重修藏山祠记，记述当年对该庙进行维修。王梅撰文。

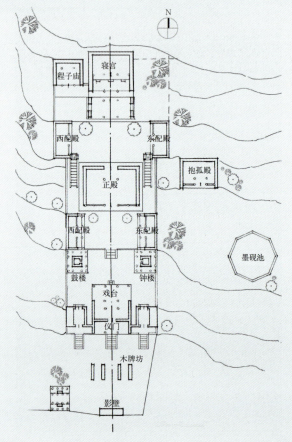

图 8-2-57 盂县藏山祠平面图（资料来源：山西省第三次文物普查资料）

宋钟，宋宣和六年（1124年）铸，高2.1米，口径2.86米，壁厚0.08米，圆环形钮，重约5 500公斤。腹部上方有"宋徽宗宣和六年（1124年）岁次甲辰十二月二十四日铸"铭文，通体饰以方格及圆点纹。1965年被山西省人民政府公布为省级文物保护单位。

十七、盂县大王庙

大王庙，又称藏山别祠，位于盂县秀水镇北关村村西。坐北向南，二进院落，东西61米、南北54米，占地面积约3294平方米。创建年代不详，据庙内元代"重修藏山庙记"碑记载，金承安五年（1200年）重建。元、明、清历代屡有修葺和扩建。中轴线由南至北依次遗有山门（后设抱厦戏台）、正殿和寝宫，山门两侧遗存钟、鼓楼，鼓楼西侧为仪门，正殿东侧为碑廊。寝宫为金承安五年（1200年）重建遗构，正殿为明天顺年间（1457～1464年）重建遗构，山门为清乾隆四十七年（1782年）遗构。碑廊内存有元代碑4通，明代碑3通，清代碑10通（图8-2-58～图8-2-60）。2001年6月公布为全国重点文物保护单位。寝宫，建于石砌台基之上，面阔三间、进深四椽，单檐不厦两头造，灰布筒板瓦屋面。梁架为四椽栿通檐用二柱，檐下铺作为五铺作单抄单昂计心直昂造，角铺作为五铺作双昂计心直昂造，明间补间铺作为五铺作双昂45度出斜昂计心直昂造。前檐当心间设四抹头隔扇门，次间设三抹头隔扇窗装修。正殿石砌台基之上。面宽三间、进深六椽，单檐歇山顶，灰布筒板瓦屋面。梁架为五架梁前后单步梁用四柱，前廊式。檐下斗栱为五踩双下昂计心，各间设平身科斗栱1攒。前、后檐明间设六抹头隔扇门，前檐次间设四抹头隔扇门，后檐次间设圆窗。殿内壁3面绘有壁画68.7米，内容为赵武行云布雨的情景图，采用中国传统绘画的散点透视画法，远观近视，线条洗练明朗，生动逼真，是我们了解明代民风民俗的一幅珍贵的画卷。碑廊内存有元代碑4通,明代碑3通,清代碑10通。

图8-2-58 盂县大王庙戏台（资料来源：自摄）

图8-2-59 盂县大王庙正殿（资料来源：自摄）

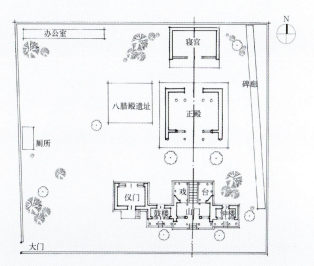

图8-2-60 盂县大王庙平面图（资料来源：山西省第三次文物普查资料）

十八、永济扁鹊庙

扁鹊庙，位于永济市虞乡镇洗马村北 300 米。坐北向南，东西 18.20 米、南北 18.95 米，占地面积 344.89 平方米。扁鹊，姓秦，名越人，春秋战国时期齐国名医。扁鹊庙创建年代不详，据碑记载，唐咸通二年（公元 861 年）、明万历二十四年（1596 年）、清康熙、光绪年间及民国 17 年（1928 年）及 1983 年、1991 年、1993 年皆重修。原中轴线自南向北建有山门、戏台、献殿、正殿，东西建有厢房，现存献殿、正殿。献殿为清代遗构，面宽五间、进深二椽，单檐硬山顶，各间置四扇六抹头隔扇门。正殿明代重建之构，砖构台基，面宽三间、进深三椽，单檐硬山顶，明间辟板门，次间设直棂窗。殿内建神台、暖阁，供扁鹊、其弟子及中国历史上十大名医彩塑。东西耳室供扁鹊、弟子子阳、子豹及侍从塑像。庙内遗有明代彩塑 20 尊及唐、明、清、民国重修碑刻 7 通。扁鹊墓现存圆形封土 1 座，底径约 9 米，残高约 2 米，墓前有宋大观元年（1107 年）《扁鹊墓碑》1 通（图 8-2-61、图 8-2-62）。1996 年 1 月公布为山西省级文物保护单位。

十九、稷山李牧庙

稷山李牧庙是一处专祀战国时期赵国大将李牧的祠宇，对研究元代建筑形制和李牧本人及同时期军事史、战争史等具有一定的研究价值（图 8-2-63、图 8-2-64）。该庙位于稷山县西社镇李老庄村东南隅，据正殿门枕石题记，创建于元泰定

图 8-2-61 永济扁鹊庙内院（资料来源：山西省第三次文物普查资料）

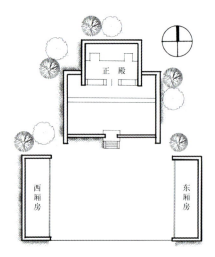

图 8-2-62 永济扁鹊庙平面图（资料来源：山西省第三次文物普查资料）

图 8-2-63 稷山李牧庙正殿（资料来源：山西省第三次文物普查资料）

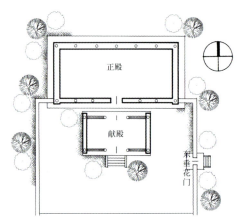

图 8-2-64 稷山李牧庙平面图（资料来源：山西省第三次文物普查资料）

二年（1325年）、清乾隆二十五年（1760年）、嘉庆十六年（1811年）、光绪二十年（1903年）均有修葺，清乾隆二十五年（1760年）曾改为玉帝庙。庙坐北朝南，原布局已毁，中轴线上现存献殿、正殿及东垂花门，庙南北长46米，东西宽25米，占地面积1150平方米。献殿主体结构为清代建筑，面宽三间，进深二椽，单檐卷棚硬山顶；正殿建于元泰定二年（1325年），面阔六间，进深四椽，单檐悬山顶。殿内梁架结构为四椽栿通达前后檐用二柱，前后檐柱头斗栱四铺作单下昂，明间斗栱出45度斜昂。为扩大殿内空间，明间和次间分别使用减柱造与移柱造手法，明间前檐下通施大额枋横跨二明间。殿内施中梁，承托于额枋之上。两明间正中辟板门，两次间直棂窗，前后檐柱柱头有卷杀，殿内后檐墙存有屏风壁画约6平方米；东垂花门位于献殿东侧，屋顶已毁，现存砖券门洞、门楣石匾额及两侧石楹联。庙内现存清代重修记事碑1通、石碣4方。2006年8月18日，被稷山县人民政府公布为县级文物保护单位。

二十、永济华佗庙

永济华佗庙位于该市韩阳镇祁家村东800米处的中条山坡上。坐北朝南，四合院，东西长17.8米，南北宽13.11米，占地面积233.4平方米。据碑记载，庙创建于清咸丰三年（1853年），光绪二十八年（1902年）增建，20世纪90年代、2008年、2009年维修。庙自南向北建有山门、东西廊房、献殿、大殿，均为清代建筑。山门面宽一间，进深二椽，单檐硬山顶，檐下施垂莲柱。献殿面宽三间，进深二椽，单檐悬山顶，梁、檩、枋遍施彩绘。大殿面宽三间，进深二椽，单檐硬山顶，墙壁绘有楼台、墨竹等题材的壁画。东西廊房面宽三间，进深二椽，单坡硬山顶，板门，直棂窗。另存《华神庙增造享殿、廊房碑文序碑》、《创建华神庙记碑》及《重修玄帝神庙无量殿记碑》（图8-2-65～图8-2-67）。

图 8-2-65 永济华佗庙俯瞰（资料来源：山西省第三次文物普查资料）

图 8-2-66 永济华佗庙山门（资料来源：山西省第三次文物普查资料）

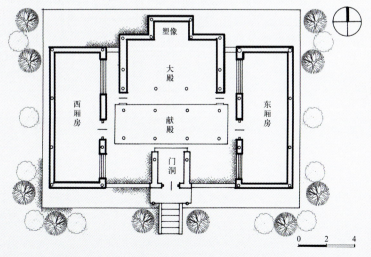

图 8-2-67 永济华佗庙平面图（资料来源：山西省第三次文物普查资料）

二十一、盂县烈女祠

烈女祠，又称柴花圣母祠，位于盂县孙家庄镇大吉村北约 2 公里处的水神山半山腰。坐北朝南，东西 40.5 米，南北 49.42 米，占地面积约 2001 平方米。始建年代无考，据祠内钟楼墙上所嵌的元至正九年（1349 年）石碣记载，当时此祠已存在，明、清历代均有修葺。两进院落布局，中轴线上依次建有砖牌坊、山门、木牌坊、仪门和正殿，上院东西各有配殿三间，仪门左右有钟鼓楼；下院又分上、中、下三台，每台东西各有禅房及碑房，主祠西约 20 米处有梳洗楼，除梳洗楼两侧的建筑为 20 世纪 80 年代所建外，其余建筑均为清代遗构（图 8-2-68～图 8-2-72）。庙内存有碑 45 通。正殿内壁画和塑像具有较高的文物和艺术价值。2004 年山西省人民政府公布为省级文物保护单位。正殿为清代遗构。台基石砌，宽 7.8 米，深 5.6 米，高 0.5 米。面宽三间，进深五椽，单檐硬山顶，灰瓦屋面，六檩前出廊构架，通檐用三柱，柱头斗栱施一斗二升交麻叶。明次间辟

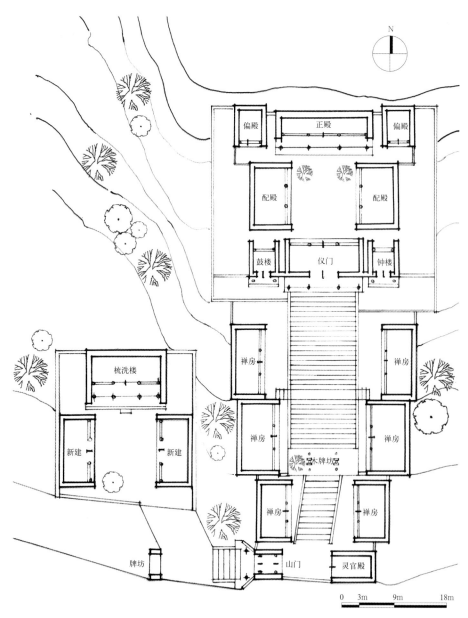

图 8-2-68　盂县烈女祠平面图（资料来源：山西省第三次文物普查资料）

图 8-2-69 盂县烈女祠全景
(资料来源：自摄)

图 8-2-70 盂县烈女祠木牌楼
(资料来源：自摄)

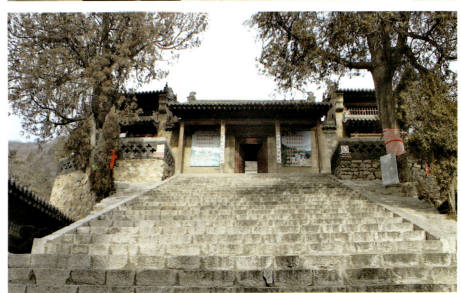

图 8-2-71 盂县烈女祠仪门
(资料来源：自摄)

图 8-2-72 盂县烈女祠俯瞰（资料来源：自摄）

地面积 781 平方米。始创年代无考，据现存碑记记载，清代曾有七次大的重修和补修，现存建筑为清代风格。一进院落布局，中轴线上由南至北建有山门（上为倒座戏台）、献亭、正殿，两侧有掖门、妆楼、钟楼、鼓楼、看楼、配殿、耳殿。正殿石砌台基，面宽三

图 8-2-73 沁水尉迟村敬德庙献亭（资料来源：自摄）

六抹槅扇门 4 扇，东西两壁有壁画 30.16 平方米，内容为《出宫图》和《回宫图》。殿内明间中央设神坛，上存塑像 5 尊，东西两侧有塑像 10 尊。抱泉楼，清代遗构，又名梳洗楼，正面看为二层，实为一层。上层面宽三间，进深五椽，六檩构架，单檐悬山顶，灰瓦屋面。通檐用三柱。檐下斗栱一斗二升交麻叶。明间辟六抹槅扇门 4 扇，两次间设四抹槅扇窗 4 扇。殿内东西山墙绘有人物壁画 50.34 平方米，中央神坛上有塑像 5 尊，楼下有泉 1 眼。重修烈女祠记碑，明代遗物。青石质，圆首，方座，通高 1.47 米，宽 0.65 米，厚 0.29 米。明嘉靖四年（1525 年）立石。碑文楷书，主要记述烈女祠由来及嘉靖初乡人捐资修葺庙宇一事。贺忠撰文，温述古书丹。

二十二、沁水尉迟村敬德庙

尉迟村敬德庙位于沁水县嘉峰镇尉迟村村北，坐北朝南，南北长 37.8 米，东西宽 20.65 米，占

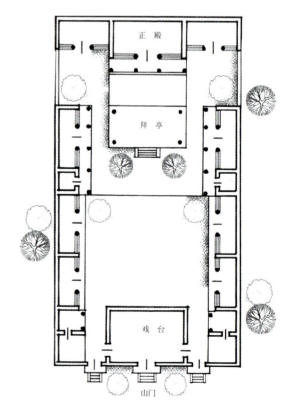

图 8-2-74 沁水尉迟村敬德庙平面图（资料来源：山西省第三次文物普查资料）

间，进深四椽，单檐悬山顶，五檩无廊式构架，柱头斗栱三踩单昂，平身科每间各置1攒，明次间均施隔扇门。庙内现存碑2通，碣2方。尉迟村敬德庙1981年8月被沁水县人民政府公布为县级文物保护单位（图8-2-73、图8-2-74）。

二十三、文水则天庙

则天庙，位于吕梁市文水县城北5公里南徐村北侧，坐北向南，一进院落，南北53.38米、东西32.94米，占地面积1758.34平方米。正殿梁架题记及碑文记载，始建于唐代，金皇统五年（1145年）、明正统十三年（1448年）、清康熙十六年（1677年）、光绪十八年（1892年）及三十四年（1908年）屡修，正殿为金皇统五年（1145年）遗构，乐楼为清代建筑，余皆为1984年重建。中轴线由南向北依次遗有乐楼、正殿，东西为钟、鼓楼、东西碑廊、东西配殿及东西耳殿。正殿砖砌台基，面宽三间、进深八椽，单檐九脊顶。梁架为五椽栿后对剳牵用三柱。殿内采用减柱造，檐下设五铺作单杪单下昂铺作。前檐当心间辟板门，次间设直棂窗。殿内遗存金代木构神龛。乐楼砖砌台基，面宽三间、进深五椽，六檩卷棚顶梁架，柱头斗栱一斗二升。乐楼台基中间有过道，南部为木构门楼，作为则天庙的山门。庙内现存清维修碑6通（图8-2-75、图8-2-76）。1996年11月公布为全国重点文物保护单位。

二十四、清徐贾状元祠

贾状元祠位于清徐县东于镇东高白村西北。创建年代不详，现存主体结构为清代建筑。坐南朝北，一进院落布局，南北32.4米，东西17.4米，占地面积564平方米。中轴线有祠门、祭堂，两侧有东、西厢房、廊各三间。祠门为垂花式，面宽一间，单檐悬山顶。祭堂位于高1.05米的台基之上，面宽三间，进深七椽，八檩前廊式，单檐硬山顶，柱头斗栱五踩单翘单昂，明、次间补间斗栱各两朵。明间六抹隔扇，次间槛窗。贾状元，名庭诏，清乾隆七年（1742年）武状元，殁于乾隆三十年（1765年），族人建祠以祀。1999年11月29日清徐县人民政府公布为县级文物保护单位。1996年村民集资维修，祭堂补配雀替、门窗，屋面瓦，重新油饰彩绘，修建了院墙。祭堂，东、西厢房槛墙轻微酥碱（图8-2-77、图8-2-78）。

图8-2-75　文水则天庙山门（资料来源：自摄）

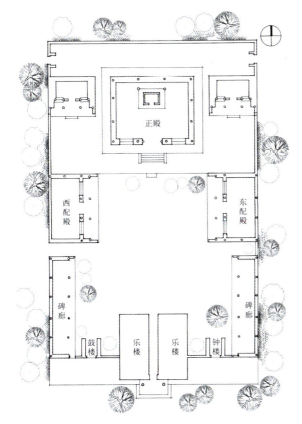

图8-2-76　文水则天庙平面图（资料来源：山西省第三次文物普查资料）

图 8-2-77　清徐贾状元祠正殿（资料来源：山西省第三次文物普查资料）

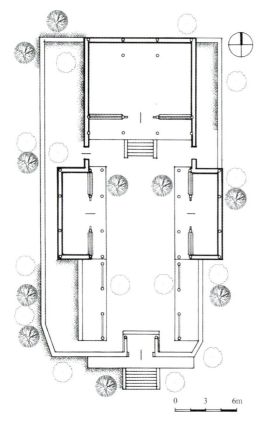

图 8-2-78　清徐贾状元祠平面图（资料来源：山西省第三次文物普查资料）

第三节　文庙武庙

在众多的圣贤祠庙中，文庙和武庙等级最高，建设量最大，信仰也最为广泛。中国是一个崇文尚武，遵礼守义的国度，孔子和关羽恰恰就是广大仁人志士的化身和楷模，上至文臣武将，下到凡夫俗子，无不顶礼膜拜，尊崇有加。其影响范围遍及全国，乃至东南亚等世界各地，是中华五千年文明的精髓和象征。

"文庙"是古人祭祀孔子的地方，早期称"文宣王庙"，民间亦称"孔庙"、"夫子庙"、"先师庙"、"至圣庙"等。公元前479年，鲁哀公在孔子故乡阪邑，以其"故所居堂"作为寿堂，"立庙于宅，置卒守，岁时奉祀"。当时的"庙屋三间"，便是中国最早的孔庙。汉武帝纳董仲舒策，罢黜百家，独尊儒术，儒家学说被奉为官学，建文庙之风日盛。北魏太和初年，孝文帝下诏全国各郡县学均祀孔子，从此确立了国家在学校内祭祀孔子的礼制，也为孔庙与学校的结合奠定了基础。太和十三年（公元489年），孝文帝"立孔子庙于京师（今大同）"，成为除孔子故里曲阜以外建立的又一个孔庙，此后孔庙逐步遍及华夏大地，"庙学合一"成为定制。唐贞观元年，太宗诏令"天下学皆立周公、孔子庙"。五代十国时期，周太祖于广顺二年（公元952年）追封孔子为"至圣文宣王"。宋大中祥符元年（1008年），宋真宗追封孔子为"至上文宣王"，"孔庙"又被称为"文庙"。元大德十一年（1307年），武宗加封孔子为"大成至圣文宣王"，这一封号在中国的影响最为深远。清代，孔子及儒学思想在中国居于崇高地位，清世祖以京师国子监为太学，建文庙。据统计，至清末，全国的府、州、县设立的文庙多达1560多处。各地孔庙是由皇帝下令统一修造，所以要遵守共同的规制，州、府、县的规制各不相同。一般可分为前导、主体、后部等部分。前导部分包括照壁（万仞宫墙）、伴池、棂星门等；主体部分包括大成门、大成殿以及两庑等；后部主要有崇圣祠，也叫启圣祠。此外，孔庙中还有明伦堂，尊经阁，乡贤祠，名宦祠、钟鼓亭、碑亭等从属性建筑（图8-3-1）。

"武庙"是一种祭祀性建筑，是用来奉祀蜀汉昭烈帝刘备的忠臣关羽的祠庙。历史上各地的关帝庙有着多种称谓，常见的有关庙、关帝庙、关圣庙、关王庙、关圣帝君庙、缪侯庙、显烈庙、义烈

图 8-3-1　平遥金庄文庙孔子像（资料来源：自摄）

庙、忠武庙、忠义庙、老爷庙、义勇武安王庙等，也有称关帝庙为寺或宫的，在中国民间有着广泛而深远的影响。关羽是山西解州人，殁于东汉建安二十四年（公元 219 年）。历经三国、两晋、南北朝，虽被后人尊为"汉寿亭侯"、"壮缪侯"、"武将虎臣"等，但这一时期为其建庙供奉者甚少。及至宋代，关羽被封"忠惠公"、"武安王"等爵位，传闻渐广，供奉者增多，庙宇遂遍及各地。到元末，其可考的庙宇数量已达 20 余处。⑩ 明代初、中期，关公庙宇就已经发展到"诸州县城市乡镇多建"的地步了。在清代和民国时期，晋商在立足经营的地方建立的"会馆"多以关帝庙的格式建造，主祭关帝，对外则称"某某会馆"。虽然关公自宋代以来一直受到人们的不同程度的崇拜，但直至明清时期，关公崇拜达到近乎狂热的地步，关公庙宇在全国的发展达到了空前的规模和程度。关帝庙建筑一般采用"前朝后寝"的平面布局形式，即山门、戏台、献殿、正殿、寝宫等，依次排列在中轴线上，体现了中国古代封建社会的礼制思想和宗法制度（图 8-3-2）。

一、太原文庙

太原文庙，位于太原市迎泽区文庙街道办事处文庙社区文庙巷西 40 号，坐北向南，四进院落，东西 124 米、南北 243 米，占地面积 30132 平方米。始建于北宋太平兴国七年（公元 982 年），金、明

图 8-3-2　解州关帝庙铁塔铁人铁狮写生（资料来源：自绘）

两代重修并扩建。原址位于太原城西水西关，清光绪初年因汾河泛滥造成损毁，清同治三年（1864 年）崇善寺遭火焚毁，清光绪八年（1882 年）经山西巡抚张之洞提议文庙迁于崇善寺的废墟上，使崇善寺一分为二，原崇善寺部分残存建筑成为文庙古建筑群的一部分。

现状中轴线由南至北遗有照壁、棂星门、大成门、大成殿、崇圣祠，一进院东、西遗有六角亭（井亭）和"义路"、"礼门"，大成门东、西侧遗有耳房，二进院东、西遗有厢房，三进院东西遗有厢房二十一间，四进院东、西厢房各五间；院西侧遗有木牌楼。照壁和东、西六角亭（井亭）为崇善寺中建筑，为明洪武十四年（1381 年）遗构；余皆清代重建之构。木牌楼原位于文庙最南端，1981 年迁至文庙西侧，为四柱三楼式，琉璃屋面。1919 年，山西省教育图书博物馆在文庙成立，现为山西省民俗博物馆（图 8-3-3、图 8-3-4）。

图 8-3-3 太原文庙棂星门（资料来源：自摄）

棂星门建于石砌台基上，为四壁夹三门、六柱三牌楼式，门间以照壁墙间隔，次门外边柱亦设照壁墙，四组琉璃照壁下设须弥座，壁身正中镶嵌琉璃团龙，墙上设单昂三踩琉璃斗栱，墙帽琉璃瓦覆盖，上置正脊。楼为悬山顶，冲天式柱，柱头套琉璃筒帽；明楼檐下斗栱五昂十一踩，次楼斗栱四昂九踩，柱前后设夹杆石及戗柱支撑。明楼檐下蓝底金字匾额楷书"棂星门"。

大成门，清代遗构，名取孟子称"孔子之谓集大成"意，面宽五间、进深六椽，单檐歇山顶，琉璃瓦覆盖，檐下斗栱三踩。大成门东西耳房面宽三间，前后廊式。大成殿，清代遗构，在唐代称文宣王（孔子封号）殿，宋徽宗尊崇孔子"集古圣先贤之大成"，更名"大成"，延传至今。大成殿石砌台基，殿前青石丹墀出三陛，宽大甬道与大成门相连，两边设台阶。殿身面宽七间、进深六椽，单檐歇山顶，蓝琉璃筒板瓦屋面。七檩前廊式构架，顶设平棊天花。檐下斗栱五踩重昂，平身科每间二攒。前檐各

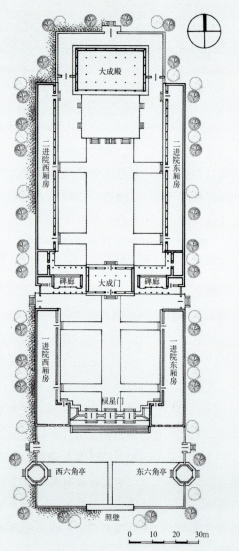

图 8-3-4 太原文庙平面图（资料来源：山西省第三次文物普查资料）

图 8-3-5 太原文庙大成门（资料来源：自摄）

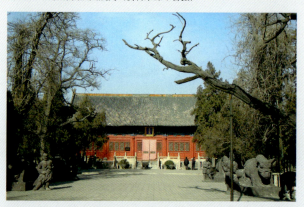

图 8-3-6 太原文庙大成殿（资料来源：自摄）

间设六抹头隔扇门装修（图8-3-5、图8-3-6）。

崇圣祠，清代遗构，是供祭孔子祖先的场所。祠门为木构三门坊式结构，祠内正殿面宽五间，进深五椽，单檐琉璃硬山顶。六檩前廊式构架。平面呈倒凹形，明、次间前设廊，梢间无廊。明、次间为四扇六抹隔扇门，梢间为拱形窗。台前院内东、西对称建有面宽各五间厢房。2013年5月公布为全国重点文物保护单位。

二、晋源文庙

晋源文庙，位于晋源区晋源街道办事处东街村东大街。坐北朝南，二进院落，南北104米、东西98米，占地面积10192平方米。明嘉靖三十年（1551年）《太原府志》载，始建于明洪武六年（1373年），后屡有增建、修葺。中轴线依次有棂星门、泮池、戟门、大成殿，一进院东西遗有厢房、二进院东西遗有廊庑（图8-3-7～图8-3-9）。戟门面宽三间、进深六椽，单檐歇山顶，七檩无廊式构架，斗栱三踩单昂，明间为菱形隔扇门，次间为菱形隔扇窗。大成殿面宽五间、进深六椽，单檐歇山顶，绿琉璃瓦剪边，七檩无廊式构架，明次间为菱形隔扇门，梢间为菱形隔扇窗，殿内顶设天花，檐下斗栱七踩单翘双昂。庙内存清碑2通。2013年5月公布为全国重点文物保护单位。

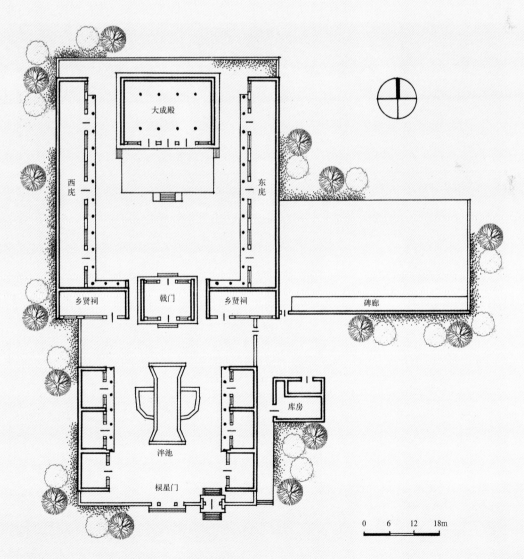

图8-3-7　晋源文庙平面图（资料来源：山西省第三次文物普查资料）

图 8-3-8　晋源文庙棂星门（资料来源：自摄）

图 8-3-9　晋源文庙泮池（资料来源：自摄）

图 8-3-10　清源文庙戟门（资料来源：自摄）

图 8-3-11　清源文庙大成殿（资料来源：自摄）

三、清源文庙

清源文庙，位于清徐县东湖街道办事处迎宪村赵家街15号。坐北向南，三进院落，东西36.79米、南北111.36米，占地面积4097平方米。清光绪《清源乡志》载，始建于金泰和三年（1203年），元延祐年间（1314～1320年）重修，明洪武年间（1368～1398年）、万历年间（1573～1620年）屡修，清顺治十七年（1660年）增、扩建。中轴线上由南至北遗有棂星门基址、状元桥、泮池、戟门、大成殿、明伦堂基址，两侧有廊庑、厢房、配殿。大成殿为金代遗构，余皆为清建筑（图8-3-10、图8-3-11）。戟门面宽三间、进深四椽，单檐歇山顶，五檩无廊式构架，檐下斗栱三踩单昂计心造，装修已改。大成殿，石砌台基，前设月台，面阔三间、进深三间，单檐九脊顶，灰布筒板瓦屋面，孔雀蓝琉璃瓦方心、剪边。梁架为四椽栿前对乳栿用三柱，檐下铺作单杪计心造，补间各二朵。装修已毁无存。大成殿东山墙内侧嵌清顺治"顺治□子春大修学宫"碣一方。2006年5月公布为全国重点文物保护单位。

图 8-3-12 平遥文庙明伦堂（尊经阁）（资料来源：自摄）

图 8-3-13 平遥文庙棂星门（资料来源：自摄）

图 8-3-14 平遥文庙大成门（资料来源：自摄）

图 8-3-15 平遥文庙大成殿（资料来源：自摄）

四、平遥文庙

平遥文庙，位于平遥县古陶镇东城社区云路街北端，坐北向南，由西学、文庙、东学三院并列组成，东西155.6米、南北238.7米，占地面积37141.7平方米。创建年代不详，庙碑与梁架题记载，金大定三年（1163年）重建，明、清屡修。文庙位于中央，四进院落，中轴线上由南至北遗有影壁、棂星门、小泮池、大成门、大成殿、明伦堂、超山书院，东、西两侧遗有乡贤祠、名宦祠、东西庑、时习斋、日新斋、忠孝祠、贤侯祠（图8-3-12～图8-3-16）。[11] 大成殿为金代遗构，余皆为明、清建筑。大成殿，脊槫下皮遗有"维大金大定三年岁次癸四月日辛酉重建"题记，为金大定三年（1163年）重建之构。前设月台，周施青石栏板。面阔五间、进深十椽，单檐九脊顶，屋面灰布筒板瓦覆盖，琉璃吻、兽。梁架施以草栿和明栿两种，当心间梁架为六椽栿后对四椽栿用三柱，次间为六椽栿对前后乳栿用四柱，殿内设平棊藻。殿内减去当心间前槽金柱，扩大了祭拜空间。外檐斗栱仅施于柱头，

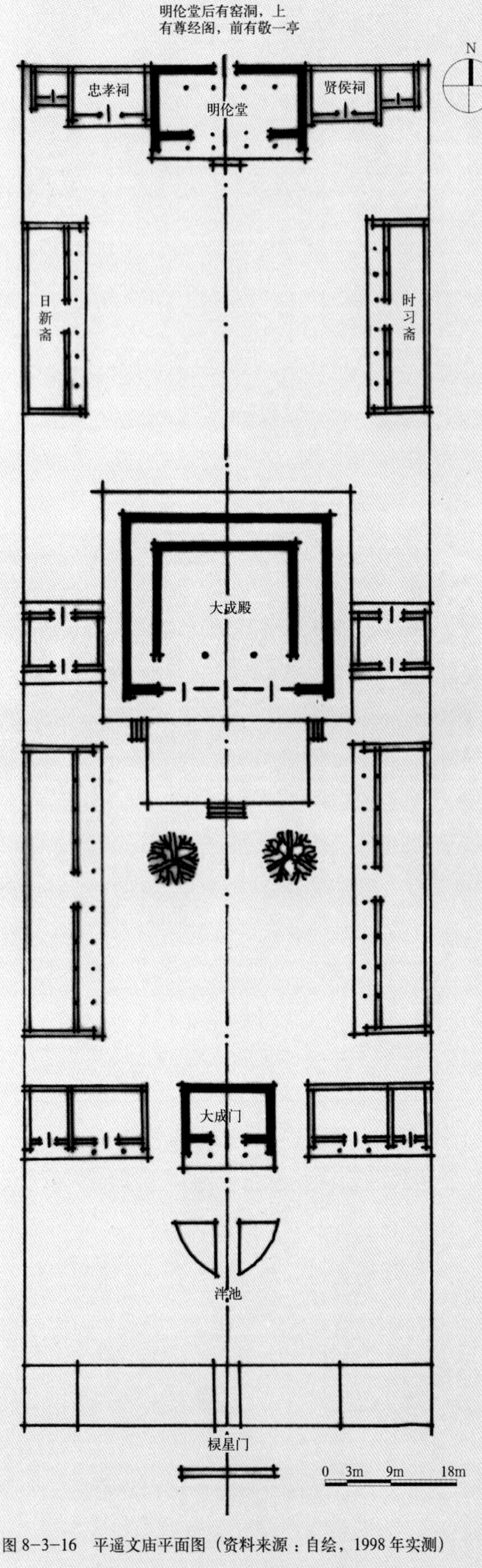

为七作铺双杪双下昂，隔跳异形栱计心造；补间施以扶壁栱及斜梁，外斜梁端搭于罗汉枋上承撩檐槫，后尾置于内槽枋上。前檐当心间及两次间均设六抹六扇门（为后期更改），梢间设隔扇窗。两山及后檐施墙体封护。庙内现存明、清维修碑碣25通（方）。2001年6月公布为全国重点文物保护单位。

五、平遥金庄文庙

金庄文庙，位于平遥县岳壁乡金庄村中，坐北朝南，三进院落，东西23米、南北81.6米，占地总面积为1876.8平方米。庙内清乾隆十八年（1753年）《义学碑铭》碑记载："今设义学非自今昉也，始于大元延祐年间，其时有一进士张先生讳传霖者……创建正殿三楹，内塑孔圣圣像，旁塑四配十哲，号曰文庙"。明万历年间（1573～1620年）重修，乾隆十三年（1748年）、五十年（1785年）扩建学房、东西房，嘉庆七年增建门牌。中轴线由南至北遗有棂星门、明伦堂、二门、泮池、三门及大成殿，三进院遗有东、西配殿（图8-3-17～图8-3-20）。大成殿砖砌台基面阔三间、进深三椽，单檐前廊式单檐硬山顶，梁架为平梁前剳牵用三柱，剳牵插于前檐柱，平梁上立蜀柱插丁华抹颏栱承脊槫，叉手蜀柱及丁华抹颏栱两侧，前檐明间装四扇六抹隔扇门，次间为槛墙、隔扇窗。殿内梁枋题记："大元延祐二年(1315年)修造，……明万历四十四年(1616年)重修……"。清康熙三十八年（1699年）、嘉庆七年（1802年）维修等墨书题记。殿内现存塑像为孔子四配十哲共15尊。前院碑厅下存清代石碑共计11通。2006年5月公布为全国重点文物保护单位。

六、灵石静升文庙

静升文庙，位于灵石县静升镇静升村中，坐北向南，四进院落，占地面积3500平方米。明万历二十九年《灵石县志》及庙内碑文记载，始建于元至顺三年（1332年），历经四载，至元二年（1336年）竣工，明、清及民国屡修。中轴线上依次排列着"鲤鱼跃龙门"双面镂空石雕影壁、棂星门、泮池、

图8-3-16 平遥文庙平面图（资料来源：自绘，1998年实测）

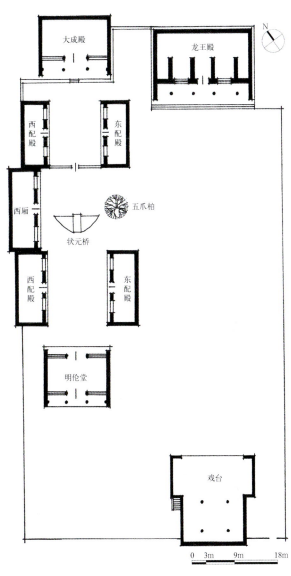

图 8-3-20 平遥金庄文庙平面图（资料来源：自绘，1998年实测）

图 8-3-17 平遥金庄文庙棂星门（资料来源：自摄）（左上）
图 8-3-18 平遥金庄文庙明伦堂（资料来源：自摄）（左中）
图 8-3-19 平遥金庄文庙泮池（资料来源：自摄）（左下）

戟门、大成殿、无梁殿等，左右排列有廊庑。东南角建六角四层魁星楼。东院有义仓等建筑，西院为明伦堂，单独成院，内设学宫。鲤鱼跃龙门影壁壁心22.8平方米（高3米、宽7.6米、厚1米）壁心满嵌石雕，用镂刻分块砌筑而成，双面同一规格，同一内容，经专家考证为元代建筑（图8-3-21～图8-3-25）。[12] 1996年公布为省级文物保护单位，2013年5月公布为全国重点文物保护单位。

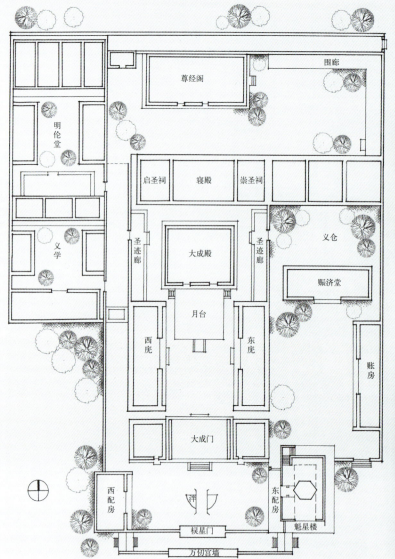

图 8-3-22　静升文庙大成门（资料来源：自摄）

图 8-3-21　灵石静升文庙平面图（资料来源：山西省第三次文物普查资料）　　图 8-3-23　静升文庙大成殿（资料来源：自摄）

图 8-3-24　静升文庙牌坊
（资料来源：自摄）（左）
图 8-3-25　静升文庙魁星楼
（资料来源：自摄）（右）

七、代县文庙

代县文庙，位于代县上馆镇西南街村南。坐北向南，四进院落，东西67.64米、南北187.2米，占地面积12662.2万平方米。唐代创建，元至正十八年（1358年）毁于兵火，元至正二十七年（1367年）知州李元凤开始倡议捐款重修，至洪武二年（1369年）八月竣工。明成化年间，都御史秦拓主持扩建大成殿为面阔七间、增设面阔五间门、门左右神库、泮池、棂星门、万仞坊；嘉靖三十三年，都御史赵时春主持移敬一亭于殿后建崇圣祠于大成殿东并于门前建名宦祠、乡贤祠；万历十三年，建星聚池并于万仞坊两侧建"仰圣"、"育贤"二坊。清至民国均有不同程度的修葺。1983年至1986国家多次拨款进行维修。中轴线上由南至北遗有万仞坊、棂星门、泮池、戟门、大成殿、敬一亭（图8-3-26～图8-3-30）。万仞坊与棂星门两翼均设八字墙；棂星门与泮池之间，西遗节孝祠；泮池与戟门之间，东遗名宦祠、西遗乡贤祠；戟门左右神库；戟门与大成殿之间遗东西庑；大成殿与敬一亭之间，东向遗崇圣祠，崇圣祠遗有正殿及东西配殿。现存建筑为明、清遗构。大成殿明代遗构，前设月台，面宽七间、进深八椽，单檐歇山顶，孔雀蓝琉璃瓦屋面。梁架为七架梁前后单步梁用四柱，

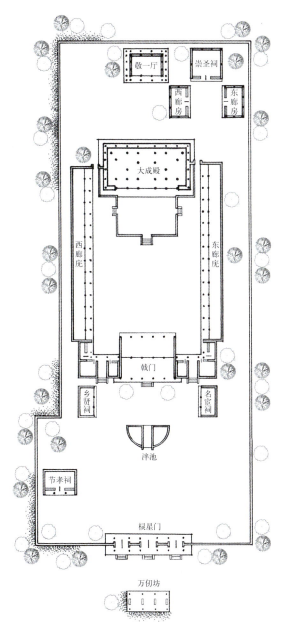

图8-3-26 代县文庙平面图
（资料来源：山西省第三次文物普查资料）

图8-3-27 代县文庙棂星门
（资料来源：自摄）

图 8-3-28 代县文庙泮池
(资料来源:自摄)

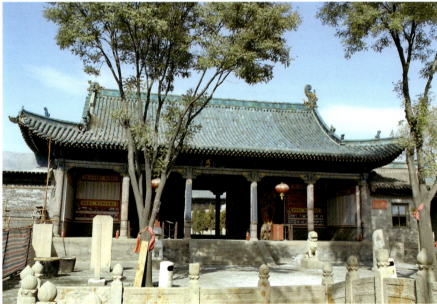

图 8-3-29 代县文庙戟门
(资料来源:自摄)

图 8-3-30 代县文庙大成殿
(资料来源:自摄)

檐下施九踩单翘三下昂斗栱，明间三攒，次间二攒，梢间一攒。前檐明间施六扇六抹隔扇门，次、梢间施四扇六抹隔扇门，庙内保存有古树2棵，清代重修及布施碑9通，民国重修碑3通。2006年5月被公布为全国重点文物保护单位。

八、原平崞阳文庙

崞阳文庙，位于原平市崞阳镇北街村文庙街。坐北向南，三进院落，东西114.5米、南北146米，占地面积16717平方米。清光绪版《崞县志》记载，"文庙在县东南隅太原府志载，元大定年间建，明洪武三年重建、三十三年、景泰、成化间重修，万历崇祯十年捐修，国朝顺治十二年、康熙十五年续修、二十二年地震倾祀补修重塑十哲像正中，康熙三十年、四十四年屡次修葺，乾隆二十八年重修、四十五年重修，嘉庆二十四年缮修，同治十年兴修，始末具详载碑记"。中轴线由南至北遗有影壁、棂星门、泮池、戟门和大成殿（图8-3-31～图8-3-33）。大成殿、戟门为明代遗构，余皆为清代建筑。大成殿砖砌台基，前设月台，面宽七间、进深八椽，单檐歇山顶，黄、绿、琉璃瓦屋面。平面柱网减去前金柱，梁架为七架梁前后单步梁用四柱，金柱斗栱五踩重翘，檐柱斗栱七踩三昂，并出45度斜昂，平身科明间二攒，次、梢、尽间各一攒。明、间设六抹隔扇门装修，菱花纹心屉。梢间与两山砖砌筑墙。棂星门六柱五间歇山式五牌楼。屋面为绿色琉璃瓦覆盖。平面施六柱，各柱上端直接通至脊檩，柱两侧施抱鼓石及戗柱。梢间与两侧围墙相连。檐下设斗栱五种19攒，明楼六翘十三踩，平身科施45度斜昂出跳；次、梢楼斗栱为五翘十一踩。庙内存元碑1通，清碑6通。2004年6月被公布为山西省级文物保护单位。

图8-3-31 崞阳文庙棂星门（资料来源：自摄）

图8-3-32 崞阳文庙戟门（资料来源：自摄）

图8-3-33 崞阳文庙大成殿（资料来源：自摄）

九、大同文庙

东街文庙，位于大同城区府学门街3号。坐北向南，一进院落，南北182.13米、东西119.78米，占地面积21815平方米。创建年代不详，明初由云中驿改建，宣德二年（1427年）增建肃敬厅，正统九年（1444年）建崇文阁，规模渐趋完备。后毁于兵火，嘉靖十六年（1537年）"开云路，建云表，殿庑堂斋、亭阁祠舍、门楣之属无废不举"。中轴线现存过殿、大成殿，两侧建配殿（图8-3-34~图8-3-37）。现存建筑为明代遗构。大成殿建在高1.1米的台基上，周设石雕栏板、望柱、蹲狮，殿身面宽五间、进深八椽，单檐歇山顶，黄、绿、蓝色琉璃瓦覆盖，九檩无廊式构架，外檐斗栱七踩三翘，前檐明、次间设六扇六抹头隔扇门，梢间为四扇五抹头隔扇窗装修。过殿面宽三间、进深四椽，悬山顶，五檩无廊式构架，檐下斗栱五踩。2008年分别修复尊经阁、角楼、西庑、明伦堂等。1996年1月公布被公布为省级文物保护单位。

图8-3-34 大同文庙棂星门（资料来源：自摄）

图8-3-35 大同文庙大成门（资料来源：自摄）

图8-3-36 大同文庙大成殿（资料来源：自摄）

图8-3-37 大同文庙尊经阁（资料来源：自摄）

中轴线上现存影壁、棂星门、泮池、戟门、大成殿、藏经楼遗址；二进院东、西两庑、戟门两侧东西角门、东西配房、崇圣祠。大成殿元代遗构，余皆明、清遗构。大成殿，创建于唐，元至正四年（1344年）重修，元至正十八年（1358年）毁，十九年（1359年）重建。面阔七间、进深十椽，前设月台，副阶周匝，前设抱厦，重檐九脊顶，灰布筒板瓦屋面，琉璃脊、吻、兽、剪边。平面柱网减柱、移柱造；梁架为四椽栿前后乳栿、副阶周匝用六柱。副阶施四铺作单杪斗栱，上檐施五铺作双下昂计心造斗栱。门窗装修后人改造。文庙在建筑规模、建筑规制上反映了元末到明、清时期山西地方营造手法（图8-3-38~图8-3-41）。2006年5月被公布为全国重点文物保护单位。

十一、闻喜文庙

闻喜文庙，位于闻喜县桐城镇东社村（东牌楼街72号）。坐北向南，三进院落，东西51米、南北135米，占地面积6885平方米。创建年代不详，清乾隆《闻喜县志》及庙碑记载，宋咸平四年（1001年）重建，金大定二十六年（1186年）增修，元至元年间重修，元大德七年毁于地震，达鲁花赤哈儿予以重建。明洪武、正统、成化、弘治、正德、嘉靖、万历、天启、崇祯各代屡修。清康熙、乾隆扩建。原庙中轴线上建有泮池、五龙影壁、棂星门、戟门、大成殿，东西两侧建有廊庑、传道斋、授业斋、敬一亭。现仅存大成殿和影壁，为明代建筑，余均为1985年、2005年重建并迁前院五龙壁于泮池后，庙院现状布局改变较大。大成殿，明间脊部遗有："大明弘治拾肆年岁次……重建"，时大清嘉庆贰拾肆年岁次……重修题记。1986年当地政府对其进行了整修。面宽五间、进深三间，单檐歇山顶，灰布筒板瓦屋面，琉璃脊、吻、兽。梁架结构为七架梁通檐用四柱，柱头斗栱五踩双昂，明间施斜栱。前檐明、次间装五抹隔扇门。殿内后壁正中嵌明代孔子线刻像（图8-3-42）。庙内存有宋至清碑22通。1996年1月被公布为山西省级文物保护单位。

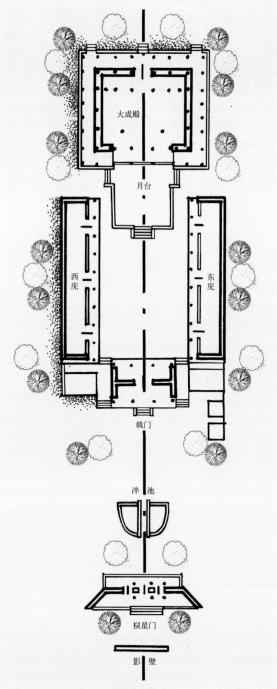

图8-3-38 汾城文庙平面图（资料来源：山西省第三次文物普查资料）

十、襄汾汾城文庙

汾城文庙，为汾城古建筑群组成部分，位于临汾市襄汾县汾城镇城内村村中，坐北向南，三进院落，东西54米、南北152米，占地面积8208平方米。创建于唐代，元至元八年（1271年）、元至正四年（1344年）重修，元至正十八年（1358年）毁，十九年（1359年）重建，明代、清代屡经修葺、增建。

图8-3-39 汾城文庙棂星门（资料来源：自摄）

图8-3-40 汾城文庙泮池、戟门（资料来源：自摄）

图8-3-41 汾城文庙大成殿（资料来源：自摄）

图 8-3-42　闻喜文庙大成殿（资料来源：自摄）

十二、绛州文庙

绛州文庙，位于新绛县龙兴镇文庙社区四府街105号。坐北向南，南北146.2米、东西50.3米，占地面积7354平方米。创建年代不详，宋咸平二年（公元999年），元至元三年（1337年）、至正二年（1342年），明洪武十年（1377年）、正统十四年（1449年）、成化十三年（1477年）、正德十六年（1521年）均有修葺。中轴对称布局，原轴线上由南至北依次建有戟门、照壁、泮池、棂星门、大成殿、尊经阁和敬一亭，东西两侧建有廊庑。现存照壁、泮池、棂星门、大成殿。大成殿及棂星门为明代遗构（图8-3-43～图8-3-45）。大成殿面宽七间、进深九椽，重檐歇山顶；棂星门系青石质造，悬山顶，四柱三门式结构，庙内保存有明正统十二年（1447年）、成化十三年（1477年）、万历十三年（1585年）"重修儒学碑"，清康熙年间"孔子赞碑"，康熙二十七年（1688年）"重修庙学碑"，"平定青海告成太学碑"各1通。1996年被公布为山西省级文物保护单位，2013年5月公布为全国重点文物保护单位。

十三、绛县文庙

绛县文庙，位于古绛镇城内村振兴西大街文庙路1号，坐北向南，南北90米、东西47米，占地面积4230平方米。创建于后唐长兴三年（公元932年），元大德七年（1303年）、明正德十一年（1516年）、清代各朝均有修葺。清乾隆版《绛县志》和有关碑文记载，始建于后唐长兴三年（公元932年），元大德七年（1303年）、明正德十一年（1516年）及清代均有重修和扩建。原庙五进院落，中轴线建有山门、泮池、棂星门、过厅、戏台、献殿、大成殿、牌楼、明伦堂、敬一亭，东西建有乡贤祠、名宦祠、奎光楼、省性亭、东西廪、进往斋、麟经楼等建筑，大成殿为元代遗构，明伦堂为清代遗构，余皆2003年至2004年复建（图8-3-46、图8-3-47）。明伦堂砖砌台基，面宽五间、进深三间，单檐悬山顶，

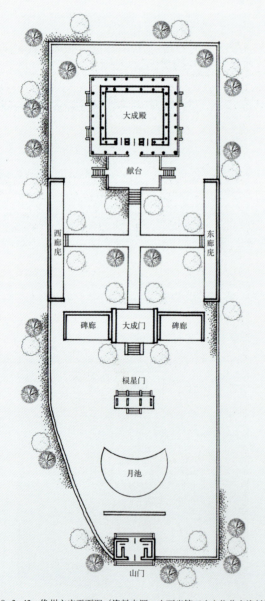

图 8-3-43　绛州文庙平面图（资料来源：山西省第三次文物普查资料）

图 8-3-44　绛州文庙棂星门（资料来源：自摄）

图 8-3-45　绛州文庙大成殿（资料来源：自摄）

图 8-3-46　绛县文庙全景（资料来源：自摄）

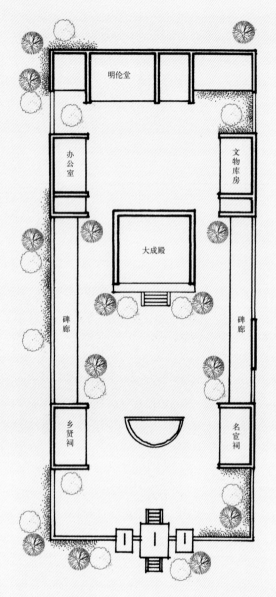

图 8-3-47 绛县文庙平面示意图（资料来源：山西省第三次文物普查资料）

米，占地面积 704.45 平方米。庙内碑碣记载创建于金兴定五年（1221 年），元中统四年（1263 年）重修。中轴线由南至北遗存戟门、大成殿，戟门和大成殿两侧遗有东、西耳房；院内建有东、西厢房（图 8-3-48～图 8-3-51）。大成殿为金代遗构，戟门清代嘉庆年间重修之构，耳房、厢房为近代所建。大成殿面阔三间、进深六架椽，单檐九脊顶。梁架为六椽栿通檐用二柱，檐下铺作为施四铺作单昂，45 度方向出斜栿计心造，不设补间铺作，转角铺作设抹角栱出跳。门窗近年改建。脊刹上有"元至元元年"及烧制匠师名字题记。庙内保存有金代石碣 1 方，无纪年碣 1 方。元中统四年（1263 年）重修碑一通，另有"皇封碑"碑 1 通。2013 年 5 月被公布为全国重点文物保护单位。

十五、解州关帝庙

解州关帝庙，位于盐湖区解州镇解州村五一路 145 号。坐北向南，由结义园、主体庙院、东院、西院、御园五部分组成，东西 117 米、南北 296.5 米，占地面积 34690.5 平方米。宋大中祥符七年（1014 年）重建，明代修扩建，清康熙四十一年（1072 年）遭火焚毁，历时十余载修复。现存建筑多为清代重修遗构。布局为中轴线对称，沿袭"前朝后寝"之制，是我国目前现存关帝庙中规模最大，档次最高，保存最完整的宫殿式建筑群庙宇（图 8-3-52～图 8-3-59）。南部为结义园，始建于明万历四十八年（1620 年），由牌坊、君子亭、结义亭、莲池、假山等组成。中部为主体庙院；主体庙院中轴线上依次排列有琉璃照壁、端门、雉门、午门、山海神灵坊、御书楼、崇宁殿、后宫南门、气肃千秋坊、春秋楼、后宫北门、厚载门，两侧为义勇门、忠武门、钟楼、鼓楼、文经门、武纬门、追风伯祠、精忠贯日牌坊、大日参天牌坊、东华门、西华门、宫厅、官库、碑亭、钟亭、胡公祠、廊房、刀楼、印楼。东院有崇圣祠、三清殿、祝公祠、葆元宫、飨圣宫和东花园及"万代瞻仰"坊。西院有长寿宫、永寿宫、余庆宫、歆圣宫、道正司、汇善司和西花园以及前

梁架结构为七架梁通用二柱。大成殿，砖砌台基，前设月台，面阔三间，进深三间六椽，单檐歇山顶。梁架为四椽栿通檐用二柱，檐下铺作为五铺作双下昂计心造。前檐当心间设六扇六隔扇门，次间设四扇窗装修。庙内存有明清修葺碑刻 7 通。2004 年被公布为省级重点文物保护单位，2013 年 5 月被公布为全国重点文物保护单位。

十四、潞城李庄文庙

李庄文庙，位于长治潞城市黄牛蹄乡李庄村中。坐北向南，一进院落，东西 19.65 米、南北 35.85

图 8-3-48 潞城李庄文庙全景(资料来源:自摄)

图 8-3-49 潞城李庄文庙大成殿正面(资料来源:自摄)

图 8-3-50 潞城李庄文庙大成殿侧面(资料来源:自摄)

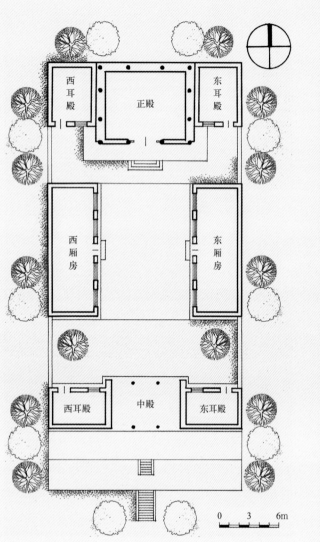

图 8-3-51 潞城李庄文庙平面图（资料来源：山西省第三次文物普查资料）

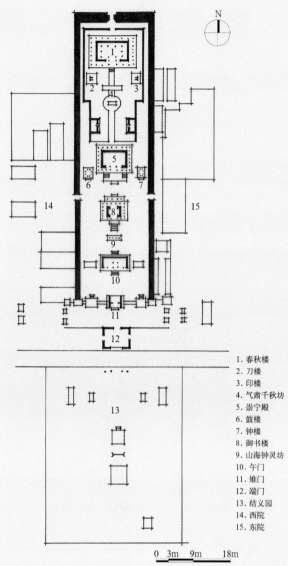

1. 春秋楼
2. 刀楼
3. 印楼
4. 气肃千秋坊
5. 崇宁殿
6. 鼓楼
7. 钟楼
8. 御书楼
9. 山海钟灵坊
10. 午门
11. 雉门
12. 端门
13. 结义园
14. 西院
15. 东院

图 8-3-52 解州关帝庙平面图（资料来源：自绘，1996 年实测）

庭的"威震华夏"坊。御园近年修建。春秋楼，又名麟经阁，该楼初建于明万历初，清同治九年（1870年）在明代基址上重建。为二层三檐腰缠平座楼阁式歇山顶建筑，琉璃瓦屋面。楼主体构架为永定柱造，四根檐柱直承顶层平板枋，一、二层廊柱与檐柱间施单步梁和穿插枋联结。底层面阔七间、进深六间，回廊式，殿内关圣塑像端坐其中。二层面阔七间、进深六间，廊柱内收上承二檐平板枋，下设腰梁挑承，外观悬空。顶层梁架为五架梁前后双步梁用四柱，梁栿间瓜柱顶承，脊部设叉手捧戗。一、三层檐下设五踩双下昂斗栱、二层设三踩单翘斗栱。

殿内次间悬吊八角藻井，藻井以垂莲柱为轴，斗栱昂跳放射叠出，形如巨花盛开，形制华丽。檐下木雕龙凤、流云、花卉、人物、走兽等图案。楼内神龛塑有关公侧身夜读《春秋》坐像，左手扶案，右手捋髯，神态逼真。1988 年 1 月被公布为全国重点文物保护单位。

十六、定襄关王庙

定襄关王庙，位于定襄县晋昌镇北关村中。坐西向东，东西 18.92m、南北 31.85 米，占地面积约 603 平方米。碑文记载，创建于唐代，原名悯忠

图 8-3-53 解州关帝庙结义园（资料来源：自摄）

图 8-3-54 解州关帝庙端门（资料来源：自摄）

图 8-3-55 解州关帝庙雉门（资料来源：自摄）

图 8-3-56 解州关帝庙钟楼（资料来源：自摄）

图 8-3-57 解州关帝庙御书楼（资料来源：自摄）

图 8-3-58 解州关帝庙"气肃千秋"坊（资料来源：自摄）

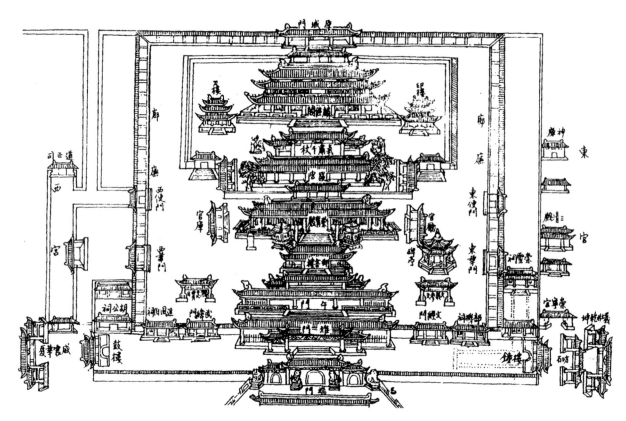

图 8-3-59 解州关帝庙全貌（资料来源：《解州全志》）

祠，金泰和八年（1208 年）塑关羽像改名为关王庙。元至正六年（1346 年），明嘉靖三十四年（1555 年）、清康熙二十八年（1689 年）重修。现仅存关王殿，为金代遗构。面宽三间、进深四椽，前廊式单檐九脊顶。梁架为三椽栿前对劄牵用三柱，前廊柱上置大额枋。额枋上置铺作，梁缝铺作为四铺作单昂计心真昂造，补间及柱头铺作为五铺作双杪两侧出 45 度华栱偷心造；后檐铺作均五铺作双杪。当心间劈板门，两次间设直棂窗。殿内当心间后部施砖砌神台，上遗清代木雕神龛，龛三间，两侧置六抹隔扇各一扇。神龛柱上置额枋、平板枋，其上施三翘七踩计心造斗栱。殿内遗存清嘉庆八年（1803 年）壁画，内容为三国演义故事。大殿内北山墙嵌金泰和八年（1208 年）石碣一方，记载内容为关羽的生平简略事迹和评价以及立塑像事宜，北次间元至正六年（1346 年）"重建昭惠灵显王庙记"石碑一通（图 8-3-60、图 8-3-61）。2006 年 5 月被公布为全国重点文物保护单位。

十七、新绛龙香关帝庙

龙香关帝庙，位于新绛县龙兴镇龙香村委会院内。坐北向南，二进院落，东西 34.8 米、南北 51.84 米，占地面积 1804 平方米。创建年代不详，清道光十一年（1831 年）、民国 37 年（1948 年）均有重修扩建。中轴线由南至北遗有戏台、献殿、关帝殿。结合当地元至清代木构建筑分析断定，关帝殿为元代构架，戏台为清代遗构，献殿为民国建筑。戏台面宽三间、进深五椽，单檐硬山顶；献殿面宽三间、进深二椽，单檐硬山顶。关帝殿面阔三间、进深四椽，单檐不厦两头造，灰布筒板瓦屋面，琉璃脊、吻、兽。梁架为四椽栿通檐用二柱，檐下铺作为四铺作单下昂、里转单杪里外计心造，后檐里外单杪计心造，当心间补间铺作 45 度出斜昂。前檐当心间辟板门、次间设直棂窗。殿内设神坛，坛上塑关公及侍臣像 7 尊，背光为悬塑（图 8-3-62～图 8-3-65）。2006 年 5 月公布为全国重点文物保护单位。

图 8-3-60 定襄关王庙大殿(资料来源:兰勇摄)

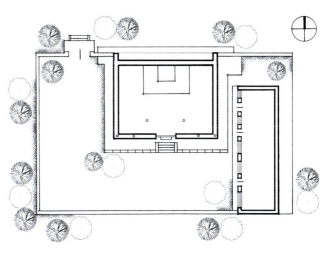

图 8-3-61 定襄关王庙平面图(资料来源:山西省第三次文物普查资料)

图 8-3-62 新绛龙香关帝庙大殿(资料来源:自摄)

图 8-3-63 新绛龙香关帝庙戏台(资料来源:自摄)

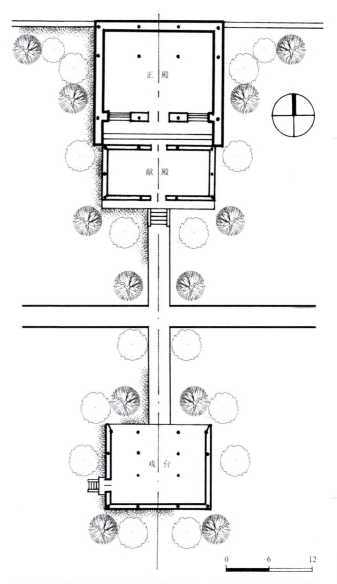

图 8-3-64 新绛龙香关帝庙平面图(资料来源:山西省第三次文物普查资料)

图8-3-65 新绛龙香关帝庙塑像（资料来源：自摄）

图8-3-66 新绛泉掌关帝庙俯瞰（资料来源：山西省第三次文物普查资料）

图8-3-67 新绛泉掌关帝庙正殿（资料来源：山西省第三次文物普查资料）

十八、新绛泉掌关帝庙

泉掌关帝庙，位于新绛县泉掌镇泉掌村委会东侧。坐北向南，南北21米、东西19.6米，占地面积411.6平方米。创建年代不详，明弘治八年（1495年）、清顺治、雍正、乾隆年间均有修葺。仅存明代正殿一座，面宽五间、进深七椽，回廊式重檐歇山顶，梁架为七架梁前单步梁用四柱。上檐斗栱为五踩双下昂，明间出45度斜昂。下斗栱为三踩单翘计心造。殿前保存有明清石狮11尊（图8-3-66、图8-3-67）。2004年6月被公布为山西省级文物保护单位。

十九、汾阳南门关帝庙

南门关帝庙，原名关王庙，俗称铁马老爷庙。位于汾阳市文峰街道办事处鼓楼南社区庙前街4号。坐北向南，二进院，东西82.19米、南北73.27米，占地面积为6315平方米。据庙内碑石及殿顶脊刹题记载，建于明正德十年（1515年），以后历代屡有修葺或增建，20世纪90年代维修。中轴线上由南至北依次存山门（新建）、献殿、正殿和后殿，两侧存前院东西垂花门（新建）、东西配殿、东西耳殿及后院东西耳房，后院东侧存窑洞1座（原春秋楼一层）。该庙正殿、后殿、献殿殿顶脊饰、山花壁及栱眼壁大量采用琉璃装饰，现存大部分琉璃为明代遗物（图8-3-68～图8-3-70）。献殿，砖砌台明，面宽三间、进深五椽，单层檐卷棚歇山顶。殿顶设琉璃脊饰，布灰瓦面，琉璃剪边。梁架为六檩卷棚无廊式。该殿后檐与正殿前檐作勾搭造，前檐明间采用移柱造。檐下斗栱三踩单翘计心造。装修部分均为新作。殿栱眼壁和殿顶山花墙均以琉璃镶嵌，栱眼壁造型为浮雕云龙纹，山花造型为浮雕关公出巡图。正殿殿顶脊刹题有建于明正德十年（1515年）记载。面宽三间、进深四椽，单檐悬山顶。殿顶设琉璃脊饰，布灰屋面。梁架为五檩前廊式。前檐柱头斗栱为五踩双昂，平身科每间1攒

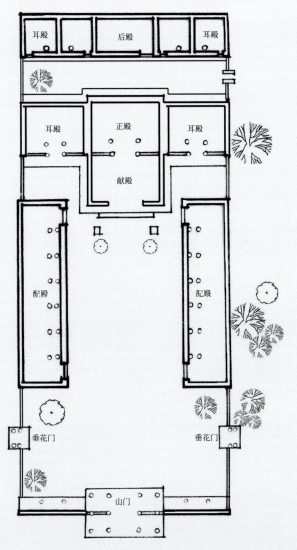

图8-3-68 汾阳南门关帝庙平面图（资料来源：山西省第三次文物普查资料）

图8-3-69 汾阳南门关帝庙山门（资料来源：自摄）

图8-3-70 汾阳南门关帝庙正殿屋脊（资料来源：自摄）

鎏金斗栱，明间出45度斜昂。后檐斗栱三踩单翘。前檐装修为新作。殿内原塑像及壁画均毁，现存汾阳王郭子仪塑像及神龛。后殿，建于明嘉靖二十四年（1545年）。砖砌台明，面宽三间、进深一间单檐歇山顶。殿顶设琉璃脊饰、剪边、布灰屋面。檐下斗栱三踩单翘。前檐装修改为砖砌门窗，该殿栱眼壁及殿顶山花壁均以琉璃镶嵌。栱眼壁琉璃 形为浮雕云龙纹，山花壁则为浮雕团龙。庙内存明万历年间重修碑1通，明代琉璃狮一对。1996年1月被公布为山西省级重点文物保护单位。

二十、太原大关帝庙

大关帝庙，又名庙前街关帝庙，位于迎泽区庙前街道办事处庙前社区庙前街36号。坐北向南，二进院落，东西42.45米、南北78.57米，占地面积3335平方米。创建年代不详，《阳曲县志》载，明代时太原府城内有27座关帝庙，位于庙前街的关帝庙是规模最大的一座，故称大关帝庙。明、清均有修缮，2003年补建碑廊和东西别院。中轴线建有山门、崇宁殿、春秋楼，两侧建有钟楼、鼓楼、碑廊、东西配殿、刀楼、印楼及东西别院（图8-3-71~图8-3-75）。崇宁殿为明代遗构，山门及东西廊房、厢房、钟楼为清代遗构，余皆2003年重建。崇宁

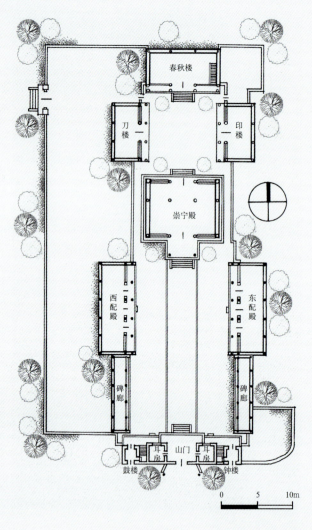

图8-3-71　太原大关帝庙平面图（资料来源：山西省第三次文物普查资料）

图8-3-72　太原大关帝庙山门（资料来源：自摄）

图8-3-73　太原大关帝庙崇宁殿（资料来源：自摄）

图 8-3-74 太原大关帝庙春秋楼（资料来源：自摄）

图 8-3-75 太原大关帝庙印楼（资料来源：自摄）

殿砖砌台基，面宽三间、进深五椽，单檐歇山顶，绿琉璃瓦剪边，前檐明间出抱厦献亭。梁架为五架梁后压双步梁用三柱。前檐明间开四扇六抹隔扇门，次间开四抹隔扇窗，后檐明间开板门。山门面宽三间、进深四椽，明间辟门，前檐出歇山顶抱厦，柱头斗栱三踩单昂，施异形栱，门上悬"关帝庙"竖匾。门外两侧建有八字影壁墙，门槛两侧立有抱鼓石狮门枕石一对。两次间辟为耳房，前檐各开砖券圆窗。2004 年 6 月公布为山西省级重点文物保护单位，2013 年 5 月被公布为全国重点文物保护单位。

二十一．大同关帝庙

关帝庙，俗称大庙，位于大同市城区鼓楼东街。坐北向南，三进院落，占地面积 3572 平方米。创建年代不详，《大同府志》记载，明代屡有修建，清康熙年间（1662～1722 年）、乾隆年间（1736～1795 年）增修。仅存正殿和献殿，2008 年增建山门、过殿、崇宁殿、春秋楼、结义阁东西配殿、东西厢房共十间。正殿为金代遗构，献殿为清代遗构（图 8-3-76～图 8-3-80）。献殿面宽三间、进深二间，卷棚歇山顶，琉璃瓦屋面。檐下斗栱七踩三下昂计心造。柱间雀替装饰。正殿面阔三间、进深八椽，单檐九脊顶，琉璃瓦屋面。梁架为四椽栿后压乳栿用三柱，柱头

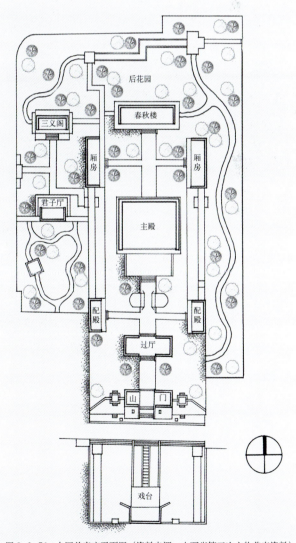
图 8-3-76 大同关帝庙平面图（资料来源：山西省第三次文物普查资料）

图 8-3-77　大同关帝庙山门（资料来源：自摄）

图 8-3-78　大同关帝庙戏台（资料来源：自摄）

图 8-3-79　大同关帝庙崇宁殿（资料来源：自摄）

图 8-3-80　大同春秋楼（资料来源：自摄）

略有卷刹，梁栿间设驼峰、出跳铺作隔承，平梁上立蜀柱置栌斗、丁华抹颏栱及攀间栱、顺脊串、通替承脊槫，叉手捧戗脊槫及通替两侧。檐下铺作为五铺作单杪单下昂计心造，前檐各间设六抹头隔扇门装修。殿内当心间遗有清代重檐神龛，雕刻精细，神龛檐下五翘十一踩斗栱，排列密集极富装饰性。柱础呈覆盆状。1996年1月12日公布为省级文物保护单位，2013年5月正殿被公布为全国重点文物保护单位，公布其建造时代为元代。

二十二、阳泉林里关王庙

林里关王庙，俗称老爷庙，位于阳泉市郊区东北10公里荫营镇林里村南玉泉山腰。坐西向东，背山面水，二进院落，东西65.1米、南北115米，占地面积7486.5平方米。寺内遗存《醮盆记》幢载："奉为皇帝万岁郡主千秋文武百官常居禄们赵国弟内熙宁五年四月十八日建立闰七月"，正殿脊槫枋上墨书题记"维南誉辣祖大宋国河东路太原府平定军平定县升中郡白泉村于宣和四年壬寅岁三月庚申朔丙子日重修建记"，证明关王庙宋熙宁五年（1072年）有之，宋宣和四年（1122年）重修，元、明、清历代屡有修葺、扩建。中轴线建有戏台、山门、献殿、正殿，轴线两侧为配殿等（图8-3-81～图8-3-84）。正殿为宋代遗构，余皆1992年恢复重建仿宋建筑。正殿砖砌台基，面宽三间、进深六椽，前廊式单檐九脊顶。梁架为四椽栿前对乳栿用三柱，檐下施五铺作双杪计心、里转偷心造斗栱，补间一朵。前檐当心间设劈板门，次间为直棂窗，殿内中央设束腰仰覆莲须弥式佛坛。庙内存宋代石幢2幢，元天历元年（1329年）残碑1通，石碣2方，清碑4通。1996年11月公布为全国重点文物保护单位。

二十三、古县热留关帝庙

热留关帝庙，位于临汾市古县城西北25公里古阳镇热留村中。坐北向南，南北46.98米、东西23.25米，占地面积1092.29平方米。据庙内现存碑文及献殿脊檩题记记载，创建于元代，明正德十六年（1521年）、清嘉庆十九年（1814年）、道光十九年（1839年）重修。1998年保护维修。中轴线由南至北遗有戏台、献殿、正殿，戏台东侧遗有院门、西侧为耳房，院内东、西遗有看楼（图8-3-85～图8-3-87）。正殿为明代遗构，余皆清代遗构。戏台石砌台基，面阔三间、进深四椽，单檐硬山顶，灰布筒板瓦屋面，梁架为四架梁后单步梁用三柱。东西配殿面阔五间、进深五椽，单檐悬山顶，灰布筒板瓦屋面。献殿重修于清嘉庆十九年（1814年），面阔三间、进深四椽，单檐灰筒板瓦卷棚硬山顶。正殿石砌台基，面阔五间、进深三间，回廊式重檐歇山顶，琉璃筒板瓦屋面。据正殿东墙所嵌碣文记载，创建于元代，明正德十六年（1521年）重修。梁架为五架梁，周设单步梁回廊式。廊部斗栱三踩单下昂计心造，上檐斗栱五踩双下昂、里转双翘计心造。庙内遗存明代重修碣2方，清代重修碑1通、碣2方、舍地豁粮碣1方。2004年6月被公布为山西省级文物保护单位。

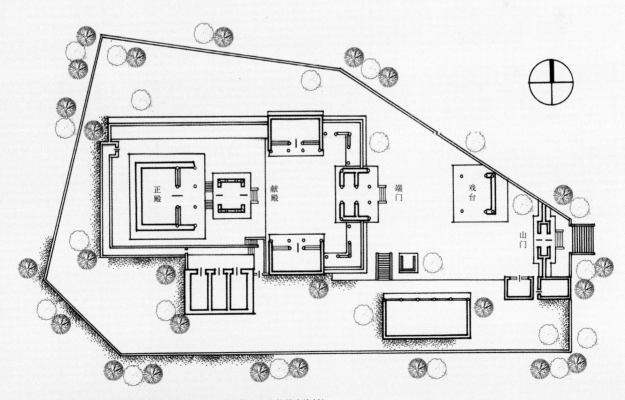

图8-3-81 阳泉林里关王庙平面图（资料来源：山西省第三次文物普查资料）

图 8-3-82 阳泉林里关王庙山门（资料来源：自摄）

图 8-3-83 阳泉林里关王庙献殿（资料来源：自摄）

图 8-3-84 阳泉林里关王庙内院（资料来源：自摄）

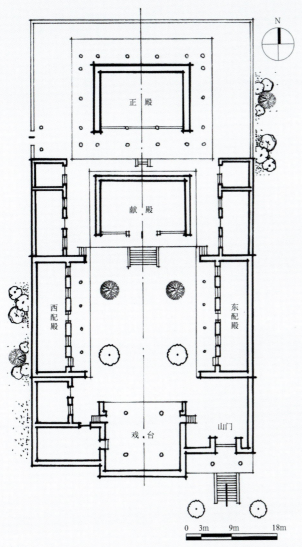

图 8-3-85 古县热留关帝庙平面图（资料来源：山西省第三次文物普查资料）

图 8-3-86 古县热留关帝庙正殿（资料来源：自摄）

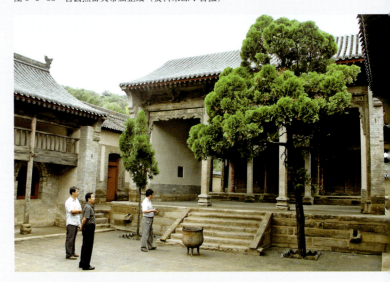

图 8-3-87 古县热留关帝庙献殿（资料来源：自摄）

二十四、潞城李庄关帝庙

李庄关帝庙，位于潞城市黄牛蹄乡李庄村中。坐东朝西，东西长 52 米、南北宽 22 米，占地面积 1144 平方米。创建年代不详，现存正殿为明代遗构，其余为清代遗构。二进院落布局，中轴线由西向东依次遗有戏台，乐楼，献亭，正殿，北耳殿，南北配殿，南北厢房，北妆楼。现状基址保存完好。正殿面宽三间、进深六椽，单檐悬山顶，灰布筒板瓦屋面。檐下共设斗栱七攒，为五踩单翘单下昂，平身科斗栱 45 度方向出斜翘，梁架为七檩前廊式构架。乐楼为十字歇山屋顶，四面砖墙封堵。山门由两部分组成，下为入庙山门，上为倒座戏台。院内存清重修碑 2 通，分别为清道光二十九年（1849 年）重修正殿碑记、光绪二十八年（1902 年）重修关帝正殿碑记。为研究潞城市的明、清寺庙建筑提供了重要的实物资料（图 8-3-88～图 8-3-90）。1991 年被潞城市人民政府公布为县级文物保护单位。2013 年 5 月被公布为全国重点文物保护单位。

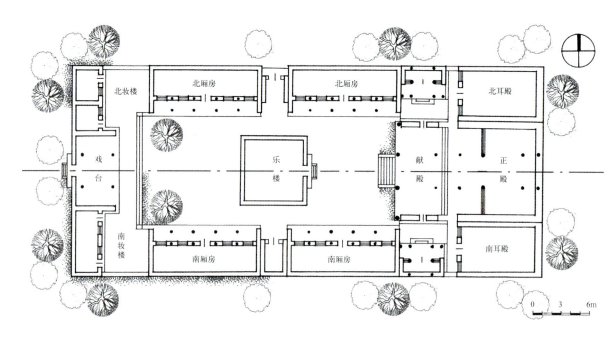

图8-3-88 潞城李庄关帝庙平面图
（资料来源：山西省第三次文物普查资料）

图8-3-89 潞城李庄关帝庙献亭
（资料来源：自摄）

图8-3-90 潞城李庄关帝庙乐楼
（资料来源：自摄）

注释

① 见《孟子.滕文公章句（上）》.

② 见《文潞公家庙碑》："先王之制，自天子至于官师皆有庙。君子将营宫室，宗庙为先，居室为后。及秦非笑圣人，荡灭典礼，务尊君卑臣，于是天子之外无敢营宗庙。汉世公卿贵人多建祠堂于墓所，在都邑则鲜焉"。

③ 见《朱子家礼》.

④ 杨鸿勋.建筑历史与理论（第八辑）[M].武汉：湖北科学技术出版社，2006：73-76.

⑤ 耿彦波.常家庄园[M].太原：书海出版社，2004：20-24.

⑥ 韩振远.山西古祠堂[M].沈阳：辽宁人民出版社，2004：134-136.

⑦ 张昕.画说王家大院[M].太原：山西经济出版社，2007：164.

⑧ 李裕民.从祠庙看晋文化对后世的影响[J].沧桑.2002（1）：36.

⑨ 刘敦桢.中国古代建筑史[M].北京：中国建筑工业出版社，1980：184.

⑩ 张强.关帝庙建筑的布局及其空间形态分析[D].太原：太原理工大学，2006：13-14.

⑪ 曹昌智.画说平遥古城[M].太原：山西经济出版社，2010：189-190.

⑫ 张昕.画说王家大院[M].太原：山西经济出版社，2007：159-163.

山西古建筑

第九章 自然神祠与民俗神庙

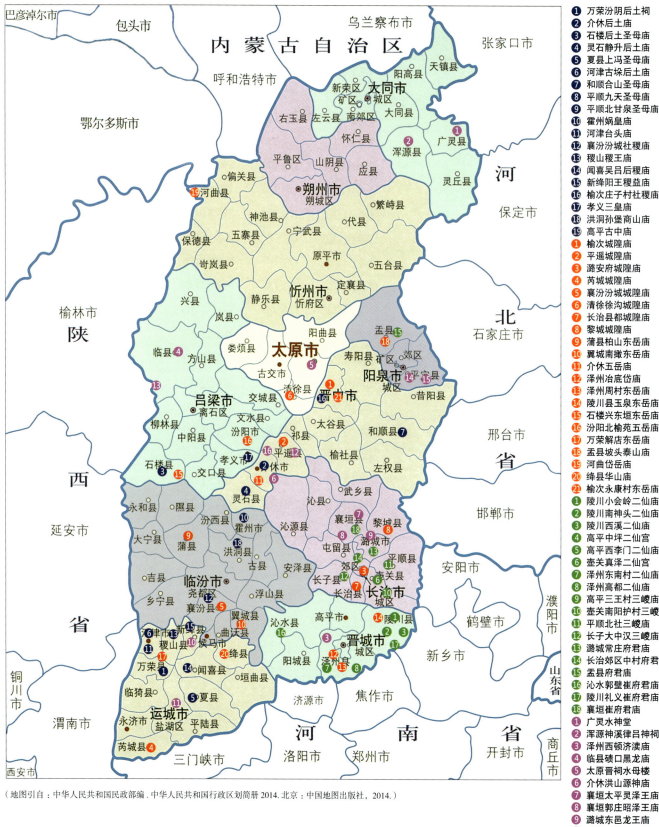

第一节　后稷庙与三皇庙

中国是农耕文明高度发达的国家，天地信仰是最原始、最根本的信仰。包括天、地、日、月、风、雨、雷、电，以及五岳、五镇、四海、四渎等山川地理，无不均在祭祀之列。社是五土之神，稷是五谷之神，社稷成为国家和政权的象征。[①]除京师有社稷坛外，各府、州、县也有，只是规制低于京师的而已。伴随着人们对皇天后土祭祀活动的日益频繁，各地产生了大量的自然神祠。社会的进步，促进了生产力的极大提高，人们的认识也有了新的发展，这些自然力量逐渐被人们神化，成了掌管不同职司、拥有不同力量的自然神祇。自然界的神化进程，导致各种祭祀活动进一步定型化。全国各地纷纷设置特定场所进行祭祀，这些场所逐步发展成种类繁多、形态迥异的自然神祠，而且规格也较高，由君王进行祭祀。

山西自古山川秀美，人文厚重，分布有不少属于国家祭祀的山川、祠庙，如北岳恒山、中镇霍山、汾阴后土等。据载早在尧帝时，霍山就是五镇之首，商代以后始称中镇。隋开皇十四年又被册封为中镇。历史上的霍山，曾建有中镇庙，于隋开皇十四年（公元594年）由皇上敕建，唐贞观元年（公元627年），唐太宗又下诏建造兴唐寺，逾二年又敕建慈云寺。由皇上敕建的自然神祠，规模宏大，布局严谨，代表了较高的技术成就。而民间自行建造的祠庙，则没有严格的等级限制，其建筑技术往往借鉴民居建筑的成功经验，大量使用民间流传下来的材料和技术，往往法无定法，因境而成。作为乡里祭祀的自然神祠，常常会集一地之力进行营建，极大地丰富了我国古代建筑的艺术形象（图9-1-1，图9-1-2）。

在中华民族的文明进程中，经历了一个美丽的神话时代，如盘古开天，女娲补天，夸父追日，后羿射日，共工怒触不周山等。在众多的神灵中，影响最广的当是主司天地的皇天、后土这两位大神。[②]后土执掌大地，孕育众生，无所不能的女娲成为后土的形象代言人，被人们奉祀膜拜。宋以前，万荣

图9-1-1　浑源神溪律吕神祠全景（资料来源：自摄）

图 9-1-2 洪洞县水神庙分水亭（资料来源：自绘）

汾阴后土祠是国家祭祀土地的场所，汉武帝、唐玄宗、宋真宗等分春秋两季曾多次来此祭祀。元代以后，伴随着宫城"左祖右社"朝寝之制的定型化，京师的社稷坛代替了汾阴后土祠的国祭功能，使得皇帝足不出京师，便可祭祀五土之神，后土娘娘也从国家大神沦为民间俗神。在"女娲补天"后的神话传说中，三皇信仰在民间影响深远。所谓三皇指的是天、地、人三皇，但三皇的形象代表是谁，则有不同的说法。[③] 在《礼含文嘉》中称："虑戏、燧人、神农"，而在《春秋运斗枢》中，则有"伏羲、女娲、神农"的说法，也有将"伏羲、神农、轩辕"称为三皇者。

一、万荣汾阴后土祠

汾阴后土祠位于万荣县荣河镇庙前村北约 200 米的高崖上，坐北朝南，三进院落。东西 127.56 米，南北 214.35 米，占地面积约 27342.49 平方米。是古代帝王祭祀后土神的处所。汾阴后土祠创建于汉文帝时，汉武帝元鼎四（前 113 年）年扩建，改庙为祠，定为国家祠庙（图 9-1-3～图 9-1-5）。此后东汉、隋唐、北宋均有兴建，北宋大中祥符四年（1011 年）达到极盛。明万历年间，因黄河冲刷，经先后两次迁建，均被黄河吞没。现存建筑是清同治九年新选庙址重建。祠内现存有山门（亦称朱雀门，含过路戏台）、并列戏台、献殿、香厅、正殿、秋风楼等，献殿前西侧为白虎殿，东侧为青龙殿。山门下为过路戏台，与后面的并列戏台呈"品"字形制。山门三开间，歇山顶，两侧建歇山顶便门，三门组合。并列戏台各为面宽三间，进深四椽，后剳牵，平柱外移，大额枋承接大梁。献殿面宽五间，进深四椽，单檐硬山顶。正殿面宽五间，进深六椽，五架梁前后剳牵，悬山顶，屋顶琉璃剪边。秋风楼

图 9-1-3 万荣汾阴后土祠全景（资料来源：自摄）

图 9-1-4 万荣汾阴后土祠献殿柱础（资料来源：自摄）

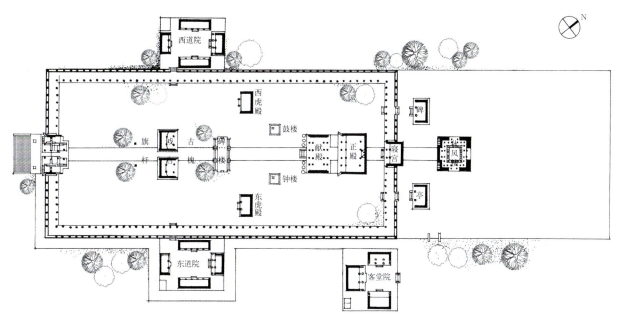

图 9-1-5 万荣汾阴后土祠平面图（资料来源：《山西历史地图集》）

位于正殿之后，因汉武帝在此赋《秋风辞》而得名。白虎殿、青龙殿各面宽三间，进深三椽，单檐硬山顶。祠内存有由宋真宗亲御撰、御书、御篆的《汾阴二圣配飨铭》（也称萧墙碑）、金代后土祠线刻庙貌全图碑、元代镌刻的《秋风辞》碑、清代王轩篆书的《秋风辞》碑。④当地每年农历三月十八和十月初五为传统庙会。1996 年 11 月 20 日被国务院公布为全国重点文物保护单位（图 9-1-6、图 9-1-7）。

二、介休后土庙

介休后土庙，位于介休市北关街道办事处北大街社区庙底街 99 号。由后土庙、三清观等寺观组成，创建年代不详。据庙碑记载，宋孝武帝大明元年（公元 457 年）、梁武帝大同二年（公元 536 年）皆重修，宋仁宗皇祐元年（1049 年）敕修，元大德七年（1303 年）毁于地震，延祐五年（1318 年）又复建，明洪武、

图 9-1-6　万荣汾阴后土祠献殿（资料来源：自摄）

图 9-1-7　万荣汾阴后土祠正殿照壁（资料来源：自摄）

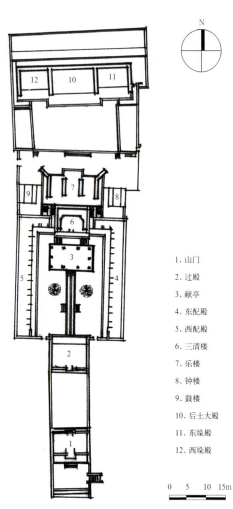

1. 山门
2. 过殿
3. 献亭
4. 东配殿
5. 西配殿
6. 三清楼
7. 乐楼
8. 钟楼
9. 鼓楼
10. 后土大殿
11. 东垛殿
12. 西垛殿

图 9-1-8　介休后土庙平面图（资料来源：山西省第三次文物普查资料）

正德多次重修，清道光十五年（1835年）补葺。20世纪70年代至今屡有修葺。占地面积4476平方米（图9-1-8）。坐北朝南，三进院落布局，中轴线由南向北依次为影壁、山门、过殿、献亭、三清楼（兼乐楼）和后土大殿，两侧为东西配殿、钟鼓楼及东西垛殿。三清楼，明正德十四年（1519）创建之构，面宽三间、进深三间，主体南设二层三檐十字歇山顶抱厦，北设单檐歇山顶戏台，三者浑然一体。屋面皆黄、绿琉璃瓦覆盖。主体梁架为五架梁通檐用四柱；南楼梁架为斗栱承抹角梁、金檩，金檩兼三架梁承由戗斜撑垂莲柱形成十字歇山顶，主楼与南楼脊部构架通联。戏台檐下斗栱五踩双下昂，主楼下檐斗栱为三踩单昂，上檐为三踩单翘，南楼廊檐斗栱为三踩单昂、中檐和上檐为三踩单翘。二层各间均设六抹隔扇门。南楼内正中奉太清、玉清、上清"三清"塑像。三清楼北向为重檐歇山顶，下檐与戏台檐部相连，平面呈"凸"字形。戏台面宽一间，与三清楼明间宽相同，戏台分为前、后场，楼侧设八字影壁。内置琉璃圆坛，雕麒麟望月图案，雕工精致。2001年6月公布为全国重点文物保护单位。后土大殿居庙内北端，清道光十三年（1833年）重建。面宽五间，进深三间，重檐歇山顶，黄琉璃覆盖。

六檩前廊式构架，下檐斗栱五踩双昂，上檐斗栱七踩三昂，雀替透雕龙形，前檐明、次间均设隔扇门。殿两侧各设垛殿三楹，均为悬山黄琉璃瓦顶，纵观后土大殿为十一间。后土大殿在开间檩数、殿顶脊饰吻兽、勾滴瓦件全用黄琉璃等方面，其建造规制已超越了封建社会时期一般庙堂的等级制度，与帝王宫阙规制等同，此庙等级之高为其他庙堂所不及（图9-1-9～图9-1-12）。大殿东西垛殿西檐存碑3通，分别为：明正德十四年（1519年）《创建献楼之记》、明嘉靖十三年（1534年）《重建后土庙记》及大清道光二十六年（1846年）《补修后土庙》。创建献楼记碑，立于后土庙后土殿东垛殿前廊下，青石质，螭首方座。通高1.92米，宽0.87米，厚0.17米。（1519年）正德十四年（1519年）立石。额雕二龙戏珠，篆书"创建献楼之记"，首题"献楼记"，碑文楷书，13行，行42字，共431字，记述明代创建献楼的经过。碑阴为布施者姓名。郭海篆额，撰文书丹。

三、石楼后土圣母庙

石楼后土圣母庙坐落于山西省石楼县义牒镇张家隙，村民集资对正殿进行揭瓦维修。一进院落布局，中轴线自南向北依次为山门、乐楼、正殿，东西两侧配殿各3孔，社窑各3孔。正殿为砖券窑洞3孔，前有木结构插廊，单檐硬山顶。殿内现存明代泥塑五尊，正中后土圣母为真身骨骼，殿内隙悬雕山水树木，楼台亭阁内外以及层层云涛之中悬塑着姿态各异的百子图，面积虽小，气势宏大，据有

图9-1-9 介休后土庙过殿（资料来源：自摄）

图9-1-10 介休后土庙大殿（资料来源：自摄）

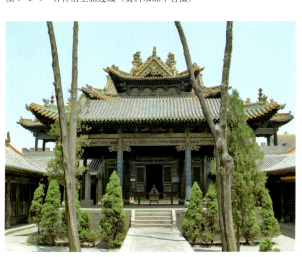

图9-1-11 介休后土庙献亭（资料来源：自摄）

图9-1-12 介休后土庙俯瞰（资料来源：自摄）

图 9-1-13　石楼后土圣母庙全景（资料来源：李大勇摄）

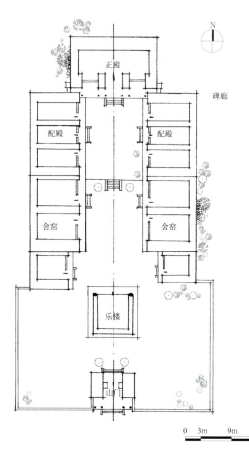

图 9-1-14　石楼后土圣母庙平面图（资料来源：山西省第三次文物普查资料）

关专家考证工艺、手法同隰县小西天大雄宝殿出自一家。乐楼为石砌台明，高 1.5 米，台明上由 8 根高 10 米、直径为 0.85 米的柏木圆柱支顶，四面即为空间，斗栱形制为假昂偷心造，梁架结构为八卦封顶，单檐歇山顶。据有关专家多次实地考证台基旧砖接近宋砖尺码，上部木构为元代遗构。山门为砖石结构，前有木构插廊，单檐硬山顶。2004 年被公布为山西省重点文物保护单位（图 9-1-13、图 9-1-14）。

四、灵石静升后土庙

灵石后土庙位于灵石县静升镇静升村西。坐北向南，一进院落，东西 12 米、南北 31 米，占地面积 372 平方米。正殿顺栿串记载，"大元大德八年（1304 年）七月十四日重修谷旦"。明正德五年《平阳府霍州灵石县静昇里重修古庙记》碑载，明景泰三年（1453 年）、弘治十五年（1502 年）、正德五年（1510 年）重修，清乾隆四十六年（1781 年）修葺。中轴线上仅存献亭、正殿。正殿铺作及梁架部分构件仍为元大德八年（1304 年）重修遗物，献亭为元

图9-1-15 灵石静升后土庙全景（资料来源：自摄）

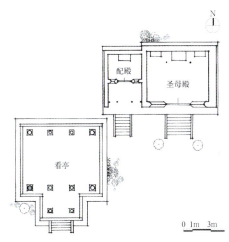

图9-1-17 夏县上冯圣母庙献殿（资料来源：山西省第三次文物普查资料）

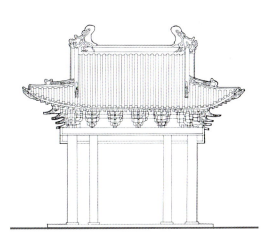

图9-1-16 灵石静升后土庙献亭立面图（资料来源：山西省第三次文物普查资料）

图9-1-18 夏县上冯圣母庙平面图（资料来源：山西省第三次文物普查资料）

末遗构。正殿面阔三间，进深五椽，单檐不厦两头造，布灰筒板瓦屋面；梁架为三椽栿前劄牵通檐用三柱，檐下铺作为四铺作单下昂计心造，补间一朵。当心间、两次间装修为四扇六抹隔扇，是近年修缮时补制。献亭平面方形，面宽、进深均一间，单檐九脊顶，布灰筒板瓦屋面。覆盆式柱础，檐下铺作为六铺作三下昂计心造，铺作里转承井口枋交圈与抹角梁形成斗八藻井。2006年5月被公布为全国重点文物保护单位（图9-1-15、图9-1-16）。

五、夏县上冯圣母庙

上冯圣母庙，位于夏县埝掌镇上冯村委会院内。坐北面南，东西26米、南北20米，占地面积约为520平方米。元延祐三年《创建后土庙碑记》载，解州夏县上冯村张门冯氏创建后土庙；道光二十五年（1845年）《重修并创建碑记》载：圣母殿创建于宋延祐三年，诒弘治而香亭成，万历而乐楼成。现状仅存圣母殿及西耳房、献殿，圣母殿为元代遗构，献殿为明代遗构，西耳房为清代遗构。圣母殿砖砌台阶，面阔三间、进深四椽，单檐不厦两头造，梁架为三椽栿后压劄牵用三柱，前檐下铺作为四铺作单下昂计心造，当心间、补间铺作出45度斜栱，殿内两山墙上方有悬塑天宫楼阁。献殿，面阔、进深三间，单檐歇山顶，前设抱厦，灰布筒板瓦屋面、琉璃脊、吻、兽、剪边。梁架为五架梁通檐用二柱，次间檐部斗栱上设抹角梁承老角梁，明间五架梁上置抹角梁置五踩双翘斗栱组成八边藻井，藻井中部垂莲柱。檐柱上施大额枋，额枋上置三踩单下昂斗栱，中部45度出斜昂，令栱、昂头、耍头雕饰龙凤和云图案（图9-1-17、图9-1-18）。2013年5月公布为全国重点文物保护单位。

图 9-1-19 河津古垛后土庙戏台
（资料来源：自摄）

六、河津古垛后土庙

古垛后土庙位于河津市樊村镇古垛村南。坐北朝南，南北长 66 米，东西宽 20 米，占地面积 1320 平方米。据现存残碑记载，创建于元元贞二年（1296年），延祐五年（1318年）增建。现仅存戏台与正殿，主体结构均为元代建筑。正殿砖石砌台基，宽 15 米，深 12.7 米，高 1.2 米。面阔三间，进深四椽，单檐悬山顶，梁架四椽栿通达前后檐用二柱。前檐柱头斗栱为四铺作单下昂，蚂蚱形耍头，前檐装修已不存。戏台，砖砌台基，宽 10.9 米，深 9.1 米，高 1.2 米。面阔三间，进深四椽，单檐悬山顶。梁架四椽栿通达前后檐用二柱。前檐施大额枋承托斗栱七朵，四铺作单下昂形制，蚂蚱形耍头。清乾隆年间（1736～1795年）在戏台中间加隔扇，把戏台分为前后台。2006 年 5 月 25 日，公布为全国重点文物保护单位（图 9-1-19）。

七、和顺合山圣母庙

懿济圣母庙位于和顺县平松乡合山村北 100 米。据碑记载，始建于宋代，元元统二年（1334年）重建，元至元五年（1339年）、明嘉靖十六年（1537年）、清顺治三年（1646年）均有修葺。占地面积约 9920 平方米。坐北朝南。懿济圣母庙由圣母庙和显泽侯神祠组成。现存圣母殿为元代建筑，其余为明、清建筑。圣母庙分上下两院，中轴线建有牌坊、山门、戏台、献殿和圣母殿，东西两侧为钟鼓楼、配殿及耳殿。显泽侯神祠俗称大王庙，二进院落布局，中轴线建有山门，二门和大王殿，两侧为配殿及厢房。庙内存元重建碑 1 通，明重修碑 2 通，清、民国重修碑 8 通。懿济圣母庙 2006 年被国务院公布全国重点文物保护单位（图 9-1-20、图 9-1-21）。重修懿济圣母庙碑，青石质，螭首，座佚。碑高 4.17 米，宽 1.25 米，厚 0.34 米，篆额，碑文楷书。19 行，满行 47 字。记述庙之沿革及元泰定四年（1327年）、元统二年（1334年）、至元五年（1339年）三次对庙进行大规模维修。元至元五年（1339年）立石，冯口雯撰文，达鲁花赤中男阿都化书丹，仲贤刊石。圣母殿，石砌台基，台基高 0.54 米。面阔三间，进深六椽，单檐歇山顶。梁架结构为四椽栿对后乳栿用三柱，斗栱不设补间，柱头斗栱为四铺作单下昂，前檐当心间设六扇六抹隔扇门，两次间为五扇六抹隔扇门。正殿，建于石砌台基之上，台基高 0.34 米，面宽三间，进深四椽，单檐悬山顶，黄绿琉璃雕花正脊。外檐斗栱五踩双下昂，额枋、栱眼壁均施彩画，前檐明间辟板门，次间为直棂窗。

图9-1-20 和顺合山圣母庙全景
(资料来源:自摄)

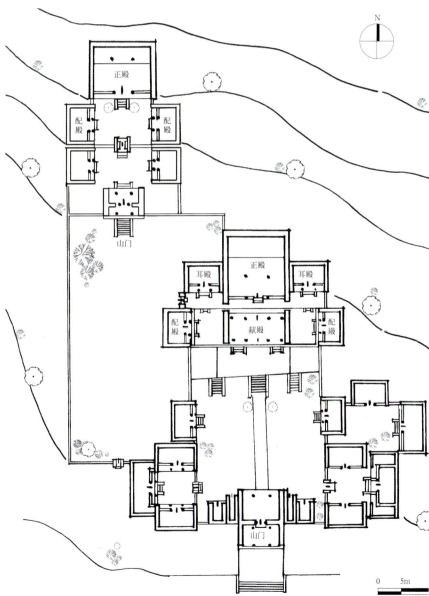

图9-1-21 和顺合山圣母庙平面图
(资料来源:山西省第三次文物普查资料)

八、平顺九天圣母庙

九天圣母庙，位于长治市平顺县北社乡东河村西土丘上。坐北朝南，一进院落，东西60.88米、南北73.08米，占地面积4449平方米。庙内碑文记载，创建于隋代，宋元符三年（1100年）大修，宋初重建圣母殿，建中靖国元年（1101年）重修。元中统二年（1261年）蒙古潞邑元帅马禧判等出俸重修，明崇祯五年（1632年）大修。清代乃至民国年间屡修。中轴线有山门（上为倒座戏台）、献殿、正殿；两侧遗有配殿、廊房、夹楼，东侧有梳妆楼一座。圣母殿为宋代遗构、献殿为明代遗构，余皆清代遗构。圣母殿，面阔三间、进深六椽，前廊式单檐九脊顶，梁架为四椽栿前对乳栿用三柱，檐下铺作为五铺作单杪单插昂，当心间设补间铺作一朵，二跳昂尾后檐制成挑斡（图9-1-22～图9-1-24）。2001年6月公布为全国重点文物保护单位。

图9-1-22 平顺九天圣母庙山门
（资料来源：自摄）

图9-1-23 平顺九天圣母庙戏台
（资料来源：自摄）

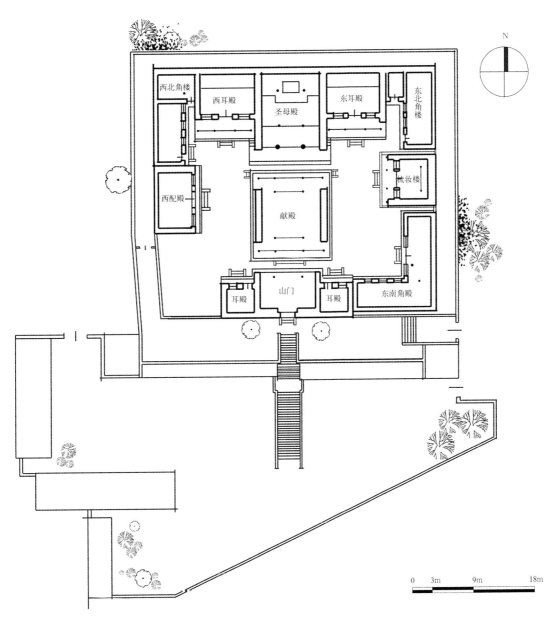

图 9-1-24　平顺九天圣母庙平面图（资料来源：山西省第三次文物普查资料）

九、平顺北甘泉圣母庙

北甘泉圣母庙，位于长治市平顺县苗庄镇北甘泉村西。坐北朝南，一进院落，东西 25.34 米、南北 43.98 米，占地面积 1114.45 平方米。修建年代无文献可考，中轴线由南向北依次为山门、献殿、正殿，两侧分布为东、西夹殿，东、西配殿，东、西厢房，东耳殿。结合当地元代木构建筑分析正殿为元代遗构、余皆清代遗构。正殿建于高 0.72 米的石质台基上，面阔三间、进深六椽，单檐不厦两头造，灰筒板瓦屋面。梁架为四椽栿前压乳栿用三柱，檐下设五铺作单杪单下昂斗栱，均出 45 度斜栱，耍头后延制成挑斡承下平槫栌斗。山门二层单檐硬山顶，下层为入庙通道面宽三间，明间辟板门；二层为倒座戏台，面宽三间、进深四椽，单檐硬山顶，灰板瓦屋面，梁架为五架梁通檐用二柱，檐下设三踩单翘斗栱。2013 年 5 月被公布为全国重点文物保护单位（图 9-1-25、图 9-1-26）。

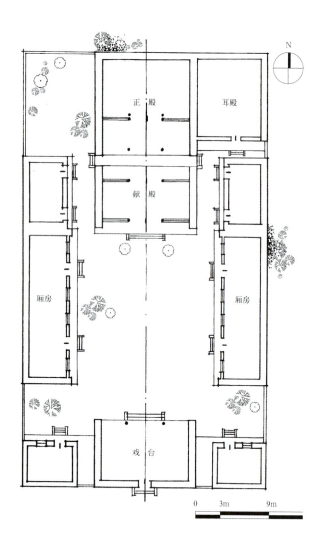

图 9-1-25 平顺北甘泉圣母庙平面图（资料来源：山西省第三次文物普查资料）

十、霍州娲皇庙

娲皇庙，位于霍州市大张镇贾村村中，创建年代不详，正殿脊檩题记"大清同治四年（1865年）重修"。坐北向南，平面呈长方形，南北长62.6米，东西宽37.48米，占地面积2347.5平方米，现存有戏台、东、西钟鼓楼、娲皇圣母殿及东、西垛殿。娲皇圣母殿，砖砌台基，台基高1.4米，通面宽10.82米，通进深8.85米，面阔三间，进深五椽，六檩前廊悬山顶式建筑，琉璃脊饰保存完整，屋顶琉璃剪边，中间施琉璃方心。明、次间均辟隔扇门。大殿内，现存有壁画，面积约71.17平方米，主要内容为宫廷内日常起居生活，为汾西县画工郭重、王恒、武尚志，油工陈玉顺、陈玉昌所作。东、西垛殿面阔三间，进深四椽，两殿外侧出歇山。戏台面阔三间，进深四椽，五檩硬山顶式建筑。东、西钟鼓楼均为硬山卷棚楼阁。娲皇庙现存大型清代壁画，是我国现存最大的描绘女娲神话故事的壁画，具有较高的历史、艺术与研究价值。院内现存碑一通。该庙2004年被山西省人民政府公布为省级重点文物保护单位，2006年被国务院公布为全国重点文物保护单位。2005年霍州市文物局对正殿及东、西垛殿进行了整体修缮（图9-1-27～图9-1-30）。

图 9-1-26 平顺北甘泉圣母庙内院（资料来源：自摄）

图 9-1-27 霍州娲皇庙全景(资料来源：自摄)

图 9-1-28 霍州娲皇庙壁画之一(资料来源：自摄)

图 9-1-29 霍州娲皇庙壁画之二(资料来源：自摄)

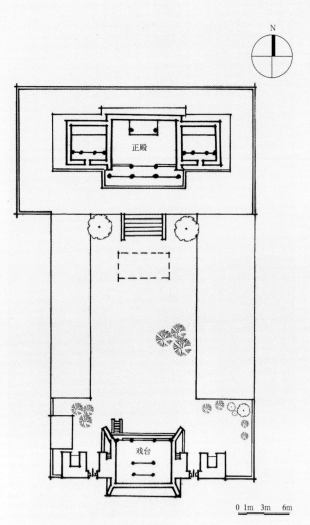
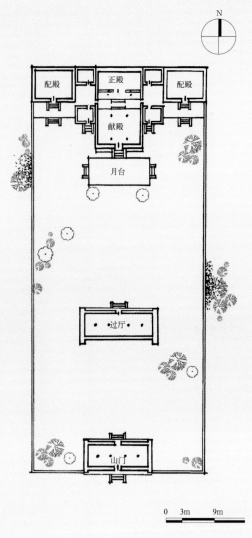

图 9-1-30　霍州娲皇庙平面图（资料来源：山西省第三次文物普查资料）　　　图 9-1-31　河津台头庙平面图（资料来源：山西省第三次文物普查资料）

十一、河津台头庙

台头庙，又称东岳庙，亦称后土祠，位于河津市城区街道办吴家关村北。坐北朝南，三进院落，东西 60.65 米、南北 129.3 米，占地面积 7842 平方米。创建年代不详，据庙内存明成化四年（1468 年）碑文记载："……古龙门郡今县治东约二里许乃有兹庙，不知创于何时？虽曰不知创于何时，或者起止前代……"，清道光十年（1830 年）碑文记载："……河津东郭旧有后土祠，俗称台头庙，溯其创建何年？碣断碑残，无可考矣。自宋迄今屡经补葺而风雨剥蚀……"，中轴线上有山门、过厅、献殿、正殿，正殿两侧存清代建筑夹屋、东西配殿。头门、中门、正殿及后土祠、西岳殿为元代遗构，余皆清代建筑。头门及中门：均面阔五间、进深四椽，单檐不厦两头造，梁架为四椽栿通檐用二柱，头门前后檐均施横跨三间的粗圆木大额枋，中门正面中三间、背面当心间檐柱上设大额枋。檐下铺作为四铺作单下昂、里转单杪计心造，补间斗栱每间一朵。正殿，即东岳殿。面宽三间、进深四椽，单檐九脊顶，琉璃脊、吻、兽。梁架为四椽栿通檐用二柱，檐下铺作为四椽栿和丁栿外延制成，斗口跳形制。正面三间设隔扇门装修。2013 年 5 月被公布为全国重点文物保护单位（图 9-1-31、图 9-1-32）。

图9-1-32 河津台头庙献殿（资料来源：自摄）

图9-1-33 襄汾汾城社稷庙正殿（资料来源：自摄）

十二、襄汾汾城社稷庙

汾城社稷庙，位于临汾市襄汾县汾城镇城内村村中西南部，创建于明洪武年间（1368～1398年），清嘉庆十六年（1811年）、道光九年（1829年）均有增修，2007年襄汾县文物局曾对部分建筑进行抢修。坐北向南，一进院落，总占地面积1580平方米。中轴线上现存献殿、大殿，左右为钟鼓二楼、东西看楼，大殿两侧为东西配殿，共计8座建筑。大殿面阔三间，进深六椽前廊式，灰筒板瓦悬山顶。廊檐下斗栱七踩三昂。2006年国务院公布为第六批全国重点文物保护单位，归属汾城古建筑群（图9-1-33、图9-1-34）。

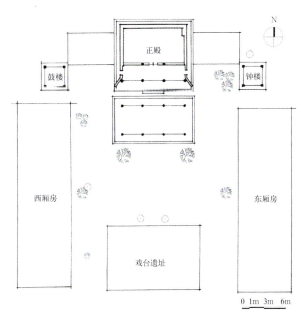

图9-1-34 襄汾汾城社稷庙平面图（资料来源：山西省第三次文物普查资料）

十三、稷山稷王庙

稷山稷王庙又称后稷祠，位于稷山县稷峰镇西北街村东南隅，据康熙四十七年版《平阳府志》和现存碑文载，庙创建于元至正五年（1345年），清道光二十三年（1843年）、光绪十七年（1891年）均有增建和修葺。庙坐北朝南，二进院落布局，南北长104米，东西宽87米，占地面积10080平方米。中轴线上建有山门、献殿、后稷殿、泮池、过亭、姜嫄殿及两侧钟、鼓楼和东西垛殿。现存过亭、姜嫄殿及东西垛殿主体结构为元代建筑，其余建筑皆为清代（图9-1-35～图9-1-38）。庙内现存碑刻3通，石碣6方，石狮2对，古树3棵。稷山稷王庙建筑布局完整，木雕、石雕、琉璃内容丰富、雕技精湛，具有极高的历史、艺术价值。2006年5月25日被国务院公布为第六批全国重点文物保护单位。献殿重建于清道光二十三年（1843年），面宽三间，进深四椽，单檐悬山顶，琉璃瓦覆顶。殿内

图9-1-35 稷山稷王庙后稷殿（资料来源：自摄）

图9-1-36 稷山稷王庙献殿脊饰（资料来源：自摄）

图9-1-37 稷山稷王庙圆亭（资料来源：自摄）

图9-1-38 稷山稷王庙姜嫄殿（资料来源：自摄）

梁架结构为五檩无廊式架构，前后檐下露明，直通后稷殿，前檐额枋高浮雕稷王朝拜图、春播、夏管、秋收、冬藏等农事活动图案，内容丰富，形象逼真，雕工精湛。东山墙内嵌平雕《稷邑八景图》高2.8米，宽4米；西山墙内嵌巨幅石雕《七古一章》，高2.8米，宽4米，碑文行书，清道光二十三年（1843年）刊，记载了稷山知县李景椿为重建稷王庙造成所赋的七古一章，以纪其事（图9-1-39）。

十四、闻喜吴吕后稷庙

吴吕后稷庙位于闻喜县阳隅乡吴吕村中。创建年代不详。明嘉靖年间（1522～1566年）、清乾隆二十九年（1764年）、五十三年（1788年）先后修葺。坐北朝南。占地面积1600平方米。一进院落布局，中轴线现仅存水陆殿和戏台，均为元代遗构。水陆殿面阔三间，进深四椽，悬山顶，门墩石上有元至正二十九年（1292年）题记。戏台与水陆殿相对，砖砌台基高2.5米，面阔三间，进深四椽，悬山顶。梁架为四椽栿通檐用三柱，前檐施圆形通长额枋，平柱向两侧外移，建筑风格尚存元代遗风。水陆殿前竖立有清乾隆二十九年（1764年）和乾隆五十五年（1790年）所立的重修后稷庙碑刻2通（图9-1-40、

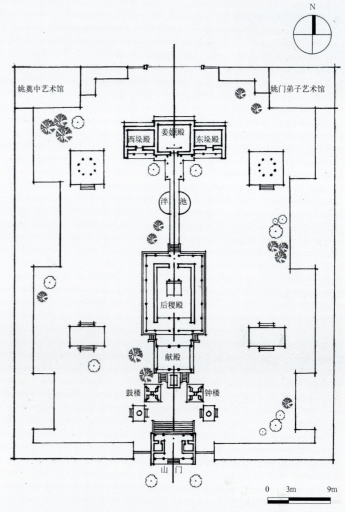

图9-1-39 稷山稷王庙平面图（资料来源：山西省第三次文物普查资料）

图9-1-40 闻喜吴吕后稷庙水陆殿（资料来源：自摄）

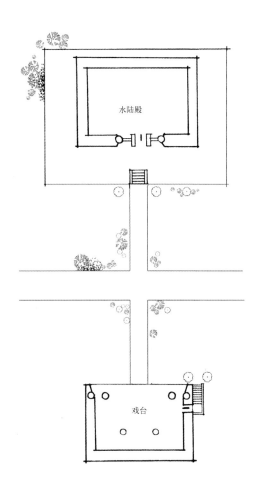

图 9-1-41 闻喜吴吕后稷庙平面图（资料来源：山西省第三次文物普查资料）

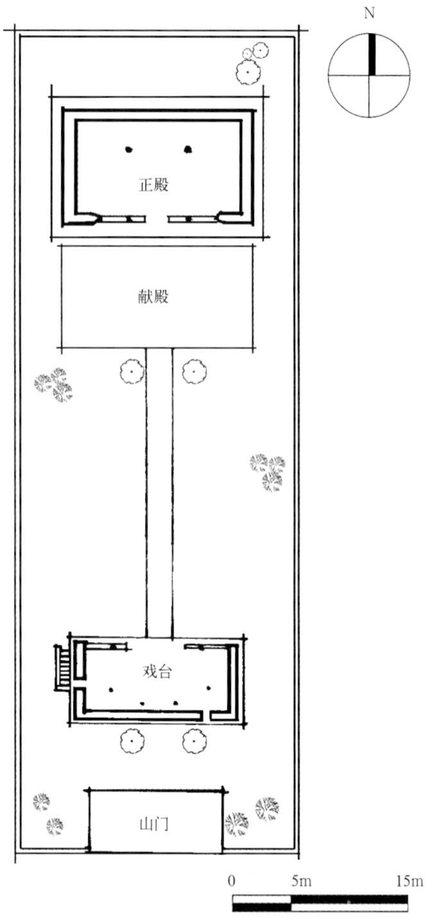

图 9-1-42 新绛阳王稷益庙平面图（资料来源：山西省第三次文物普查资料）

图 9-1-41）。2006 年 5 月 25 日，吴吕后稷庙被国务院公布为第六批全国重点文物保护单位。

十五、新绛阳王稷益庙

阳王稷益庙位于新绛县阳王镇阳王村中心，镇政府院内。坐北向南，南北长 90.9 米，东西宽 32.1 米，占地面积 2918 平方米。创建年代不详，据碑刻记载，元至元年间（1335～1340 年）重修，明弘治年间（1488～1505 年）、正德年间（1506～1521 年）均有扩建和重修。现存主体建筑为明清遗构。一进院落布局，轴线上原由南向北依次建有戏台、献殿、正殿，东西两侧建有翼室及廊房，现仅存戏台、献殿基址及正殿（图 9-1-42～图 9-1-44）。正殿，明弘治十五年（1502 年）重建，面宽五间、进深六椽、单檐悬山顶，梁架局部尚存元代规制。殿内东、西、南三壁上留 131.11 平方米壁画，为"朝圣图"，画面内容依据中国古代神话和历史传说，描绘了三皇、大禹、后稷、伯益等征服自然、造福人民，受百官朝拜、万民敬仰及各方神祇，内塑像已毁。朝贺的情景（图 9-1-45、图 9-1-46）。人物山水画以工笔重彩绘制，着色以青、绿、红、白为主调，南壁梢间上方有明正德二年（1507 年）画师题记；戏台为清代建筑，面宽五间、进深四椽、单檐悬山顶，梁架为五架梁前后用三柱。庙内保存有明嘉靖二年（1523 年）"重修东岳稷益庙"记及元至元五年（1268 年）"重修东岳稷益庙大功德主碑" 2 通。2001 年 6 月 25 日被公布为第五批全国重点文物保护单位。《重修东岳稷益庙碑》置于稷益庙献殿基座东侧。砂石质，螭首龟趺，额题篆书"重修东岳稷益庙之记"，首题楷书阴刻"重修东岳稷益庙碑"，该碑记述了元、明时期几次重大维修庙宇的事迹。由陶滋篆额，周尚文撰文，杨泽书丹。全文共 26 行，满行 60 字，

图 9-1-43 新绛阳王稷益庙正殿（资料来源：自摄）

图 9-1-44 新绛阳王稷益庙脊饰（资料来源：自摄）

图 9-1-45 新绛阳王稷益庙壁画之一（资料来源：自摄）　　图 9-1-46 新绛阳王稷益庙壁画之二（资料来源：自摄）

共 1300 余字。碑体通高 2.91 米，宽 0.90 米，厚 0.21 米，碑座长 1.18 米，宽 0.99 米，高 0.50 米。该碑为研究稷益庙的历史沿革提供了文字资料。

十六、榆次庄子村社稷庙

社稷庙位于榆次区庄子乡庄子村中部十字路口北侧。创建年代不详，据庙碑记载，清道光二十四年（1844年）重修。占地面积 276 平方米。坐北朝南，一进院落布局，中轴线建有山门、正殿带小耳房，两侧为钟楼、鼓楼、东西配殿。正殿面宽三间，进深四椽，硬山顶。五檩前廊式构架，前檐斗栱一斗二升交麻叶，前檐装修已毁。廊心墙上残留有人物壁画。正殿匾额"荫我嘉师"，题款为"乾隆十八年葡月谷旦"。山门面宽三间，进深二椽，三檩分心结构，前后檐均设廊。前廊心墙各有字"教民"、"稼穑"。廊下门两侧立碑 2 通。钟楼、鼓楼与山门相连，下部为高台基，楼身一间见方，四柱抹角井架结构，十字歇山顶。庙内存清道光二十四年（1844年）《四处募化碑记》及《榆邑庄子村重修社稷庙记》碑2通。1988年被榆次区政府公布为第二批县级文物保护单位（图9-1-47）。

十七、孝义三皇庙

三皇庙位于孝义市城西新义街道贾家庄村三皇庙街中部。创建年代不详，现存三皇殿依据现存建筑结构与特征判定为元代遗物。据碑记载清乾隆、道光和民国年间屡有修葺，2006年村民集资，山西省文物局拨保护补助经费，恢复了二进院南、北两廊房，增建一进院碑廊，对三皇殿及戏台、掖门进行了保养性维修。庙院坐西向东，二进院落布局，东西长60.88米，南北宽24.49米，占地面积1490.95平方米。一进院空阔，东北角设砖券门洞；二进院东北角设掖门，中轴线之上由东向西依次遗有戏台、三皇殿；戏台至三皇殿之间，南面遗有廊房台明遗迹，北向遗有廊房后墙和台明平面遗址；三皇殿北遗马王殿、南遗财福殿，均为面宽一间硬山顶式建筑。两院之间自然地平落差较大，掖门前设踏步十八级，整体建筑结构严谨、布局合理。2004年山西省政府公布"三皇庙"为省级重点文物保护单位。戏台坐东向西，砖砌台基，面宽三间，进深五椽，单檐卷棚顶。民国进行了内装修。台口四周有木、砖、石雕刻。戏台南有化妆室，北隔掖门有茶炉房通北院。庙内遗存石碑五通，分别为：清乾隆七年（1743年）《重修三皇庙建两廊神祇碑》、清乾隆五十八年（1794年）《增修财神牛马神祇碑》、大清道光九年端阳（1829年）《增修三皇庙并金妆圣像碑》、大清道光九年孟夏（1829年）《重修三皇庙碑》、民国10年（1920年）《重修三皇庙新建文昌奎星楼并改修乐楼碑》。民国8年石碣二方。明万历十年十月四川按察使梁明翰赠。"三皇庙"木匾一额（图9-1-48～图9-1-52）。

十八、洪洞孙堡商山庙

商山庙，因正殿内供奉伏羲、神农、轩辕三皇，故又名三皇庙。位于临汾市洪洞县赵城镇孙堡村西北50米处。坐北向南，东西38米、南北59.56米，

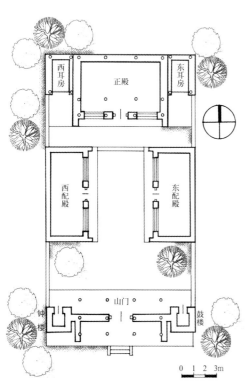

图9-1-47 榆次庄子村社稷庙平面图（资料来源：山西省第三次文物普查资料）

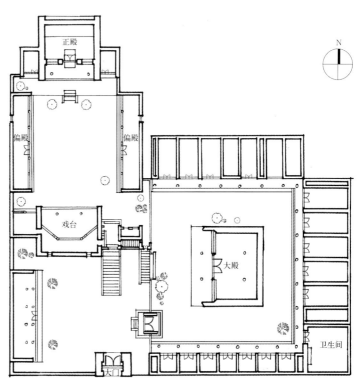

图9-1-48 孝义三皇庙平面图（资料来源：自绘，2006年实测）

图 9-1-49 孝义三皇庙大门（资料来源：自摄）

图 9-1-50 孝义三皇庙二门（资料来源：自摄）

图 9-1-51 孝义三皇庙正殿（资料来源：自摄）

图 9-1-52　孝义三皇庙戏台（资料来源：自摄）

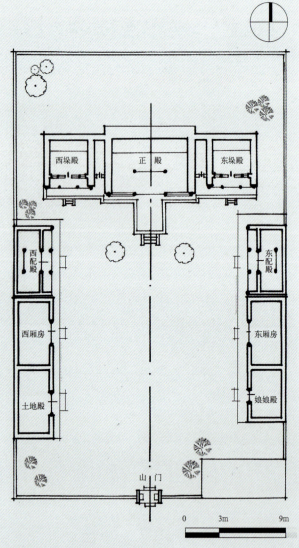

图 9-1-53　洪洞孙堡商山庙平面图（资料来源：山西省第三次文物普查资料）

占地面积 2263.28 平方米。庙内大殿前清道光十八年（1838 年）碑记："村之西北有商山神庙"，故又名商山庙。创建年代不详，正殿脊檩题记及碑记，明万历六年（1578 年）、清乾隆二十三年（1758 年）、道光十八年（1838 年）均有修葺。中轴线上现存正殿（三皇殿），正殿两侧遗存东、西耳殿，院内东、西遗存娘娘殿、土地殿，厢房及配殿。结合晋南所遗存金至清代木结构建筑特征，断定正殿及东配殿为元代遗构，耳殿为元、清遗构，余为清代遗构。正殿砖砌台明，面宽三间、进深四椽，单檐不厦两头造，灰布筒板瓦屋面，琉璃脊、吻、兽、剪边。梁架为四椽栿通檐用三柱，柱头铺作为四铺作单下昂计心造，补间铺作里转设挑斡承平槫。前檐三间均六抹头隔扇门装修，殿内东、西山墙绘人物壁画共约 90 平方米。2013 年 5 月被公布为全国重点文物保护单位（图 9-1-53～图 9-1-55）。

十九、高平古中庙

古中庙，原名为神农太子祠，又称炎帝中庙。位于高平市神农镇中庙村村中。坐北向南，上、下两院，东西宽 41 米，南北长 65 米，占地 2681 平方米。创建年代不详，根据庙碑记载，结合现存建筑遗构分析断定，创建于元至正四年（1344 年），明、清历代屡修。上院中轴线上由南至北依次遗有山门、太子殿、正殿，两侧建有厢房、配殿，山门外为下院，遗有东西看楼各四间、香积厨及新建戏台。太子殿为元代遗构，余皆明、清遗构。太子殿，石砌台基，面阔一间、进深四椽，单檐九脊顶，琉璃正脊、吻。四架为角梁及铺作里转承平梁，四周交圈形成口字梁，梁上置铺作承平槫，平槫上立蜀柱置栌斗、丁华抹颏栱、令栱、替木承脊槫。角梁及各面正身铺作叠出向上，构成八卦式藻井，中设垂莲柱。柱头周施用大额枋，老角梁后尾由两道架抹角梁承托。檐下柱头铺作为五铺作双下昂计心，耍头昂形。柱底施用方形素面柱础。南北隔扇装修（图 9-1-56～图 9-1-58）。2006 年 5 月被公布为全国重点文物保护单位。

图 9-1-54　洪洞孙堡商山庙内院（资料来源：自摄）

图 9-1-55　洪洞孙堡商山庙三皇殿（资料来源：自摄）

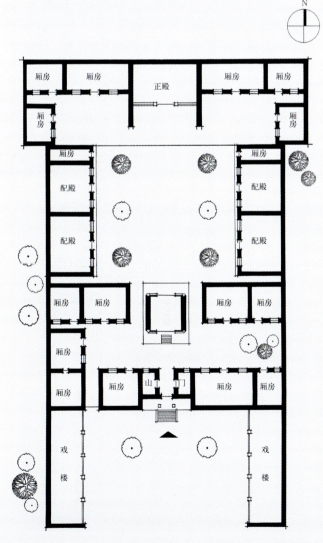

图 9-1-56　高平古中庙平面图（资料来源：山西省第三次文物普查资料）

图 9-1-57　高平古中庙全景（资料来源：自摄）

图 9-1-58　高平古中庙太子殿（资料来源：自摄）

第二节　城隍庙与东岳庙

城隍是"周官"八神之一，为城池的守护神，其前身是水庸神。城隍也是道教神系诸多神祇中的一位，行除恶扬善、护国安邦之职司。佛教传入后，城隍神成为阴间的行政长官，掌管阴间事务。"城"指城墙，"隍"指城壕，合称"城隍"。城隍一词，首见于汉代班固的《两都赋》，在"序"中有"京师修宫室，浚城隍"的说法。楚汉相争时，汉将纪信德高望重，去世后皇上为其立庙祭祀。文、景二帝时，又将纪信封为城隍神，成为长安城的保护神。唐朝时，城隍信仰已很普遍。宋代以后，城隍愈趋人格化，将曾给当地做过突出贡献、已故的有功之臣奉为城隍神。明太祖朱元璋于洪武二年（1369年），下诏加封天下城隍，并规定了城隍的等级，分都、府、州、县四级，按公、侯、伯供奉祭祀。府城隍为监察使司正二品城隍威灵公，州城隍为监察使司正三品城隍显佑侯，县城隍为监察使司正四品城隍显佑伯。明清之际，只要有城池的地方，皆建城隍庙，其建筑形制与官署衙门相似，采用"前朝后寝"之规制（图9-2-1）。⑤

远古的中国，曾有一个洪水泛滥的时期，按照神话传说，大约在尧以前，因水神共工氏与颛顼争帝，怒触不周山，致使洪水滔天，四海奔流，人们不得不在丘陵上居住。及至大禹治水后，人们才从山上走下来，居于平原。故《禹贡》有"降丘宅土"之典故。由于早期部落居于山林，人们对山岳的眷恋、崇拜之情由来久也，部落首领也被称之为"诸山长老"。在中国的历史上，历代皆对山岳进行封分。《管子》中就有无怀氏、虙戏氏、神农氏、炎帝、黄帝、颛顼、帝喾、尧、舜、禹、汤、周成王等封泰山的记载。⑥这并非是古人迷信山林之神，而是因为最强部落之酋，曾居于山岳，所以后世之帝王尽管已在平原地区建都设邑，但一定遵循古仪，登山行礼，渐渐形成了山岳崇拜之风。在众多的山岳中，东岳泰山"五岳独尊"，逐渐被后世神灵化、人格化。首先是黄飞虎被作为东岳庙的形象代表，被供奉在东岳庙中，随着道教和佛教的兴起，泰山神也被纳入到各种宗教的诸神体系中。唐代对泰山的崇拜达到了登峰造极的程度。垂拱二年（公元686年）七月初一日，封东岳为神岳天中王；万岁通天元年（公元696年）四月初一日，尊东岳为天齐君；开

图9-2-1　孝义城隍庙戏台（资料来源：自绘）

元十三年（公元725年），封泰山为天齐王；开元十三年（公元725年），封泰山为天齐王。宋代不仅加封泰山，还封泰山夫人为"淑明皇后"，加封泰山的五子分别为王、侯，加封泰山女儿为玉仙娘娘。元代至元二十八年（1291年），元世祖又加封泰山为天齐大生仁圣帝。[7] 伴随着国家对泰山的加封，东岳信仰遍及全国，民间祭祀、信仰东岳大帝之风日益兴盛。

一、榆次城隍庙

榆次城隍庙位于榆次区西南街道办事处城隍庙社区东大街75号路北，据民国版《榆次县志》及庙中现存碑刻记载，城隍庙始建于元至正二十二年（1362年），在蒙古人达鲁花赤帖木儿主持下完成，原址在大北门内善政坊。初建时仅大殿三间，东、西廊房各三间，山门一间。明洪武元年（1368年）迁现址。明成化、弘治、正德增修，到明嘉靖二年（1523年）形成现在的格局和规模。清代及1984年、2003年重修。是榆次现存古代建筑中时代较早、规模较大、整体保存较好的古建筑群（图9-2-2）。1999年玄鉴楼入选世界文化遗产基金会濒危遗产名录，并拨款5万美元进行维修。现存建筑显佑殿为元代遗构，其余为明、清时期建筑风格。占地面积4000平方米。城隍庙坐北朝南，为三进院落布局，中轴线由南往北依次为山门、玄鉴楼（兼作乐楼、戏台）、显佑殿、后寝殿，两侧为钟鼓楼、东西廊房、东西配殿等（图9-2-3～图9-2-6）。显佑殿为庙内主体建筑，面阔五间，进深六椽，单檐歇山顶，梁架为七架前后廊。显佑殿建于高台基之上，前檐金柱明次间置隔扇装修，梢间置棂子窗，东梢间棂子窗下置鬼门关，后檐檐柱明间置板门。山面及后檐檐柱由厚实墙体封户。檐柱普柏枋置斗栱38攒，五踩单翘单昂；前后檐金柱普柏枋上各置斗栱7攒，三踩前后出翘，上承托五架梁，从而抬高了大殿屋顶。屋面由灰色筒瓦盖顶，绿色琉璃瓦剪边，琉璃花脊吻兽。据琉璃题记：为明嘉靖三年维修。在显佑殿的许多构件中，有少许元代建筑的遗物，为沿

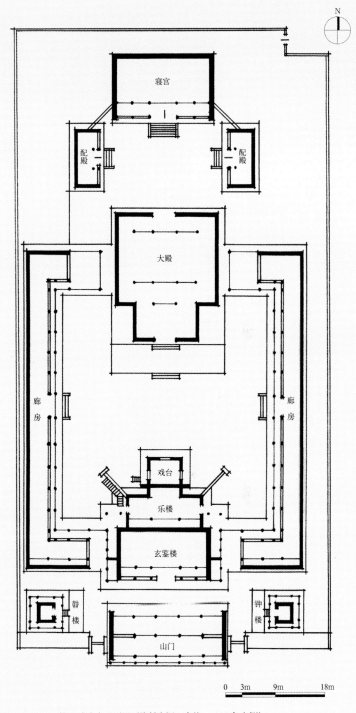

图9-2-2 榆次城隍庙平面图（资料来源：自绘，1998年实测）

用旧物，如：后檐金柱有收分卷刹，屋顶还有许多重唇大型板瓦等。庙内现存碑刻9通，明代八字砖雕影壁2座、八字琉璃影壁2座，极具科研和历史艺术价值。1996年被国务院公布为第四批全国重点文物保护单位。

图 9-2-3 榆次城隍庙全景(资料来源:自摄)

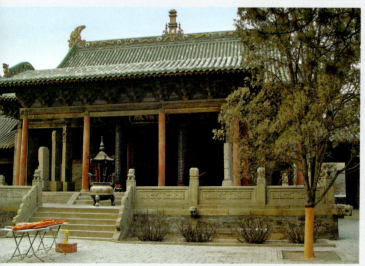

图 9-2-4 榆次城隍庙显佑殿(资料来源:自摄)

图 9-2-5 榆次城隍庙钟楼(资料来源:自摄)

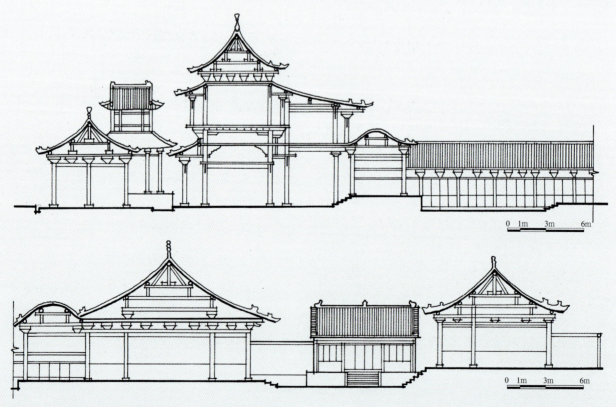

图 9-2-6 榆次城隍庙剖面图(资料来源:自绘,1998 年实测)

二、平遥城隍庙

平遥城隍庙位于平遥县古陶镇东城社区城隍庙街51号。城隍庙建筑群坐北朝南，前后四进院落，由城隍庙、财神庙、灶君庙以及真武楼等组成。据清光绪《平遥县志》记载，始建于明初，后有部分建筑被大火焚毁，明嘉靖三十三年（1554年）重修。清咸丰九年（1859年）再次遭受火灾，除寝殿外悉为灰烬。同治三至八年（1864～1869年）重修。1999～2000年，由个人投资对城隍庙进行全面修缮。占地面积5133平方米。坐北朝南，三进院落布局，中轴线上建有牌楼、山门、戏楼、献殿、正殿和寝殿，两侧为钟鼓楼、配殿、碑亭等（图9-2-7～图9-2-13）。献殿五间，卷棚硬山顶，前檐明间出歇山顶抱厦，斗栱五踩双下昂。正殿五间，单檐悬山顶，斗栱五踩双下昂。寝殿两层，底层为砖券窑洞五孔，前檐插廊；二层面宽五间，双坡硬山顶带前廊。庙内存清碑5通。

图9-2-8 平遥城隍庙牌楼（资料来源：自摄）

图9-2-9 平遥城隍庙戏台（资料来源：自摄）

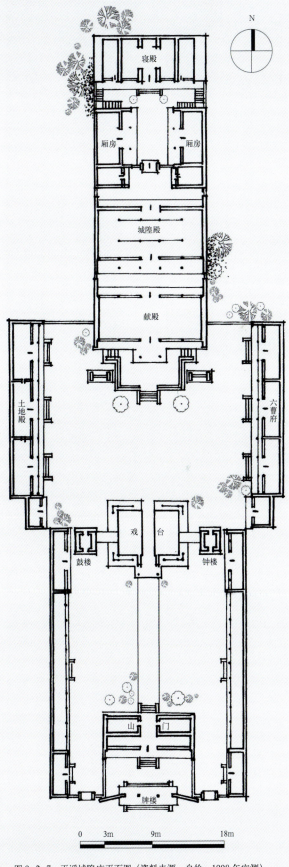

图9-2-7 平遥城隍庙平面图（资料来源：自绘，1998年实测）

图 9-2-10　平遥城隍庙献殿（资料来源：自摄）

图 9-2-11　平遥财神庙内院（资料来源：自摄）

图 9-2-12　平遥财神庙戏台细部（资料来源：自摄）

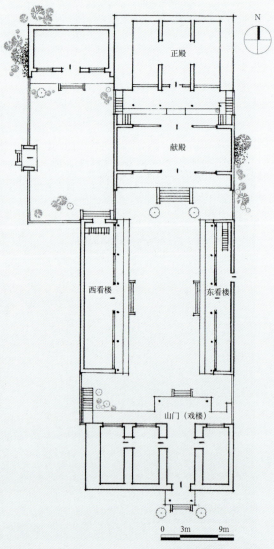

图 9-2-13　平遥财神庙平面图（资料来源：山西省第三次文物普查资料）

三、潞安府城隍庙

潞安府城隍庙，位于长治市城区东街街道城隍庙社区长兴中路庙道巷13号。坐北朝南，三进院落布局，始建于元至元二十二年（1285年），明弘治元年（1488年）、清道光十四年（1834年）均有修葺。中轴线上由南向北依次为山门、玄鉴楼、戏台、献殿、正殿、寝宫，东、西两侧对称有夹殿、妆楼、中院廊房、配殿、耳殿、厢房、后院廊房、耳殿。现存建筑中正殿为元代遗构，山门、寝宫为明代遗构，其余皆为清代建筑。庙东西长48.05米、南北宽150.68米，占地面积7240.17平方米。庙内现存碑8通，碣1方，古树1棵。国务院于2001年公布为全国重点保护单位。正殿，据殿内脊槫题记记载，元至元二十二年（1285年）重建。现存为元代遗构。建于高0.56米的砖石台基之上，面阔五间，进深六椽，单檐悬山顶，屋面琉璃筒板瓦覆盖，梁架为四椽栿后压乳栿用三柱，前檐柱头铺作六铺作单抄双下昂，前檐檐柱及金柱均为方形石柱，素面石柱础，明、次间施四扇五抹头隔扇门，梢间置破子直棂窗。后檐柱头铺作四铺作单下昂，明间设四扇五抹头隔扇门。寝宫，为明代遗构。建于高0.65米的砖石砌台基之上，面宽五间，进深六椽，单檐悬山顶，琉璃屋面，七檩前廊式构架，檐下柱头科五踩重昂，明、次间均设四扇六抹隔扇门，梢间置四扇四抹头隔扇窗。山门，为明代遗构，建于高0.50米的砖石砌台基之上，面宽三间，进深六椽，二层单檐歇山顶。一层前后辟廊，金柱间施板门，次、梢间砖砌，柱础青石质二层，下为束腰，束腰部分雕有龙、鹿等图案，上层浮雕仰莲。廊柱柱头科五踩重昂，二层梁架五檩无廊式，柱头斗栱五踩重昂。重修潞安府城隍庙碑，青石质，圆首，方座。通高3.20米，宽0.70米，厚0.28米。额题篆书"重修潞安府城隍庙碑"，首题"重修潞安府城隍庙碑记"，全文楷书，共11行，满行63字，内容记载了潞安府城隍庙创建于元代，清道光年间（1821～1850年）维修的经过。马绍授撰文，常天成刻石。清道光十四年（1834年）立石（图9-2-14～图9-2-16）。

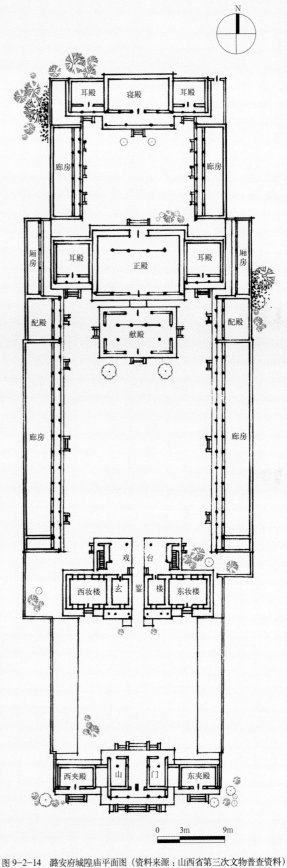

图9-2-14 潞安府城隍庙平面图（资料来源：山西省第三次文物普查资料）

四、芮城城隍庙

芮城城隍庙位于芮城县城古魏镇南关村永乐南街小西巷040号,俗称"南庙",据民国版《芮城县志》记载,该庙创建于宋大中祥符年间(1008~1016年),坐北朝南,历代皆有重修。原有建筑布局为四进院落,沿中轴线由南至北依次有山门、戏台、享亭、献殿、大殿、寝殿,庙院东西58.18米,南北101.6米,占地总面积5911.09平方米。山门和戏台毁于民国初年,现存主要建筑有享亭,两侧各有廊房九间,献殿、大殿、寝殿,寝殿两侧各有厢房三间,现存建筑总面积3996.6平方米。城隍庙主要建筑保存较为完整,集宋、元、清三代古建筑风貌于一处,结构严谨,布局得当,雄浑壮丽,风姿各异,具有较高的历史、艺术、科学价值(图9-2-17~图9-2-20)。2001年被国务院公布为全国重点文物保护单位。享亭,俗称"看台",位于城隍庙建筑群最南端,是祭祀用的建筑,面宽五间,进深三间,单檐歇山顶,梁架为四架椽屋通檐用二柱,柱子粗矮,柱头施粗圆形大额枋,额枋横跨三间,额枋上施四铺作单抄斗栱,斗栱硕大古朴,建筑形制粗犷而浑厚,具有浓厚的早期建筑特色。城隍庙献殿建于清代,民国24年重修,为五架椽屋六檩卷棚顶悬山式构造,面阔五间,进深两间,平面长方形,建筑通高7.06米,通面宽15.7米,通进深8.71米,建筑面积136.75平方米。前檐没插廊,中部辟门通大殿,外露四明柱,台明前出1.17米,总宽0.78米,前檐设压岩石,砌三步踏道,殿内为方砖墁。大殿,为城隍庙主要建筑,创建于宋代,面宽五间,进深三间,平面呈长方形,单檐歇山顶,梁架为六架椽屋乳栿对四椽栿用三柱,柱头五铺作双下昂斗栱,补间斗栱各一朵,为五铺作单抄单下昂,劈竹式昂嘴,蚂蚱形耍头,屋架举折甚缓,斗栱砖大,栱瓣清晰,其歇山部分的"二龙戏珠"琉璃山花为明嘉靖三十年立,大殿形制古朴典雅,雄伟壮观。大殿虽历代重修,除少量构建更换外,但大木构件及斗栱仍为宋代遗物。寝殿,位于庙内第三进院落,

图9-2-15 潞安府城隍庙献殿(资料来源:自摄)

图9-2-16 潞安府城隍庙戏台(资料来源:自摄)

图9-2-17 芮城城隍庙享亭(资料来源:自摄)

图 9-2-18 芮城城隍庙寝殿（资料来源：山西省第三次文物普查资料）

图 9-2-19 芮城城隍庙正殿侧面（资料来源：山西省第三次文物普查资料）

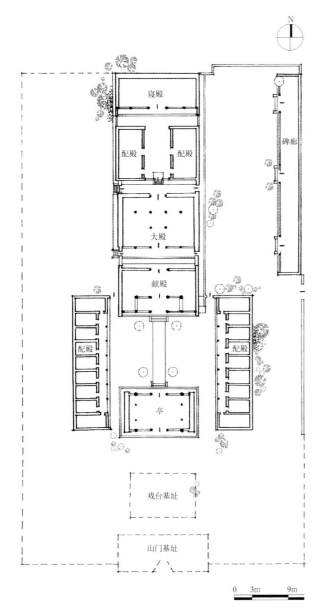

图 9-2-20 芮城城隍庙平面图（资料来源：山西省第三次文物普查资料）

面宽五间，进深一间，单檐悬山顶，梁架为三檩无廊式结构，二架椽屋通檐用两柱。平板枋上置简单的斗口出单浮云耍头，补间科斗栱。该院落为封闭式建筑格局，前部设清代垂花门及围墙，东西两侧各建有三间面阔厢房。廊房，位于庙内第一进院落东西两侧，建于民国晚期。面阔九间，开间均为2.88米，通面宽27.32米。进深两间，单檐硬山顶，梁架为六檩前廊式结构，屋顶为五架椽屋，前坡三檩，后坡二椽。廊房在作为博物馆办公室使用时，装修全部被改建，并将南北两端尽间改造为暖阁式。

五、襄汾汾城城隍庙

汾城城隍庙，位于临汾市襄汾县汾城镇城内村西北部，故太平县城的西北角，总占地面积2222.95平方米，据清光绪八年版的《太平县志》记载，该庙创建于明洪武二年（1369年），又据该庙现存重修碑文记载，明天启七年（1627年）所建。清乾隆九年（1744年）、乾隆三十四年（1695年）、清光绪十六年（1890年）、2004年屡有修葺。该庙坐北面南，中轴线上由南向北依次为影壁、旗杆、山门、戏台、观看区、献亭、正殿、寝宫；轴线西侧为西配房、西厢房、西耳房、鼓楼；轴线东侧为东配房、东厢房、钟楼。现存建筑的正殿、献亭为明代建筑，戏台主体建筑为明代，前檐抱厦为清代增建，剩余其他如影壁、山门、旗杆、钟鼓楼等为清代建筑。2006年被国务院公布为第六批全国重点文物保护单位，归属汾城古建筑群（图9-2-21～图9-2-23）。正殿创建年代不详，现为明代建筑。坐北面南，面阔五间，进深六椽的悬山顶建筑，前檐设面阔七间、进深二椽的悬山顶前廊。通面阔26.6米，通进深24.6米，其平面呈长方形。梁架结构为六架梁对乳栿，前设廊；斗栱为五踩双下昂，门窗不存。屋面为琉璃剪边形式，中设琉璃方心，正垂脊琉璃脊饰，工艺精湛，以黄绿色为主。

六、清徐徐沟城隍庙

城隍庙位于清徐县徐沟镇西北坊村。据清光绪八年（1882年）《徐沟县志》，始建于金大定年间（1161～1173年）。明永乐（1403～1424年）、宣德（1426～1435年）年间金水泛涨，遂淤坏，明景泰（1450～1456年）年间、成化（1465～1487年）年间重修。1952年后作为徐沟粮库使用。庙坐

图9-2-21　襄汾汾城城隍庙山门（资料来源：自摄）

图9-2-22　襄汾汾城城隍庙正殿（资料来源：自摄）

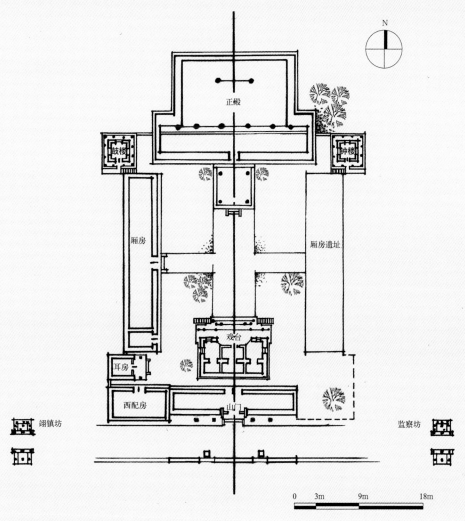

图 9-2-23 襄汾汾城城隍庙平面图（资料来源：山西省第三次文物普查资料）

北朝南，南北长 86.3 米，东西宽 32.7 米，占地面积 2831.2 平方米。二进院落布局，中轴线有栖霞楼、大殿、寝宫，两侧有十字歇山顶钟、鼓楼，东、西厢房、东、西耳房。城隍庙是一处极具保护价值的古代建筑遗存，为研究古建筑地域文化提供了宝贵的实物资料。栖霞楼尤具特色，为现存建筑之精华，是研究太原地区同类建筑的重要实例。1983 年太原市人民政府公布为市级文物保护单位。城隍庙现存建筑基本保持原有风格，建筑形式、结构保留了当地传统做法。建筑基础、墙体受潮糟朽。屋面杂草丛生，脊兽残缺，瓦件松散。装修全部更改，地面杂砖铺墁。椽檩多处折断、裸露，屋面多处塌落（图 9-2-24～图 9-2-27）。

七、长治县都城隍庙

都城隍庙位于长治县西火镇南大掌村西北。坐北向南，东西长 22.1 米、南北宽 44.25 米，占地面积 977.9 平方米。创建年代不详，据庙内碑碣记载，清顺治二年（1645 年）、清光绪十年（1885 年）、民国 3 年（1914 年）屡有重修。现存建筑皆为清代遗构。一进上下两院布局，中轴线上从南到北依次有山门（戏台）、献亭、正殿，两侧分别对称有钟、鼓楼，东、西看楼，东、西配殿，东、西耳殿。正殿建于高 0.65 米的石砌台基之上，面宽三间，进深五椽，单檐硬山顶，琉璃剪边，六檩前廊式构架，柱头科装饰性斗栱，明、次均设隔扇门。庙内遗存清代、

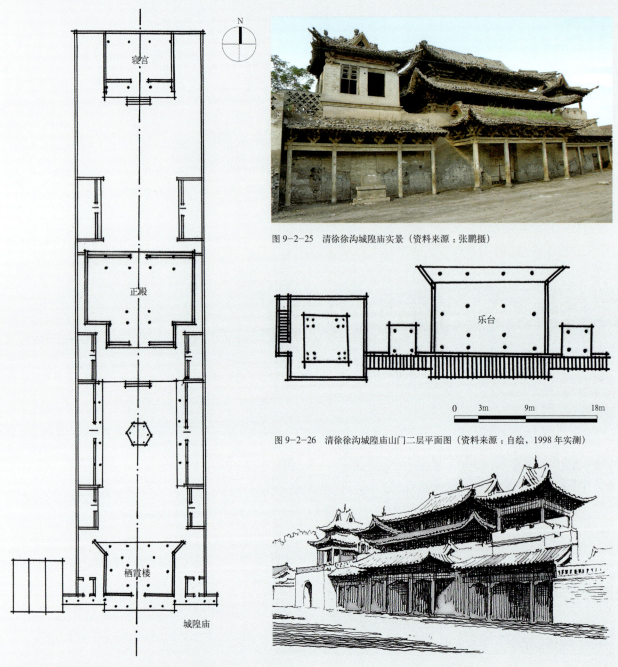

图 9-2-24　清徐徐沟城隍庙平面图（资料来源：自绘，1998年实测）　图 9-2-27　清徐徐沟城隍庙写生（资料来源：自绘）

民国重修碑3通。该庙为研究晋东南地区的寺庙建筑提供了实物资料。山西省人民政府年于2004年被公布为省级文物保护单位（图9-2-28、图9-2-29）。

八、蒲县柏山东岳庙

柏山东岳庙，位于临汾市蒲县蒲城镇城关村东关自然村的柏山之巅。依山而建，坐北向南，东西46.92米、南北233.77米，占地面积10968.49平方米，实际占地面积2万平方米。清乾隆十八年（1753年）版《蒲县志》记载："东岳庙在城东二里东神山巅，不知肇建何年，唐贞观重修也"。献殿遗存蟠龙石柱础石上有金泰和六年刻记。元大德七年（1303年）毁于地震，元延祐三年（1316年）"地复震，栋宇再摧"，延祐五年（1318年）东岳行宫大殿、献亭、寝宫、东庑、西庑、十王府等建筑先后竣工，明、清屡修。20世纪80～90年代先后对长虹登道、乐楼、行宫

图9-2-28 长治县都城隍庙山门（资料来源：郭生玹摄）

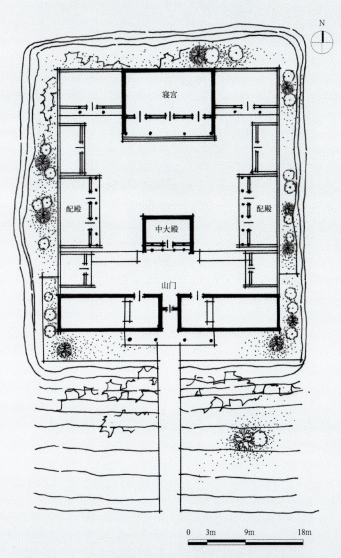

图9-2-29 长治县都城隍庙平面图（资料来源：自绘，1998年实测）

大殿、子孙娘娘殿、凌霄殿进行维修。2012年进行保护修缮。中轴线依次建有山门（门上建天堂楼）、凌霄殿、天王殿、乐楼、看亭（又称议事厅）、献亭、东岳行宫大殿、后土圣母殿、子孙娘娘殿、清虚宫、地藏祠及十八层地狱，两侧有钟楼、鼓楼、厢房、回廊、七十二祠、角楼等，庙内现存有元、明、清碑114通，明清彩塑246尊、铁像13尊、明正德九年（1514年）香炉、醮盆各1个，明嘉靖六年（1527年）铁钟一口（图9-2-30、图9-2-31）。庙前建有影壁、长虹登道、御马亭，登道右侧建有华佗庙。现存行宫大殿为元代遗构，献亭柱础石为金代刻石、盘龙石柱为元代遗物，看亭明代遗构，余皆清代遗构。东岳行宫大殿，砖砌台基，面阔五间，进深五间，重檐九脊顶，灰布筒板瓦屋面，琉璃脊、吻、兽、剪边，屋顶中设菱形方心一枚。殿身副阶周匝，梁架彻上露明造，四椽栿后压乳栿用三柱，副阶周匝。副阶铺作为四铺作单杪计心造，上檐铺作为六铺作双杪单下昂、里转五铺作双杪计心造。明间设板门，两次间设槛窗。殿内神龛内塑有"东岳泰山天齐仁圣大帝"黄飞虎坐像，龛前侍者二人、官员二位分立两侧。前檐廊柱上曾刻有元至正二十一年（1361年）县尹刑叔亨所作"木兰花词"五首，内容丰富，书法劲秀，是蒲县石刻中佳作。2001年6月公布为全国重点文物保护单位（图9-2-32～图9-2-37）。

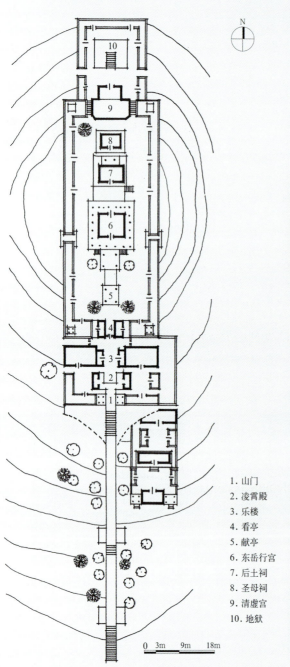

1. 山门
2. 凌霄殿
3. 乐楼
4. 看亭
5. 献亭
6. 东岳行宫
7. 后土祠
8. 圣母祠
9. 清虚宫
10. 地狱

图 9-2-30　蒲县柏山东岳庙平面图（资料来源：自绘，1998 年实测）

图 9-2-32　蒲县柏山东岳庙山门（资料来源：自摄）

图 9-2-33　蒲县柏山东岳庙东岳行宫（资料来源：自摄）

图 9-2-31　蒲县柏山东岳庙剖面图（资料来源：自绘，1998 年实测）

图9-2-34 蒲县柏山东岳庙地狱塑像之一
（资料来源：自摄）

图9-2-36 蒲县柏山东岳庙看亭（资料来源：自摄）

图9-2-35 蒲县柏山东岳庙地狱塑像之二
（资料来源：自摄）

图9-2-37 蒲县柏山东岳庙献亭（资料来源：自摄）

九、黎城城隍庙

黎城城隍庙位于黎城县黎侯镇城内村河下东街95号，据《黎城县志》载，创建于北宋天圣年间（1023～1031年），元至正年间（1341～1368年）焚于兵火，明洪武二年（1369年）重建。嘉靖十六年（1537年）及康熙四十年（1701年）和宣统三年（1911年）均有重修。现山门为明代遗构，正殿为清代遗构。坐北朝南，一进院落布局，东西36.23米、南北52.65米，占地面积1892平方米。中轴线上由南至北依次遗有山门、正殿，山门两侧遗存有掖门。庙内存有明清重修碑4通。该庙为黎城县保存较好的一处明、清建筑，为研究当地明、清寺庙建筑提供了实物资料。1996年被山西省人民政府公布为省级文物保护单位（图9-2-38、图9-2-39）。

十、翼城南撖东岳庙

南撖东岳庙，位于临汾市翼城县隆化镇南撖村西。坐北朝南，二进院落，东西33米、南北93米，占地面积3069平方米。创建年代不详，大殿

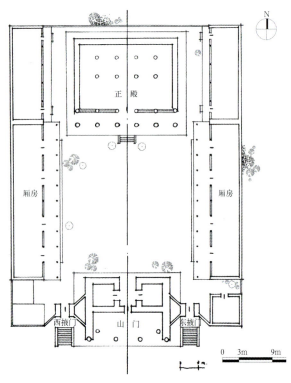

图 9-2-38 黎城城隍庙平面图（资料来源：山西省第三次文物普查资料）

图 9-2-39 黎城城隍庙外观（资料来源：陈喜凤摄）

前檐当心间东柱头铺作泥道慢栱，下皮有"至元二十七年，大清康熙二十二年"题记，庙内现存碑文记载，佐证庙元代有之，清康熙、同治、光绪、民国屡有修建。中轴线上由南至北遗有山门基址、戏台基址、献殿、正殿；两侧戏台基址东西遗存钟鼓楼基址、二进院遗有东西厢房、廊房，东侧马王殿、西侧娘娘殿，东单间厢房基址、西单间厢房，大殿东、西耳殿。结合本区域金元及明清建筑图纸断定大殿、献殿为元代遗构，大殿东、西耳殿为明代遗构，马王殿、娘娘殿为清代遗构，廊房、厢房及西单间厢房是民国遗构。山门、戏台、钟鼓楼在20世纪70年代拆除。大殿面宽三间、进深四椽，前廊式单檐不厦两头造，灰布筒板瓦屋面。梁架为三椽栿前压剳牵用三柱，前檐柱头铺作为五铺作双昂计心、里转双杪偷心造，补间为五铺作重栱出双下昂、里转双杪偷心设挑斡。献殿面宽三间、进深四椽，单檐不厦两头造，灰布仰俯板瓦屋面。梁架为四椽栿通檐用二柱，前后檐下铺作为四铺作单下昂计心、里转单杪计心造。东、西耳殿面阔三间、进深五椽，单檐悬山顶，五架梁前单步梁用三柱前廊式；马王、娘娘殿面阔三间、进深五椽，单檐悬山顶（娘娘殿硬山顶），五架梁前单步梁用三柱前廊式；东、西廊房、厢房均面阔三间、进深四椽，单檐硬山顶，五架梁通檐用二柱；西单间厢房面阔一间、进深五椽，单檐悬山顶，五架梁前单步梁用三柱前廊式。庙内现存碑刻15通，石狮1对。2006年5月被公布为全国重点文物保护单位（图9-2-40～图9-2-43）。

十一、介休五岳庙

介休五岳庙位于介休市东南街道办事处南大街社区草市巷33号。据庙碑记载，创建于明景泰七年（1456年），清乾隆年间（1736～1795年）重建，2001年维修。现存为清代建筑。占地面积3271平方米。坐北朝南，二进院落布局（东侧另建小偏院），中轴线由南向北依次为影壁、山门（兼作戏楼）、献亭、正殿及后寝殿，两侧为八字影壁、钟、鼓楼、东西配殿及东西耳房；东侧偏院存北殿及南殿。山

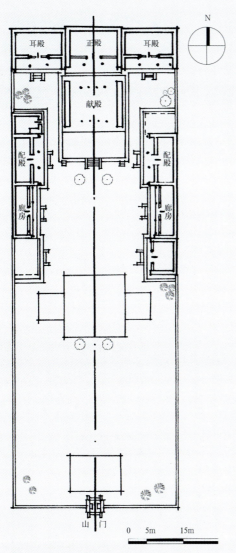

图 9-2-40 翼城南撖东岳庙平面图（资料来源：山西省第三次文物普查资料）

图 9-2-41 翼城南撖东岳庙全景（资料来源：自摄）

图 9-2-42 蒲县柏山东岳庙献殿正面（资料来源：自摄）

图 9-2-43 翼城南撖东岳庙献殿侧面（资料来源：自摄）

门前影壁及八字影壁均为仿木结构建筑，琉璃脊顶，壁心分别砖雕"二龙戏珠"、"麒麟闹八宝"以及石雕"福"、"寿"。山门兼作戏台，两侧与钟、鼓楼连构，下部为拱券门，古镜式柱础。上部戏台倒座，面宽三间，进深四椽，单檐卷棚歇山顶，明间出卷棚歇山顶抱厦台口，挂落木雕"二龙戏珠"、牡丹花等吉祥图案，斗栱密致，均七踩三下昂。檐下正中悬"海蜃楼"木制匾额1方，献亭建于正殿前，面宽三间，进深三椽，单檐卷棚歇山顶，黄绿琉璃剪边，明间出抱厦一间，单檐歇山琉璃瓦顶，斗栱七踩三下昂。正殿面宽五间，进深六椽，单檐硬山顶，黄绿琉璃瓦方心点缀，七檩前廊式构架，斗栱五踩双下昂，前檐装修被后人改制，殿内金柱上悬二龙戏珠悬塑。庙内山门前存石狮2个，正殿前檐下存清光绪十六年（1890年）《重整修饰五岳庙碑记》碑1通，前檐廊心墙内壁嵌《五岳真形图》及真形图来历说明碣2方，东配殿后墙嵌清顺治四年（1647年）《重整修饰五岳庙碑记》碣1方。2006年国务院公布为第六批全国重点文物保护单位（图9-2-44～图9-2-46）。

十二、泽州冶底岱庙

泽州岱庙，位于泽州县南村镇冶底村西北，坐北向南，二进院落，东西50.98米、南北96.51米，占地面积4921.08平方米。创建年代不详，据庙内碑碣记载，宋元丰三年（1080年）有之，金大定丁未年（1187年）、金正隆二年（1157年），元至元甲戌年（1274年）均有修建，明永乐二年（1404年）、万历十三年（1585年）、清顺治十八年（166年）屡修，庙前设平台、台阶，中轴线上由南至北遗有山门、池沼（池后为竹圃）、戏台、天齐殿；四面东、西遗有掖门各一间，一进院（随地势称为下院）东遗五谷及高媒祠、西遗后土祠及五瘟殿，竹圃东西设台阶登二院，戏台东西遗有云水楼及道舍，院内东西遗有厢房及龙王、牛王殿，天齐殿，东遗关帝殿、惠淑二仙殿，西遗李存孝殿、速报司神殿。现

图9-2-44 介休五岳庙献亭（资料来源：自摄）

图9-2-45 介休五岳庙戏台（资料来源：自摄）

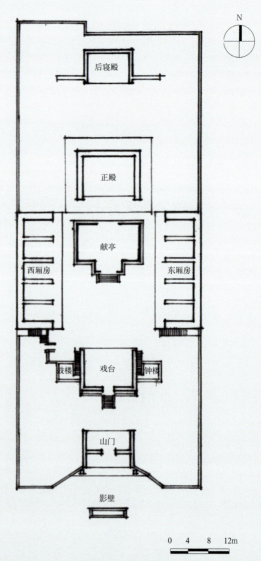

图9-2-46 介休五岳庙平面图（资料来源：山西省第三次文物普查资料）

存天齐殿为宋、金代遗构，舞楼为金、明代建筑，余为明、清建筑。正殿面阔三间、进深六椽，前廊式单檐九脊顶，灰布筒板瓦屋面、琉璃吻、兽。梁架为四椽栿前压乳栿用三柱，檐下铺作为五铺作双下昂计心造。戏台东北石柱东侧上方金代题刻，判断为金正隆二年（1157年）创建，明万历四十三年《重修钟楼三门记》碑记，判断为明万历四十三年（1615年）重修。面宽、进深各一间，单檐十字歇山顶，灰布筒板瓦屋面、琉璃吻、兽。梁架为斗栱出跳里转跌上承抹角梁，之上承老角梁，老角梁上置栌斗、攀间栱、替木承金檩，平梁兼作平梁，上立脊瓜柱置栌斗、丁华抹颏栱、攀间栱及替木承脊檩，叉手捧戗脊檩下部及替木两侧。檐下施以鎏金斗栱斗为五踩双下昂计心、里转七踩三翘二跳偷心，结构与天齐殿相似。南面墙体封闭，三面通透。庙内存元、明、清重修庙碑10通。2001年6月公布为全国重点文物保护单位（图9-2-47～图9-2-51）。

十三、泽州周村东岳庙

周村东岳庙，位于晋城市区西30公里的泽州县周村镇周村东侧，坐北向南，二进院落，东西

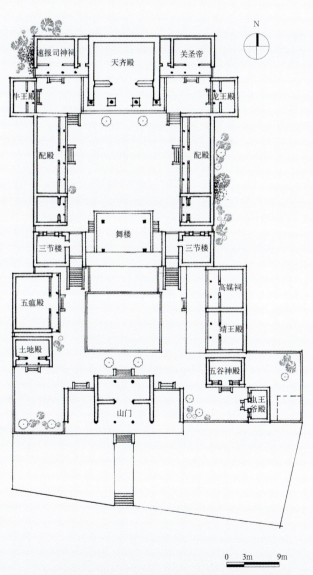

图9-2-47 泽州冶底岱庙平面图（资料来源：山西省第三次文物普查资料）

图9-2-48 泽州冶底岱庙全景（资料来源：自摄）

图9-2-49 泽州冶底岱庙二门（资料来源：自摄）

图9-2-50 泽州冶底岱庙戏台（资料来源：自摄）

图9-2-51 泽州冶底岱庙天齐殿（资料来源：自摄）

图9-2-52 泽州周村东岳庙正殿（资料来源：自摄）

图9-2-53 泽州周村东岳庙正殿翼角（资料来源：自摄）

96.77米、南北79.79米，占地面积7721.28平方米。创建年代不详，据明隆庆四年《泽州周村镇重修庙祀记》碑载，北宋元丰五年（1082年）重修，贞祐南迁（1124年）毁于兵火，元大德、至正间再修。明洪武、宣德、嘉靖及清代均有修建。中轴线由南至北遗有山门、戏楼、正殿。戏楼两侧钟、鼓楼，正殿东西两侧遗有财神殿、东殿前设拜亭、西殿（前设拜亭）、龙王殿，正殿居中五殿一字排列，财神殿和龙王殿为宋、金、明遗构，正殿金代遗构，东、西殿拜亭为明代遗构，余皆清代遗构。正殿面阔三间、进深六椽，单檐九脊顶，灰布筒板瓦屋面，琉璃脊、吻、兽、剪边。梁架为四椽栿前压乳栿用三柱。前檐柱头铺作为四铺作单下昂，耍头后延制成合踏稳固蜀柱。门窗后人改换。龙王殿、财神殿：两殿相同，坐北向南，面阔三间、进深六椽，单檐不厦两头造前设九脊顶抱厦，灰布筒板瓦屋面，琉璃脊、吻、兽。梁架为四椽栿前压乳栿用三柱，前檐柱头铺作为斗口跳，耍头后延制成半驼峰缴背承蜀柱。龙王殿当心间补间铺作四铺作单杪，45度方向内外出斜栱；次间补间铺作为四铺作单杪计心造。2006年5月公布为全国重点文物保护单位（图9-2-52、图9-2-53）。

十四、陵川县玉泉东岳庙

玉泉东岳庙位于陵川县附城镇玉泉村东100米处，坐北朝南，一进院落。南北长69.5米，东西宽35米，占地面积为2432平方米。创建年代不详，据庙内现存碑碣记载，明万历七年（1579年）、清顺治十七年（1660年）、乾隆三十五年（1770年）、道光十二年（1832年）、2004年曾多次修缮东岳庙，现存建筑为金、明、清风格。中轴线上现有舞楼（山门）、拜殿、正殿，两侧分布有妆楼、廊房、耳楼，山门外西有西房3间，东有1东院内有东楼房三间，南房三间。正殿面阔三间，进深六椽，单檐歇山顶。梁架结构为四椽栿压前乳栿，檐下斗栱为四铺作单下昂。庙宇布局独特，结构合理，整体保存完好，具有较高的历史科学价值。2006年，玉泉东岳庙被国务院公布为第六批全国重点文物保护单位（图9-2-54、图9-2-55）。

十五、石楼兴东垣东岳庙

兴东垣东岳庙位于石楼县龙交乡兴东垣村北约100米的殿下头，坐北向南，东西宽70米，南北长91米，占地面积6370平方米，创建年代不详，元至元四年（1338年），明代崇祯五年（1632年）重修，

图9-2-54 陵川县玉泉东岳庙全景（资料来源：武向军摄）

图9-2-55 陵川县玉泉东岳庙山门（资料来源：武向军摄）

清代曾补葺,1999 年至 2002 年对东岳殿、东西配殿、乐楼进行过落架维修,现存建筑为宋至清代遗构。二进院落布局,中轴线自南向北有影壁、山门、乐楼、东岳殿,两侧有东西耳殿,东侧自南向北有东门、君轩房、东配殿,西侧自南向北有社窑、西配殿、乐楼西侧有鼓楼门洞,还有进社窑的西门 1 座,另有碑 1 通(图 9-2-56~图 9-2-58)。

东岳殿位于兴东垣东岳庙中轴线的北端,坐北向南,创建年代不详,元至元四年(1338 年)重修,1999 年进行了维修,现存建筑为元代风格。东岳殿筑于 0.85 米的砖台基上,前有台,长 6.2 米,宽 4.6 米,高 0.65 米,面阔三间,进深六椽,六椽中伏用四柱,壁均有壁画,内容为东岳大帝出巡、回宫等,共计 36 平方米,莲花覆盆柱础,廊柱、金柱上均有铺,共 14 朵均为三铺,45度转角铺,板门两扇,单檐硬山顶,绿琉璃筒板瓦覆盖。

乐楼位于兴东垣东岳庙中部,坐南向北,创建年代不详,1999 年至 2002 年进行了落架维修,现存建筑为清代风格。乐楼筑于高 1 米的砖石台基上,面阔三间,进深六椽,卷棚式梁架用三柱,卷棚硬山顶,灰筒板瓦覆盖。该乐楼保存完好。

十六、汾阳北榆苑五岳庙

北榆苑五岳庙,位于汾阳市三泉镇北榆苑村南部。创建年代不详,据庙内"重修五岳大庙碑记"载:元大德三年(1299 年)重修,次年(1300 年)增建水仙殿,大德七年(1303 年)遭地震,大德十年(1306 年)再修;明嘉靖六年(1527 年)、清顺治十五年(1658 年)、雍正八年(1730 年)均有重修;雍正九年(1731

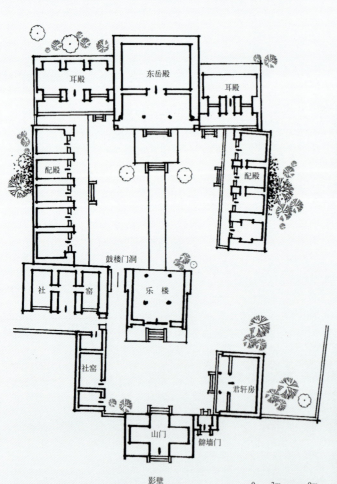

图 9-2-56 石楼兴东垣东岳庙平面图(资料来源:山西省第三次文物普查资料)

图 9-2-57 石楼兴东垣东岳庙全景(资料来源:山西省第三次文物普查资料)

图 9-2-58 石楼兴东垣东岳庙正殿(资料来源:山西省第三次文物普查资料)

年)、乾隆六年（1741年）增建；清嘉庆十九年至道光元年（1814～1821年）再次进行了修葺和增建。现存五岳殿、水仙殿为元代遗构，圣母殿及佛龛院为明代建筑，其余建筑属清代遗存。

庙坐北朝南，由庙院和佛龛院组成，南北长84.37米，东西宽56.85米，占地面积为4796平方米。庙院原构布局不详，中轴线上由南至北依次存倒座南舍窑7孔（西尽间为山门）、乐楼（已不完整）和五岳殿；五岳殿西侧存圣母殿，东侧存水仙殿和龙王殿。庙院内存石碑1通。佛龛院毗连于庙院西北角，一进院布局，中轴线上存院门和正窑五孔，两侧存东西配窑各三孔。五岳殿内保存有元代壁画，水仙殿内保留有元代神坛及壁画，均具有较高的历史和艺术价值。2006年5月25日，中华人民共和国国务院公布为全国重点文物保护单位（图9-2-59～图9-2-61）。

五岳殿即正殿，创建年代不详，据碑文和殿内梁架题记记载，可知该殿重建于元大德十年（1306年）。砖砌台基高0.5米，面阔三间，进深四椽，单檐悬山顶。殿顶设琉璃脊饰、布灰筒板瓦屋面。梁架为三椽栿前接剳牵用三柱，梁架节点上施攀间斗栱。前廊明间作移柱造，采用大额枋，柱头设四铺作单昂重栱计心造（昂后尾延为挑干），明间置补间铺作3朵，居中1朵出45度斜昂。明间设板门，两次间为直棂窗。殿内两山墙及前墙上保存有元代壁画，面积约30平方米。前墙门之两侧各绘武士像1尊，两山墙上绘有"五岳巡游图"。绘画手法娴熟、人物造型生动，具有较高的历史和艺术价值。

水仙殿位于五岳殿东侧。据殿内梁架题记和碑文记载：创建于元大德四年（1300年），清嘉庆年间修葺。现存为元代遗构。面阔三间，进深

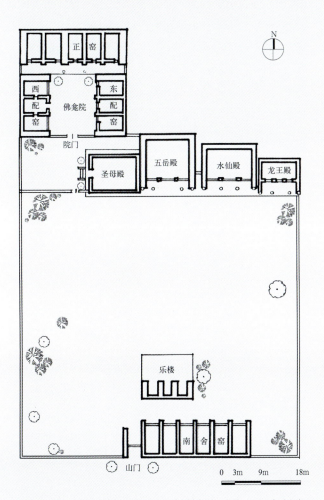

图9-2-59 汾阳北榆苑五岳庙平面图（资料来源：自绘，2006年实测）

图9-2-60 汾阳北榆苑五岳庙全景（资料来源：自摄）

图9-2-61 汾阳北榆苑五岳庙五岳殿（资料来源：自摄）

四椽，单檐悬山顶，殿顶设布灰脊饰与筒板瓦。梁架为三椽栿前接劄牵用三柱，梁架节点上施攀间斗栱。前廊柱头设四铺作单昂重栱计心造，补间铺作每间1朵，明间补间铺作上出45度斜昂（正昂后尾延为挑干）。前檐明间设板门，次间为直棂窗。殿内后墙残损较甚，两山墙上残存壁画，面积约20平方米，大部分已漫漶不清，隐约可辨其内容为人物。另外，殿内保存有元大德六年（1302年）所造砖砌神坛，宽同殿阔，残高约0.8米，正立面束腰部位浮雕有人物、花卉、龙、凤等纹饰，并题刻有年款及匠人姓名。具有较高的历史和艺术价值。

十七、万荣解店东岳庙

万荣东岳庙，亦称代岳庙、泰山庙。位于万荣县城内解店镇新城村西大街北侧。坐北向南，东西62米、南北200米，占地面积12400平方米。创建年代不详，唐贞观年间（公元627～649年）置汾阴郡时已有之，元至元二十八年至大德元年（1291～1297年）重建，明正德十五年（1520年）、万历四十五年（1617年）重修，清乾隆十一年（1746年）、咸丰八年（1859年）屡修。中轴线上由南至北遗有飞云楼、午门、献殿、享亭、东岳殿和阎王殿（图9-2-62～图9-2-64）。献殿、午门为元代遗构，

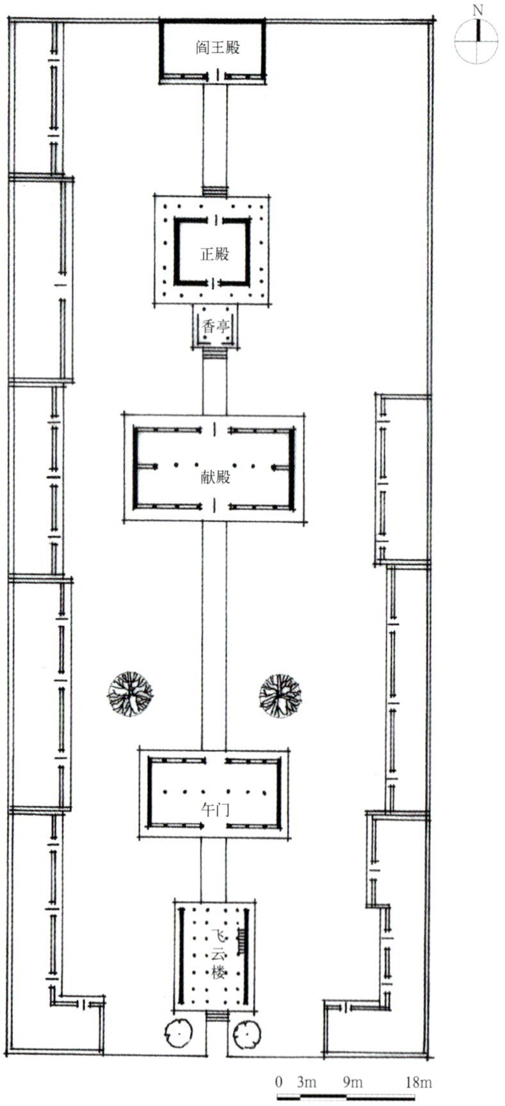

图9-2-63 万荣解店东岳庙正殿（资料来源：自摄）

图9-2-62 万荣解店东岳庙平面图（资料来源：自绘，1998年实测）

图9-2-64 万荣解店东岳庙飞云楼写生（资料来源：自绘）

东岳殿为元建明修之构，飞云楼为明万历四十五年（1617年）重修之构，享亭是明正德年间之构，阎王殿是清代遗构，1985年增建东、西厢房，2001年增建山门。院内保存有元、明、清历代修庙碑9通。农历三月二十八日、十月十八日为东岳庙会。1988年1月13日被公布为全国重点文物保护单位。

十八、盂县坡头泰山庙

坡头泰山庙，原名东岳庙，后改为东岳天齐庙，位于阳泉市盂县城北25公里下庄乡东坡头村南侧。坐北朝南，三进院落，东西34.6米、南北85.15米，占地面积约2980平方米。创建年代不详，庙内元代经幢记载，元至正十七年（1357年）重建，明万历三十一年（1603年）重修，清及民国均有修葺。中轴线由南至北遗有戏台遗址、石牌坊、山门、中殿、后殿，山门两侧有钟鼓楼，中殿两侧有东、西配殿和西耳殿，后殿东、西两侧有禅房。中殿和后殿为元代遗构，余皆清代遗构。中殿，前设月台，面阔三间、进深四椽，单檐硬山顶，灰布筒板瓦屋面。梁架为三椽栿前对承剳牵用三柱，檐下施四铺作单下昂斗栱，补间各1朵，当心间出45度斜栱。明间设窗，次间设六抹隔扇门装修。殿内两山内壁遗有清代壁画。后殿，面阔三间、进深四椽，单檐不厦两头造，灰布筒板瓦屋面。梁架为四椽栿通檐用二柱，檐下设四铺作单下昂斗栱，里转为五铺作双抄，每间设补间铺作一朵，当心间出45度斜华栱，前檐明间设六抹隔扇门，次间为窗装修，窗已毁仅存抱框。2006年5月公布为全国重点文物保护单位（图9-2-65～图9-2-67）。

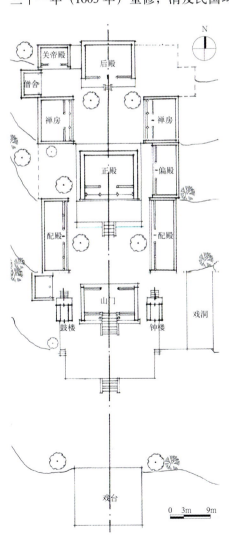

图9-2-65 盂县坡头泰山庙平面图（资料来源：山西省第三次文物普查资料）

图9-2-66 盂县坡头泰山庙山门（资料来源：自摄）

图9-2-67 盂县坡头泰山庙全景（资料来源：自摄）

十九、河曲岱岳庙

岱岳庙位于河曲县文笔镇岱岳殿村西。现建筑为明至清时代。据庙内金大定十七年（1177年）功德幢记载，建于金天会十二年（1134年），元、明、清多次修葺，后不断增建。南北长72米，东西宽45米，占地面积3240平方米。坐北朝南。岱岳庙三进院布局，中轴线依次建有山门、乐亭、天齐殿和后土殿，两侧分别建有龙王殿、灵宫殿、地藏殿、圣母殿、关帝殿、岳武殿、玉皇阁、包公祠、明宫及禅房，庙内存碑8通，壁画104平方米，院墙为青砖垒砌，院内为砖铺，有一棵千年古树（图9-2-68、图9-2-69）。

1986年山西省人民政府公布为省级文物保护单位。天齐殿为清代遗构。砖砌台基，面宽三间进深四椽，单檐硬山顶，孔雀蓝琉璃瓦方心，前出卷棚歇山抱厦，侧出八字墙，脊刹背面有"正德元年重建"题记。五檩无廊式构架。前檐明、次间均设四扇六抹斜方格隔扇门。后土殿，清代遗构。砖砌台基，面宽三间，进深四椽，单檐硬山顶。五檩无廊式构架，斗栱一斗二升交麻叶，明间设四扇六抹隔扇门，两次间为直棂窗，殿内两山及后檐墙绘因果报应壁画23平方米。岱岳庙重修包公祠记碑，青石质，长0.40米，宽0.81米。康熙十八年（1679年）立石。碑文楷书，记述是年众人集资修建包公祠之事。张翱撰文。

图9-2-68 河曲岱岳庙岱岳殿
（资料来源：自摄）

图9-2-69 河曲岱岳庙乐亭
（资料来源：自摄）

二十、绛县华山庙

华山庙位于绛县卫庄镇张上村南5公里处的东华山顶上,坐南朝北,布局不规则,东西长150米,南北最宽100米,占地面积1.5万平方米。始建年代不详,现存建筑为明清时期遗构,主体建筑为圆形空心三层混元石塔。围绕石塔分布有五岳殿、药王殿、娘娘殿、三官庙、文昌庙、财神庙、观音庙、山神庙、雷公殿等石砌拱券窑洞式建筑。1992年在原有石基上进行过修葺,并复建有木构玉皇殿。华山庙对研究当地道教发展状况和民俗民风提供了重要资料,同时也是本乡本土的特色建筑。1985年公布为县级文物保护单位。总体布局完整,现存建筑结构稳定。混元塔门洞右侧石块松动,庙内部分碑刻被砌于墙上或台基内,散放地上。部分碑刻字迹漫漶(图9-2-70、图9-2-71)。

图9-2-70 绛县华山庙全景(资料来源:黄海摄)

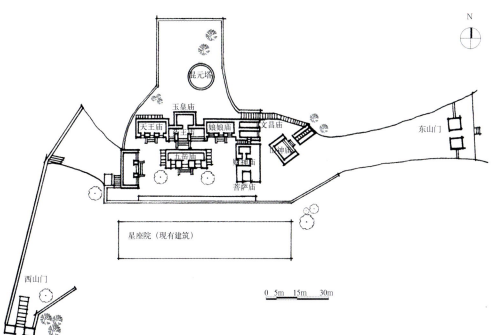

图9-2-71 绛县华山庙平面图(资料来源:山西省第三次文物普查资料)

二十一、榆次永康村东岳庙

东岳庙位于榆次区张庆乡永康村中部。据明万历版《榆次县志》记载，东岳庙始建于元中统三年(1262年)，由村民胡福等建，于清光绪元年(1875年)重修。现存建筑为明、清风格。占地面积1580.2平方米。坐北朝南，一进院落布局，中轴线建有山门（带耳房）兼戏台、影壁和正殿，两侧为掖门、钟楼、鼓楼、厢房、碑廊、配殿及耳殿。正殿建在高0.5米的条石台基上，面宽三间，进深四椽，单檐歇山顶，黄绿琉璃瓦剪边，孔雀蓝琉璃瓦方心点缀。前后檐设廊，外檐斗栱五踩双下昂，瓜子栱镂空雕如意卷云头，蚂蚱形耍头，平身科大斗雕作花瓣组合圆形，前檐装修已改。戏台（兼作山门）倒座，建在高2.1的砖砌台基上，面宽五间，进深四椽，单檐前卷棚歇山后悬山顶，黄绿琉璃瓦剪边，鼓镜式柱础，斗栱五踩双昂。庙内存清光绪元年(1875年)所立《永康修东岳庙碑》。2003年晋中市政府公布为第一批市级文物保护单位（图9-2-72、图9-2-73）。

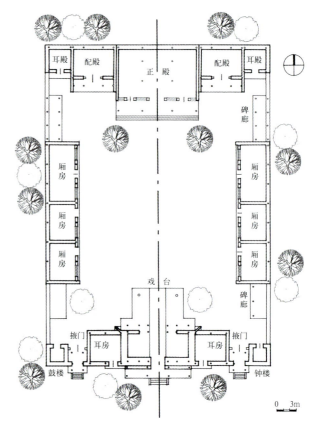

图9-2-73 榆次永康村东岳庙平面图（资料来源：山西省第三次文物普查资料）

图9-2-72 榆次永康村东岳庙山门（资料来源：郭峪摄）

第三节 二仙庙、三嵕庙及崔府君庙

在山西，有不少伴随着美丽传说的乡土神庙，尤以分布在晋东南地区的"二仙庙"最为悠久、动人。传说二仙是双胞胎姐妹，山西屯留李村人，一说陵川人。姓乐，名不详，父亲名为山宝，母亲为杨氏。姐妹俩从小就聪慧异常，颖悟非凡，通情达理，多行善事，后得道成仙。⑧二仙信仰起源于唐末壶关县的紫团山一带，后来几乎遍及晋东南各地。据史料载，壶关县树掌镇神北村的真泽宫，原在今天的神南村，是二仙庙的本宫。时至今日，在神南村仍然保存有"乐氏二女父母墓碑"和北宋开宝八年（公元975年）所立的"重建二圣之碑"。晋东南地区的二仙庙多建于晚唐和北宋时期，这与二仙的产生年代有直接的关系。据统计，在长治和晋城两地，有据可查的二仙庙计有41座。二仙信仰最初的功能为祈雨，后兼具治病、求子等多种功能，由此二仙信仰传布甚广。在长治市的屯留县，有一座山名叫"三嵕山"，这里便是传说中"后羿射日"的发生地。山上建有三嵕庙，供奉后羿大神。据载，宋崇宁元年（1102年）皇帝巡幸此地，赐后羿为"灵贶王"，敕建三嵕庙，并赐"护国护民护社稷；灵风灵雨灵贶王"对联一副。每逢阴历五月初一、七月初七日两大庙会，吸引众多善男信女来此祭拜。从此三嵕信仰代代相传，经久不息。⑨相对而言，对崔府君的信仰，在山西分布的地区更多一些，除晋东南外，晋南、晋中地区均遗有崔府君庙。"崔府君庙"又称"府君庙"、"亚岳庙"，在民间受到普遍崇信。它在唐代中期开始出现，历经宋、金、元三代，渐趋兴盛。说到崔府君的灵验，它是祛病送子之神，在遇到水旱灾害时，向它祈祷也有神效。但人们更多还是将它奉为冥界中的断狱之神，兼有阎罗王使臣和判官的身份，因而受到人们的敬畏。据《三教搜神大全》载，崔府君名子玉，祁州彭城人。唐贞观七年（公元633年），任山西潞州长子县令，人称"昼理阳间，夜断阴府，又曾发牒捕恶虎"。据传，南宋高宗做康王时，出使金国，途中因得磁州府君神之冥助而侥幸虎口逃生，因此崔府君倍受崇信。⑩据《仁宗实录》云：景祐二年（1035年），封崔府君为"护国显应公"。金、元时代对于崔府君的崇信更盛，现今山西各地的府君庙里，往往皆有金、元时代的碑刻、题记。

一、陵川小会岭二仙庙

小会岭二仙庙，位于陵川县附城镇小会村东南约800米处的小会岭上，坐北向南，一进院落，南北49.8米、东西25.5米，占地面积为1269.9平方米。宋代创建，明、清均有修复。中轴线上由南至北遗有山门（舞楼）、献亭、正殿；山门东、西遗有梳妆楼，院内东、西两侧各遗有厢房二座，正殿东、西遗有耳房。正殿宋、清遗构，余皆民国遗构。正殿面宽三间、进深六椽，单檐九脊顶，单檐歇山布瓦顶，灰布筒板瓦屋面。梁架为六椽栿通檐用二柱，柱头铺作为五铺作单杪单下昂，铺作以下为宋代遗构，铺作以上为清代和民国修缮后的遗存构件。庙内现存碑6通。2001年6月被公布为全国重点文物保护单位（图9-3-1、图9-3-2）。

二、陵川南神头二仙庙

南神头二仙庙，位于陵川县潞城镇石圪峦村南神头山凹，坐北向南，一进院落，南北46.7米、东西21.3米，占地面积994.7平方米。创建年代不详，道光二年（1822年）《重修二仙庙碑记》载，嘉庆二十四年（1819年）维修大殿、马王祠、广生祠，建东、西廊庑，山门舞楼，东、西耳房，创建庙外牛屋、五道祠，道光二年（1822年）修建工程完成。中轴线上由南至北遗有山门基址、正殿，两侧遗有廊房、耳殿。正殿为金代遗构，余皆清代遗构。正殿，面阔三间、进深六椽，前廊式单檐九脊顶，灰布筒板瓦屋面。梁架为四椽栿前压乳栿用三柱，檐下周设五铺作单杪单下昂计心造铺作、补间里转挑斡式。前檐当心间辟板门、次间设直棂窗装修。殿内两侧山墙上现存20平方米壁画。2006年5月被公布为全国重点文物保护单位（图9-3-3～图9-3-5）。

图9-3-1 陵川小会岭二仙庙内院（资料来源：自摄）

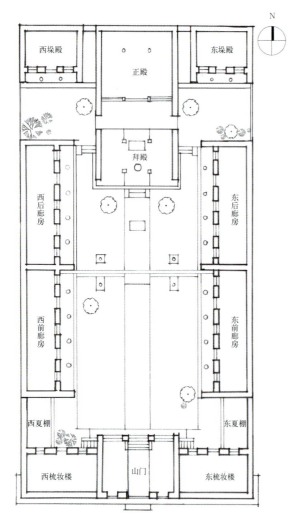

图9-3-2 陵川小会岭二仙庙平面图（资料来源：山西省第三次文物普查资料）

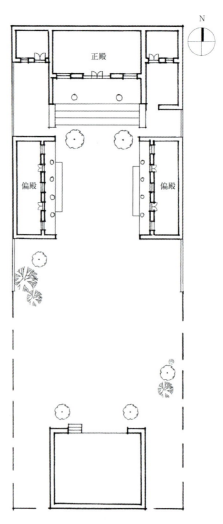

图9-3-3 陵川南神头二仙庙平面图（资料来源：山西省第三次文物普查资料）

图9-3-4 陵川南神头二仙庙正殿实景（资料来源：山西省第三次文物普查资料）

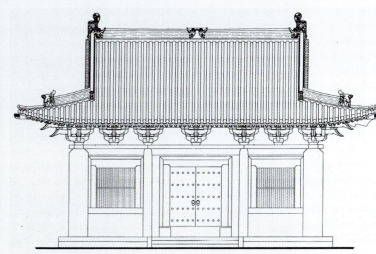

图9-3-5 陵川南神头二仙庙正殿立面图（资料来源：山西省第三次文物普查资料）

三、陵川西溪二仙庙

西溪二仙庙，又名真泽宫，位于陵川县崇文镇岭常村西约1000米处，坐北向南，二进院落，东西42.2米、南北70米，占地面积2954平方米。创建年代不详，庙内现存碑碣记载，金大定五年（1165年）、元定宗二年（1247年）、明洪武十五年（1382年）均有修葺。中轴线上由南至北依次遗有山门（戏楼）、献殿、中殿、后殿，东西两侧遗有山门耳楼、一进院廊房、二进院梳妆楼、后殿耳殿。现存后殿及东、西梳妆楼为金代遗构，中殿为元代遗构，余皆明、清所建。山门，面宽二间、进深六椽，二层单檐前廊式悬山顶，二层为倒座戏台，梁架为五架梁前压双步梁用三柱。献亭，面宽三间、进深四椽，梁架为五架梁通檐用二柱，单檐歇山卷棚顶，四周敞开，柱头斗栱三踩单翘。中殿，面宽三间、进深六椽，单檐九脊顶，梁架为四椽栿前压乳栿用三柱，单檐九脊顶。柱头铺作为五铺作双杪出斜栱。明、次间施六抹隔扇门四扇。后殿，重建于金皇统二年（1142年），面阔三间、进深六椽，前廊式单檐九脊顶，灰布筒板瓦屋面、琉璃脊、吻、兽；梁架为四椽栿前压乳栿用三柱，檐下周设五铺作双下昂计心造、里转五铺作双杪一跳偷心造，前后檐当心间补间铺作里转设挑斡；正面三间设六抹隔扇门装修。庙内存金大定五年（1165年）《重修真泽二仙庙碑》、元延祐四年（1317年）《遗山先生元公留题碣》等29通（方）碑碣。2001年6月被公布为全国重点文物保护单位（图9-3-6～图9-3-8）。

四、高平中坪二仙宫

中坪二仙宫，位于高平市北诗镇南村中坪村西北翠屏山麓。坐北向南，一进院落，东西26.21米、南北51.90米，占地面积1360.30平方米。创建于唐天佑年间（公元904～907年），金、元至元五年（1339年）、明、清历代均有重修和增建。中轴线由南至北遗构山门（上建倒座戏楼）、正殿，东西两侧所遗建筑有山门耳楼、正殿耳房及院内东西厢房。正殿为金代遗构，余皆清遗构。正殿为金大定十二年（1172年）重修，元至元五年（1339年）补修；面阔三间、进深六椽，单檐九脊顶，屋面灰布筒板瓦覆盖，琉璃脊饰。梁架为六架椽屋四椽栿前压乳栿用三柱，前一间为廊。檐下柱头斗栱五铺作双昂，补间铺作一朵为五铺作双杪计心、里转偷心设挑斡和上昂；前檐柱均为抹角方形石柱，素平方形柱础。前檐当心间为隔扇门，次两间为直棂窗。殿内有砖雕须弥座式神台，束腰处有金大定十二年

图9-3-6 陵川西溪二仙庙全景（资料来源：自摄）

图9-3-7 陵川西溪二仙庙梳妆楼（资料来源：自摄）

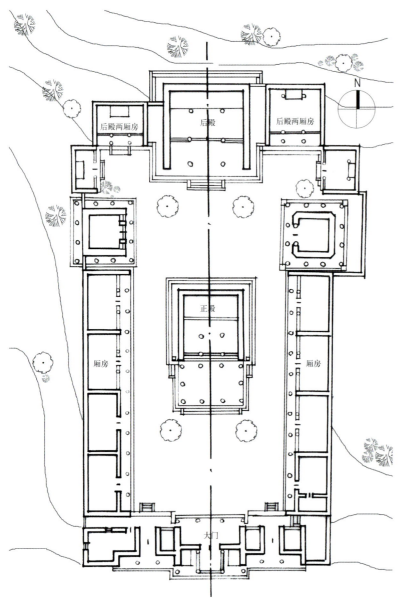
图9-3-8 陵川西溪二仙庙平面图（资料来源：山西省第三次文物普查资料）

题记。山门内立有元至元五年（1339年）"翠屏山重修真泽行宫碑"记事碑，首题"大元国泽州高平县举义乡话壁村重修真泽行宫之记"，碑文楷书，记述二仙的来历和重修庙堂的始末，庙内遗存金碣1方、元碑1通、明碑7通、清碑8通。2006年5月被公布为全国重点文物保护单位（图9-3-9～图9-3-11）。

五、高平西李门二仙庙

西李门二仙庙，位于高平市河西镇西李门村南约600米处。坐北向南，三进院落，东西33米、南北87米，占地面积2871平方米。创建于唐，金正隆二年（1157年）、金正隆三年（1158年）、金大定二年（1162年）、金大定三年（1163年）修建，明、清屡修。中轴线上由南至北遗有戏台遗址、山门、中殿、后殿。前院东、西侧无建筑遗迹，二进院东、西遗厢房各二座，中殿两侧遗有梳妆楼，二进院东西遗有厢房，山门和后殿两侧遗有耳房。中殿，创建于金正隆二年（1157年），青石台基，高1.15米，前设石雕须弥座式月台，面阔三间，进深六椽，单檐九脊顶前廊式。梁架为六架椽屋四椽栿对前压乳栿用三柱，檐下设斗栱五铺作双昂重栱造。前檐用方形抹楞石柱，莲瓣覆盆柱础，青石雕门框，门砧石上雕卧狮。当心间辟双扇板门，两次间置直棂窗。山门清代遗构，面宽三间、进深四椽，五架梁通檐用二柱，单檐悬山顶，檐下五踩双翘斗栱；后殿，面宽三间、进深六椽，梁架为五架椽前单步梁用三柱，

图9-3-9 高平中坪二仙宫山门（资料来源：自摄）

图9-3-10 高平中坪二仙宫正殿（资料来源：自摄）

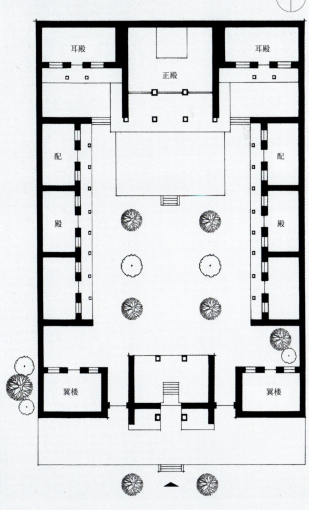

图9-3-11 高平中坪二仙宫平面图（资料来源：山西省第三次文物普查资料）

单檐前廊式悬山屋顶,前檐柱头设单下昂四铺作斗栱,里转制成榻头木,台明及斗栱为金大定三年(1163年)遗物,梁架为民国遗构;梳妆楼清代遗构;戏台及山门两侧耳房为新中国成立后建造。庙内遗存清光绪六年(1881年)饥荒警示碑1通,大清光绪十一年(1886年)四至碑1通。2006年5月被公布为全国重点文物保护单位(图9-3-12~图9-3-14)。

六、壶关真泽二仙宫

真泽二仙宫,又称真泽宫、二仙庙。位于长治市壶关县树掌镇神郊村东侧。坐北向南,依山而建,原为五进院,现状三进院落,东西37米、南北134米,占地面积4958平方米。据庙内碑文记载,始建于唐昭宗乾宁二年(公元895年),重建于宋开宝八年(公元975年)、崇宁四年(1105年)赐额,元至元五年(1339年)重修,明万历二年(1574年)增建山门,清乾隆三十年(1765年)增建后院,道光七年(1827年)重修插花楼、临河石梯碑记,直至民国屡修不止。中轴线自南而北依次为入庙台阶143步、牌楼、山门(倒座戏台)、当央殿、寝宫、圣公母殿。山门东、西侧遗有望河楼,山门与当央殿之间东有遗阳宫、西有遗阴宫;当央殿东、西侧为遗配殿、后为钟、

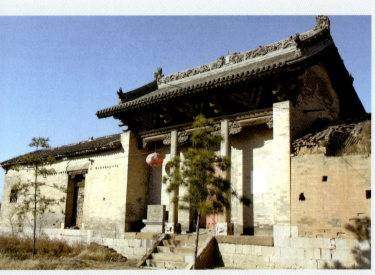

图9-3-12 高平西李门二仙庙山门(资料来源:自摄)

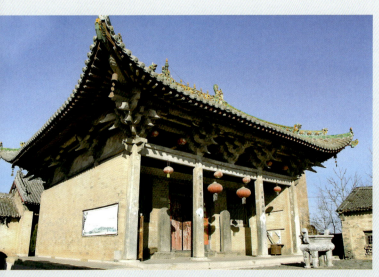

图9-3-13 高平西李门二仙庙正殿(资料来源:自摄)

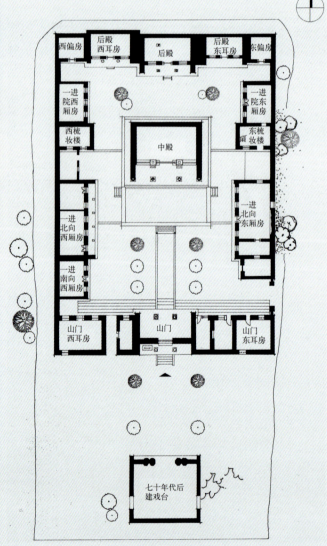

图9-3-14 高平西李门二仙庙平面图(资料来源:山西省第三次文物普查资料)

鼓楼；寝宫东遗插花楼，西遗梳妆楼；插花楼与钟楼之间遗婴儿宫，梳妆楼与鼓楼之间遗奶水宫；圣公母殿两侧建有梳妆楼、插花楼。当央殿为元代遗构，余皆为明、清、民国遗构，庙内保存有宋碑2通，元碑1通，清代重修碑5通，清碣8方，近代碑4通，清代壁画687平方米。2006年5月公布为全国重点文物保护单位（图9-3-15、图9-3-16）。

七、泽州东南村二仙庙

东南村二仙庙，位于山西省晋城市泽州县金村镇东南村村北侧，坐北向南，二进院落，南北83.43米、东西28.97米，占地面积2416.97平方米；2011年环境整治后南北93.29米，占地面积2702.61平方米。据正殿台明宋政和七年《新修二仙庙碑记》载"庙自绍圣四年五月下手至政和七年秋方竣工。"佐证创建于宋绍圣四年（1097年）。明、清历代均有修葺。中轴线由南至北遗有山门基址、过厅、拜殿、正殿；山门基址及正殿东西遗有耳房，一、二进院东西遗有厢房。正殿为宋代遗构，正殿东西耳房为明代遗构，余皆清代遗构。过厅，面宽三间、进深一间，梁架为五架梁通檐用二柱，单檐悬山顶。香亭，面宽五间、进深一间，梁架为五架

图9-3-15 壶关真泽二仙宫牌楼（资料来源：自摄）

图9-3-16 壶关真泽二仙宫寝宫（资料来源：自摄）

梁通檐用二柱，单檐悬山顶。正殿东西为耳房，面宽三间、进深四椽，前廊式单檐悬山顶，梁架为四架梁前压单步梁用三柱，前廊斗栱三踩单下昂计心、里转单翘偷心造，正面明间辟板门、次间设直棂窗。正殿，面宽三间、进深四椽，前廊式单檐九脊顶。灰布筒板瓦屋面、明间琉璃斗方。梁架为三椽栿前对剖牵用三柱，檐下柱头铺作为五铺作单杪单下昂计心、里转四铺作单杪偷心造。正面三间均六抹头四隔扇装修。殿内遗存宋代木雕神龛，龛平面呈"凹"字型，以后向两龛为主，前向左右对称附龛，附龛二层二檐腰缠平座九脊顶山面向外，附龛间栱形廊桥联结，中设九脊顶亭阁。形成天宫楼阁。庙内保存有宋代彩塑17尊，宋碑2通。1996年11月被公布为全国重点文物保护单位（图9-3-17～图9-3-21）。

八、泽州高都二仙庙

高都二仙庙，位于泽州县高都镇湖里村南。坐北向南，一进院落，东侧设偏院。南北29.34米、东西33.65米，占地面积987.29平方米。创建年代不详，中轴线上由南至北依次有照壁、山门（舞楼）、香亭、正殿，两侧依次有妆楼、看楼、厢房、耳殿。现存正殿为金代风格，香亭为元代风格，余皆清代风格。正殿面阔三间、进深五椽，单檐不厦两头造，灰筒瓦布面，廊柱八棱抹角砂石质，下设方形青石柱础。院的东面建有偏院一个，为关帝庙。2004年6月被公布为山西省级文物保护单位（图9-3-22、图9-3-23）。

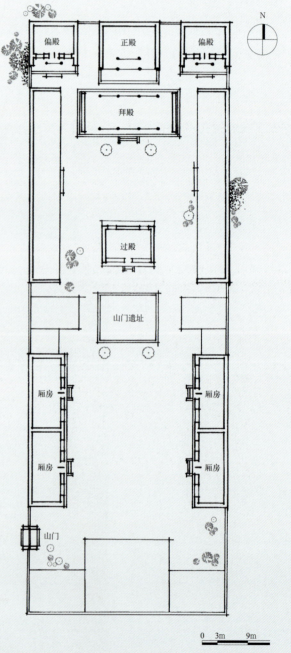

图9-3-18 泽州东南村二仙庙平面图（资料来源：山西省第三次文物普查资料）

图9-3-17 泽州东南村二仙庙正殿（资料来源：自摄）

图9-3-19 泽州东南村二仙庙拜殿（资料来源：自摄）

图9-3-20 泽州东南村二仙庙神龛（资料来源：自摄）

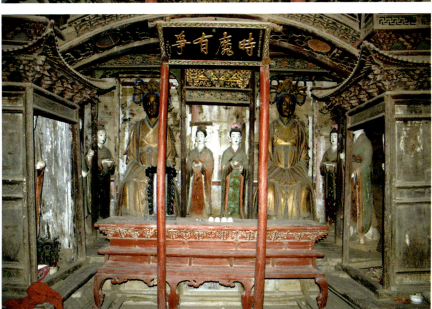

图9-3-21 泽州东南村二仙庙二仙塑像（资料来源：自摄）

图 9-3-22　泽州高都二仙庙香亭（资料来源：自摄）

图 9-3-23　泽州高都二仙庙内院（资料来源：自摄）

九、高平三王村三嵕庙

三王村三嵕庙，位于高平市米山镇三王村南坡地上。坐北向南，一进院落，东西 36.85 米，南北 33.1 米，占地面积约 1219.73 平方米。创建年代不详，宋宣和年间（1119～1125 年）重修。中轴线上由南至北遗有山门基址、正殿，两侧为耳殿，余皆塌毁。庙东侧设偏院，遗有正殿。正殿为金代遗构，余皆清代遗构，山门，面宽三间、进深六椽，前廊式单檐九脊顶，灰布筒板瓦屋面，琉璃斗方。梁架结构为四椽栿前压乳栿用三柱，檐下铺作为四铺作单杪计心造，补间四铺作单下昂计心造。青石雕莲瓣覆盆柱础。前檐当心间辟板门、次间直棂窗装修。青石雕莲瓣覆盆柱础，门下槛及门墩石均以青石雕成，门墩石上雕卧兽 1 尊。1986 年 8 月公布为省级重点文物保护单位，2013 年 5 月被公布为全国重点文物保护单位（图 9-3-24、图 9-3-25）。

图 9-3-24 高平三王村三嵕庙正殿
（资料来源：自摄）

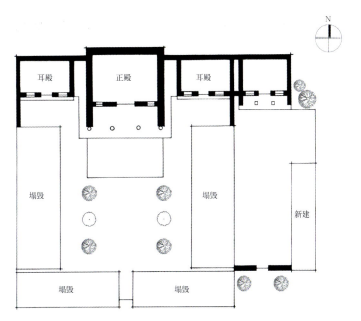

图 9-3-25 高平三王村三嵕庙平面图（资料来源：山西省第三次文物普查资料）

十、壶关南阳护村三嵕庙

南阳护村三嵕庙，位于壶关县黄山乡南阳护村北。坐北向南，原为二进院落，现状一进院落，东西25.9米、南北45.34米，占地面积1174平方米。创建年代不详，庙内明万历二年（1574年）重修碑载，宋崇宁二年（1103年）赐额，金大定十五年（1175年）重建，元大德十年（1306年）大修，明正德五年（1510年）修建至嘉靖元年（1522年）工程告竣，清代屡有修葺。中轴线上由南至北遗有庙门（新建）、献殿、正殿；东、西两侧南端遗有钟、鼓楼，香亭与山门之间两侧廊房，正殿两侧耳殿房。正殿为金代遗构，东西耳房为明代遗构，余皆清代遗构。正殿面阔三间、进深六椽，单檐不厦两头造，灰布筒板瓦屋面。梁架为四椽栿前压乳栿用三柱。前檐铺作为五铺作单抄单下昂计心造。前檐明、次间各设四扇四抹头隔扇门。庙内存重修碑1通。2001年6月被公布为全国重点文物保护单位（图9-3-26、图9-3-27）。

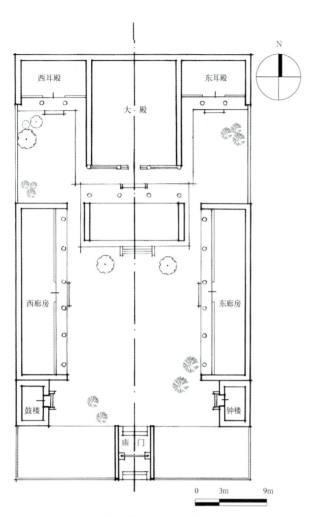

图9-3-26 壶关南阳护村三嵕庙平面图（资料来源：山西省第三次文物普查资料）

图9-3-27 壶关南阳护村三嵕庙献殿（资料来源：郭生兹摄）

十一、平顺北社三嵕庙

北社三嵕庙位于平顺县北社乡北社村。坐北朝南，一进院落布局，东西长 25.71 米，南北宽 33.52 米，占地面积 862 平方米。创建年代不详，清道光二十五年（1845 年）、清光绪十八年（1892 年）重修，现存建筑正殿为元代遗构，其他皆为清代遗构。中轴线由南向北依次为山门（上为戏楼）、献殿及正殿；两侧分布为东、西妆楼，东、西配殿，东、西耳殿。正殿建于高 0.4 米高的石质台基之上，面阔三间，进深五椽，四椽栿对前劄牵，通檐用三柱，单檐悬山顶，灰筒板瓦屋面，柱头斗栱五铺作双下昂，补间斗栱每间一朵。山门由二部分组成，一层为山门过道，设对开板门；二层为戏台，面宽三间，进深四椽，五檩式构架，单檐硬山顶，前插翼角，灰筒板瓦屋面，柱头科五踩双下昂，平身科每间一攒。庙西侧保存清代重修碑 2 通。该庙是平顺县保存较好的一处元代、清代庙宇，为研究平顺县的寺庙建筑提供了实物资料。2004 年被省政府公布为第四批省级文物保护单位（图 9-3-28～图 9-3-31）。

图 9-3-29　平顺北社三嵕庙山门（资料来源：自摄）

图 9-3-30　平顺北社三嵕庙戏楼（资料来源：自摄）

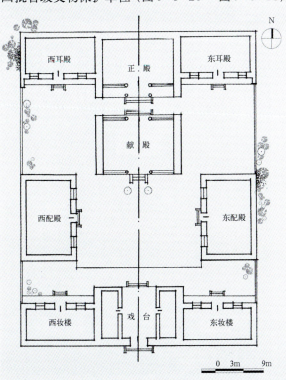

图 9-3-28　平顺北社三嵕庙平面图（资料来源：山西省第三次文物普查资料）

图 9-3-31　平顺北社三嵕庙献殿（资料来源：自摄）

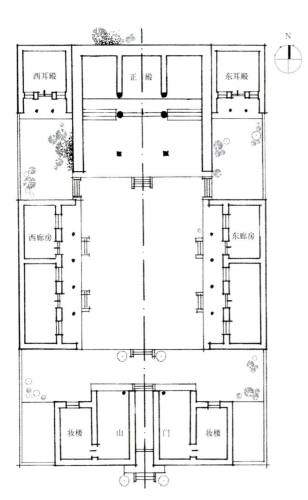

图 9-3-32　长子大中汉三嵕庙平面图（资料来源：山西省第三次文物普查资料）

十二、长子大中汉三嵕庙

大中汉三嵕庙位于长子县常张乡大中汉村西永峯山上。坐北朝南，一进院落布局，东西长36.7米，南北宽22.2米，占地面积814.7平方米。据庙内题记载：该庙创建于元至元二十八年（1291年），明、清历代均有重修，庙内存民国25年重修碑一通。中轴线上有戏楼（戏台由两部分组成，一层明间辟门）、正殿，东、西两侧有耳殿、廊房、妆楼。正殿建于砖石台基之上，长12.7米，宽11.5米，高0.9米，面阔三间，进深六椽，单檐硬山顶，有部分琉璃脊饰，四椽栿对接前乳栿，檐柱为石质，廊柱为木质，柱头斗栱为五铺作重栱双下昂，其中明间柱头斗栱出45度斜栱，板门直棂窗，正殿内存清壁画约80平方米。长治市人民政府于2007年公布该庙为市级重点文物保护单位。该庙宇为研究长子县坛庙祠堂类建筑提供了实物资料（图9-3-32、图9-3-33）。

十三、潞城常庄府君庙

常庄府君庙位于潞城市店上镇常庄村南，坐北朝南，南北长47米、东西宽24.4米，占地面积

图 9-3-33　长子大中汉三嵕庙全景（资料来源：范胜青摄）

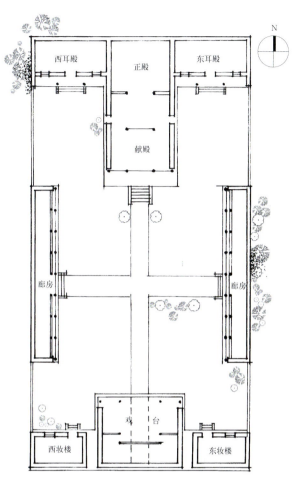

图9-3-35 潞城常庄府君庙平面图（资料来源：山西省第三次文物普查资料）

1146.8平方米。创建年代不详。现存建筑为清代遗构。一进院落布局，中轴线上由南至北依次遗有戏台、献亭、正殿；两侧遗有东、西妆楼，东、西廊房，东、西耳殿。戏台由两部分组成，下为入庙山门，上为倒座戏台。献殿面宽三间，进深五椽，单檐卷棚顶，琉璃瓦屋面，檐下斗栱为五踩双下昂，梁架五檩结构。正殿建于高1.2米石砌台基上，面宽三间，进深四椽，梁架为五檩式构架，单檐硬山顶，琉璃瓦屋面，斗栱为五踩。东、西廊房为近年新建。2007年被长治市人民政府公布为市级文物保护单位（图9-3-34、图9-3-35）。

十四、长治郊区中村府君庙

中村府君庙位于长治市郊区西白兔乡中村村东100米处，据碑载，建于清乾隆三十一年（1766年），同治十三年（1874年）重修。后于2007年再次修缮。坐北朝南，东西长44.3米，南北宽48.4米，占地面积2140平方米。现存建筑为清代遗构，二进院落布局。中轴线上遗存有山门、献亭、正殿，两侧遗有东、西耳殿，东、西厢房、东、西夹楼，及新增建东、西跨院各一座。东耳殿山墙下存有碑两通，

图9-3-34 潞城常庄府君庙全景（资料来源：崔国标摄）

正殿沙石台基，面宽三间，进深六椽，七檩前廊式，柱头斗栱五踩双下昂，单檐硬山顶，灰布筒瓦屋面，琉璃脊饰，五抹头隔扇装修。东耳殿两侧有重修府君庙功德碑和乾隆五十四年九月二十六日所立布施碑二通。府君庙为研究当地清代寺庙建筑提供了实物资料（图9-3-36、图9-3-37）。

十五、盂县府君庙

该庙位于阳泉市盂县西北34公里上社镇中北村内，坐北向南，一进院落，东西51米、南北56米，占地面积约2856平方米。创建年代不详，据大佛殿题记，元延祐二年（1315年）重修，明、清时期屡修。中轴线由南至北仅遗有戏台、山门基址及大殿，西侧遗有伽蓝殿和阎王殿，东侧遗存二兰殿和观音殿基址，山门基址东侧遗存关帝殿，观音殿基址东侧遗有玉皇殿。大殿为元代遗构，伽蓝殿、二兰殿、阎王殿为明代遗构，余皆清代建筑。庙内存有清碑16通。大殿，面宽三间、进深六椽，单檐不厦两头造，灰布筒板瓦屋面，梁架为四椽栿前对乳栿用三柱，前檐柱头设五铺作双下昂斗栱，补间五铺作双抄，二跳45度出斜栱，后檐设四铺作单抄斗栱，每间设补间铺作1朵，柱头卷杀圆和，斗幽明显。前檐当心间辟板门，次间设直棂窗。2006年5月公布为全国重点文物保护单位（图9-3-38～图9-3-40）。

图9-3-36 长治郊区中村府君庙献亭（资料来源：自摄）

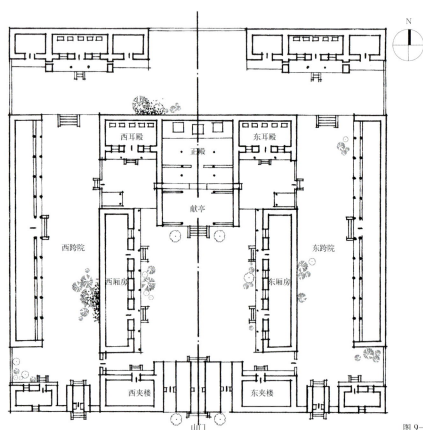

图9-3-37 长治郊区中村府君庙平面图
（资料来源：山西省第三次文物普查资料）

图9-3-38 盂县府君庙内院（资料来源：自摄）

图9-3-39 盂县府君庙大殿（资料来源：自摄）

图9-3-40 盂县府君庙平面图（资料来源：山西省第三次文物普查资料）

十六、沁水郭壁崔府君庙

郭壁崔府君庙，位于沁水县嘉峰镇郭南村中。坐北向南，二进院落，占地面积1723平方米。创建年代不详，中轴线由南至北建山门、戏台、关帝殿、舞楼、崔府君殿，两侧有钟鼓楼、阎王殿、子孙祠、厢房、文成殿、白龙殿等。前院东南隅有土地庙，已塌毁。结合晋东南金元遗构特点分析，崔府君殿为金代风格，关帝殿为明代风格，其余建筑为清代风格。关帝殿，石砌台基，面阔三间、进深四椽，前廊式单檐悬山顶，檐柱石质，上置大额枋，斗栱三踩单昂，门窗改制。崔府君殿石砌台基，面阔三间，进深四椽，前出廊，通檐用柱四根，两侧施小八角石柱，中间施两木柱，有侧角，收分明显，柱础低矮，柱头斗栱五铺作，补间斗栱用真昂，单檐悬山顶。1998年由沁水县博物馆组织维修了舞楼，2000年维修了崔府君殿。郭壁古建筑群2006年被国务院公布为第六批全国重点文物保护单位（图9-3-41、图9-3-42）。

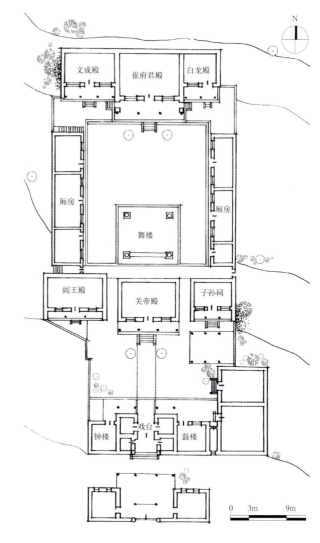

图9-3-41 沁水郭壁崔府君庙平面图（资料来源：山西省第三次文物普查资料）

图9-3-42 沁水郭壁崔府君庙府君殿（资料来源：自摄）

十七、陵川礼义崔府君庙

该庙位于晋城市陵川县城西 15 公里礼义镇北街村中,建于高台地之上,坐北朝南,二进院落,东西 42.7 米、南北 70.6 米,占地面积 3015 平方米。始建不详,宋代有之,据庙内民国 23 年《重修府君庙碑记》载,重修于金大定二十四年(1184 年),洪武二年(1369 年)及清代迭经修葺。中轴线上由南至北遗有庙前平台、山门、倒座戏台、献亭、正殿;东、西两侧遗有山门掖门、院内配房、配殿,正殿耳殿;耳殿外侧稍后遗有二层配楼。山门和庙前台墙为宋、金遗构,余皆清代遗构。庙前平台,平面呈"凸"字形,南台墙黄砂石砌筑,中为须弥座,东、西砌台阶十八步。山门面宽三间、进深二间,二层腰缠平座副阶周匝,重檐九脊顶,灰布筒板瓦屋面、琉璃脊、吻、兽。顶层梁架为六椽栿通檐用二柱,檐下设五铺作单杪单下昂一跳偷心、里转双杪偷心造铺作。二层四面檐柱间设隔扇门装修,一层明间中辟板门。庙内遗存金大定壬午年(1162 年)《礼义庙宇四至碑》碑,乾隆二十二年《禁羊碑记》碣,民国 23 年《重修府君庙碑记》。2001 年 6 月被公布为全国重点文物保护单位(图 9-3-43~图 9-3-45)。

图 9-3-43 陵川礼义崔府君庙全景(资料来源:自摄)

图 9-3-44 陵川礼义崔府君庙正殿(资料来源:自摄)

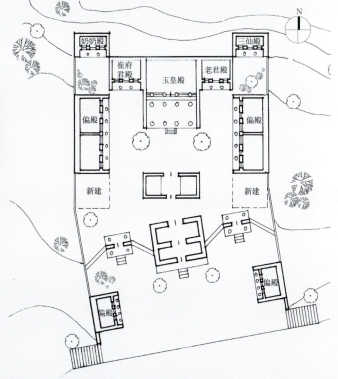

图 9-3-45 陵川礼义崔府君庙平面图
(资料来源:山西省第三次文物普查资料)

十八、襄垣崔府君庙

东山底崔府君庙位于长治市襄垣县王桥镇东山底村西。坐北向南，二进院落布局，东西宽22.75米、南北长39.15米，占地面积约为890.7平方米。创建年代不详，现存为清代遗构。中轴线上从南到北依次有山门（戏楼）、正殿各三间；两侧对称有东、西妆楼各三间，东、西配房各三间，东、西配楼各六间，东、西耳殿各三间。正殿建在高0.6米青石台基上，面宽三间，进深五椽，五架梁前对单步梁，六檩前廊式构架，前檐木雕已毁，前檐墙为近年新砌，遮蔽斗栱。山门由上下两部分组成，一层青砖砌筑，中设庙门；二层倒座戏台，面宽三间，进深四椽，五檩构架，单檐硬山顶，柱头科三踩单翘，装修不存，立栏图案雕刻精美。庙内存清道光元年（1821年）重修碑1通（图9-3-46、图9-3-47）。

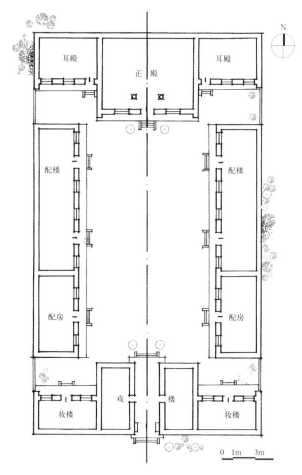

图9-3-47 襄垣崔府君庙平面图（资料来源：山西省第三次文物普查资料）

图9-3-46 襄垣崔府君庙全景（资料来源：郭生竑摄）

第四节　水神庙与其他神庙

在传统中国社会中，神庙是人们的精神寄托。但神庙不同于宗祠，也不同于名山大川中的寺观，是一种独特的、充满巫神性质的、多神合祭的庙宇。神庙既是一个世俗化的宗教活动场所，也是一个开放的社会活动中心。一般乡民求神拜佛，不是出于某种虔诚的宗教信仰，而是为生活所困，希望得到救助与解脱。所以，只要是与人们生活密切的神灵，如龙王、药王、马王、水神、山神、火神、玉皇、真武、三官等等，往往是有神就拜，充分体现了民间信仰的实用性和功利性，从而使神庙成了乡民少有的社会交往场所，并利用神庙扩大商业活动。⑪同时，神庙也是人们的欢娱场所，一般的神庙常常建有戏台，逢年过节往往举行盛大的祭祀活动，演出各种戏剧，人神共享欢庆之乐。⑫从神庙供奉的内容上来看，归纳来讲，可分为两种空间格局，其一是"数神一庙"；其二是"一神一庙"。所谓"数神一庙"主要是指供奉两位或两位以上神灵的庙宇，这种格局的神庙，常在较小规模的聚落中出现；而"一神一庙"则是专供一位神灵的村庙，对于较大规模城镇、乡村而言，这是一种最为常见的神庙格局。"数神一庙"的神庙，由于把众多神灵安排在一起，共居一处，难以分出谁大谁小，谁主谁从，所以在空间布局上既不像居住建筑那样尊卑有序，也不像寺观、宗祠建筑那样等级分明，从而形成了一种布局随意，得景随形，体态自由，小中见巧的空间布局模式。而一神一庙的神庙则采用典型的合院布局模式，将入口、庙堂置于同一轴线上，厢房左右对称布置，倒座朝向庙堂，俨然是一座典型的合院住宅。无论是何种布局形式，神庙都能借助地形、地势，形成一种灵活自由，错落有致的视觉形态。总的来说，神庙既是祈祷现实生活的安乐之地，又是人们社会交往的公共中心，同时也是乡土社会的中枢神经（图9-4-1）。

图9-4-1　广灵水神堂写生（资料来源：自绘）

一、广灵水神堂

水神堂，位于广灵县城南的壶山上，俗称"丰水神祠"，总平面为八边形，两进院落带左右跨院格局，坐北朝南。东西长35.6米，南北宽47米，占地面积1673平方米。据庙内碑刻记载，始建于明代，明宣德四年（1429年）、清乾隆、光绪年间屡有修葺，现存建筑为清代遗构。中轴线上建有山门、正殿（圣母殿）；东轴线上建有钟楼、长廊、砖塔、配殿、禅房、文昌阁等；西轴线上建有鼓楼、长廊、配殿、老君殿。正殿（圣母殿）面宽三间，进深六椽，单檐悬山顶，黄琉璃瓦方心点缀，七檩前廊式，柱间以雀替装饰，明、次间均以隔扇门装饰。文昌阁东西两侧墙镶嵌清代卧碑2通，西长廊存有清代碑刻6通，院内存有碑刻13通。该建筑在2005年6月被公布为全国重点文物保护单位（图9-4-2～图9-4-7）。砖塔，建在东轴线南侧，占地面积约46平方米，呈六角七层密檐实心塔。创建年代不详，三层壶门阴刻"光绪二十五年重修"题记。塔基六角形，由青石条砌筑，边长3.4米，高1.2米。塔身通体砖雕仿木构且逐层收分，一、二层额枋上连珠斗栱八朵，每面雕六抹隔扇花门、椽、飞、连檐、滴水、瓦垄及翼角套兽、垂兽、铃铎等，三层以上因面宽减小，每面仅辟砖券壹门。塔刹由刹座、覆钵、相轮、宝珠、刹杆等组成，塔高18.7米。改修延陵书院记事碑，原出处不详，现存于水神堂院内。青石质，碑体呈长方形，宽0.56米，厚0.13米，高1.36米。额题"永垂不朽"，首题"改修延陵书院及号舍序"，碑阴阳刻楷书，竖写13行，共840字，记载了知县等人筹资改修延陵书院及号舍的经过。碑立于光绪十二年(1886年)，罗田、张星焕撰文、白怀仁书丹。

二、浑源神溪律吕神祠

位于浑源县东北部的神溪村，《浑源州志》载，律吕神祠在城北七里神溪孤石上，北魏时建。元至元六年（1300年）重修，明成化间补修。律吕神祠供奉水神，因在古代传说中，律吕司掌报雨之职能，故庙名被称为"律吕神祠"，是让人们尊重自然，按客观规律办事的意思。据考，律吕是我国古代乐律的统称。古代乐律有阳律、阴律各六，共十二律。阳六曰律，阴六曰吕，合称律吕。古人模仿凤凰鸣叫的声音制成十二律，雄鸣叫做六律，雌鸣叫做六吕。因神溪山又叫凤凰山，所以庙名为"律吕神祠"。现存神祠正殿坐北向南，面阔三间，进深二间，高

图9-4-2 广灵水神堂全景（资料来源：自摄）

图9-4-3 广灵水神堂砖塔（资料来源：自摄）

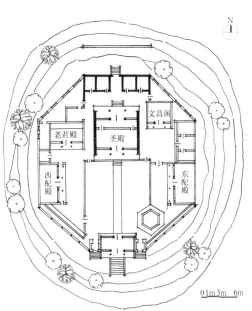

图9-4-4 广灵水神堂文昌阁（资料来源：自摄）（左）
图9-4-5 广灵水神堂平面图（资料来源：自绘，1998年实测）（右）

图9-4-6 广灵水神堂圣母殿（资料来源：自摄）

图9-4-7 广灵水神堂山门（资料来源：自摄）

大雄伟,古朴庄严。从大殿顶架柁梁的用运、斗栱的制形、殿角斜梁的设置等建筑特色来看,充分表现出了元代的建筑技术和风格。殿前东西两旁建有钟鼓楼,南面是砖砌五龙壁。正殿东西两侧各建有配殿四间,东北角还有住房三间。律吕神祠建筑小巧玲珑,平面布局紧凑,给人一种小中见大之感(图9-4-8~图9-4-11)。

图9-4-10 浑源神溪律吕神祠入口(资料来源:自摄)

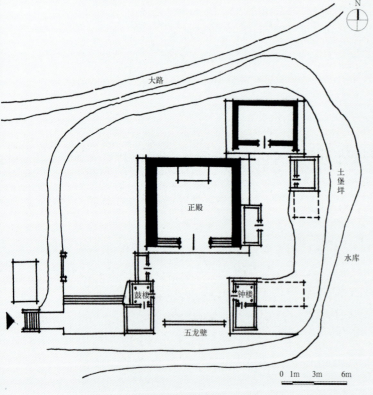

图9-4-8 浑源神溪律吕神祠平面图(资料来源:自绘,1998年实测)

图9-4-9 浑源神溪律吕神祠内院(资料来源:自摄)

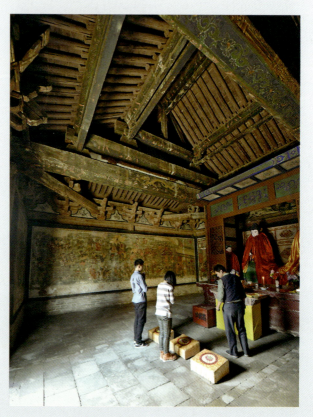

图9-4-11 浑源神溪律吕神祠室内(资料来源:自摄)

三、泽州西顿济渎庙

西顿济渎庙，位于泽州县高都镇西顿村村东，坐北朝南，一进院落，南北长36.11米，东西宽35.83米，占地面积1294平方米。据檐柱题记及碑文记载，创建于宋，于金大定二十八年（1188年）、清乾隆四十三年（1778年）重修。现存建筑正殿为金代遗构。沿南北轴线依次建有山门、正殿，轴线两侧依次建有角房、厢房、耳殿等。西耳殿、东西厢房均为20世纪60年代新建，东西耳楼、西角房已改建。正殿台基石砌，面阔三间、进深六椽有前廊，单檐悬山顶，屋顶布灰筒瓦，前檐柱为青石质八角柱，柱身有收分，柱头为四铺作单抄双下昂，覆盆式莲花柱础，砖砌台明。2013年5月被公布为全国重点文物保护单位（图9-4-12、图9-4-13）。

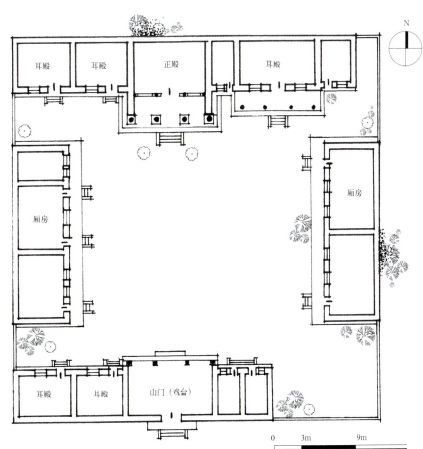

图9-4-12 泽州西顿济渎庙平面图（资料来源：山西省第三次文物普查资料）

图9-4-13 泽州西顿济渎庙全景（资料来源：自摄）

四、临县碛口黑龙庙

黑龙庙位于临县碛口镇街道居委会卧虎山腰，坐东北向西南，东西长 40.98 米，南北宽 33.005 米，占地面积 1353 平方米。据清乾隆二十一年（1756年）"增修钟鼓楼记"碑载，始建于明代，清雍正年间增修乐楼，乾隆二十一年、道光三十年（1850年）、民国 5 年（1916 年）屡有重修、维修。四合院布局，中轴线建有山门、戏台、正殿，两侧为钟楼、鼓楼、厢房、耳殿。山门面宽三间、进深一间、前有抱厦。戏台倒座山门之上。正殿面宽三间，进深四椽，硬山顶，五檩前廊式构架，外檐斗栱三踩单下昂，柱间雕刻双龙雀替，覆盆柱础，前檐各间装四扇六抹隔扇门。两侧耳殿均面宽三间，进深四椽，硬山顶。两侧厢房均为砖栱券窑洞三孔，前檐挑檐。是 2006 年公布的全国重点文物保护单位碛口古建筑群建筑之一。黑龙庙重修碑位于黑龙庙正殿外左侧，青石质地，长方形、圆首，高 2.14 米，宽 0.84 米，厚 0.18 米。额题草书"虎卧龙蟠"，碑文楷书，首题为"重修黑龙庙碑记"11 行，满行 30 字，共 313 字，碑文记载黑龙庙重修事宜。清道光二十七年（1847年）立石。汾州府知州王继贤撰文并书丹（图 9-4-14、图 9-4-15）。

五、太原晋祠水母楼

水母楼为明代遗构，位于难老泉西。始建于明嘉靖四十二年（1563 年），清道光二十四年（1844 年）重修。相传晋祠之北金胜村柳氏女嫁来晋祠镇后受婆婆虐待，每日担水，劳累不堪。后白衣仙人送她一马鞭，放入水缸内，缸内水总是满着。一日她回娘家，婆婆从缸中抽出马鞭，大水泛溢成灾。为遏止水势，挽救全村百姓，柳氏坐于缸口，牺牲了自己。后人为纪念柳氏，尊她为"水母娘娘"，并在难老泉的源头上建造水母楼。楼阁二层，石砌台基，面宽五间，重檐歇山顶，上下层均四周围廊，三踩单昂斗栱。楼下为砖券洞 3 孔，中间 1 孔设神龛，奉铜制水母娘娘像。像高 1.6 米，端坐于水瓮上，束发未竟，神态自若。楼上有 9 尊明代彩绘泥塑，中间龛内供水母娘娘坐像，两旁侍女，或捧印秉笔，或持梳妆用具，各司其职（图 9-4-16、图 9-4-17）。

六、介休洪山源神庙

洪山源神庙，因源神泉而建，故名源神庙。位于介休市洪山镇洪山村东南。坐南向北，二进院落，

图 9-4-14 临县碛口黑龙庙外观（资料来源：自摄）

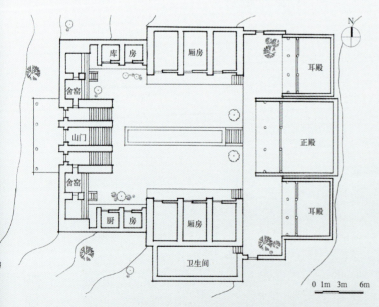

图 9-4-15 临县碛口黑龙庙平面图（资料来源：山西省第三次文物普查资料）

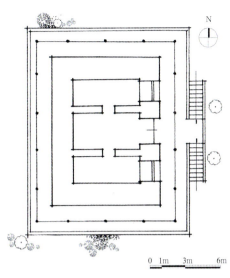

图 9-4-16　太原晋祠水母楼平面图（资料来源：山西省第三次文物普查资料）　　图 9-4-17　太原晋祠水母楼外观（资料来源：自摄）

占地面积 1623 平方米。创建年代不详，庙碑记载，北宋至道三年（公元 997 年）、元至大二年（1309 年）重建，明洪武十八年（1385 年）、万历十六年（1588 年）、清道光八年（1828 年）、光绪三十三年（1907 年）屡修。1989 年维修。中轴线由北至南依次为木牌楼、山门、戏台和正殿，两侧为钟鼓楼、东西配殿及偏院娘娘殿和厢房。现存建筑为明代遗构。牌楼二柱单楼式，对称分布，斗栱五踩双下昂，单檐歇山琉璃瓦顶。戏台与钟楼、鼓楼连构，下部为砖券窑洞 5 孔，中间为通道，台身面宽三间，进深四椽，单檐悬山琉璃瓦顶。五檩前廊式构架，斗栱三踩单下昂，台中以木制隔断分为前、后台。正殿建在高 1.35 米的石砌台基上，面宽五间，进深六椽，单檐悬山顶，七檩前廊式构架，斗栱三踩单昂，前檐明、次间均施四扇六抹隔扇门，梢间筑槛窗，额枋、斗栱遍施彩画。庙内存碑 22 通，碣 5 方，经幢 1 座。2004 年 6 月被公布为山西省级文物保护单位（图 9-4-18～图 9-4-21）。

七、襄垣太平灵泽王庙

太平灵泽王庙，位于长治市襄垣县夏店镇太平村东北。坐北向南，一进院落，东西 26.87 米、南北 34.97 米，占地面积为 939.64 平方米。正殿前檐现存檐柱题金大安二年（1210 年）创修之记，清咸丰十一年（1861 年）创建神楼七间。中轴线现存戏台、正殿，两侧为东、西妆楼，东、西耳殿，东、西厢房。现存正殿为金代遗构，余皆清代遗构。正殿建于石砌台基上，面阔三间、进深四椽，单檐前廊式不厦两头造。梁架为三椽栿前压剳牵用三柱，檐下设五铺作双下昂铺作。前檐石柱四根为四角抹棱起线，均有金代确切纪年，廊部以隔扇装修，保存完好。庙内存碑两通。2006 年 5 月被公布为全国重点文物保护单位（图 9-4-22、图 9-4-23）。

八、襄垣郭庄昭泽王庙

郭庄昭泽王庙，俗称龙王庙。位于长治市襄垣县城东南 7.5 千米的王桥镇郭庄村西北。坐北向南，二进院落，东西 26.91 米、南北 67.48 米，占地 1955 平方米。据大殿前檐石柱题记载，始建于金大定二十七年（1187 年），清乾隆五十二年（1787 年）、五十五年（1796 年）修建，民国 2 年（1912 年）维修。中轴线由南至北遗存倒座、戏台基址、昭泽王殿；一进院东、西侧各遗有厢房二座，二进院东、西两侧各遗有厢房二座、基址一座，昭泽王殿东、西遗有老君殿、土地祠及东西跨院。昭泽王殿为金代遗构，余皆清代遗构。昭泽王殿前设月台，面阔三间、

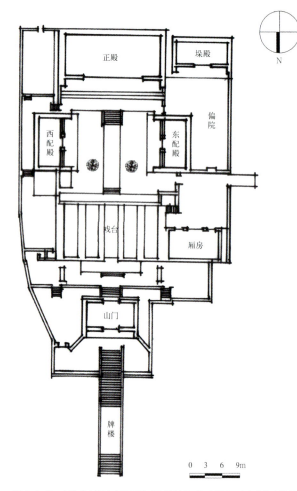

图9-4-18 介休洪山源神庙平面图（资料来源：山西省第三次文物普查资料）

图9-4-19 介休洪山源神庙戏台侧门（资料来源：自摄）

图9-4-20 介休洪山源神庙戏台（资料来源：自摄）

图9-4-21 介休洪山源神庙正殿（资料来源：自摄）

图9-4-22 襄垣太平灵泽王庙全景（资料来源：自摄）

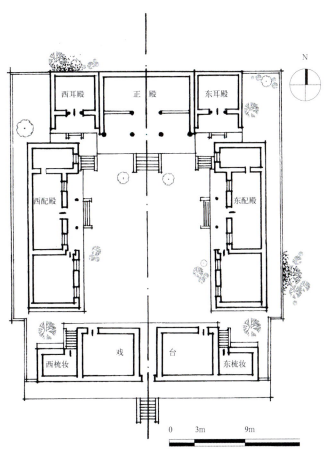

图9-4-23 襄垣太平灵泽王庙平面图（资料来源：山西省第三次文物普查资料）

进深四椽，单檐不厦两头造，屋面灰布筒板瓦覆盖，琉璃脊、兽及吻；梁架为三椽栿前压劄牵用三柱，檐下铺作为四铺作单下昂，琴面式插昂造，装修后补。倒座面宽九间、进深四椽，单檐硬山顶；梁架为五架梁搭于前后檐墙；明间辟板门，为入庙通道。一进院前厢房面宽五间、进深四椽，单檐二层硬山顶；后厢房面宽一间、进深四椽，二层单檐硬山顶。二进院前厢房基址面宽五间；东侧中厢房二层单檐硬山顶，一层为砖砌窑洞，西侧西厢房面宽五间、进深四椽，单檐单层，硬山顶；后厢房面宽三间、进深四椽，单檐硬山顶。西小跨院各一所，西跨院存清代圆门，东跨院门新建。2006年5月公布为全国重点文物保护单位（图9-4-24、图9-4-25）。

九、潞城东邑龙王庙

东邑龙王庙，位于长治潞城市成家川街道东邑村北，坐北向南，二进院落，南北60米、东西26.2米，占地面积1572平方米。创建年代不详，金、清历代均有维修。中轴线现存山门、戏台、正殿，两侧为东西耳殿、东西厢房。现存正殿为金代遗构，

图 9-4-24 襄垣郭庄昭泽王庙全景（资料来源：郭生竑摄）

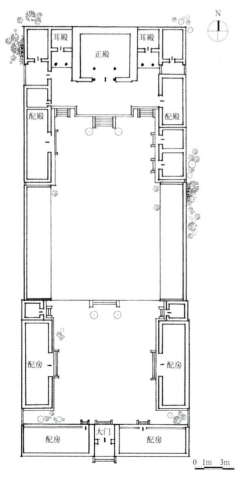

图 9-4-25 襄垣郭庄昭泽王庙平面图（资料来源：山西省第三次文物普查资料）

东西厢房近年新建，其余为清代遗构。正殿，面阔三间、进深六椽，前廊式单檐不厦两头造。梁架为四椽栿前压乳栿用三柱，四椽栿上设圆形蜀柱、栌斗承平梁，上平槫结点施捧节令栱及替木、下平槫施实拍栱及替木扶承；平梁上立蜀柱置栌斗、捧节令栱及丁华抹颏栱及通替承脊槫，叉手捧戗通替及脊槫两侧，蜀柱顺脊串联络、合踏稳固。檐下施五铺作单杪单计心造铺作，补间铺作45度方向出斜华栱，各间一朵。门、窗装修均后人改换。2006年5月被公布为全国重点文物保护单位（图9-4-26、图9-4-27）。

十、新绛三官庙

三官庙，俗称葫芦庙。位于新绛县城四府街社区的韩家巷西口，坐东向西，东西17.7米、南北7.1米，占地面积125.67平方米。创建年代不详，元至正元年（1355年）、清乾隆四十二年（1777年）、咸丰九年（1859年）、同治十三年（1874年）及民国13年（1924年）、民国二十三年（1934年）、1987年均有重修，现存献殿、正殿，为元代遗构。献殿，面宽一间、进深四椽，单檐歇山顶山面向外。

图 9-4-26 潞城东邑龙王庙正殿（资料来源：自摄）

图 9-4-28 新绛三官庙外观（资料来源：自摄）

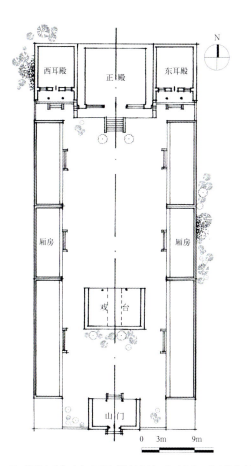

图 9-4-27 潞城东邑龙王庙平面图（资料来源：山西省第三次文物普查资料）

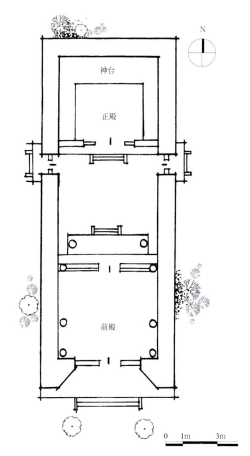

图 9-4-29 新绛三官庙平面图（资料来源：自绘，2008年实测）

梁架为抹角梁、井口枋及铺作迭构而成，额枋上五铺作斗栱，承下内额枋，之上设四铺作斗栱承上内额枋。檐下垂花柱、饰通间花替，前带八字分墙。正殿，面阔三间、进深四椽，单檐不厦两头造，梁架为四椽栿通檐用二柱，檐下铺作为四铺作单下昂，前檐设六抹隔扇门八扇，柱础鼓式。殿内设神坛，上存三清等彩塑14尊，依据元始天尊胸轴木柱上题记"大元国至正元年……"判断，应为元代遗存。庙内保存有清咸丰九年（1859年）、同治十三年（1874年）维修碑及"三官像碑"3通。乾隆二十二年（1757年）石碣1方。2006年6月公布为全国重点文物保护单位（图9-4-28、图9-4-29）。

十一、运城池神庙

池神庙，位于运城市盐湖区解放南路南段。坐北向南，东西85米、南北250米，占地面积21600平方米。历代皆由盐商管理，始建于唐大历十二年（公元777年），重建于元宪宗三年（1253年），明、清屡修，整个建筑依据地形而建，北高南低，高低层叠，错落有致，背负卧云岗，俯瞰盐池，地理环境十分优越。中轴线上由南至北原有歌薰楼、舜弹琴处木牌坊、海光楼、连三戏台，最后为并列三大殿。三大殿为明代遗构，连三戏台、西厢房为清代遗构。海光楼及其他建筑为2004年南风集团组织复建。三大殿形制相近，结构简洁。连三戏台面阔七间、进深四椽，单檐硬山顶。2002年在原址重建海光楼、大门和76级石台阶。庙内遗存唐至清代石碑43通。盐池禁墙位于盐湖区南城办事处解放南路南端，绕盐池一周，在北侧开有东禁门、中禁门和西禁门，现存残长30公里，为明代遗存。2013年5月公布为全国重点文物保护单位（图9-4-30～图9-4-32）。

十二、平遥干坑南神庙

南神庙位于平遥县古陶镇干坑村北。创建年代不详。据庙碑记载，明正德年间（1506～1521年）已有之，明嘉靖、清康熙、乾隆、嘉庆、道光、光绪年间屡有修葺。占地面积2158平方米。坐北朝南，

图9-4-30 运城池神庙三大殿（资料来源：自摄）

图9-4-31 运城池神庙海光楼（资料来源：自摄）

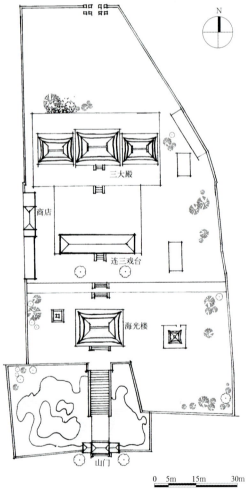

图9-4-32 运城池神庙平面图（资料来源：山西省第三次文物普查资料）

三进院落布局，中轴线上依次建有山门、天王殿（原为戏台）、正殿和后殿，两侧建东西配殿、厢房及耳殿。正殿称佛母殿，明代建筑遗构，面阔三间，进深四椽，单檐悬山顶，五檩前廊式构架，檐下斗栱四铺作单昂，前檐明间装板门，次间为槛墙、直棂窗。殿内存同期彩塑14尊。庙内存明重修碑2通，清重修、记事碑6通，明代经幢1座。1973年11月15日，被平遥县公布为县级文物保护单位。2003年1月15日，被晋中市人民政府公布为市级文物保护单位。2004年6月10日，被山西省人民政府公布为省级文物保护单位（图9-4-33、图9-4-34）。

十三、临县李家山村天官庙

天官庙位于临县碛口镇李家山村南山坡下。据清同治五年（1866年）《重修庙宇碑记》记载始建于清咸丰五年（1855年），据清同治五年（1866年）《重修庙宇碑记》记载始建于清咸丰五年（1855年），同治五年增修东西厢房，向南盖乐楼一座。该庙坐北向南，东西长26.8米，南北宽23.3米，占地面积624平方米。中轴线为山门、戏台、正殿。戏台倒坐山门之上，面宽三间，进深五椽，六檩梁架，硬山卷棚灰瓦顶，台中置隔板将戏台分为前后两部分，左山券墙券门洞，后窗开圆形窗口。正殿建在高2米的台基之上，为三孔砖拱券窑洞，前檐插廊，

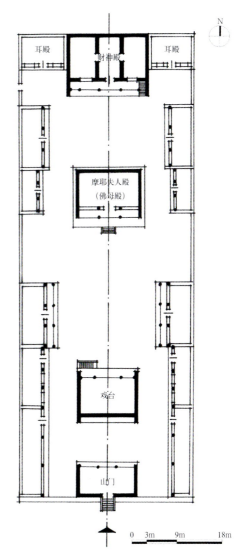

图9-4-33 平遥干坑南神庙平面图（资料来源：自绘，1998年实测）

图9-4-34 平遥干坑南神庙俯瞰（资料来源：自摄）

图 9-4-35 临县李家山村天官庙外观（资料来源：自摄）

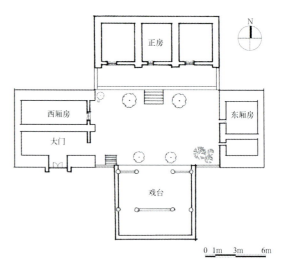

图 9-4-36 临县李家山村天官庙平面图（资料来源：山西省第三次文物普查资料）

雕花雀替；东西厢房各窑洞两孔。内存砂石清碑2通。李家山有常住人口800余人，李姓居多，西临沿黄扶贫旅游公路，南北为村间公路，1949年前至20世纪80年代有业余剧团一个，主要剧种有晋剧、小戏等，剧目有《王贵与李香香》等。正月有民间闹秧歌活动。民间有牛生麒麟的传说。该村是清中期至民国年间碛口晋商的主要生活居所，是第二批命名的省级历史文化名村。布局基本完整，保存尚好，正殿、戏台前檐部略有变形，戏台两次间改为隔扇窗，东西厢房门窗已毁。天官庙所处的李家山村，平面形似凤凰，故有"凤凰山"之称。西临黄河，南与对面梁相望，属暖温带大陆性气候，四季分明，干旱少雨，光照充足。土地贫瘠，植被稀少，常见的有青蒿、青苋等（图9-4-35、图9-4-36）。

十四、平定新村八蜡庙

新村八蜡庙位于平定县张庄镇新村村东凤凰山巅。坐北朝南，东西18.4米，南北48.3米，占地面积908.72平方米。创建年代不详，清乾隆二十年（1755年）新建龙王庙、修补八蜡庙，清同治二年（1863年）补修正殿。现存山门、正殿和东西配殿，均为清代遗构。正殿为砖砌窑洞5孔，单檐硬山顶，正中3孔前出卷棚顶抱厦。东西配殿面宽三间，

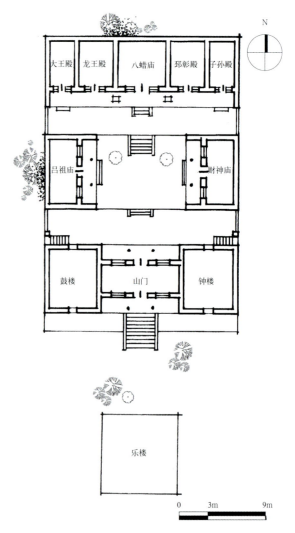

图 9-4-37 平定新村八蜡庙平面图（资料来源：山西省第三次文物普查资料）

图 9-4-38　平定新村八蜡庙全景（资料来源：潘磊摄）

进深五椽，六檩前出廊结构，硬山顶。山门面宽三间，进深六椽，七檩前后出廊结构，硬山顶。山门两侧为钟鼓楼，砖木结构建筑，现仅存一层窑洞 1 孔，二层木结构已毁。山门外 8 米处为乐楼基址。新村村东为凤凰山，北为凤台山，西南大王山，庙东为龙回沟，西为郑家沟（图 9-4-37、图 9-4-38）。

十五、平定金龙山大王庙

金龙山大王庙位于平定县柏井镇柏井二村南金龙山上。坐西朝东，二进院落布局，东西 72.2 米，南北 17.75 米，占地面积约 1282 平方米。始建年代不详，据现存碑记载，清康熙十三年（1674 年）、雍正五年（1727 年）、乾隆十六年（1751 年）、同治元年（1862 年）重修，清道光三年（1823 年）和九年（1829 年）、清光绪十六年（1890 年）补修，清同治十年（1871 年）新建屏门。中轴线上从东向西建有乐楼、山门、前殿、正殿，轴线两侧建钟鼓楼、南北禅房、南北配殿和南殿，2002 年维修，均为清代遗构。正殿面宽三间，进深四椽，硬山顶，筒板瓦覆盖，墀头砖雕花卉和古文字。门窗后人改制。柱础石上下三层，底层方形，中层为双层莲花，上层为古镜式。乐楼台基石砌，高 1 米，面宽三间，分前后台，前台进深五椽，卷棚悬山顶，后台进深三椽，单坡顶。戏台南北两侧另立柱，并搭建单坡顶。乐楼檐柱为方形石柱，上书对联 2 幅。前台三面施石栏板。另有重修碑 5 通，其余碑 7 通，碣 4 方，石牌坊 2 座，旗杆石、抱鼓石各 1 对，古树 1 株。1992 年被平定县人民政府公布为县级文物保护单位（图 9-4-39、图 9-4-40）。

十六、介休张壁二郎庙

张壁古堡——二郎庙位于介休市龙凤镇张壁村北门北侧。据庙碑及正殿题记载，建于明成化年

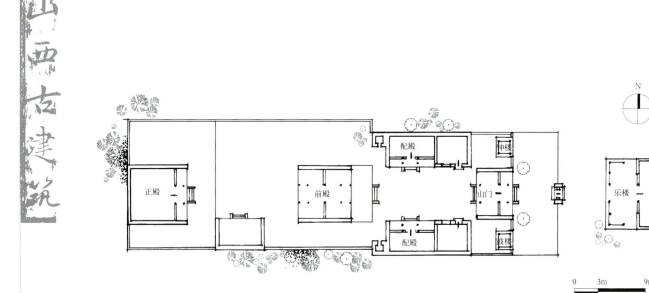

图 9-4-39 平定金龙山大王庙平面图（资料来源：山西省第三次文物普查资料）

图 9-4-40 平定金龙山大王庙山门
（资料来源：潘磊摄）

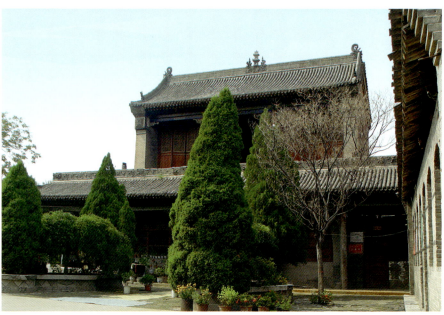

图 9-4-41 介休张壁二郎庙正殿
（资料来源：自摄）

间（1465～1487年），清乾隆八年（1743年）、道光二十四年（1844年）重修。2003年维修。占地面积1069平方米。坐北朝南，一进院落布局，中轴线由南向北为戏台、正殿，两侧仅存东厢房（20世纪50年代修建），东南角建山门。戏台倒座，建于高2.68米的砖砌台基上，面宽三间，进深三椽，单檐硬山顶，四檩前廊式构架，前台两侧建八字影壁，额枋镂空木雕缠枝花卉，并施小垂莲柱，檐下斗栱大斗交龙首。正殿分为上下两层，下层为砖券窑洞5孔，深一间，前建单坡木结构插廊，中间3孔为无梁窑；上层面宽三间，进深四椽，单檐硬山顶，五檩前廊式构架，檐下斗栱三踩单翘，明间施木雕行龙雀替，次间为象鼻雀替，前檐各间均装四扇六抹隔扇门。殿内正中神台塑二郎神像1尊，墙上绘制清代"二十四孝图"壁画60余平方米，门窗改动。庙内存清重修及布施碑4通。2006年国务院公布张壁古堡为全国重点文物保护单位（图9-4-41、图9-4-42）。

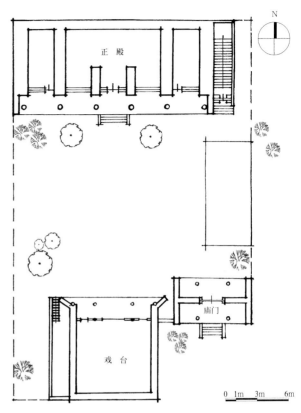

图9-4-42　介休张壁二郎庙平面图（资料来源：山西省第三次文物普查资料）

注释

① 杨鸿勋．建筑历史与理论（第八辑）[M]．武汉：湖北科学技术出版社，2006：73-76．

② 靳松．山西自然村落中公共中心的布局与建筑形态分析[D]．太原理工大学，2002：36-37．

③ 郭自强．孝义三皇庙[M]．太原：三晋出版社，2009：10-14．

④ 樊永福．万荣后土祠[M]．北京：中国摄影出版社，2005：116-119．

⑤ 温幸等．山西民俗[M]．太原：山西人民出版社，1991：393．

⑥ 柳诒徵．中国文化史[M]．上海：上海古籍出版社，2002：35-41．

⑦ 温幸等．山西民俗[M]．太原：山西人民出版社，1991：393．

⑧ 长治市地方志办公室整理．（乾隆版）潞安府志[M]．北京：中华书局，2002：1008．

⑨ 屯留县志编纂委员会．屯留县志[M]．西安：陕西人民出版社，1995：460-461．

⑩ （日）水野清一著，孙安邦译．山西古迹志[M]．太原：山西古籍出版社，1993：267．

⑪ 乔润令．山西民俗与山西人[M]．北京：中国城市出版社，1995：223-225．

⑫ 李晓强．山西省道教建筑文化与形态初探[D]．太原理工大学，2004：4-6．

山西古建筑

第十章 楼台亭塔

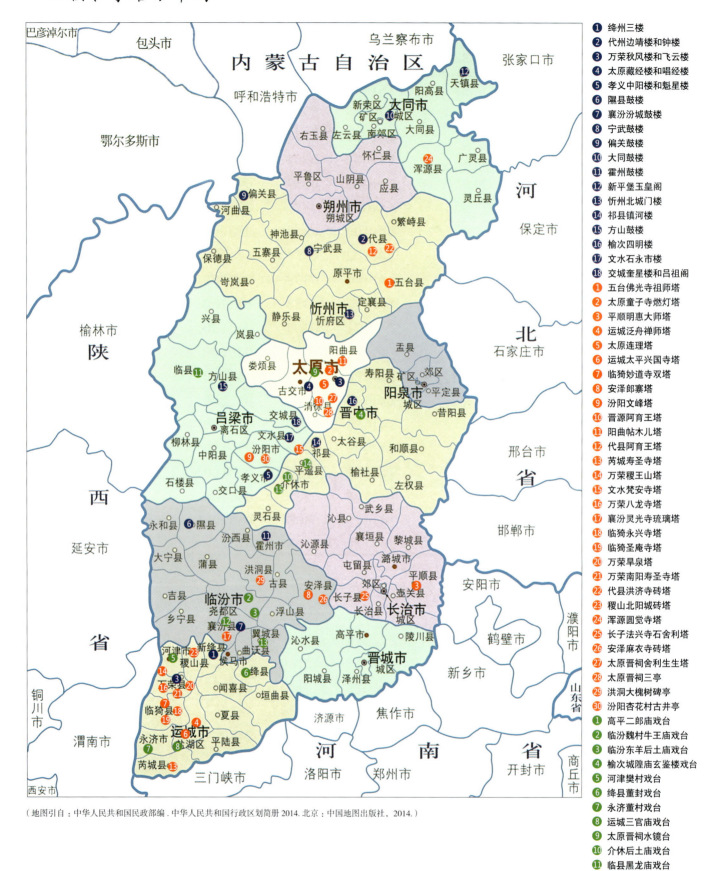

山西楼台亭塔分布图

第一节 楼阁

楼阁是古代建筑的重要类型之一,代表了我国木结构建筑的最高发展水平,是技术与艺术的完美结合体。楼阁建筑具有重要的标志性,如城池中的城门楼、市楼,庙宇中的戏楼、藏经阁、钟鼓楼,村落中的魁星阁、风水楼、门阁等,无不都成为建筑环境的视觉中心,寄托了人们的思想和情感。楼、阁建筑既有联系,也有区别。"楼"脱胎于我国早期的高台建筑,战国早期在高台上搭建狭长而屈曲的建筑,就称之为楼,但其自身结构不一定是多层的。故《尔雅》载:"四方而高者名台。修,长也。凡台上有屋,狭长而屈曲者,曰楼"。秦汉时期,"楼"建筑逐渐多了起来,随着多层建筑的不断发展,出现了大量的木结构的楼屋。楼的概念也发生了转变,从以前台上建屋的高台建筑,变成了"重屋"形式。如《说文解字》中就有"楼,重屋也,从木,娄声"的说法。说明此时的"楼",至少有两层,拥有了上、下层的活动空间,已经被定义为多层建筑了(图10-1-1、图10-1-2)。"阁"的演变较为复杂,最早的"阁"是以长木的形式出现的,故《尔雅》载:"所以止扉,谓之阁"。同时,"阁"还指搁置物品的橱柜,《说文解字》载:"横者可以庋物,亦曰阁"。此外,"阁"还有阁道一说,即架空的栈道。无论是何种说法,底层架空上置长木的形式,成为"阁"的共性。"阁"作为一种建筑形式,出现在春秋时代。但此时的"阁"与"楼"在结构和形式上,并不相同。在当时是指底层用支柱架空,支柱上搭设木结构平台,故称之为"平坐"。这种结构形式和上面提到的"止扉"、"庋物"、"栈道"的结构形式十分相近。随着时间的推移,"楼"和"阁"的形式互相融合,楼与阁的界限越来越模糊,故统称之为"楼阁"。如南北朝时期的《玉篇》就有"阁,楼也"的说法。到了宋代,楼和阁已经没有什么区别了,统称为"楼阁"。一般而言,通常将底层

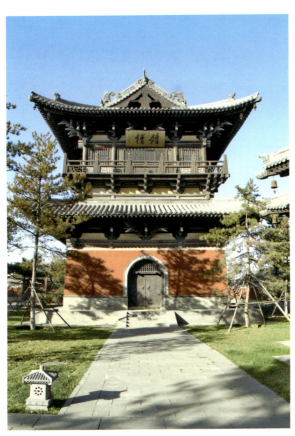

图10-1-1 大同华严寺钟楼(资料来源:自摄)

图10-1-2 长治玉皇观五凤楼(资料来源:自摄)

图 10-1-3　大同华严寺薄伽教藏殿壁藏楼阁（资料来源：自摄）

图 10-1-4　绛州鼓楼外观之一（资料来源：自摄）（左下）
图 10-1-5　绛州鼓楼外观之二（资料来源：自摄）（右下）

空间围合的楼阁建筑，称之为"楼"；将底层架空、可通行的楼阁建筑称之为"阁"（图 10-1-3）。

一、绛州三楼

所谓绛州三楼，是指位于新绛历史文化名城中的鼓楼、钟楼和乐楼。

绛州鼓楼，位于新绛县龙兴镇居园池社区东南部，贡院巷西端崖坡上。坐西向东，整体东西长 23.95 米、南北宽 17.65 米，占地面积 422.7 平方米。创建于元至正年间（1341～1368 年），明万历二十八年（1600 年）、崇祯五年（1632 年）、清康熙四年（1665 年）、乾隆二十七年（1762 年），1994 年屡次重修。现存主体建筑为明代遗构。坐东西向，下辟东—西向砖券门洞，门楣前后匾额，东："涵远"，西："振昕"。楼身三层，面宽五间，进深四椽，三重檐歇山顶。周有回廊，鼓式柱础。一、二层檐下施斗栱，一层为一斗三升，二层为三踩单翘形制。券门两侧上方嵌石碣 2 方。与钟楼、乐楼并称"绛州三楼"。东门两侧嵌重修石碣 2 方。1996 年 11 月 20 日，被公布为全国重点文物保护单位（图 10-1-4、图 10-1-5）。

绛州钟楼，位于新绛县城居园池社区内，贡院巷西端崖坡上。坐北向南，楼院南北长 45 米、东西宽 17.33 米，占地面积 780 平方米，据《新绛县志》载，创建于宋乾德元年（公元 963 年），元至元十三年（1294 年）、明弘治元年（1488

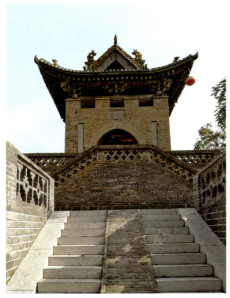

图 10-1-6 绛州钟楼外观之一（资料来源：自摄）　　图 10-1-7 绛州钟楼外观之二（资料来源：自摄）

年）、万历三十八年（1610 年）及清代均有修葺，1979 年、1994 年又作重修。现存梁架为明代遗构。楼体边长为 9.45 米，方形基座高 1.74 米。楼身砖砌，四向辟砖券拱门，柱头上施阑额、普柏枋，斗栱形制为三踩单翘，每面置平身科一攒、出 45 度斜栱。梁架为抹角梁上承井口枋，十字歇山顶，琉璃脊饰。楼内悬金天德二年（1150 年）铁钟 1 口。1996 年 11 月 20 日被公布为全国重点文物保护单位（图 10-1-6、图 10-1-7）。

绛州乐楼，位于新绛县城居园池社区贡院巷西端，衙坡中段。坐南向北，整体东西长 16.7 米、南北宽 8.87 米，砖石砌台基高 2.6 米，占地面积 148 平方米。创建年代不详，现为明代遗构，民国 3 年（1914 年）及 1983 年均有维修、2008 年落架大修。其面宽五间、进深四椽、重檐式建筑。下层为四坡顶，上层前檐歇山、后檐悬山顶，前出抱厦，二层梁架为三架梁通檐用二柱。檐下施三踩单翘斗栱。戏台前面对七星坡，坡南低北高，利于观赏演出，与绛州鼓楼、钟楼并称绛州三楼。1996 年 11 月 20 日，被公布为全国重点文物保护单位（图 10-1-8～图 10-1-10）。

二、代州边靖楼和钟楼

边靖楼又称鼓楼、谯楼，位于代县上馆镇西北街村东南。创建于明洪武七年（1374 年）、成化十二年（1476 年）重建，清康熙、雍正、嘉庆、道光、光绪历朝皆有修葺。坐北向南，占地面积 2402 平方米。由砖砌城台、木构楼阁和登台步道三部分组成。通高 40 米，城台基宽 49.9 米、深 40 米、高 13.3 米，中设南北向券洞，洞高约 9 米。楼身面宽七间，进深五间，三层四檐歇山顶。四周围廊，二层设有勾栏，三层于勾栏下设平座，各层檐下均设斗栱，二层柱头科五踩双翘，三层、四层斗栱均五踩双昂。一层前后檐置板门，二、三层前后檐辟门，四周六抹隔扇窗。檐下悬"声闻四达"和"威镇三关"巨匾 2 方。廊下存明碑 2 通，清维修碑 3 通。2001 年公布为全国重点文物保护单位。边靖楼记碑，明代遗物。位于楼身回廊间。青石质，圆首，方座。通高 2.02 米，碑身高 1.71 米，宽 0.81 米，厚 0.15 米。碑座高 0.31 米，长 0.87 米，宽 0.51 米。碑阳额题篆书"边靖楼记"，正文楷书，记述边靖楼修缮经过及施工概况。周瑛撰文，李温书丹，赵文博、韩楚刻石。碑阴额题"碑阴题名"（图 10-1-11、图 10-1-12）。①

图10-1-8 绛州乐楼外观（资料来源：自摄）

图10-1-9 绛州乐楼琉璃（资料来源：自摄）

图10-1-10 绛州乐楼翼角（资料来源：自摄）

图10-1-11 代州边靖楼外观（资料来源：自摄）

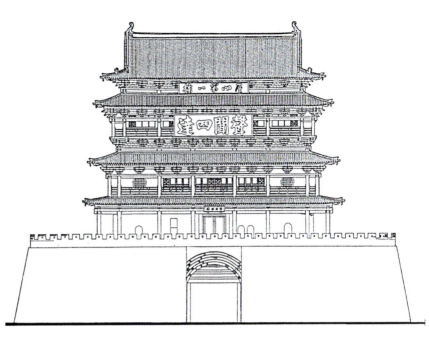

图10-1-12 代州边靖楼立面（资料来源：《柴泽俊古建筑文集》）

图10-1-13 代州钟楼外观（资料来源：自摄）

代县钟楼位于代县上馆镇东北街村东大街北侧。据《代县志》载，建于明洪武七年（1374年），明万历十四年（1586年），清康熙四十八年（1709年）、清咸丰二年（1852年）多次维修，现存建筑为明代遗构。坐北向南，占地面积364平方米。为二层三檐砖木构楼阁式建筑。楼身平面方形，建于一方形台基上，底边长17.5米、基高3.8米。面宽五间，进深四椽，十字歇山顶。一层二重檐，四周围廊，正面中间辟门，一重檐下斗栱为三踩单翘，二重檐下斗栱为五踩单翘单昂；二层檐墙砖砌，四面设方窗，檐下斗栱为五踩单翘单昂。楼身西侧设有登楼步道。楼内现存金大定二十八年（1188年）铁钟1口，清维修碑1通。2004年被公布为山西省文物保护单位。重修钟楼并武臣坊碑位于钟楼基座之上，清咸丰二年（1852年）立石。青石质，螭首，方座。通高2.31米、宽0.85米、厚0.18米。碑文楷书，记述代州设为重镇缘由及钟楼创建、维修年代和建造武臣坊等事宜。冯嘉诏撰文，程攀桂书丹（图10-1-13）。

三、万荣秋风楼和飞云楼

秋风楼，位于万荣汾阴后土祠正殿之后，因汉武帝在此赋《秋风辞》而得名。创建年代不详，现存建筑为康熙元年（1662年）黄河决口毁坏后，同治九年（1870年）重建之构。下为砖砌台座，上为木构楼阁，地坪至楼脊檩高27.4米、台座高8.72米、楼高18.68米。台座南面辟门，入门东西砖券通道设台阶攀登台座；台上建三层三檐腰缠平座十字歇山顶楼阁，各层四面出歇山抱厦，一层十字歇山、二层歇山向外，平座上筒板瓦覆盖小檐。楼身面宽、进深均五间，主体永定柱造，构成井筒式构架，楼内二、三层分别置元刻汉武帝《秋风辞》碑和清刻石碣各一通（图10-1-14～图10-1-17）。

飞云楼坐落于万荣东岳庙内，咸丰八年《重修飞云楼碑记》载："东岳庙午门前，建楼一座，名曰飞云，不知创自何代，惟大元至元年间有重修碑记，大明万历年间至本朝乾隆年间亦有重修碑记。迄今历年久远，风雨飘摇，忽将西北绝顶一角倾塌。……由是修厥功，鸠厥材，不弥月而功成告竣"。[②] 楼三

图10-1-14　万荣秋风楼元刻汉武帝《秋风辞》碑（资料来源：自摄）

图10-1-16　万荣秋风楼抱厦翼角（资料来源：自摄）

图10-1-15　万荣秋风楼外观（资料来源：自摄）

图10-1-17　万荣秋风楼一层楼梯（资料来源：自摄）

图 10-1-18 万荣飞云楼外观（资料来源：自摄）

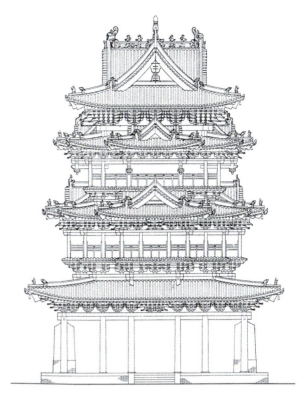

图 10-1-19 万荣飞云楼立面（资料来源：《柴泽俊古建筑文集》）

图 10-1-20 万荣飞云楼细部之一（资料来源：自摄）

图 10-1-21 万荣飞云楼细部之二（资料来源：自摄）

层四檐，腰缠平座，十字歇山顶，地坪至脊刹总高22.84米。平面方形，主干由檐柱与内柱两周合成。四根永定柱通达顶层，高15.35米。一层东西筑檐墙，南北贯通，西次间设楼梯；二层于方形平面各向出抱厦三间，平面呈十字形，抱厦屋顶十字歇山式；三层外檐四面明间凸出山花一间，顶覆十字形歇山屋面。二、三层下部设矮柱架额枋及斗栱制成平座，平座上置勾栏围护并设腰檐，各层均无门窗装修，各层间设有额枋、间枋、地板枋、穿插枋、平板枋等相互贯连、内外拉结，形成筒形构造。全楼设斗栱23种300攒，形制多样（图10-1-18～图10-1-21）。

四、太原藏经楼和唱经楼

藏经楼，位于迎泽区迎泽街道办事处青年路二社区迎泽公园内。原名藏经阁，是太谷县资福寺主要建筑之一，1961年迁至今址。坐北朝南，通高18米，占地面积1142.4平方米。建于高1.2米的石砌台基上，面宽五间，进深四间，三层四檐歇山顶，黄绿琉璃瓦脊饰、剪边。一层四周围廊，柱头科三踩单昂，前后明间平身科二攒，余皆平身科一攒，檐柱间置花卉图案雀替，前后明间设四扇六抹隔扇门，次间为槛窗。二层重檐设平座，平座柱头科三踩单翘，座上设木制勾栏，柱头科五踩双昂。一、二层前后明次间均设四扇六抹隔扇门，次间为槛窗。额枋、檐檩、斗栱均施彩绘。三层为暗层。2000年被太原市人民政府公布为市级文物保护单位（图10-1-22）。

唱经楼位于杏花岭区鼓楼街道办事处府东街社区鼓楼街33号。坐北朝南，清道光《阳曲县志》记载，唱经楼"在布政司前，明万历三十七年左布政刘鲁重修，相传前明秋榜揭晓，唱五经魁首于此，故名唱经楼"。明代正德年间（1506～1521年）重修，清康熙三十五年（1696年）增建春秋楼；清道光八年（1828年）重修。楼二层二檐十字歇山顶。一层面阔三间、进深三间，南向明间设卷棚抱厦；二层面宽一间，进深一间，周设孔雀蓝琉璃栏板，梁架结构为抹角梁上置枋墩承老角梁，之上承随檩枋、金檩；金檩兼三架梁，上立瓜柱承脊檩，四角设由戗脊檩。檐下设双翘五踩斗栱，各柱间设隔扇装修。封建社会秋榜揭晓时，太原府官员就在此高声宣唱"五经魁首"之名。2004年6月被公布为山西省级文物保护单位，2013年5月公布为全国重点文物保护单位（图10-1-23）。

五、孝义中阳楼和魁星楼

中阳楼，位于孝义市中阳楼街道楼西村中。三层四檐，十字跨街，过街楼形制。据碑记载建于汉魏时期，元大德七年（1303年）毁于地震，明代重建，清同治七年（1868年）又遭雷火冲击,清宣统元年（1909年）重建，1957年、1983年又进行了修葺。楼内存碑六通，其中《建筑中阳楼并永安市场记》为民国5年所立，记载楼之沿革。楼平面正方形，总高19.48米，四层四檐十字歇山顶，琉璃瓦屋面。楼体构架为永定柱造，永定柱由首层直掼顶层平板枋之下，每根永定柱由四段墩接而成，均于额枋相接处施以巴掌榫隐蔽墩接。各层廊间以抱头梁联络，廊柱立于抱头梁之上，逐层内收，顶层梁架十字相交中设垂莲柱。各层檐下所设斗栱结构不一，用材相近。各层檐下均设斗栱：一层三踩单下昂计心，里转三踩单翘计心，二层三

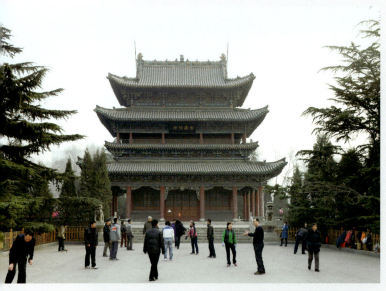

图10-1-22　太原藏经楼（资料来源：自摄）

图10-1-23　太原唱经楼（资料来源：自摄）

踩里外单翘计心，三踩五踩前后双翘计心，四层七踩三下昂计心，里转七踩三翘计心。二、三层四面于永定柱间设隔扇门装修。2006年5月被公布为全国重点文物保护单位（图10-1-24～图10-1-26）。

孝义魁星楼位于崇文街道办事处苏家庄村东南隅，是该村的标志性建筑。魁星楼共4层，一二层为正方形平面，三四层为六边形平面，攒尖顶。一二层楼梯设于墙体之内，三四层为木制楼梯。该楼结构形式独特，开窗方式新颖，彩绘精美（图10-1-27、图10-1-28）。

六、隰县鼓楼

隰县鼓楼，位于临汾市隰县龙泉镇城关村中心街，又名"大观楼"。据清康熙《隰州志》记载，建于明万历二十三年（1593年），清顺治十五年（1638年）、乾隆十五年（1750年）、咸丰六年（1865年）修葺。为过街楼，下为砖砌台座，上为二层三檐腰缠平座十字歇山顶楼阁，琉璃屋面。通高21米，台座平面呈方形，边长14米、高5.98米，四面券门洞，十字贯通。门额各嵌石匾1方，东"东屏姑射"，

图10-1-24 孝义中阳楼效果图（资料来源：自绘）

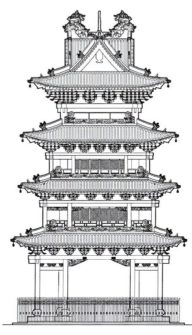

图10-1-25 孝义中阳楼外观（资料来源：自摄）（左）
图10-1-26 孝义中阳楼立面图（资料来源：自绘）（右）

图 10-1-27 孝义魁星楼近景（资料来源：自摄）

图 10-1-28 孝义魁星楼远景（资料来源：自摄）

南"南临古慈"，西"西带黄河"，北"北拱晋阳"。楼身方形，面宽、进深各五间，二层三檐回廊式。以四根通柱为主干直达顶层平板枋，廊檐单步梁与主干通柱联结，顶层构架为斗栱承抹角梁，之上承老角梁、三架梁，立脊瓜柱承脊檩，脊檩中部设垂莲柱。一、二层廊檐斗栱三踩单翘，平座斗栱三踩单翘，三层檐下斗栱五踩单翘单下昂。四面正中悬额匾，东"龙泉古郡"，南"长寿遗封"，西"河东重镇"，北"三晋雄邦"。2013 年 5 月被公布为全国重点文物保护单位（图 10-1-29～图 10-1-31）。

七、襄汾汾城鼓楼

汾城鼓楼，位于临汾市襄汾县汾城镇城内村村中，据碑文记载，清康熙三十四年（1695 年）地震毁坏后，康熙四十五年（1706 年）重建，1997 年襄汾县老干部局曾组织重修。建筑面积 197 平方米。楼平面方形，三层砖木结构，底层砖砌台基，中辟十字形券洞，楼身 2 层，面宽三间，进深三间，四周围廊，十字歇山顶，琉璃脊饰，柱头斗栱七踩三翘。2006 年国务院被公布为第六批全国重点文物保护单位，归属汾城古建筑群（图 10-1-32）。

八、宁武鼓楼

宁武鼓楼位于宁武县城人民大街十字路口，坐东朝西，东西 17 米，南北 18 米，占地面积约 306 平方米。创建于明代，现存为明代建筑。鼓楼为上下两层楼阁式，通高 20 米。一层为砖石结构台基，高约 10 米，内设十字拱券穿心洞，通东西南北四向。东西洞门额嵌石匾，西刻"凤仪"，东刻"含阳"，下题"光绪辛卯圜郡重建"，门楣上有仿木砖雕斗栱和仿木垂花。二层为楼阁式木结构建筑，面宽五间，进深四椽，四周围廊，檐柱间设雀替，三重檐歇山顶，一重檐下东西设隔扇门，其余为墙体。二、三重檐下四面设隔扇门。二、三重檐下东西面悬匾，东为"楼烦重镇""毓秀钟灵"，西为"奎光普照""层霄耸翠"。楼上保留有清光绪年间石碑 1 通。据清《宁武府志》及清代碑记载，建于明成化年间（1465～1487 年），清光绪十七年（1891 年）重修，1986 年大修，2007 年又修葺彩绘。1995 年被山西省人民政府公布为省级文物保护单位。重修宁武府城鼓楼记碑，青石质，守佚，方座。高 2.22 米，宽 0.71 米，厚 0.14 米。清光绪十七年（1891 年）立石。碑文楷书，记述宁武沿革及鼓楼创建和是年知府率众捐资重建鼓楼一事。吴鸿恩、春海甫撰文（图 10-1-33、图 10-1-34）。

图 10-1-29 隰县鼓楼细部（资料来源：自摄）

图 10-1-30 隰县鼓楼藻井（资料来源：自摄）

图 10-1-31 隰县鼓楼外观（资料来源：自摄）

图 10-1-32 襄汾汾城鼓楼（资料来源：自摄）

图 10-1-33 宁武鼓楼外观（资料来源：自摄）

图 10-1-34 宁武鼓楼细部（资料来源：自摄）

九、偏关鼓楼

偏关鼓楼，位于偏关县新关镇中大街居委会中大街。坐北朝南。东西18.6米，南北18.7米，占地面积348平方米。据《偏关志》记载，创建于明正统十一年（1446年）、嘉靖十七年（1538年）、崇祯五年（1632年），清康熙四十八年（1709年）、乾隆三十二年（1767年）均有维修。现存建筑为明代遗构。砖木结构，台座砖砌，高7.3米，洞宽4.8米。中辟门洞，南北贯通，四周砖砌碟口，东设登楼台阶；台座上建二层二檐歇山顶木结构楼，楼一层面宽五间，四周围廊，二层面宽三间，进深四椽。一层内存有清道光三年（1823年）《重修鼓楼碑记》一通，民国12年（1923年）《高等学校建筑纪念碑记》一通。1985年被公布为偏关县级文物保护单位（图10-1-35）。

十、大同鼓楼

东街鼓楼，位于大同市城区永泰街中心地段，又名"更鼓楼"。清乾隆《大同府志》记载："鼓楼，在府治东南，永泰街，明时建。国朝顺治年修，乾隆二十七年（1762年）重修"。2001年保护修缮。面阔五间、进深五间，三层三檐回廊楼阁式十字歇山顶，灰布筒板瓦屋面，局部琉璃装饰。高约20米，底层用青石砌成四角，明间为十字街门；二、三层设平座，二层廊柱间设栏板；三层擎檐柱间设栏板；顶承为七檩构架，一、二层檐下斗栱为一斗三升，顶层檐部斗栱为三踩单翘。一、二层明间辟门，三层各面均装隔扇门窗。一层廊下存清代碑刻9通。鼓楼已成为大同市中心一座地标性古建筑。1996年1月被公布为山西省级文物保护单位（图10-1-36、图10-1-37）。

图10-1-36 大同鼓楼东街牌坊（资料来源：自摄）

图10-1-35 偏关鼓楼外观（资料来源：自摄）

图10-1-37 大同鼓楼外观（资料来源：自摄）

十一、霍州鼓楼

霍州鼓楼，位于霍州市鼓楼街道办事处西街居委会市区十字街中心。霍州鼓楼，亦称文昌阁，建于十字街中心，过街楼。创建于明万历十一年（1583年），清乾隆七年（1742年）、三十三年（1768年）、三十五年（1770年）、宣统元年（1909年）、1993年、2006年屡修。由台座及木楼阁组成，台座方形，边长9.54米、高6.47米；上为二层三檐腰缠平座四面抱厦十字歇山顶楼阁，琉璃瓦屋面。阁平面四面凸形，回廊式，自地面至脊檩高12米。台座砖砌，四面十字砖券门洞，券门上镶砌匾额，东"霍对"，西"镇汾"，南"迎熏"，北"辰拱"，台上四周设砖砌矮墙护栏。楼各层设回廊，以四根金柱为主干，采用永定柱构造，廊部以单步梁与金柱联结，并明间向外出抱厦，一层抱厦柱落地，二层为垂莲柱，整体形制精巧、造型美观。顶层梁架以抹角梁承老角梁、三架梁，三架梁上立瓜柱承脊檩，脊檩中部设垂莲柱，由伐斜撑。所有斗栱为：一层廊檐及平座三踩单翘、二层三踩单下昂、三层五踩双下昂、里转双翘。一层明间四面隔扇门装修，二层四面满面隔扇门装修。楼一层廊下遗存维修碑5通。2004年6月被公布为山西省级文物保护单位（图10-1-38～图10-1-41）。

十二、新平堡玉皇阁

玉皇阁位于天镇县新平堡镇新平村内。据梁上墨书记载，创建于明万历十一年（1583年），清康熙二十七年（1688年）、乾隆四十六年（1781年）、1992年维修，现存建筑为明代遗构。东西10.4米，南北14.3米，占地面积约148.7平方米。坐北朝南。楼身二层，建在高约5.55米的砖

图10-1-38 霍州鼓楼彩绘（资料来源：自摄）

图10-1-39 霍州鼓楼近景（资料来源：自摄）

图10-1-40 霍州鼓楼抱厦琉璃（资料来源：自摄）

图10-1-41 霍州鼓楼远景（资料来源：自摄）

砌台基上，中部券洞可四面通行。楼身平面呈方形，面宽三间，进深六椽，第一层阁内残存道教神众壁画。二层设勾栏平座，柱头额枋垂直搭交，斗栱五踩重昂，廊柱直承撩檐枋，每间装六抹隔扇门，内部梁架为平棊遮挡，重檐歇山顶，黄琉璃瓦覆盖，脊刹、吻兽俱全，各层设楼梯可攀爬。1994年7月被公布为县级文物保护单位（图10-1-42～图10-1-44）。

十三、忻州北城门楼

北城门楼，位于忻府区南城办事处西街村。坐北向南，东西长60米，南北宽30米，面积1800平方米。创建于明代万历二十四年（1596年），清乾隆十八年（1753年）、同治七年（1868年）维修，1959年重新彩绘，1978年～1986年数次维修。现存建筑主体结构为明代，砖石基座高12米，中辟门洞，基本楼身为木构，面宽七间，进深四间，高17米，系三重檐歇山式建筑，四周围廊，每屋施廊柱22根，楼内无柱。2004年6月10日被山西省人民政府公布为省级文物保护单位（图10-1-45）。

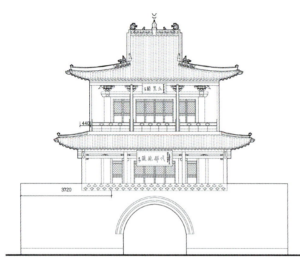

图10-1-42　玉皇阁南立面图（资料来源：自绘，2009年实测）

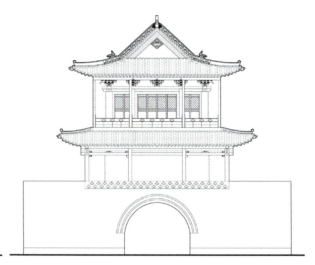

图10-1-43　玉皇阁西立面图（资料来源：自绘，2009年实测）

图10-1-44　玉皇阁南侧外观（资料来源：自摄）

图10-1-45　忻州北城门楼外观（资料来源：自摄）

十四、祁县镇河楼

镇河楼，位于祁县贾令镇贾令村南。据《祁县志》载，始建于明宣德年间（1426～1435年），明嘉靖年间（1556～1558年）、清康熙五年（1666年）、乾隆五十六年（1771年）重修。1984年又进行了加固维修。现存建筑为明代遗构。坐北朝南，面宽五间、进深四间，二层四檐歇山顶，回廊楼阁式过街楼，琉璃筒板瓦屋面。顶层檐下斗栱五踩双下昂，三重檐斗栱三踩单下昂，二重檐斗栱三踩单翘，一层檐下斗栱三踩单下昂，顶层悬"川陕通衢"匾一方，下檐正面悬"永镇昌源"、背面"恩庇兆姓"匾各一方。下层明间设砖券门洞，南北贯通。2004年被公布为省级重点文物保护单位（图10-1-46）。

十五、方山鼓楼

方山鼓楼，位于方山县大武镇大武二村中，又称观音楼。二层三檐腰缠平座十字歇山顶过街楼。据明嘉靖二十六年（1547年）《观音楼记》碑（已失）记载，始建于明景泰四年（1453年），后又多次维修。1986年至1989年修缮时，将楼整体抬高1.5米。现存主体构架为明代遗构。通高18.5米，黑色琉璃瓦剪边。建在高1.2米的砖石砌台基上，一层面宽、进深各三间方形，二层设回廊各面五间。楼体构架以四根通天柱为主干直达顶层，廊部施以单步梁与通天柱结构。一层设十二踩斗栱叠收藻井，顶层由抹角梁、井字梁及垂莲柱叠抬形成八角形构架，上层井字梁立瓜柱承脊部。平座设三踩斗栱挑承廊柱。一层檐下设五踩重昂计心造斗栱，顶层檐下设三踩单昂计心造斗栱。楼内现存彩塑6尊。1986年8月被公布为山西省级文物保护单位（图10-1-47）。

十六、榆次四明楼

四明楼位于榆次区（开发区）郭家堡乡南六堡村中部，十字路口正中。据庙碑记载，始建于清咸丰八年。1993年重修。占地面积74.5平方米。为单体二层楼阁式建筑，建于1.9米高台基上，一层面宽、进深均为三间，柱头直撑大额枋，斗栱密致，均五踩双下昂，顶施百寿图平綦。二层平面方形，挑出勾栏平座，斗栱三踩单昂。额枋、雀替遍施彩画，十字歇山顶，黄、绿琉璃瓦覆盖及黄琉璃吻兽、悬鱼装饰。内檐置隔扇。1981年被榆次区政府公布为第一批县级文物保护单位（图10-1-48、图10-1-49）。

十七、文水石永市楼

石永市楼位于文水县下曲镇石永村中心，现存建筑为明代遗构，长8.27米，宽8.25米，占地面积68.22平方米，据市楼碑记载，明弘治十年（1497年）重修，清康熙五十三年（1714年）、乾隆四十一年（1776年）、光绪十七年（1891年）屡有修葺。市楼为二层三重檐十字歇山顶建筑，台基高0.4米，一层面宽、进深均为三间，二层出平座，

图10-1-46 祁县镇河楼外观（资料来源：自摄）

图10-1-47 方山大武镇鼓楼外观（资料来源：自摄）

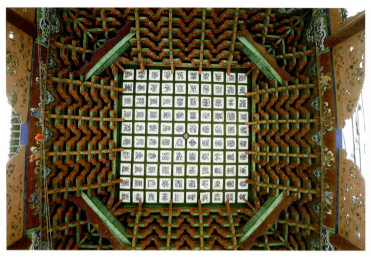

图10-1-48 榆次四明楼藻井（资料来源：自摄）　　　　　　　　　图10-1-49 榆次四明楼外观（资料来源：自摄）

图10-1-50 文水石永市楼外观（资料来源：自摄）　　图10-1-51 交城奎星楼外观（资料来源：自摄）　　图10-1-52 交城吕祖阁外观（资料来源：自摄）

面宽二间，进深三间，周设廊，十字歇山顶梁架。一层斗栱三踩单翘，平座斗栱五踩双翘，二层檐斗栱三踩单昂，三层檐斗栱七踩单翘双昂，均蚂蚱耍头。一层顶部做平暗，上绘龙凤及八仙图案，一层南部有楼梯通向二层，二层四面各做四扇六抹隔扇门。大角梁均挂风铃，市楼顶覆绿色琉璃瓦。西侧有匾额三块分别为："西竺王城"无年款，"便是西天"，落款是明弘治十年重修制匾，"白云堂"南侧有匾额两块分别为："佛慈广大"（无年款）、"南阳楼"。东面有匾额两块分别为："大慈大悲"、"永光楼"，北面有匾额两块分别为："圆通圣境"，"极北斗"。这些牌匾均是1986年重修所制。一层有清代乾隆年间和光绪年间碑9通，二层曾供有佛像五尊，解放初遭毁坏。市楼体量较大，保存完整，结构精巧，是明代保留至今木质楼阁式建筑的又一实例，具有较高的文化价值和研究价值（图10-1-50）。

十八、交城奎星楼和吕祖阁

奎星楼位于交城县天宁镇东街居委会东正街西段北侧，坐北朝南，东西长10米，南北宽7.99米，占地面积80平方米。创建于明代万历十一年（1583年），天启五年（1625年）移建于现址，为文昌祠外门，并由原两层增建为三层。崇祯九年（1636年）重修，清代顺治十八年（1662年）重建，同治五年（1865年）、光绪二十七年（1901年）重修，公元2004年挑顶大修。奎星楼高三层，一层整体砖砌台基，纵向开碹洞，墙体收分明显，西侧有转梯上下通行。二层面宽一间，额枋之上施一斗二升斗栱，山墙砖砌，前后檐金柱间木栅栏装修，四周设廊，孔雀蓝瓦顶。三层面宽一间，进深四椽，施五踩斗栱，坐斗雕饰人物、花草图案，四角柱间全为六抹隔扇装修，窗心棂条为"码三箭"式样，四周围廊，外置巡杖式栏杆，单檐歇山顶，孔雀蓝琉璃瓦顶，正脊设鸱吻及脊刹。1982年9月3日，交城县人民政府公布为第一批县保单位名单，2005年被吕梁市人民政府公布为首批市级文物保护单位（图10-1-51）。

吕祖阁位于交城县天宁镇东街居委会永宁路中段路东约80米，坐北朝南，东西长10.94米，南北宽6.95米，占地面积76.03平方米。清康熙三年（1664年）创建，雍正二年（1724年）、乾隆六十年（1795年）、道光十六年（1836年）重修，2004年简略修缮、彩画。现存建筑为清代遗构。阁高三层，两层檐，一层砖券枕头式窑洞，面宽三孔，明间开门，次间设窗。二层面宽三间，山墙、后墙砖砌，前檐明间开门，次间设窗，四周围廊，砖砌花栏围护；三层面宽三间，进深四椽，五架梁式梁架，歇山顶，山墙、后墙砖砌，前檐金柱间六抹隔扇装修，窗心棂条为"码三箭"式样，周有廊，边置巡杖式木栏杆。1982年9月3日，交城县人民政府公布为第一批县级文物保护单位（图10-1-52）。

第二节　亭塔

塔是佛教建筑中的一种类型，由印度传入中国后与楼阁式建筑相结合，形成中国式塔的艺术形象。山西现存自北魏至清代的历代古塔计412座，其类型有佛塔、经塔、墓塔、舍利塔以及文峰塔、风水塔等。建筑形制有楼阁式、亭阁式、密檐式、花塔式、金刚宝座式、覆钵式（喇嘛式）。塔的平面形式丰富，有方形、圆形、六角形、八角形和方圆结合的喇嘛式塔。建筑用材广泛，石、木、砖、琉璃塔等，应有尽有（图10-2-1）。北朝时期的塔，可以从大同云冈石窟和太原天龙山石窟中的塔形石雕中窥见一斑，另有五台佛光寺祖师塔和北齐的太原天龙山童子寺燃灯石塔，可作为实例（图10-2-2，图10-2-3）。

唐至五代时期的塔，在山西境内保存有39座，多为楼阁式和单层砖石塔。如平顺县海会院明惠大师塔（唐乾符四年，公元877年）、运城泛舟禅师塔（唐贞元九年，公元793年），是唐代具有代表性砖砌墓塔。五代沿袭唐制，在佛塔的造型上竭力模仿唐代，雕刻华丽。宋代的砖石塔，山西保存有57座。其平面上多采用八角形，在塔的外形上，刻意模仿木构建筑外檐的形式。元代时，虽然传统的楼阁式和密檐式的佛塔仍在建造，但在结构和造型上都较少创新

图10-2-1　太原永祚寺双塔（资料来源：自摄）

图10-2-2　云冈石窟塔型之一（资料来源：自摄）

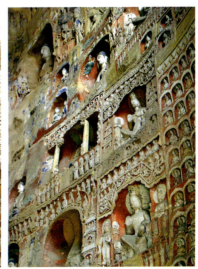
图10-2-3　云冈石窟塔型之二（资料来源：自摄）

图 10-2-4　五台山塔院寺大白塔（资料来源：自摄）

图 10-2-5　天镇慈云寺钟亭（资料来源：自摄）

和突破，而喇嘛式塔得以盛行。塔基为方形或折角的须弥座，塔身为圆形呈钵状，塔刹由十三天和宝盖等组成。山西保存明代楼阁式砖塔，以九层至十三层为多。塔身多采用砖砌外壁，中央筑有塔心，两者之间用楼板和梯道相接，在结构和构造方面，其技术与艺术水平业已炉火纯青（图10-2-4）。③

亭在成为一种建筑类型的历程中，其演变的历史十分漫长，可以上溯到商周时期。最早的亭，如同《说文解字》所言"停也"，是指设在边防要塞上的防御设施。到了秦汉时期，亭是以地方基层组织的面孔出现的，各地设置"亭长"，与之相适应的建筑称之为亭。魏晋南北朝时期，以"驿"代"亭"，成为一种制度。在各地的交通要道上，修筑驿亭，作为歇脚处或驻马地。每十里或五里设"亭"一个，十里为长亭，五里为短亭，故有"长亭连短亭"的说法。隋唐时期，园苑建设兴盛，"亭"作为景观与观景建筑，具有双重功能，大量被应用于园林建筑中。及至宋代，这种建筑已经定型，在李诫所著的《营造法式》中，就详细记录了"亭"作为一种建筑类型的形式和营造技术。亭的功能十分丰富，边防设施中有"亭燧"，庙宇中有"碑亭"、"乐亭"，园林中有"流杯亭"、"凉亭"，村落中有"井亭"、"茶亭"，城市中有"街亭"、"市亭"、"旗亭"，交通要道上有"驿亭"、"邮亭"、"桥亭"等，足见其用途之广（图10-2-5、图10-2-6）。

一、五台山佛光寺祖师塔

祖师塔，北朝遗构。为六角二层砖塔，通高5.60米。塔平面六边形，叠涩台基六层，上砌束腰基座，方形间柱，砖雕壸门，门内素平无饰。塔身二层，下层中空，西向辟拱券门，门上饰有火焰形券面，塔室六角形，叠涩收束，塔外壁无柱，塔檐设砖雕斗栱，每面九朵，上承仰莲和叠涩构成一层塔檐。檐上以反叠涩收回承托束腰须弥式平座。平座上每面饰有壶门，转角处雕成束莲瓶形矮柱，束腰上下刻有仰覆莲瓣承上层塔身。二层塔身各转角处砌有倚柱，柱身饰有束莲三道，塔身西向辟假券门，门上饰以火焰形券面，门外两壁雕假破子棂窗。塔檐由叠涩一道、仰莲三层构成。塔刹设仰莲基座两层，上覆以覆钵、宝珠。塔外形轮廓近于敦煌北魏壁画中古塔（图10-2-7）。

二、太原童子寺燃灯塔

童子寺燃灯塔位于晋源区晋祠镇西镇村西约2.5公里琉璃沟内。始建于北齐天保七年（公元556年），占地面积15.21平方米。据清道光《太原县志》记载"童子寺在县西十里龙山上，北齐天保七年（公元556年）宏礼禅师建，时有二童子见于山，有大石似世尊，遂镌佛像，高一百七十尺，因名童子寺，前建燃灯石塔，高一丈六尺……"。六角单层石塔，通高4.12米，塔基平面呈六边形，座下部周围雕6力士，上部内收作束腰，腰上所刻雕饰已风化不清。其上为六角形平盘，上建塔身，内设六角形灯室，中空。灯室三面辟门，外壁和门额上均刻有装饰物，其中两尊佛像头部虽已风化，但佛

图10-2-6 浑源栗毓美墓祠碑亭（资料来源：自摄）

像姿态、衣纹仍依稀可辨，为北齐雕造手法。灯室上为六角形塔顶，檐头微上翘，顶中央收做六角形小顶，顶部镂空，燃灯烟火从上排出。童子寺燃灯塔塔身比例适度，造型秀美，是我国已知最古的燃灯石塔。1996年11月龙山石窟公布为全国重点文物保护单位时包含童子寺燃灯塔（图10-2-8）。

图10-2-7 五台山佛光寺祖师塔（资料来源：自摄）

图10-2-8 太原童子寺燃灯塔（资料来源：自摄）

三、平顺明惠大师塔

明惠大师塔，位于长治市平顺县虹梯关乡虹霓村，东西4.79米、南北4.79米，占地面积30平方米。方形单层亭阁式石塔，通高9米。塔基石砌方形，上置须弥座，束腰部分每面各雕四个壸门，内雕石狮，上枋四角各雕螭首，现仅存东南角1尊。塔身方形，中空，壁面无装饰，覆斗顶，八角形莲花藻井。塔身正面辟门，门左右各雕天神一尊，门上方饰半圆形券面，雕刻有乐伎。塔身东西隐起破子棂窗。塔背面嵌后唐长兴三年（公元932年）海会院明惠大师塔碣1方。塔檐石雕屋檐，塔刹由基座、山花蕉叶、仰覆莲瓣和宝珠组成。此塔纪年确切，雕造精美，为研究平顺县石雕及寺院建筑提供了实物资料。④ 2001年国务院公布为第五批全国重点文物保护单位（图10-2-9～图10-2-12）。

四、运城泛舟禅师塔

泛舟禅师塔，位于盐湖区大渠街道办事处寺北村东南50米。坐北向南，圆形单层，通体砖砌。据塔铭载建造于唐贞元九年（公元793年）。塔总高10米，由塔基、塔身、塔刹三部分组成，每部分高度约占三分之一。塔基圆形，由下而上略有收分。塔身下部为须弥座，束腰立砖间隔内雕门，上枭素雕交叉式仰俯莲瓣，下为弧形叠涩砖内收。塔身周设方形砖柱八根将塔身分作八间。东、西、南、北面辟门，隔门砖雕破子直棂窗，北门嵌高1米、宽0.73米碑碣1方，内容为当地人曲环为皇族出身的泛舟禅师好友建塔经过。塔身内室为六边形，顶部作叠涩砖藻井。塔檐叠涩砖砌筑，上两层雕成仿木结构的椽和沟头滴水。塔檐屋面反叠涩内收。塔刹4层，一、二层山花蕉叶下设束腰，

图10-2-9 平顺明惠大师塔正面（资料来源：自摄）

图10-2-10 平顺明惠大师塔背面（资料来源：自摄）

图10-2-11 平顺明惠大师塔正面（资料来源：自摄）

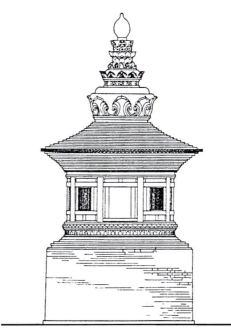

图 10-2-12 平顺明惠大师塔正立面图（资料来源：《中国文物地图集·山西分册》）
图 10-2-13 运城泛舟禅师塔外观（资料来源：自摄）
图 10-2-14 运城泛舟禅师塔正立面图（资料来源：《中国文物地图集·山西分册》）

三、四层仰莲，上施宝珠。⑤ 该塔为我国唐代单层圆形砖塔中的孤例，被载入《中国古代建筑史》教科书，有十分珍贵的学术研究价值。2001 年被国务院公布为全国重点文物保护单位（图 10-2-13、图 10-2-14）。

五、太原连理塔

开化寺遗址及连理塔位于晋源区罗城街道办事处寺底村西 400 米。创建年代不详，因寺后有大石，故称大石寺。遗址上现存大佛身躯，开凿于北齐天保二年（公元 551 年）。连理塔又称开化寺双塔，坐西朝东，占地面积 1322 平方米。建于北宋淳化元年（公元 990 年）。南塔为"化身佛舍利塔"，北塔为"定光舍利塔"。二塔形制相同，间隔 1.7 米。塔身砖砌，方形、单层，两塔基座相连，俗称"连理塔"。二塔形制、体量相同。基座、塔身保存较完整，残高约 11 米。塔身正面设小室，其他三面辟假门、假直棂窗。属典型的唐宋过渡时期风格，全国现存仅此一例。2004 年 6 月 12 日公布为山西省重点文物保护单位（图 10-2-15）。

六、运城太平兴国寺塔

太平兴国寺塔，位于盐湖区安邑街道办事处北街。原为太平兴国寺内存塔，现寺已被毁，仅存塔 1 座。《安邑县志》载，唐贞观年间（公元 627 年~640 年）建；《山西通志》载，建于宋嘉祐八年（1063 年）；清顺治十八年《太平兴国诸寺并古□□》碑载，隋仁寿年间（公元 601~604 年）所建。民国 30 年（1941 年）补修。结合当地宋代砖塔结构及风格、做法分析断定，该塔为宋代遗构。坐北向南，平面八边形，十三级，中空仿木楼阁式砖塔。历经明嘉靖乙卯、明万历年、民国 9 年、2008 年四次地震，现状塔身通体开裂，塔顶及第十二、十三层塌落，仅存十一级，残高 59 米。塔北面内壁设登塔入口，塔身砖砌，一层四面券门，南门通塔室，塔内为八角空筒结构。塔外壁一至四层腰缠平座，塔檐及平座均设仿木构砖雕铺作，五层以上叠涩出檐，塔檐屋面反叠涩内收。檐下及平座铺作双杪五铺作偷心造，泥道栱隐刻。一层南侧洞门西侧嵌石碣一方，记载民国 30 年（1941 年）补修该塔下

图10-2-15 太原连理塔（资料来源：自摄）

图10-2-16 运城太平兴国寺塔（资料来源：自摄）

图10-2-17 临猗妙道寺双塔外观之一（资料来源：自摄）（左）

图10-2-18 临猗妙道寺双塔外观之二（资料来源：自摄）（右）

层过程。2013年5月公布为全国重点文物保护单位（图10-2-16）。

七、临猗妙道寺双塔

妙道寺双塔，位于临猗县猗氏镇兴教坊村内，原为妙道寺内建筑，寺已毁，唯存东、西两塔。据西塔地宫出土《大宋河中府猗氏县妙道寺双塔创建安葬舍利塔地宫记》碑记载，西塔创建于北宋熙宁二年（1069年）。两塔相距约457米，形制相近，均方形楼阁式砖塔。东塔坐东向西，现状七级，总高23.07米，底层边长4.95米。一层西向辟拱券门，内设塔室置佛龛，二层以上砖砌实体。一、二层塔檐施仿木砖雕五铺作双杪斗栱，三层以上叠涩出檐；三、四层西边砖券掩门，五至七层塔身砌倚柱，西面中部砖券门洞，两侧为破子棂窗；塔刹残损。西塔坐西向东，方形六级楼阁式，残高21.98米，塔内中空一、二层设阶梯壁内折上。一层塔檐仿木砖雕五铺作双杪斗栱，东向砖券拱

图 10-2-19 安泽郎寨塔外观（资料来源：自摄）

图 10-2-20 安泽郎寨塔塔顶（资料来源：自摄）

图 10-2-21 安泽郎寨塔塔身（资料来源：自摄）

门，门上部嵌半圆形门楣，楣部线刻一佛二菩萨二弟子像。二层设平座由四铺作斗栱跌出，以上叠涩出檐，塔身砌倚柱、阑额置把头绞项作铺作，每层中部辟拱门，两次间施破子棂窗。1995 年对西塔地宫进行了抢救性清理发掘，宫室长、宽均 1.68 米，宫底至地面 1.73 米，地面铺方砖。宫顶叠涩内收，室壁每面以方柱分为三间，明间砖砌板门、次间设破子棂窗，柱头置把头绞项作铺作，柱间以阑额连贯，不设普拍枋。西塔地宫内出土文物（藏于县博物馆）：石函 1 件、银棺 1 座、北宋熙宁二年（1069 年）《大宋河中府猗氏县妙道寺创建安葬舍利塔地宫记》碑 1 通、舍利瓶 3 个、木椁 1 套、木棺 3 件、铜镜 4 枚、瓷碗 1 只、舍利子数十枚及木塔、"佛骨"和古钱币等。2006 年 5 月公布为全国重点文物保护单位（图 10-2-17、图 10-2-18）。

八、安泽郎寨塔

郎寨塔，位于临汾市安泽县马壁乡郎寨村东。创建年代不详，据塔形制观察，为宋代建筑。坐北向南，平面呈八边形，边长 7.7 米，占地面积 59.29 平方米。八角九级密檐式砖塔，通高约 8 米，现存八级。塔基石砌须弥座式，高 0.85 米，宽 1.95 米，一层中空，正面辟拱门，东、北面隐起板门，西面嵌清嘉庆八年（1803 年）石碣 1 块，其余四面皆隐起破子棂窗、八角倚柱，上施额枋、斗栱、檐椽，檐椽下方叠置仰莲两层，二层以上四面均辟壸门，每层塔檐叠涩出檐。塔身五层以下收分甚小，五层以上逐渐收缩。塔顶残，塔刹不存。塔侧存 1960 年立保护标志碑 1 通，2004 年保护标志碑 1 通。2004 年 6 月公布为山西省重点文物保护单位，2013 年被国务院公布为第七批全国重点文物保护单位（图 10-2-19～图 10-2-21）。

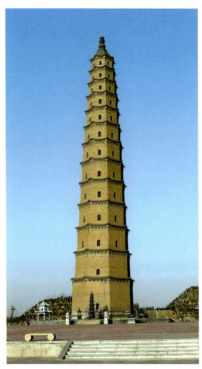
图 10-2-22 汾阳文峰塔（资料来源：自摄）

图 10-2-23 晋源阿育王塔（资料来源：自摄）

九、汾阳文峰塔

汾阳文峰塔，俗称建昌塔。位于汾阳市文峰街道办事处建昌村东。明末施建，清初完工。砖石结构，平面八角，13层楼阁式塔。座底宽（深）15.75米，通高84.93米，其高度位居全国古塔前列。从下至上由青石须弥座式塔座、塔身及宝顶构成；通体线条斜直向上，收分显著，出檐甚短。一层南面设石券圆拱门；二层东、南、西、北四面设窗，三层以上每面设窗1孔，全塔共设圆拱券塔窗92孔。塔檐为仿木砖雕结构，具体由砖雕额枋、垂莲柱、平板枋、斗栱、椽、飞、滴水、勾头、角梁等组成。六层以下每层设斗栱48攒，七层以上每层设32攒，通体共设仿木砖雕斗栱512攒。斗栱外观尺寸一致，形制统一，均为正心重栱出单翘，外拽厢栱交麻叶耍头。塔体内部为"双层套筒式"结构，中心部位为塔室，外围塔壁间夹以踏道，逐层折上，可至十三层。塔室及塔道顶部皆为砖券结构。塔室内设新塑观音及十二生肖，每层1尊。据有关文献记载，该塔的发起和主要督建者是汾阳当时最有名望的封建士大夫朱之俊。朱之俊，汾阳人，明天启元年举人、二年进士，曾任国子监司业，清翰林秘书院侍读。他"喜表扬名迹、点缀乡帮"，主持了汾阳多处文化建筑和宗教建筑的营造。2006年5月25日国务院公布为全国重点文物保护单位（图10-2-22）。

十、晋源阿育王塔

晋源阿育王塔位于晋源区晋源街道办事处古城营村东。原为惠明寺附属建筑。寺毁，仅存砖塔。单层砖砌喇嘛塔，通高约25米。据明嘉靖三十年（1551年）《太原府志》记载，始建于隋仁寿二年（公元602年），宋灭北汉时圮，咸平六年（1003年）重建，元末毁。明洪武十八年（1385年）将原9层砖塔改建成喇嘛式。塔基方形，上部砖砌叠涩呈方锥台，高1.65米，边长14米。占地面积196平方米。塔身为圆形覆钵状，上承相轮十三层。圆形攒尖顶，上置琉璃露盘塔刹。2004年山西省人民政府公布为重点文物保护单位，2013年被国务院公布为第七批全国重点文物保护单位（图10-2-23）。

图 10-2-24 阳曲帖木儿塔（资料来源：自摄）

十一、阳曲帖木儿塔

帖木儿塔位于阳曲县杨兴乡坪里村史家庄自然村东 200 米。共由三座塔组成，分布面积约 85 平方米，中为石塔，东西为砖塔，平面布局呈三角形，东西塔相距 14 米，石塔距东西塔约 9 米，均为元代建筑。中塔为史公仲显墓塔，是元大德九年（1305 年）也先帖木儿为纪念其父史仲显所建，为五层八棱墓志铭石塔，高 3 米，塔基由八边形石座与圆形仰莲台组成，塔身平面八边形，每面镌刻先祖姓名及《佛顶尊胜陀罗尼经》，八角攒尖顶，上承仰莲座及宝瓶式塔刹；东塔为武德将军云南腾冲路、达鲁花赤也先帖木儿墓塔，建于元至正十年（1350 年）；西塔为也先帖木儿其弟拜延帖木儿墓塔，建于元至正十三年（1353 年）。东、西塔形制相同，均为三级楼阁，平面八边形，高约 6.5 米，塔身各层设塔檐，檐下设砖雕仿木斗栱，为四铺作单抄，二层均设平座，二层正面嵌建塔石碣，载墓主人及建塔题记，八角攒尖顶，上施山花蕉叶及宝瓶塔刹。也先帖木儿，生卒年月不详，汉名史彦昌，史家庄人，官至武德将军云南腾冲达冲路、达鲁花赤（图 10-2-24）。2004 年 6 月山西省人民政府公布为省级文物保护单位，2013 年被国务院公布为第七批全国重点文物保护单位。

十二、代县阿育王塔

阿育王塔，位于代县上馆镇东北街村东大街北县政府后院。据《代县志》载，原为圆果寺内主要建筑，1937 年日军拆毁寺院，仅存砖塔。阿育王塔创建于隋仁寿元年（公元 601 年），初为木结构，唐会昌五年（公元 845 年）"灭法"时被毁，唐大中元年（公元 847 年）、宋元丰三年（1080 年）、崇宁元年（1102 年）重建，元至元十二年（1275 年）改建为砖塔。为覆钵式塔，平面圆形，砖石台基，通高 40 米，底径 20 米。由塔座、塔身、塔刹三部分构成，塔座高 1.5 米，须弥座形制，束腰周雕仰覆莲瓣及缠枝花纹，塔身为圆形覆钵式，塔刹由刹座、相轮、伞盖和宝珠组成，刹座须弥形制，座中心矗立 1 铁质刹杆，砌相轮十三层，上置圆形华盖盘，顶置宝珠，上下叠置。[⑥]2001 年 6

图 10-2-25 代县阿育王塔细部（资料来源：自摄）

图 10-2-26 代县阿育王塔外观（资料来源：自摄）（左）
图 10-2-27 代县阿育王塔立面图（资料来源：《柴泽俊古建筑文集》）（右）

月公布为全国重点文物保护单位（图 10-2-25～图 10-2-27）。

十三、芮城寿圣寺塔

寿圣寺塔位于芮城县古魏镇庙底村巷口自然村西侧，坐北朝南，宋熙宁八年（1075 年）建，宋元符二年（1099 年）、明洪武五年（1372 年）、明弘治五年（1492 年）均有重修，2003 年芮城县政府对塔基进行加固维修。砖塔平面呈八角形，边长3.1 米，占地面积约 55.36 平方米。寺内南北中轴线上，原有建筑从南至北依次为大鹏鸟雕像、三清殿、佛塔、全身殿，两侧建有东西配殿及法堂，现

图 10-2-28　芮城寿圣塔外观（资料来源：自摄）

图 10-2-29　芮城寿圣塔细部之一（资料来源：自摄）

图 10-2-30　芮城寿圣塔细部之二（资料来源：自摄）

仅存砖塔一座。砖塔为仿木构形制楼阁式砖塔，内部中空，平面呈八角形，十三级，高约 47 米。最下层塔身比较高大，塔内直径 4.05 米，南面开门，2～13 层四面设假门，向上分层逐收，成一锥状轮廓。下三层塔檐用砖作斗栱，一层檐下施五铺作双抄斗栱五朵，二至三层均三朵，四层以上各层叠涩出檐，完全仿木结构形制，保持唐塔遗风；最上为铁钵履顶，铁钵铭为："大宋熙宁八季（1075 年）三月二十八日铸造……"；塔内原设有木楼梯，抗日战争中被毁。塔内壁保存有宋代壁画，内容为佛、菩萨、供养人等，面形秀润，敷色典雅，虽经香火熏染，色泽陈旧，但其宋代画风清晰可辨，可惜部分壁画被盗揭。此外内壁上还有元、明历代名人题记。此塔形制为楼阁式与密檐式之间，又为空筒式唐塔过渡到藏梯于壁体式塔心的宋塔之间的形式，十分可贵。1996 年 1 月 12 日被山西省人民政府公布为省级重点文物保护单位，2013 年被国务院公布为第七批全国重点文物保护单位（图 10-2-28～图 10-2-30）。

十四、万荣稷王山塔

稷王山塔坐落于万荣县汉薛镇柳林庄村东 2000 米的稷王山顶峰，据塔铭载，塔创建于宋元祐二年（1087 年）。北宋元祐时，一妇人笃信佛教，云游四方，终未见归，其二子在稷王山建七级浮屠，以表思母之情，以示向善之心。该塔基现与地平，塔身为砖砌八角形，七级密檐式，通高 23 米；一级塔檐为仿木结构，砖雕普拍枋，交互出头，斗栱为一斗三升，卷云式耍头，补间二朵、转角二朵；其上为叠涩出檐，其余各级皆叠涩飞檐。1991 年塔基被盗开，现已封堵。2004 年 6 月山西省人民政府公布稷王山塔为山西省重点文物保护单位，2013 年被国务院公布为第

图 10-2-31 万荣稷王山塔（资料来源：山西省第三次文物普查资料）

图 10-2-32 文水梵安寺塔（资料来源：山西省第三次文物普查资料）

七批全国重点文物保护单位（图 10-2-31）。

十五、文水梵安寺塔

梵安寺塔，又称上贤塔，位于文水县城西南 8 公里的上贤村。原为梵安寺重要建筑，寺毁塔存。《山西通志》及明天启五年、清康熙十二年、光绪九年《文水县志》记载："梵安寺在县南上贤村，内有塔砖一座，高十余丈，崇宁二年（1103 年）建"。塔六层木梁遗有"崇宁五年（1106 年）建造"记载，明隆庆五年（1071 年），由住持僧永澄与师弟永阳主持修缮。塔平面八边，砖砌七层腰缠平座仿木楼阁式砖塔，通高 40 米，一层直径 16.6 米。塔身跑砖砌筑，兼有丁砖，塔身上部砖雕普拍枋，普拍枋上砖雕铺作及砖雕叠涩出檐，各层平座均施砖雕铺作，塔基内方形地宫、宫顶设铺作及叠涩砖收口，塔体中空，层层设门，塔中设木梯上攀，塔刹已毁无存。塔内木楼板、楼梯在公元 1947 年解放战争中被国民军全部拆除。2013 年 5 月公布为全国重点文物保护单位（图 10-2-32）。

十六、万荣八龙寺塔

八龙寺塔位于万荣县荣河镇中里庄村东约 2 公里的丘陵台地上。八龙寺创建于宋大中祥符五年（1012 年），毁于 1960 年，坐东向西，东西约 160 米，南北约 80 米，占地面积约 12000 平方米，建筑布局不详，现存砖塔 1 幢，铁钟 1 口。地表散落有琉璃瓦、筒瓦、板瓦和砖等。八龙寺塔坐落于八龙寺中遗址内，建于宋熙宁七年（1074 年），为七级方形楼阁式砖塔，通高约 23 米，塔基平面为正方形，实心。底座高 0.62 米，边长 3.65 米。一至六层仿木砖雕塔檐，施斗栱，一至五层正面辟拱门，三、四层侧面设假门。塔身呈抛物线造型，塔刹为葫芦形，方形攒尖刹座。山西省人民政府 2004 年 6 月 10 日公布八龙寺塔为山西省重点文物保护单位。八龙寺铁钟，现悬挂于八龙寺钟亭之上，通高 1.5 米，直径 0.63 米，厚 0.05 米，重约 2.5 吨。原属八龙寺附属物，八龙寺早已损毁。该钟龙形纽，四周饰八唇，绚文一周，记载铸造铁钟事宜及捐资人姓名，金正隆元年（1156 年）铸造。2013 年被国务院公布为第七批全国重点文物保护单位（图 10-2-33、图 10-2-34）。

十七、襄汾灵光寺琉璃塔

灵光寺琉璃塔，位于临汾市襄汾县邓庄镇上北梁村西约 1000 米处，民国版的《襄陵县志》记载："灵光寺在县东南北梁村，金皇统中（1141～

图 10-2-33　万荣八龙寺塔外观（资料来源：自摄）

图 10-2-34　万荣八龙寺塔细部（资料来源：自摄）

图 10-2-35　襄汾灵光寺琉璃塔外观（资料来源：自摄）

图 10-2-36　襄汾灵光寺琉璃塔细部（资料来源：自摄）

1149年）重建，……有碑，内有宝塔，高十三级，后有藏经楼"，清光绪《太平县志》载，灵光寺始建于唐永徽三年（公元652年），金皇统年间重建，历代均有修葺。1948年寺院毁坏，遗址已被覆盖于黄土下，布局不清。仅存琉璃塔一座，坐北朝南，平面八边高残七层三踩腰缠平座楼阁式砖塔，塔檐施以琉璃制品，塔刹已毁，残高为22.44米。塔基砖砌，高0.9米，边长4.5米。塔内中空，塔内扶壁折上式结构，各层铺设木制楼板，各层塔身南面券砌拱形门，其他各面券砌拱虚掩门，各层塔檐施五铺作双下昂计心造仿木琉璃铺作及檐槫、椽、飞砖雕，塔檐砖雕筒板瓦覆盖。三层塔身上设琉璃阑额、普拍枋，之上为仰莲雕佛像承檐槫、椽、飞砖雕，塔檐砖雕筒板瓦覆盖；上置平座，平座铺作为双杪五铺作。一层塔身嵌石碣6方，其中北侧拱门西侧石碣记载有"皇明永固"等字。1948年解放战争时期，曾有国民党官兵在砖塔一层内，盗掘出元至元年间经书数十卷，现藏襄汾县博物馆。2013年5月公布为全国重点文物保护单位（图10-2-35、图10-2-36）。

十八、临猗永兴寺塔

永兴寺塔，俗称"闾原头塔"，位于临猗县猗氏镇杨原头村闾原头自然村东北约200米。据清康熙《猗氏县志》载，原为永兴寺附属建筑，现寺毁仅存塔。坐北向南，寺院创建年代不详，据碑记载，宋代修复，明嘉靖三十四年（1555年）毁于大地震，清康熙年间原址重建，20世纪40年代初毁于战火，仅存宋塔一座。塔方形九级楼阁式实心砖塔，一层边长2.93米、塔体残高15米，叠涩砖出檐；二至五层塔身砖砌方柱，面阔三间、进深三间，二层柱头设把头交项作铺作，四至五层柱头置栌斗，六层之上跑砖砌筑塔身。2013年5月公布为全国重点文物保护单位（图10-2-37）。

十九、临猗圣庵寺塔

圣庵寺塔位于临猗县北景乡张村中部。宋代建筑，为六边形砖塔，塔基占地面积约26平方米，塔边长约1.5米，七层，高约11.62米。第一层塔檐下有仿木结构斗栱装饰，为斗口出耍头把头交项作形制。一层正面辟洞门，券门以上各层皆为实心。二层以上叠涩出檐。三层正面辟洞门，侧面辟假直棂窗，第三、四层每面皆辟仿木结构直棂窗。塔身收分不大，显得稳重。2004年6月被公布为山西省第四批重点文物保护单位，2013年被国务院公布为第七批全国重点文物保护单位（图10-2-38）。

图10-2-37 临猗永兴寺塔
（资料来源：自摄）

图10-2-38 临猗圣庵寺塔
（资料来源：山西省第三次文物普查资料）

图 10-2-39 万荣旱泉塔（资料来源：山西省第三次文物普查资料）

二十、万荣旱泉塔

槛泉寺塔位于万荣县高村乡卓里村东 2.5 公里孤峰山西麓，俗称"旱泉塔"。原为孤山槛泉寺建筑之一，寺庙创建于宋宣和二年（1120 年），塔为金代建筑，现寺毁塔存。塔为方形密檐式实心砖塔，通高 30 米，11 级。塔基呈正方形，一层为须弥座式，每边长 4.35 米，高 1.4 米。塔身一层南向辟砖券拱龛，一至四层施仿木构砖雕斗栱檐，一层至三层每面施斗栱三朵，四层每面施斗栱·朵，五层以上叠涩出檐，塔顶部已坍毁。2004 年 6 月 10 日山西省人民政府公布槛泉寺塔为山西省重点文物保护单位，2013 年被国务院公布为第七批全国重点文物保护单位（图 10-2-39）。

二十一、万荣南阳寿圣寺塔

南阳寿圣寺塔，俗称南阳塔，位于万荣县里望乡南阳村学校内，原为寿圣寺内主要建筑，寺院已毁不详，仅存宋塔一座。创建年代不详，结合本区域宋、金砖塔特点及塔身铺作、砖烧制特征分析断定寿圣寺塔为宋代遗物。塔十一级八边楼阁式砖塔。塔残高 30 米，一层边长 2.8 米、直径 6.6 米。一

图 10-2-40 万荣南阳寿圣寺塔（资料来源：山西省第二次文物普查资料）

层的塔檐砖雕仿木五铺作双杪斗栱，二层以上叠涩砖出檐。除九和十一层，其他各层正南面均有砖券拱门。各层高度由下至上逐渐内收，塔刹近年补修。塔身每面留存架眼两孔，且局部遗有白灰抹面。塔旁遗有金代铁钟 1 口，金大定十二年铸，高 2.35 米，直径 1.65 米，厚 0.05 米，四周铸有铭文，为原圣寿寺遗物。2013 年 5 月公布为全国重点文物保护单位。1996 年 1 月公布为山西省级文物保护单位，2013 年公布为全国重点文物保护单位（图 10-2-40）。

二十二、代县洪济寺砖塔

浮屠塔,又称洪济寺砖塔,位于代县上磨坊乡东若院村北约500米处。创建年代不详。原为洪济寺内建筑,现寺毁仅存塔,为宋代风格。该塔坐北向南,占地面积5.85平方米。六边形单层砖塔,通高4米。平面呈六边形,底边长1.5米。塔基束腰须弥座,塔身六面向内略弧,南北向雕有板门,其余四面雕有菱花窗,叠涩出仰莲塔檐,上承束腰须弥座,塔刹已毁。2004年公布为省级文物保护单位,2013年被国务院公布为第七批全国重点文物保护单位(图10-2-41)。

二十三、稷山北阳城砖塔

北阳城砖塔位于稷山县清河镇北阳城村中部,村委会北侧。据塔身底部佛龛题记载,创建于北宋宝元二年(1039年)。塔坐北向南,为一座方形七级密檐式实心砖塔,通高约8.1米。方形砖砌塔基,现高0.25米,长宽皆1.88米,占地面积约3.5平方米。塔身底部南北辟佛龛,内设圆雕砂石坐佛1尊,头部已毁,残高0.75米,宽0.43米,座高0.26米。塔身方形,塔壁素面,一至六级叠涩出檐,塔刹已毁。2004年6月10日被山西省人民政府公布为第四批山西省重点文物保护单位,2013年被国务院公布为第七批全国重点文物保护单位(图10-2-42)。

二十四、浑源圆觉寺塔

圆觉寺,俗称小寺。位于大同市浑源县永安镇永安社区石桥北巷路北,坐北朝南,东西长42.8米、南北宽122米,占地面积约5221平方米。据清顺治《浑源州志》记载,创建于金代,明清时期均有修缮。现存为一进院布局,中轴线建有山门、释迦舍利塔、正殿,正殿两侧原建有配殿已毁。释迦舍利塔为金代遗构,又名小寺塔。位于圆觉寺内中轴

图10-2-41 代县洪济寺砖塔(资料来源:自摄)

图10-2-42 稷山北阳城砖塔（资料来源：山西省第三次文物普查资料）

图10-2-43 浑源圆觉寺外观（资料来源：自摄）

图10-2-44 圆觉寺塔外观（资料来源：自摄）

线中心点处。创建于金正隆三年（1158年），明成化五年（1469年）、明万历四年（1576年）、清咸丰九年（1859年）均有维修，1988年县政府维修山门、释迦舍利塔和正殿。现存为八角形九级密檐砖塔，全仿木结构，通高30米。塔分为塔基、塔身、塔刹三部分。塔础八边形，双层束腰须弥座，高4米，上层束腰壶门内雕乐伎、戏俑、力士和动植物图案，基座檐下施斗栱，四铺作单抄，单栱计心造，转角柱雕金刚、力士承托，其上为平座，完全仿木构建筑雕刻，斗栱五铺作双抄，重栱计心造，南北两面置拱券门，余辟直棂窗。平座以上各级为密檐叠涩。塔刹由圆形刹座、伞盖、宝珠、凤鸟和刹杆组成，与应县木塔塔刹形制如出一辙。2013年被国务院公布为第七批全国重点文物保护单位（图10-2-43～图10-2-46）。

二十五、长子法兴寺石舍利塔

长子法兴寺石舍利塔为方形二层楼阁式石塔，高10.70米，又称石殿，创建于唐咸亨四年（公元673年），平面呈回字形。燃灯塔俗称长明灯、灯幢、石灯台。单层石塔，通高2.58米，创建于唐大历八年（公元773年）。塔平面八角形，基座下设有

图 10-2-45　圆觉寺塔斗栱（资料来源：自摄）　图 10-2-46　圆觉寺塔细部（资料来源：自摄）

图 10-2-47　长子法兴寺石舍利塔外观之一（资料来源：自摄）　　图 10-2-48　法兴寺石舍利塔外观之二（资料来源：自摄）

底盘，每面均雕有瑞兽，上承二层基座，为中国现存燃灯塔中最华丽的一座，反映了唐代石雕建筑的工艺水平。法兴寺于1988年被国务院公布为国家重点文物保护单位（图10-2-47、图10-2-48）。

二十六、安泽麻衣寺砖塔

麻衣寺砖塔，位于安泽县城北13公里岭南村西南山岭上，坐北面南，八角九级楼阁式砖塔，塔表跑砖砌筑中空。现状通高约21.6米、首层边长2.45米。创建年代不详。塔身镶嵌石碣共十二方，其中"佛顶尊胜陀罗弥经"，记有"大定十七年六月维那史德妻李氏……"。结合塔之结构特点，确定为金代建筑。一层塔身南向券拱门，塔室券神龛；塔身外壁各面雕砌佛像三排17尊，共计136尊；塔檐砖雕五铺作单杪单直昂计心造铺作及椽、飞，塔檐屋面反叠涩内收。二至九层为叠涩砖出檐，屋面反

图 10-2-49 安泽麻衣寺砖塔（资料来源：自摄）

图 10-2-50 太原晋祠舍利生生塔（资料来源：自摄）

叠涩内收，塔身外壁镶砌砖雕佛像；二层四个面嵌佛像 11 尊，三层四个面镶石碣、四个面嵌佛像 36 尊；五、六、七级四个面各嵌佛像 3 尊，另四个面石碣上各嵌 2 尊；八级每面嵌佛 2 尊，九级无佛。全塔可看到的砖雕佛像 336 尊、毁坏 21 尊、尚存 315 尊。塔刹毁坏无存。2013 年 5 月公布为全国重点文物保护单位（图 10-2-49）。

二十七、太原晋祠舍利生生塔

晋祠舍利生生塔为清代遗构，位于晋祠奉圣寺北浮屠院中央。创建于隋开皇年间（公元 581～600 年），一说创建于唐武德五年（公元 622 年）。宋宝元三年（1040 年）重修，清乾隆十六年（1751 年）又重修。20 世纪 90 年代初重修地宫时，在地宫内发现一石函，内贮银匣。银匣中金瓶里藏有舍利。石函上刻有宋宝元三年（1040 年）重建塔的铭文。据佛法，取名"舍利生生塔"。塔为砖砌，高 38 米，平面八角形，七级。四面设拱门，并绕矮栏。门额均有题字。第一层中塑菩萨像，北壁嵌邑人杨廷璇书"舍利生生塔"大字石刻。内设台阶，盘旋可至塔顶。塔身外部为仿木结构，砖制斗栱飞椽，塔檐上施琉璃瓦，塔顶置巨大琉璃宝珠塔刹。"宝塔披霞"为晋祠外八景之一（图 10-2-50）。

二十八、太原晋祠三亭

这里所谓的晋祠三亭，是指位于太原晋祠的难老泉亭、真趣亭和不系舟亭（图 10-2-51～图 10-2-53）。晋祠位于太原市西南部，坐落在悬瓮山脚下，是晋水的源头。晋祠是一处以儒、道、释文化为内涵的奉祀祠庙，同时也是一处融山光水色和文物古迹为一体的古建园林群。晋祠有三泉，即善利、圣母、难老三泉。这三股清泉为晋祠增添了小桥流水的情趣，曲径通幽的意境。泉上有亭，其中难老泉亭为明代遗构。位于圣母殿南侧，水母

图10-2-51 太原晋祠难老泉亭（资料来源：自摄）

图10-2-52 太原晋祠真趣亭（资料来源：自摄）（左下）
图10-2-53 太原晋祠不系舟亭（资料来源：自摄）（右下）

楼前。晋水发源于悬瓮山下，经难老泉流出。据《水经注》载："其渎乘高东北注入晋阳城"，又载："东南出城注于汾水"。宋嘉祐五年（1060年），又将晋水分为海清北河、鸿雁南河、鸳鸯中河、陆堡河四段，以利灌溉。难老泉，位于水母楼前，是晋水的主要出水处。泉水从地平线下约5米的断岩中涌出，盛时平均每秒流量为1.8立方米。古人以《诗经·鲁颂》中"永锡难老"佳句命名为"难老泉"。泉水出口处砌石，深7米，径52米，周建栏栅。泉水涌入智伯渠，清澈晶莹。"难老泉声"为晋祠内八景之一。难老泉亭建于北齐天保年间（公元550～560年），明嘉靖年间（1522～1566年）重修。亭为八角攒尖顶，三踩单翘斗栱，平身科二攒，中悬龙首状雷公柱，绕以两周垂莲吊柱。亭内悬有傅山所书"难老"立匾等（图10-2-54～图10-2-56）。[⑦]真趣亭也在晋祠南老泉旁，亭为长方形平面，歇山顶，建于泉池岸边的洗耳洞上，穿洞可至难老泉池。其构造做法古朴，阑额雕制精

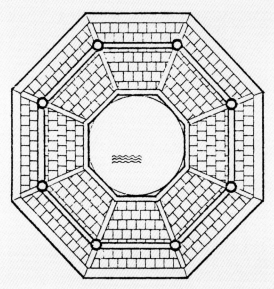

图 10-2-54　太原晋祠难老泉亭平面图（资料来源：《中国古亭》）

图 10-2-55　太原晋祠难老泉亭立面图（资料来源：《中国古亭》）

细，登临亭上，倚栏眺望，可见一对联，上书："此地绕山中兴趣，到处皆水面文章"。晋祠不系舟亭在难老泉的出水口处。所谓不系舟，为一小型石舫，上建有长方形凉亭，屋顶为六檩卷棚歇山顶，不做封山。亭旁立有一小石人，手托平盘，承接从石壁上伸出的龙口中吐出的泉水，四周景色美不胜收。登亭四望，水波或隐或现地反射出五色斑斓的光彩，互相交织，蔚成奇景。

二十九、洪洞大槐树碑亭

洪洞大槐树碑亭，地处山西洪洞县城西北的广济寺遗址旁。这里有一株古槐树，相传为汉代时栽种。据史料记载，从明洪武三年（1370年）至永乐十四年（1416年），曾先后七次在古槐树下办理移民手续。为纪念此事，于宣统三年建亭立碑。此亭为半亭，与后面高台上的元代经幢组成一个整体。碑亭位于原古汉槐处，坐北朝南，单檐歇山顶，筒板布瓦覆盖。⑧亭内有碑一通，高3.5米，宽0.8米，厚0.3米，碑首作盘龙雕饰，中刻"纪念"二字。碑阳刻"古大槐树处"五个隶书大字，碑阴所刻碑文概述明初迁民始末。碑亭后窑顶上立有金承安五年（1200年）石经幢，为广济寺仅存的遗物。该亭具有典型的山西地方特色。斗栱为如意斗栱，昂为

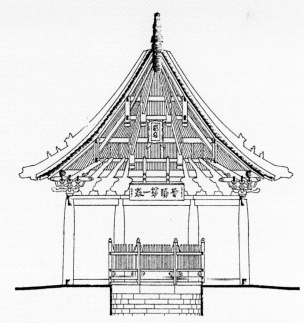

图 10-2-56　太原晋祠难老泉亭剖面图（资料来源：《中国古亭》）

小鼻子昂，檐檩由斗栱挑出，飞子带杀，并设有叉手，古朴凝重（图10-2-57～图10-2-60）。

三十、汾阳杏花村古井亭

古井亭，位于汾阳杏花村镇东堡村卢家街。据《北齐书》记载，杏花村的酿造史自北齐河清年间（公元561～564年）始，历经唐、宋、元、明、清至

图10-2-57 洪洞大槐树碑亭外观（资料来源：自摄）

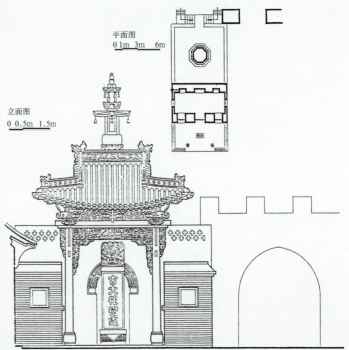
图10-2-58 洪洞大槐树碑亭平、立面图（资料来源：《中国古亭》）

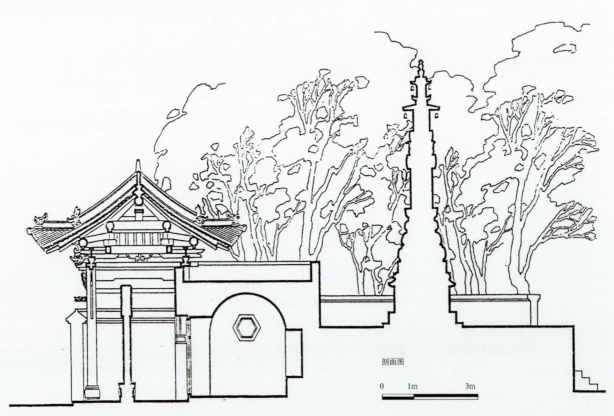
图10-2-59 洪洞大槐树碑亭剖面图（资料来源：《中国古亭》）

图 10-2-60 洪洞古大槐树处魁星楼（资料来源：自摄）

图 10-2-61 汾阳杏花村古井亭（资料来源：自摄）

今1500年没有间断。酿酒遗址为宋代"甘露堂"原址，现存作坊遗址为堡墙式院落。该院落由南北两组建筑组成，总占地面积9000平方米。北院为酿酒作坊原址，有五个院落，面积约7000平方米。现存清代酿酒作坊，遗存有埋入地下的发酵地缸。院内有一古井，为元代修建。古井上建亭，名曰"古井亭"，亭依墙建构，墙上嵌有傅山手书"得造花香"碑一块，此井至民国间一直是汾酒酿造专用水源。院内还保存明代酿酒所用的甑筒一个。该造酒遗址保存完整，反映了汾酒文化的传承，是一处十分珍贵的酿酒业实物遗址。2006年5月公布为全国重点文物保护单位（图10-2-61）。

第三节 戏台

山西素有"戏曲之乡"之称，历史上的戏曲活动非常盛行。山西现存金、元、明、清各时期的戏台建筑，计有2854座。在不同的历史时期曾有过露台、舞亭、舞台、舞楼、乐楼和乐亭等不同的名称，分布范围遍及全省各地（图10-3-1、图10-3-2）。至迟在北宋时期，山西境内的一些神庙中已建有酬神献演的戏台。万荣桥上村后土庙"河中府万泉县新建后土庙"碑，曾记载了当时庙内的一座舞亭，该戏台建于宋景德二年至四年（1005～1007年），是国内已知最早的砖木结构戏台。金元时期，民间在神庙中大量建造戏台。在高平王报村二郎庙发现一座金代戏台，平面方形，四角立柱，周檐斗栱，歇山顶。台基前束腰内留有金"大定二十三年十月五日"的题字，是我国现存最早的舞台实例。山西现存元代戏台9座，大多为乐楼形式，平面呈方形，下设台，正面为台口，无前后场之分，建筑结构采用"井"字形构架，枋上施有斗栱，屋顶为单檐歇山顶或十字歇山顶，细部构造各有特色。翼城县乔泽庙戏台是面积最大的元代戏台，该形态建于元泰定元年（1324年），平面呈方形，台口内面积86.49平方米。明代初年，戏剧表演活动发生了深刻变化，元代乐亭式的舞台已无法适应。逐渐由方形的乐亭形式向长方形的戏台形式转变，台口加宽，前、后台空间用固定板壁分隔。戏台前檐中出现了平柱，将台口分为三间，并普遍采用移柱法扩大台口的宽度，以利于演员的表演和观众的欣赏。明清时期，民间唱戏之风日盛，戏台建筑遍布全省的乡村集镇，山西保存较完好的明清戏台计有2537座。戏台的种类更为丰富，不仅有寺庙戏台和镇村戏台，而且还有皮影等剧种演出的专用戏台，甚至在商贾深宅大院中还出现了演出堂会的戏台。[9] 建筑形式更是各式各样，绚丽多姿，有两台相对的对台，有一字相连的三连台和前后设置的"连理台"形戏台，建筑装饰和雕刻繁缛华丽，表现了山西人民对戏剧艺术的热爱（图10-3-3、图10-3-4）。

一、高平二郎庙戏台

王报村二郎庙，位于高平市寺庄镇王报村村北，坐北朝南，创建年代不详，现存戏台为金代遗构，余皆明清重建。一进院落，中轴线上由南至北依次遗有戏台、献殿、正殿，两侧有耳殿、厢房等。2006年5月25日公布为第6批全国重点文物保护单位。戏台，石砌须弥座台基，高1.1米。束腰雕有化生童子、莲花、缠枝花图案，并有"大定

图10-3-1 洪洞广胜下寺壁画中的戏曲人物（资料来源：自摄）

图10-3-2 洪洞广胜下寺壁画中的仕女（资料来源：自摄）

图 10-3-3 万荣后土祠"连理台"形戏台（资料来源：自摄）

图 10-3-4 万荣后土祠山门戏台（资料来源：自摄）

图 10-3-5 高平二郎庙戏台外观（资料来源：自摄）

图 10-3-6 高平二郎庙戏台梁架（资料来源：自摄）

二十三年（1185年）岁次癸卯秋十有五日石匠赵显赵志刊"题记，是中国目前发现最早的戏台建筑。戏台平面略呈方形，长7.4米、深5.9米。台身四角立柱，四柱上设大额枋，柱头上施有转角斗栱，每面补间各两朵。昂皆为真昂，后尾挑于平槫下，形成方形框架承托屋架，整体构架简洁严密，尚保存着金代乐亭的形制。正殿为明代遗构，面宽五间，进深七椽，单檐悬山顶，八檩前廊式构架，柱头斗栱五踩双昂，补间出45度斜栱，琉璃脊饰，前檐砂岩石柱，方形青石柱础（图10-3-5、图10-3-6）。

二、临汾魏村牛王庙戏台

魏村牛王庙，原称三王庙，又名广禅侯庙，位于尧都区魏村镇魏村村中，坐北向南，一进院落布局，现存戏台为元代遗构，余皆明、清遗构。中轴线由南至北依次遗有戏台、正殿，两侧仅存东配殿，南北长69米，东西宽47米，占地面积3243平方米。庙内存清代重修牛王庙碑1通，重修碣1方，记事碑1通，清康熙十七年（1678年）铁钟1口。1996年11月公布为全国重点文物保护单位。

牛王庙戏台，位于牛王庙南端。据戏台石柱题记记载，创建于元至元二十年（1283年），至治元年（1321年）维修，明、清两代均有重修。戏台建于高约1米的砖砌台基之上，单檐九脊顶，台身平面呈方形，面阔7.45米，进深7.55米，建筑面积56.24平方米。台身四角立角柱四根，前檐两根为石质，方形抹楞，剔地凸起镌牡丹花纹样与化生童子，柱侧存元代题记，后檐两角柱为木质，圆形直柱造。台身三面敞朗，仅后檐与两山后部砌墙，山墙约为山面总长的三分之一，为分担额枋中部与雀替承建，短促的山墙前各立撑柱一根，前檐河两山前部均露明，观众在正面及两侧皆可观看。戏台的梁架结构由角梁、平榑和藻井组成。大斗分置于四角柱上，斗口设十字雀替承大额枋，额枋之上施斗栱12朵，分补间和转角两种，五铺作重昂重栱计心造，承托檐出与上部框架，檐下斗栱转角处设抹角枋、抹角梁，构成第二层框架，井口枋之上施梁架斗栱，每面3朵，上承抹角枋组成斜置方形梁架，安装于上、下两侧框架间，抹角枋中心处设一垂柱，架起小型阑额、普柏枋抹角，坡度略缓。屋顶筒板瓦覆盖，瓦条垒砌屋脊，灰色鸱吻。为国内现存较早的一座木结构戏剧舞台，具有很高的历史、科学、艺术价值。正殿又称三王殿、广禅侯殿，面宽三间，进深五椽，单檐灰筒板瓦悬山顶。六檩前廊式构架，前檐廊柱斗栱五踩双昂，平身科一攒，明门施六抹六扇隔扇门，两次间设槛墙，上置斜棂花隔扇窗，鼓式柱础。廊下悬清康熙五十九年（1720年）"广禅侯殿"木匾1方。殿内砖砌神台上塑三王像3尊，

侍者像4尊。殿前设有月台，上建卷棚顶过廊一间，形成十字歇山顶献亭。现存建筑结构稳定，保存完好。戏台为国内现存最早的一座木结构戏剧舞台，具有很高的历史、艺术、建筑价值（图10-3-7～图10-3-9）。

三、临汾东羊后土庙戏台

东羊后土庙戏台，又称东羊戏台，位于临汾市尧都区西北19公里土门镇东羊村后土庙内。始建时代不详，元大德七年（1303年）地震毁，元至正五年（1345年）重修，现存戏台石柱题记载："本村施主王子敬、男王益夫，施到石柱一条，众社般载，元至正五年，本村石匠王直、王二。"明、清均有修葺。坐南向北，砖砌台基，平面方形，总高12.6米，单檐十字九脊顶，灰布筒板瓦屋面。台前竖有二根方形抹角石柱，下设覆莲式柱础石，柱上浮雕莲花和牡丹花生童子

图10-3-7 临汾魏村牛王庙献厅（资料来源：自摄）

图10-3-8 临汾魏村牛王庙戏台（资料来源：自摄）

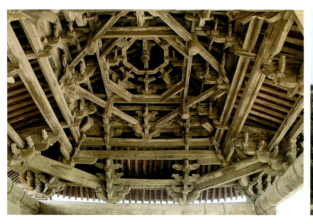

图10-3-9 临汾魏村牛王庙戏台藻井（资料来源：自摄）

图10-3-10 临汾东羊后土庙戏台正面（资料来源：自摄）

图10-3-11 临汾东羊后土庙戏台侧面（资料来源：自摄）

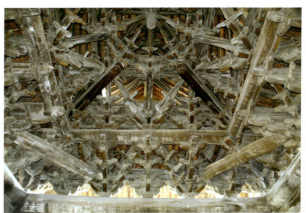

图10-3-12 临汾东羊后土庙戏台藻井（资料来源：自摄）

图10-3-13 榆次城隍庙玄鉴楼戏台（资料来源：自摄）

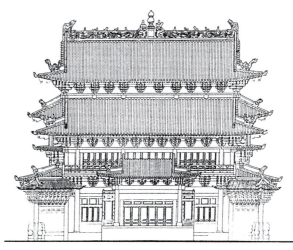

图10-3-14 榆次城隍庙玄鉴楼戏台立面图（资料来源：《中国文物地图集·山西分册》）

的图案，柱头正面遗有元至正五年（1345年）题记。后檐木柱二根。戏台前檐开敞，三面砌墙，柱间施大额枋，梁架四角施抹角栿呈方井，角梁后尾挑入井内承二层铺作，中心设垂莲柱。戏台后墙绘各色人物壁画约10平方米。戏台既有元代建筑的粗犷豪放，又有明清戏台的精巧。2006年5月公布为全国重点文物保护单位（图10-3-10～图10-3-12）。

四、榆次城隍庙玄鉴楼戏台

玄鉴楼戏台，位于晋中市榆次区西南街道办事处城隍庙社区东大街75号城隍庙内，玄鉴楼建于明弘治十年（1497年），与明正德十五年所建乐楼、戏台及木八字墙组成宏大的建筑整体。主体面阔五间、进深两间，二层四檐回廊式楼阁建筑，两山及前后檐次、梢间以墙体封护，通高17米。各檐下均设斗栱，一层斗栱37攒，三踩单下昂、里转单翘；二层，即平座檐设斗栱36攒，五踩里外重翘；三层斗栱38攒，三踩内外单翘；四层斗栱30攒，七踩三翘。屋筒板瓦覆盖，其中一二层施灰瓦，琉璃瓦剪边，琉璃脊兽；三四层施绿色瓦，琉璃花脊吻兽。乐楼在主楼后，与主楼梁柱相连接。面阔五间，进深一间，分两层，一层平座，二层单坡歇山顶。戏台面阔进深各一间，梁架为六架无廊，与乐楼梁柱相连，单檐卷棚歇山顶。琉璃影壁与乐楼一层角柱相连，沿角柱45度伸出呈八字形二柱牌楼式，柱间施琉璃壁面，壁心为麒麟祥云图案，有明确题记为嘉靖二年烧造。玄鉴楼内石碑2通。[⑩] 1996年11月公布为全国重点文物保护单位（图10-3-13、图10-3-14）。

五、河津樊村戏台

樊村戏台位于河津市樊村镇樊村村委会院内，坐南朝北，砖砌台基，宽15.1米，深11.1米，占地面积167.71平方米。现台基被地面土湮没，与地面平。创建年代不详，现据戏台梁脊板记载，明洪武二十四年（1426）重修。面宽三间，进深四椽，单檐硬山顶，布灰筒板瓦屋面，牡丹雕花琉璃脊筒。五檩构架，檐下四周施五踩单翘单下昂斗栱，蚂蚱形耍头，平身科每间一攒。前檐柱承托圆木额枋，上下闹板高浮雕云龙、花卉、牡丹、瑞兽图案。台内原施有板壁，分隔为前后台。戏台为山西现存最早的明代戏台建筑，是元代亭阁式舞楼向一面观戏台转折时期的重要实例。1986年12月，公布为山西省文物保护单位（图10-3-15）。

六、绛县董封戏台

董封戏台，又称泰山庙戏台，位于绛县安峪镇董封村中部，坐南向北，东西长32米，南北宽38米，占地面积1216平方米。属原黄飞虎庙（又叫泰山庙）中的一单体建筑，元代建筑风格，据原梁题记载，重建于明万历四十年（1612年），清嘉庆年间（1796～1820年）修葺。2001年山西省古建所曾落架大修。砖构台基，高0.9米，台身面阔三间，进深四椽，单檐歇山顶。五檩无廊式构架，前檐柱粗矮，上施圆木大额枋，平梁为月梁式，前后檐下柱头斗栱五踩双昂。里转斗栱出45度斜栱，后檐大斗为梅花形，用翼形令栱。戏台前两侧保留有清代阎君殿排房建筑，西保留有原庙门楼，清代建筑，面宽一间，进深两椽，单檐悬山顶，八字墙，柱头翼形栱。2006年公布为全国重点文物保护单位（图10-3-16）。

七、永济董村戏台

董村戏台位于永济市卿头镇董村西街北侧董村学校内，坐南朝北，东西长11.2米，南北宽9.85米，占地面积110.3平方米。原为三郎庙建筑，现庙已毁，

图10-3-15　河津樊村戏台（资料来源：自摄）

仅存戏台。据碑记载，戏台创建于元至治二年（1322年），明代、清康熙十五年（1676年）、乾隆十六年（1751年）、嘉庆二十四年（1819年）、1979年皆曾重修。现戏台主体结构为元代建筑风格。面阔三间，进深四椽，单檐歇山顶。条石台基，前檐柱头施五铺作双昂斗栱，当心间出45度斜昂。前檐施通额枋，柱头卷刹，卷云形耍头，内槽施九根垂莲柱与抹角梁搭接荷载。台内中置隔扇，上悬光绪二年（1876年）行书"遏云楼"牌匾。另存康熙十五年（1676年）《重修乐楼记碑》1通。戏台形制、结构保存较为完整，元代建筑风格鲜明，木雕精致，是研究元代建筑及中国古代戏台演变和演戏形式发展的主要依据。2004年6月山西省政府公布为省级文物保护单位（图10-3-17）。

八、运城三官庙戏台

三官庙戏台位于运城市盐湖区三路里镇三路里村西南。梁记板题有：明正德十五年（1520年）、崇祯十年（1637年）和清康熙五年（1666年）、道光二十二年（1842年）屡次修缮题记。依此判断戏台建于明正德十五年（1520年），以后多有维修。三官庙其他建筑被毁，仅存戏台。戏台坐西朝东，台基高1.2米，南北长11.1米，东西宽10.785米，占地面积119.88平方米。面宽三间，进深四椽，

图 10-3-16　绛县董封戏台（资料来源：自摄）

图 10-3-17　永济董村戏台（资料来源：自摄）

图 10-3-18　运城三官庙戏台外观（资料来源：自摄）

图 10-3-19　运城三官庙戏台藻井（资料来源：自摄）

硬山歇山复合顶。前有抱厦一间，面宽三间，进深一间，面宽与整体建筑比较略有收缩，使整体建筑平面呈"凸"形，两边转角柱为抹楞石方柱。梁架正中间设垂莲柱　枚，通过戗脊与四角相连，布局新颖。梁架结构为五架梁通檐用二柱，五架梁上施云朵状驼峰承托三架梁。戏台南山墙内侧嵌有明嘉靖十八年（1539年）和万历二十七年（1599年）重修布施碑1通。碑高1.3米，宽0.65米，记述捐款兴建该建筑的情况。2004年被山西省人民政府公布为省级文物保护单位（图10-3-18、图10-3-19）。

九、太原晋祠水镜台

水镜台，明代遗构，位于晋祠主轴线最前端。据《晋祠志》载，清道光二十四年（1844年）重修，坐东朝西，建筑面积310.56平方米。建于一高1.4米的石砌台基上，由前后两部分组成，前为三面开敞的戏台，面宽三间，进深四椽，单檐卷棚歇山顶，前檐及两山檐下施花罩、垂花柱、异形栱，台内中央悬挂清乾隆二十二年（1757年）山西书法家杨二酉所书"水镜台"匾额；后为重檐歇山顶乐楼，面宽三间，进深二间，三面设围廊，廊柱斗栱三踩。东面明间辟一券门，两次间设一圆形窗，西面与戏台勾连，两次间设一旁门，明间后部设一幕帘，制作精美，楼内设天花，后台"三晋名泉"大匾，是清康熙年间晋祠镇举人杨廷翰所书。此建筑雕梁画栋，沥粉贴金，保存完好。钧天乐台，清代遗构。台高1.5米，面宽13.5米，进深10.5米。由戏台和乐楼组成。台前部为三面开敞的戏台，面宽三间，进深五椽，单檐卷棚歇山顶，高7.5米，前檐五踩双翘斗栱，明间龙形透雕雀替。

图10-3-20　太原晋祠水镜台正面（资料来源：自摄）

图10-3-21　太原晋祠水镜台侧面（资料来源：自摄）

图10-3-22　介休后土庙戏台（资料来源：自摄）

图10-3-23　介休后土庙戏台屋顶琉璃（资料来源：自摄）

后部为乐楼，面宽三间，单檐歇山顶，高10.1米，明次间前后均为四扇六抹隔扇门（图10-3-20、图10-3-21）。

十、介休后土庙戏台

后土庙戏台，位于介休市北关街后土庙内，创建于明正德十四年（1519年），与主体建筑三清楼合二为一，前半部为三清楼，后半部为乐楼，楼顶皆黄、绿琉璃瓦覆盖，底层前后面宽三间、进深三间，前面以高台基和献亭连接，檐下斗栱三踩，前檐各间均设四扇六抹隔扇门，楼内正中奉太清、玉清、上清"三清"塑像。上层四向敞朗，楼顶以"井"字形梁架结成十字歇山式屋顶，内雕八角形藻井，上刻画八卦图案，后檐辟门，可通达乐楼。三清楼后檐与乐楼相连，柱网、梁架及墙壁皆一气呵成，乐楼开间略小，与三清楼平面形成"凸"字形，为二层重檐歇山顶建筑，下层为砖砌通道，上层为戏台，面宽、进深均三间，檐下斗栱三踩，台内以隔段将其分为前、后场，楼侧设八字影壁。内置琉璃圆坛，雕麒麟望月图案，雕工精致。乐楼下存石碣1块，为民国37年（1948年）《自省堂碑》（图10-3-22、图10-3-23）。

十一、临县黑龙庙戏台

黑龙庙戏台位于倒座山门之上，结构分东西两部分，西半部分为山门，重檐歇山顶抱厦。一层面

图 10-3-24　临县黑龙庙戏台（资料来源：自摄）

图 10-3-25　襄汾汾城城隍庙戏台（资料来源：自摄）

宽三间，双步梁梁架，柱头科斗栱均为三踩单昂斗栱，平身科 45 度出斜栱，其他与柱头科相同；二层面宽三间，双步梁梁架，歇山顶屋面，斗栱均为三踩单翘。东半部分为倒座戏台，一层为三孔砖拱券窑洞。二层为砖木结构，面宽三间，进深二间四椽，五檩前出廊梁架，斗栱均为三踩单昂，室内天花及室外斗栱、额枋、雀替、檐檩上均有彩绘，室内金柱上有隔断，把戏台分为前后两个空间（图 10-3-24）。

十二、襄汾汾城城隍庙戏台

城隍庙戏台，位于临汾市襄汾县城西南 16 公里汾城镇城隍庙内，坐南面北，是一座组合式建筑，集悬山顶式主体建筑（明代）、歇山顶式抱厦（清代），以及东北角、西北角设歇山顶式短廊而成。通面阔 13.03 米、通进深 10.04 米，总高 10.345 米，其总平面呈"凸"字形。需要特别指出的是观众区的地面，仍保留着古代人们看戏时，男女观众分区的格式。其总宽为 18.81 米，总深 17.44 米，总面积为 328 平方米。中设 2.45 米的甬道，两侧于山门偏门位置处设 1.75 米的两条甬道。甬道之间设二列三横的插杆石，将观众分为八个区域（图 10-3-25）。

十三、翼城乔泽庙戏台

乔泽庙戏台，俗称武池戏台，位于翼城县东南 7 公里处的南梁镇武池村西乔泽庙内。庙已毁，仅存戏台。始建于元泰定元年（1324 年），1984 年重修，

坐南向北，砖砌台基，平面方形，面宽、进深均为 9.3 米，单檐九脊顶，灰布筒板瓦屋面，琉璃脊、吻、兽。台身四角立柱，后檐设平柱两根。山墙内仅施辅柱一根，位于山墙后部约 1/3 处，柱头卷杀和缓，素面覆盆式柱础。梁架由铺作叠承形成八角藻井，檐部铺作二跳出抹角梁，承井字梁，梁上置铺作一周，铺作一跳 45° 方向再出抹角梁，老角梁尾与中铺作耍头挑承垂莲柱，垂莲柱上设普拍枋又承铺作形成八角藻井，三层铺作上设由戗承脊部垂莲柱，三层铺作承平梁立蜀柱置栌斗、丁华抹颏栱及襻间栱、替木承脊槫，叉手捧戗脊槫两侧。檐下铺作为五铺作双下昂计心造。2006 年 5 月公布为全国重点文物保护单位（图 10-3-26、图 10-3-27）。[11]

十四、平遥财神庙戏台

平遥财神庙，据清光绪《平遥县志》载，建于清康熙八年（1669 年），咸丰九年（1859 年）与城隍庙同时遭受火灾，仅存财神殿，同治三至八年（1864～1869 年）重修，1999～2000 年，由个人投资进行了全面修缮。占地面积 852 平方米，坐北朝南，二进院落布局，中轴线上建有山门及戏楼、献殿和正殿，两侧为看楼。山门兼作戏楼，二层结构，底层为窑洞四孔，东起第二间辟拱门供通行，二层建四间硬山式戏楼，东起第二间挑出歇山顶抱厦作为戏台台口，斗栱五踩双下昂，台顶施八卦藻井。献殿三间，卷棚硬山顶。正殿二层结构，底层

图10-3-26 翼城乔泽庙戏台（资料来源：自摄）

图10-3-27 翼城乔泽庙戏台藻井（资料来源：自摄）

图10-3-28 平遥财神庙戏台
（资料来源：自摄）

为窑洞三孔加前廊，廊柱通天，二层挑出勾栏平座，建双坡硬山房三间，外檐斗栱一斗二升交龙首耍头，雀替镂空木雕装饰。2006年5月25日，作为城隍庙的组成部分之一，以城隍庙为名被公布为全国重点文物保护单位（图10-3-28）。

十五、介休祆神楼戏台

祆神楼戏台，位于介休市北关街道办事处顺城路社区的三结义庙内。据庙碑记载，创建于宋代，由文潞公（文彦博）发起为"祆神"所建。祆神楼戏台是一座由门楼、乐楼与过街楼组合而成的楼阁式建筑。明嘉靖十一年（1532年）庙毁，万历年间改建为三结义庙，清顺治十七年（1660年）至康熙七年（1668年），又对结义庙进行重建。乾隆五十年（1786年）建祆神楼，1984年维修，现存为清代建筑。庙坐北朝南，一进院落布局，中轴线由南向北依次为祆神楼、献亭和三结义殿。祆神楼位居三结义庙最前端，集过街楼、戏楼、山门为一体的组合式建筑。中为主体构成入庙山门、南跨顺城街构成过街楼、北出抱厦构成戏台，三位一体的构成组合式楼阁建筑。南向二层三檐腰缠平座（檐），向南延伸与过街楼结构一体；北向二层二验腰缠平座，平座檐与抱厦联结形成戏台。通高18.95米。主体面宽五间、进深三间，三面围廊；北面戏台三间，南面过街楼面宽三间。廊檐设三踩单下昂斗栱、平座五踩双翘、二层檐五踩双下昂。平座东、西、南三面当心"凸"

出十字歇山顶抱厦，主体三檐歇山顶，绿琉璃瓦剪边，琉璃吻兽、雕花皆有。过街楼由抹角梁、三架梁叠架为"井"字框架，梁正中施脊瓜柱、大叉手，斜置由戗八根，当心悬雷公柱。山门顶层梁架为五梁架通檐用二柱，三架梁上施角背、瓜柱、大叉手共承脊桁。戏台为卷棚歇山顶，二层神龛内塑文昌帝君、奎星及侍者。⑫1996年6月被公布为全国重点文物保护单位（图10-3-29～图10-3-31）。

图 10-3-30 介休袄神楼侧面（资料来源：自摄）

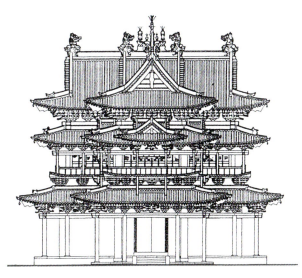

图 10-3-29 介休袄神楼立面图（资料来源：《中国文物地图集·山西分册》）

图 10-3-31 介休袄神楼戏台正面（资料来源：自摄）

注释

① 柴泽俊. 柴泽俊古建筑文集[M]. 北京：文物出版社，1999：58-59.

② 柴泽俊. 柴泽俊古建筑文集[M]. 北京：文物出版社，1999：62.

③ 国家文物局. 中国文物地图集：山西分册（上）[M]. 北京：中国地图出版社，2006：119.

④ 国家文物局. 中国文物地图集：山西分册（上）[M]. 北京：中国地图出版社，2006：433.

⑤ 国家文物局. 中国文物地图集：山西分册（上）[M]. 北京：中国地图出版社，2006：429.

⑥ 柴泽俊. 柴泽俊古建筑文集[M]. 北京：文物出版社，1999：237.

⑦ 高鉁明等. 中国古亭[M]. 北京：中国建筑工业出版社，1994：225-226.

⑧ 高鉁明等. 中国古亭[M]. 北京：中国建筑工业出版社，1994：268-229.

⑨ 国家文物局. 中国文物地图集：山西分册（上）[M]. 北京：中国地图出版社，2006：118.

⑩ 柴泽俊. 柴泽俊古建筑文集[M]. 北京：文物出版社，1999：182.

⑪ 山西省文物局. 山西省重点文物保护单位[M]. 太原：内部图书，2006：214.

⑫ 柴泽俊. 柴泽俊古建筑文集[M]. 北京：文物出版社，1999：212.

山西古建筑

第十一章 其他建筑

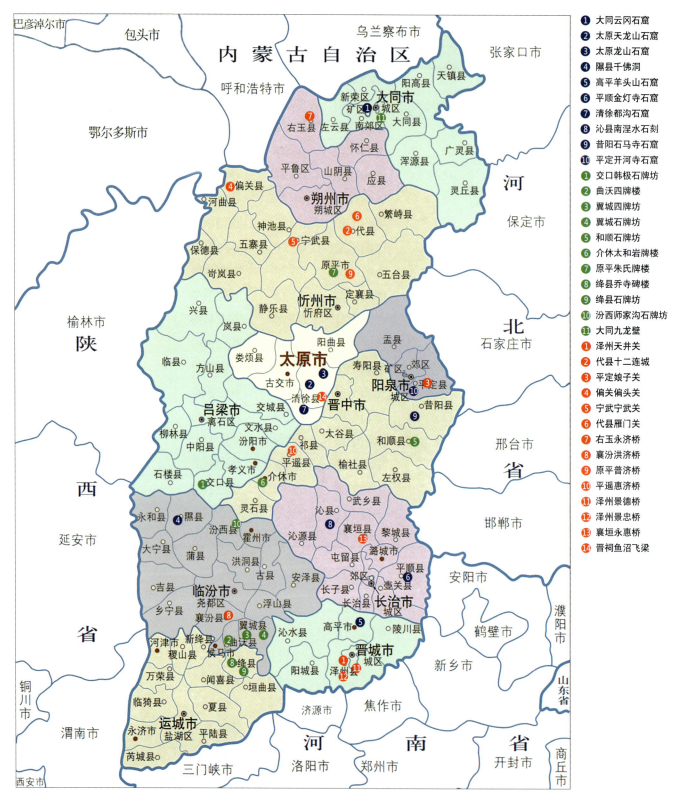

第一节 摩崖石窟

据统计，山西境内现存石窟寺及摩崖造像约有238处，是我国摩崖石窟造像的重要组成部分。[①] 山西的石窟寺和摩崖造像肇始于南北朝时期，至唐代达到极盛，一直延续至明清。北朝石窟共存51座，主要分布于大同、太原、晋中、长治和晋城等市，以大同云冈石窟和太原天龙山石窟为代表。北齐造像注重表现人体神态的写实手法，雕造技法达到了一个新的高度。北朝后期，在晋中、晋东南地区的重要石窟还有高平羊头山石窟、武乡北良侯石窟、高平高庙山石窟、祁县子洪石窟、榆社响堂寺石窟、平定开河寺石窟和昔阳石马寺石窟等。这些石窟继承了传统石窟的主流，展示了新的时代风貌，体现了石窟艺术逐渐本土化的演进历程（图11-1-1、图11-1-2）。隋唐时期，太原作为北方重要的政治经济和军事中心，受到了统治者的高度重视，摩崖石窟盛极一时，仅现存的石窟及摩崖造像有51余处，以太原天龙山石窟为代表的唐代石窟艺术是盛唐时期的杰作。此外，较有代表性的唐代石窟还有静乐县静居寺石窟和昔阳县石马寺石窟等。山西现存宋辽金时期石窟22处。13世纪初，道教全真派在太原开凿了龙山石窟，石窟位于太原市西南的龙山之巅，共有洞窟9个，主要造像有三清、天尊及玄门列祖像65尊。这个时期，佛教石窟保存较完整的有交口千佛洞石窟，但规模形制已无法与前代相比（图11-1-3、图11-1-4）。

明代石窟，最具代表性的为平顺金灯寺石窟，

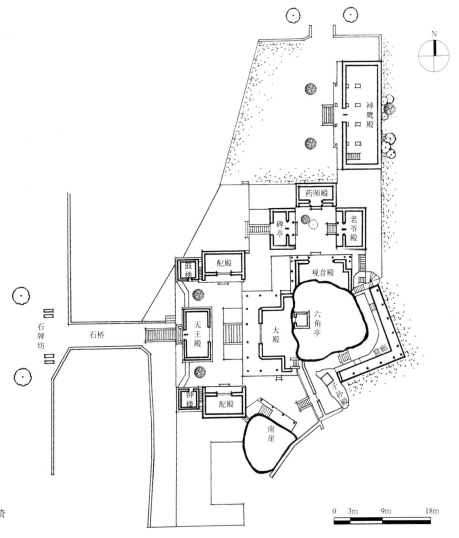

图11-1-1 昔阳石马寺石窟平面图（资料来源：山西省第三次文物普查资料）

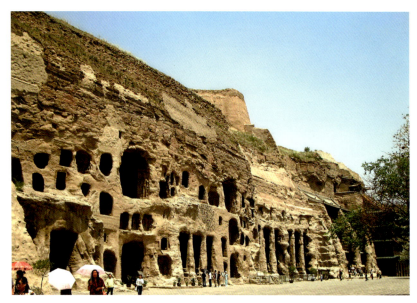

图 11-1-2　大同云冈石窟（资料来源：自摄）

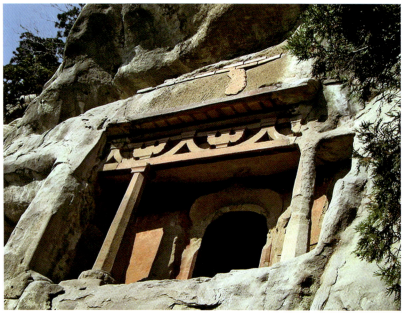

图 11-1-3　太原天龙山石窟（资料来源：自摄）

图 11-1-4　太原龙山石窟（资料来源：自摄）

具有重要的学术研究价值。山西的摩崖石刻分为三类，即石雕造像、造像碑和碑碣。北魏早期的造像，立意深远，造型朴素，具有浓郁的异域风格。北魏晚期至北齐的石造像，逐渐与中国传统文化相结合，形成中国固有的佛教雕刻艺术。隋唐时期的造像注重人体结构的比例，人物形象丰满，形神俱备，体现盛唐艺术的风范。造像碑是一种以雕刻石像为主的碑刻，大多以佛教和道教为题材，铭刻内容有造像缘由的发愿文、造像者的官职、籍贯和姓名，是研究当时宗教艺术和宗教史的重要史料。比较著名的有沁县南涅水石刻造像、高平千佛造像碑、陵川千佛造像碑和襄汾造像碑等。记载了人物传记、宗教活动、民族、文化、战事、交通、经济乃至灾异的碑碣屡见不鲜，成为研究当时社会和经济文化的珍贵史料。

一、大同云冈石窟

云冈石窟位于大同市城西16公里武周山南麓，是最先以皇家实力营造的石窟，2001年被列入《世界遗产名录》。石窟依山开凿，东西绵延1公里。现存主要洞窟53个，大小造像51000余尊，占地面积约40万平方米。云冈石窟始凿于北魏文成帝和平年间（公元460～465年），一直延续到孝明帝正光年间（公元520～525年），历时65年（图11-1-5～图11-1-9）。

云冈石窟早期的代表品为"昙曜五窟"，该窟位于云冈石窟中部的16至20窟，开凿时间在和平初年至和平六年（公元460～465年）。早期石窟的雕刻造像以道武、明元、太武、景穆、文成五帝为楷模，塑刻五尊大佛，巧妙地将北魏佛教中"拜天子即礼"的实用宗教与石窟雕刻结合于一体。造型为椭圆形的大像窟，草庐式窟顶。窟形和造像继承了印度、中亚的雕造特征和鲜卑拓跋草原牧场上穹隆顶的毡包形式（图11-1-10、图11-1-11）。造像肩宽体壮、身材粗短、面相丰圆、深高鼻，身着通肩式或袒右式袈裟，每窟造像内容为三世佛。以18、20窟为代表，第18窟内主像为一立佛，身

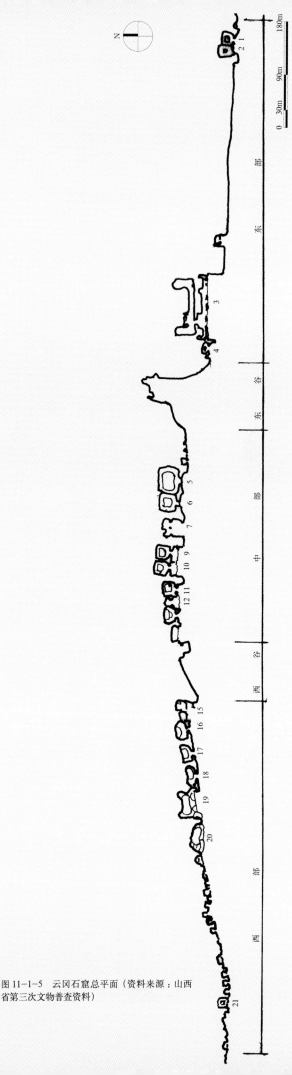

图11-1-5 云冈石窟总平面（资料来源：山西省第三次文物普查资料）

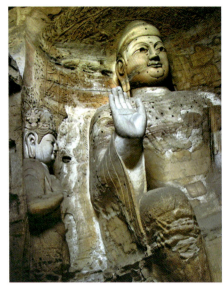

图11-1-6 云冈石窟造像之一
（资料来源：自摄）（左）
图11-1-7 云冈石窟造像之二
（资料来源：自摄）（右）

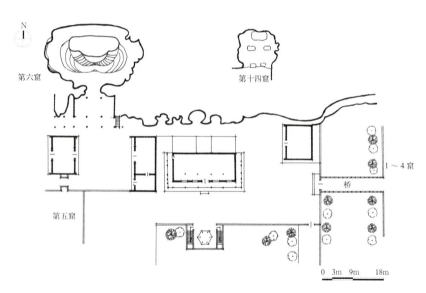

图11-1-8 云冈石窟局部平面图
（资料来源：山西省第三次文物普查资料）

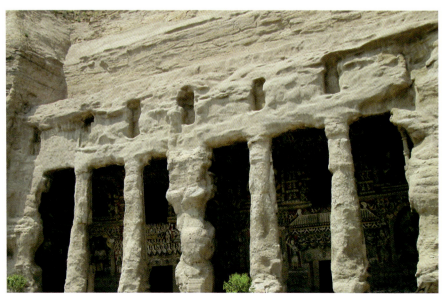

图11-1-9 云冈石窟第9窟外观
（资料来源：自摄）

图 11-1-10 云冈石窟早期造像之一
(资料来源：自摄)（左）
图 11-1-11 云冈石窟早期造像之二
(资料来源：自摄)（右）

图 11-1-12 云冈石窟第 20 窟
(资料来源：自摄)

着袒右肩袈裟，高 15.5 米，袈裟上刻有随衣着起伏而趺坐的小佛，人称"千佛袈裟"。第 20 内主佛为一坐像，高 13.7 米，结跏趺坐，禅定印，肩宽壮，深目高鼻，着袒右袈裟。此窟为云冈石窟雕刻艺术的代表作，也是云冈石刻的象征（图 11-1-12）。

中期开凿时间为北魏和平六年至太和十八年（公元 465～494 年），共有 12 窟，即 1 窟、2 窟、5 至 13 窟，以及未完的第 3 窟。此时为冯太后和孝文帝于平城执政期间，云冈石窟的雕造进入鼎盛阶段。此期在武周山斩出高达 30 米、长近 600 米的摩崖巨壁，连续开凿了 12 个大型石窟。无论从规模还是内容雕刻均超过早期石窟。它吸收了新疆库车、甘肃敦煌石窟的艺术精华，结合中原地区的艺术特征，进行了新的融合创造，窟形上出现了佛殿窟和塔庙窟，造像内容丰富多彩，汉化色彩渐趋浓厚（图 11-1-13、图 11-1-14）。佛、菩萨面相丰瘦适宜，表情温和恬静，褒衣博带式佛装亦在北魏太和十年（公元 486 年）以后的造像中出现，从而开启了云冈乃至北方石窟造像中国化的帷幕。第 1、2 窟，第 5、6 窟是中期云冈石窟的典型代表。第 5

图 11-1-13 云冈石窟中期造像之一（资料来源：自摄）

图 11-1-14 云冈石窟中期造像之二（资料来源：自摄）

图 11-1-15 第 2 窟中心塔柱（资料来源：自绘）（左）

图 11-1-16 第 5 窟头像（资料来源：自绘）（右）

图 11-1-17 第 9 窟壁门（资料来源：自绘）

窟窟前为五间四层绕廊楼阁，清顺治八年（1651年）重建。窟内主佛释迦牟尼，高17米，是云冈石窟中最大的佛。壁后为诵经道，供徒礼佛绕行。四壁满雕佛龛造像，拱门两侧，两佛对坐在菩提树下，顶部浮雕飞天，线条优美。第6窟平面近方形，中央雕两层方形塔柱，高15米，下层四面雕有佛像，上层四角各雕九层出檐小塔，驮于象背上，其余各壁满雕佛、菩萨、罗汉、飞天等像。绕塔柱四面和窟的东、南、西三壁刻有33幅佛传故事，内容丰富，规模宏大，雕饰瑰丽，是云冈石窟中期雕饰艺术之精华（图11-1-15～图11-1-17）。

太和十八年（公元494年）北魏迁都洛阳，虽然政治中心南移，但北都平城仍属佛教重地。由留居平城中、下层官吏和信仰佛教的民间团体开凿的中小型窟龛，如蜂窝般从东到西遍布崖面，分别为第4、14、15、20至45窟及第4至6窟间的小窟。

这些石窟是云冈晚期石窟的代表，开凿时间为太和十八年至正光五年（公元494～524年）。此期流行三壁三重龛行列式洞窟，窟内方整，窟外门楣处雕饰繁缛，佛像面形清瘦，长颈、削肩，均着褒衣博带式服装。此期云冈造像艺术更臻成熟，尤其是许多窟顶的飞天伎乐，构图典雅，线条流畅，雍容中透着秀雅，夸张中微含敛意，宁静中充满意境艺术美的典范之作。这种清新、典雅的艺术风格与早期昙曜五窟中深厚、淳朴的西域式情调，与中期石窟中复杂多变、气度恢宏的太和情调，各异其趣，表现了中国石窟艺术民族化进程中的显著变化。云冈石窟雕刻以内容丰富多彩著称，其雕刻艺术在吸收并融合了西域艺术精华的基础上，继承并发展了秦汉时代的艺术成就，具有独特的艺术风格，对后期隋唐艺术的发展产生了深远的影响（图11-1-18～图11-1-20）。②

图11-1-18　云冈石窟第5窟绕廊楼阁（资料来源：自绘）

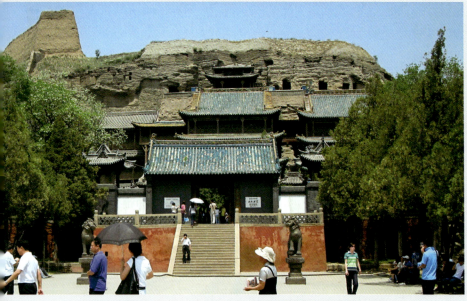

图 11-1-19 云冈石窟第 5 窟绕廊楼阁实景（资料来源：自摄）

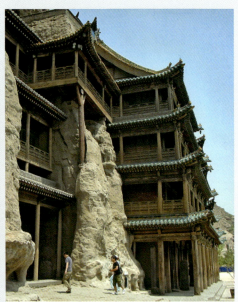

图 11-1-20 云冈石窟第 5 窟实景（资料来源：自摄）

图 11-1-21 天龙山石窟全景（资料来源：自摄）

图 11-1-22 天龙山石窟总平面（资料来源：山西省第三次文物普查资料）

二、太原天龙山石窟

天龙山石窟位于太原市晋源区晋祠镇柳明苑村，凿于五坡自然村天龙山东西两峰南坡山腰间，分布面积3000平方米。现存北朝至唐代的石窟25座，其中东魏石窟2座，北齐石窟3座，隋代石窟1座，唐代石窟19座（图11-1-21）。

石窟自东向西排列，分布天龙山东、西两峰，其中东峰分上下二层，上层4窟（单独编号上层1～4窟），下层8窟（编号1～8窟）；西峰13窟（编号9～21窟），方向大多坐北朝南（图11-1-22）。窟室组合有双窟并列、前后室两进、单室等形制，主室平面多为方形，窟内设施以三壁三龛式最多，题材多为一佛二弟子或菩萨，造像以圆雕为主。天龙山石窟保存有南北朝、隋唐时期建筑实物资料，如束莲式圆形或八角形柱、束莲式覆盆式柱础、人字栱和一斗三升栱等，是石窟这种外来艺术形式逐渐中国化的典型实例（图11-1-23～图11-1-25）。2001年6月25日，国务院公布为第五批全国重点文物保护单位。

第1窟凿于北齐，位于东峰崖壁上，坐北朝南。包括前廊、后（主）室。前廊为三间仿木构式建筑，中部原雕二柱，现均毁。柱头有雀替，上承阑额及人字形叉手，补间施一斗三升，栱有内式卷瓣，斗栱之上承替木及檐枋，上有椽孔一列。前廊后壁正中开窟门，门为圆拱龛形，两侧八角柱，柱头饰莲花及凤鸟。龛梁束莲式，上有尖拱龛楣。门内侧又开方形窟门，形成重门形式。门下有门槛及门墩。主室为方形，三壁三龛。北壁壁面正中开一龛，圆拱形，尖拱龛楣，两侧八角龛柱，柱头施仰莲及龙首。龛内一佛二菩萨。壁前坛基呈倒凹字形，内凹处正中为夜叉捧香炉，两侧各一半卧状狮子。坛基两侧各一神王，南侧神王光头，作半跪关，头后有飘带。东壁壁面龛形同前。龛内一佛二菩萨。佛身着褒衣博带式袈裟，内着僧祇支，胸前束带，衣褶疏朗，刀法圆润；左手下指，右手上举，施说法印；

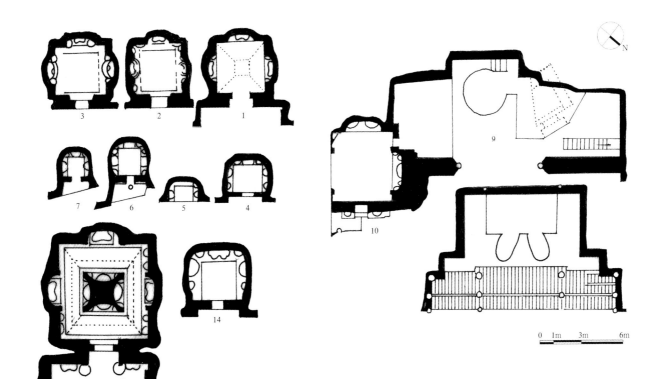

图11-1-23 天龙山石窟1～10及14窟平面图（资料来源：山西省第三次文物普查资料）

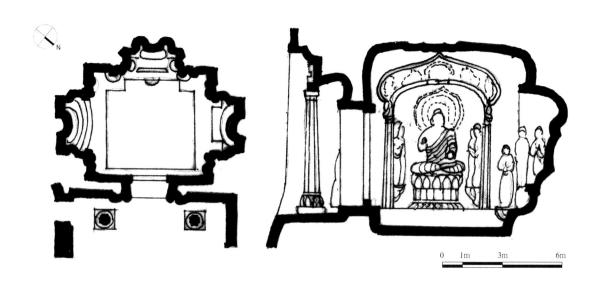

图 11-1-24 天龙山石窟第 16 窟平面剖面（资料来源：山西省第三次文物普查资料）

图 11-1-25 天龙山石窟第 16 窟外观
（资料来源：自绘）

结跏趺坐于束腰须弥座止。西壁壁面龛形同前，龛柱仰莲上饰凤鸟。龛内一佛二菩萨。佛服饰、手势均同东壁佛像（图 11-1-26）。

第 2 窟位于东峰崖壁上，凿于东魏，坐北朝南，平面方形，盝顶，三壁三龛。窟门为圆拱龛形，上有尖拱楣。主室北壁壁面正中开帐形龛，龛内一佛，头残，身后有舟形背光，身着褒衣博带式袈裟，外披偏衫，内着僧祇支，腹部束带，衣褶疏朗，略显厚重，裙裾遮座，衣纹呈八字形斜向两侧，颇似北魏衣纹处理手法。东壁壁面正中开圆拱形龛，尖拱楣，龛两侧方形龛柱，柱头雕龙首。龛内一佛二菩萨。佛像头残，后有舟形背光，身着褒衣博带式袈裟，内着僧祇支，腹束带，身材修长；左手下指，右手残，倚坐于方座上，足下踩宝装覆莲座。西壁正中开圆拱形龛，尖拱楣，龛形同东壁龛。龛内一佛头残，服饰、造型与东壁龛佛像同。窟顶藻井正中雕一朵

图 11-1-26　天龙山石窟窟体之一（资料来源：自摄）

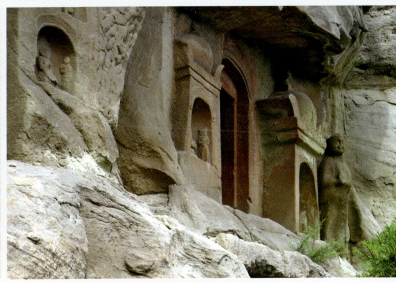
图 11-1-27　天龙山石窟窟体之二（资料来源：自摄）

图 11-1-28　天龙山石窟窟体之三（资料来源：自摄）

图 11-1-29　天龙山石窟窟体之四（资料来源：自绘）

图 11-1-30　天龙山石窟造像（资料来源：自摄）

莲花，四披原各雕一飞天及二朵莲花，飞天像均被凿毁。正壁坛基上浮雕三朵莲花，左右壁各二朵莲花。南壁窟门两侧上方雕千佛，下方原浅浮雕供养比丘各一（图 11-1-27）。

第 8 窟凿于隋代，位于东峰崖壁上，坐北朝南。此窟是天龙山石窟中规模最大的洞窟，包括前廊、后室。前廊为三开间仿木构建筑形式。主室为方形，三壁三龛，有中心柱。周壁设低坛基，坛上雕佛。北壁正中一龛，圆拱形，尖拱楣。龛两侧八角柱，柱下有础，柱头雕凤鸟。龛内一佛，头毁，身体风化，结跏趺坐于须弥座上（图 11-1-28、图 11-1-29）。

第 9 窟凿于唐代，位于西峰崖壁上，坐北朝南，分上下二层。上层平面呈凸字形，正中雕倚坐弥勒大像。像高 755 厘米，右旋式螺髻，面相长圆，额际有明毫，身着双领下垂袈裟，外披偏衫，内着僧祇支，腹束带，臂部衣纹凸起，双手残，倚坐于束腰方形须弥座上，足下踩仰莲。须弥座束腰处上层东西各有四个壶门，内各一伎乐，西壁南侧壶门内为抚琴者，其余均风化，形象不清。束腰处下层亦凿壶门，内各一兽面（图 11-1-30）。下层

图 11-1-31　天龙山石窟漫山阁实景（资料来源：自摄）

图 11-1-32　天龙山石窟漫山阁写生（资料来源：自绘）

为正中为十一面观音，两侧为文殊、普贤。观音头戴宝冠，冠上雕十头像，面相长圆，颈下饰项圈，臂戴嵌宝石臂钏，双肩敷搭璎珞和披巾，上身裸，下着裙，衣纹凸起，足踩莲座。左侧普贤束高髻，面相长圆，颈饰项圈，身披璎珞，左手残，右手抚膝，舒腿坐于象驮的仰莲座上。右侧文殊头戴花冠，中有化佛，服饰同普贤，坐骑为狮子。下层后壁浅浮雕，居观音左右两侧。左侧浮雕下部为一支莲茎，向上分支展开，莲花千佛满布壁面。其中下部有三尊较大的佛像，中尊为倚坐弥勒，左右为坐佛。右侧浮雕与此相同，下部中尊倚坐弥勒有二弟子胁侍，左右坐佛各一胁侍菩萨。浮雕壁面反映了弥勒净土思想。第9窟为摩崖石刻，现窟外建有三层木阁楼，曰漫山阁。十一面观音、文殊、普贤头像为后期补刻（图11-1-31、图11-1-32）。

三、太原龙山石窟

龙山石窟位于太原市晋源区晋祠镇西镇村西北约2公里的龙山之巅。凿于白砂石崖壁上，现存9窟。1至5窟、8窟、9窟坐北向南，6、7窟坐西向东，分布面积46.69平方米。现存4、5窟为唐代开凿，1至3窟、6、7窟为元代风格，8、9窟为明代所开。窟平面多为方形，弧角平顶，圆拱形门，依龛内供奉雕像不同分别分虚皇龛、三清龛、卧如龛、三天大法师龛、玄真龛、披云子自赞龛、七真龛、三皇龛及辩道龛，共有雕像65尊。龙山石窟雕像风格粗犷，刀法拙重，造像题材皆为道教诸神和玄门列祖，是国内现存最大的道教石窟。有的龛内两侧、前壁留有元代题记，是研究道教发展史和道教石窟的珍贵资料。1996年国务院公布为全国重点文物保护单位（图11-1-33～图11-1-35）。

图11-1-33 龙山石窟窟体之一
（资料来源：自摄）

图11-1-34 龙山石窟窟体之二
（资料来源：自摄）（左）
图11-1-35 龙山石窟窟体之三
（资料来源：自摄）（右）

第1窟为虚皇龛，元代遗物。平面圆形，平顶，圆拱形窟门，面宽3.25米，进深3.03米，高2.33米。北壁壁面正中开莲瓣形龛，龛内雕一天尊像，首残，身着裙、褐、大氅，袖手盘坐，身后为圆形云气背光；东西壁皆呈环形，各雕10名天尊，均着裙、褐、外披大氅，拱手笼袖而立，足下流云缠绕，头后刻有光环。窟顶满饰云龙纹。窟内自西壁经南壁向东壁的上端有题记49行，每行4字，其中有"自甲午春至乙未冬，三洞功毕"的记载，说明此窟开凿于元太宗六年至七年（1234～1235年）冬天。第2窟为三清龛，元代遗物。平面弧角方形，平顶，三壁设坛，窟门圆拱形，面宽3.56米，进深3.50米，高2.66米。南壁门两侧刻题记两则，其中有"岁在丙申五月丙辰朔。……门人李志全述"等题记，证实此窟开凿于元太宗八年（1236年）。北壁雕元始天王化法身玉清元始天尊、上清灵宝天尊和太清

图11-1-36　龙山唐代石窟（资料来源：自摄）

图11-1-37　龙山石窟造像之一（资料来源：自摄）

图11-1-38　龙山石窟造像之二（资料来源：自摄）

图11-1-39　龙山石窟造像之三（资料来源：自摄）

道德天尊三清像，袖手盘坐于台座之上，作长髯老者像，衣裙舒缓垂落于座前。东、西壁各有雕像6尊，窟顶满饰云龙纹藻井。第6窟为辩道龛，元代遗物。弧角方形，平顶，拱形窟门，面宽2.60米，进深2.89米，高2.53米，西（正）壁设坛基，坛上一真人袖手坐于束腰方座之上，衣纹垂叠直落于座前，此窟开凿于元太宗十年（1238年）。北壁一真人着裙、褐、帔立于四足方座上。南壁与北壁相对一真人，风格基本相同，靠西与正龛相连的坛上的壁面，开一圆拱门，门分两扇，一童子欲踏进门来。童子手持书卷，面残。窟顶雕凤凰浮雕藻井，极为精美。第7窟为七真龛，元代遗物。分前后二室。前室横长方形，西壁门两侧力士被盗凿，东壁靠北开一窗，南壁依门处有一空龛。后室圆拱形门，窟内平面弧角方形，平顶，面宽3.74米，进深3.82米，高3.25米，三面台座相连，共有雕像8尊，此窟开凿于元太宗六年至八年（1234～1236年）。门额两旁各有一仙鹤，展翅相对，飞翔在升腾的云气中。西（正）壁雕三真人，南壁二真人，北壁二真人，其旁存一着袍女侍者，雕像为全真教主王重阳的七大弟子马珏、谭处端、刘处玄、丘处机、王处一、郝大通和孙不二。真人均着裙、帔，盘腿袖手，裙裾重叠于台座前，衣纹简洁厚重，窟顶满饰云龙纹高浮雕（图11-1-36～图11-1-39）。

四、隰县七里脚千佛洞

七里脚千佛洞，位于临汾市隰县城南乡七里脚村东1200米南北走向的山崖下。开凿于南北走向的山坡崖壁下部，约在20世纪40年代被山坡上冲刷下的泥沙所掩盖，1984年重新发现。现存2窟，南北并列，坐东面西，窟内存雕像约70尊（图11-1-40）。

南窟洞窟平面呈马蹄形，穹隆顶。左、右、后三壁向里凿进，使其略呈三壁三龛样式。壁前有低坛，左右坛宽0.35米、后壁坛宽0.5米、高0.32米。北窟洞窟平面略呈横长方形，平顶。面宽2.9米、进深2.43米、高2.76米。正壁前设高坛基，坛高0.6米、深0.63米。千佛洞无具体开凿纪年，根据洞窟佛像风格判断，应为南北朝、隋、唐时期。窟外依崖面雕成仿木建筑结构样式，面宽1间，两角柱柱中相距2.1米，柱高1.45米。因崖面风化剥

图11-1-40　隰县七里脚千佛洞全景（资料来源：自摄）

落严重，柱体为八角形或方柱形尚难判断。柱下大上小，有明显的收分，柱头施栌斗，上承阑额一道。柱头铺作为一斗三升。补间可见二组人字形叉手，叉手为直臂式。斗栱之上为屋檐、瓦垄。顶作庑殿式，有鸱尾。屋内正中开窟门。门宽1.07米、厚0.4米。因门上部岩体崩落，故原门高不清，但应在阑额之下。窟门两侧各雕一力士像，均风化严重。左侧力士高1.2米，头扎上飘宝缯，面向窟门，服饰风化不清，左手置腹部，右手举胸前，一脚前伸，一腿向后，作举步状，身体侧向窟门。右侧力士高1.3米，头扎上飘宝缯，面残，颈下饰桃尖形项圈，双肩敷搭披巾，绕手臂下垂，上身袒，下身着裙，腰间束带，左手臂残，右臂下垂，手残，双腿姿势同左力士，身体侧向窟门。窟外崖面上方有一排椽孔，其下有两个方形梁孔，可知在清代砌窑洞前，窟前曾建有木构窟檐。洞窟右侧崖面又有后代补凿小龛，其中位置靠上小龛为圆拱龛，龛两侧雕双树，树枝于龛上相交，构成龛楣，龛内雕一佛一弟一菩萨像，面部均风化。佛像内着僧祇支，外着双领下垂式袈裟，倚坐于坛上。可知佛像为龙华树下三会众生的

图11-1-41 千佛洞窟门（资料来源：自摄）

图11-1-42 千佛洞窟门局部（资料来源：自摄）

图11-1-43 千佛洞造像之一（资料来源：自摄）

图11-1-44 千佛洞造像之二（资料来源：自摄）

图11-1-45 千佛洞造像之三（资料来源：自摄）

弥勒形象。弟子居佛左侧，身披袈裟，拱手立于莲台上。菩萨居佛右侧，身佩璎珞，左手下垂执净瓶，右手上举持莲蕾，身姿呈S形的扭曲。佛左右上方有二童子，立于莲台上。龛下原有铭文，现已不清。从形象看，此龛应是唐代所凿。1986年被山西省人民政府公布为省级重点文物保护单位，2013年被国务院公布为第七批全国重点文物保护单位（图11-1-41～图11-1-45）。

五、高平羊头山石窟

羊头山石窟位于高平市东北17公里的羊头山南麓。羊头山亦称首羊山，为太行山小支脉，位于山西东南部高平、长子、长治三县交界处，相传为神农得嘉禾之地，"羊头夕照"为高平八大风景区之一。羊头山正面高峰凸起，左右山脉前伸，蜿蜒如织的羊肠小道布满山腰，开凿于北魏至唐的石刻造像即分布于其间。羊头山是佛教活动的主要场所，寺院、石窟等建筑成组成群地散存于山上（图11-1-46～图11-1-48）。山脚下为中清化寺，亦名莲花池、六名寺。山腰为上清化寺，现不存，遗址可见唐代基址及石佛像三尊，其建筑规模宏大。山腰至山顶共计有40余洞窟，雕凿于大型的砂岩上，洞窟大小不一，平面多为方形，一般为一石一窟，个别有一石二窟或三窟不等，其中第六窟最大。石窟内龛面整齐，四面满雕佛像，或一佛二弟子，或一佛二菩萨。洞外有许多小龛，有佛庙菩萨、天王、力士、供养人等，形制各异，雕工精细。另外，山腰有千佛造像碑1通，唐制石塔6座，高约4～6米不等。山顶四面造像塔形制独特，为北魏所造，塔座为伏羊。羊头曲石窟。

第一窟规模较小，窟内雕有一佛、两菩萨、二天王。佛的莲座下有两个供养人屈膝而跪，恭敬仰首。菩萨的手镯，耳环清晰可见，两侧的天王身披铠甲，手持兵器，脚踏鬼魅，典型的唐朝风格（图11-1-49）。

第二窟没有主窟，表面共有大小窟龛22处，佛和菩萨的体态都比较丰腴，菩萨还做出提胯扭臀的姿势。佛的莲座下有比较丰富的卷草纹，并有侏儒、瑞兽、力士托起莲座，从风格上看应是隋唐之物。第四窟规模较小，最有特色的是窟外的两力士造像，脚踏瑞兽，威武异常。石窟东侧的菩萨雕像面部十分清晰，慈爱和善，耳环手镯也很明显（图11-1-50）。

第三窟门外雕的是菩萨造像，面部表情风化比较严重，但仍可看出菩萨的发型是高髻，衣饰飘带流畅自然。第三窟为一石两开窟，两个窟门有所不同。正面的是凤鸟门，是两个展翅的凤凰，周边

图11-1-46　高平羊头山北魏石窟（资料来源：自摄）

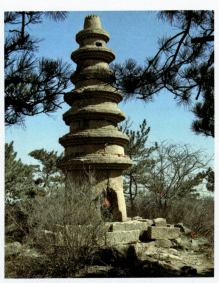

图11-1-47　高平羊头山石塔（资料来源：自摄）

图11-1-48　高平羊头山第五窟细部（资料来源：自摄）

图11-1-49　高平羊头山石窟第1窟（资料来源：自摄）

图11-1-50　高平羊头山石窟第二窟（资料来源：自摄）

图11-1-51　高平羊头山石窟第三窟（资料来源：自摄）

图11-1-52　高平羊头山石窟第四窟（资料来源：自摄）

图11-1-53　高平羊头山石窟第五窟（资料来源：自摄）

图11-1-54　高平羊头山石窟第九窟（资料来源：自摄）

雕有花草，东侧窟门雕有两条小龙。整个石窟表面雕有大小窟龛30余处，从整体上看是北魏时期的（图11-1-51）。

第四号窟门外的二力士造像最有特色，脚踏瑞兽，威武异常，给肃穆庄严的佛教圣地增添了几分生机，但规模较少。石窟东面的菩萨雕像面部表情十分清晰，慈爱和善，耳环、手镯清晰可见（图11-1-52）。

第五号窟是羊头山最大的一组窟，其特点是一石三开窟。最大的一门，门外两侧雕有两力士，脚踏瑞兽，形态生动。窟内原有多处题记，现已大多风化的难以辨认，只有正壁右下方的题记仍清晰可见，年号是大魏正始二年，为公元505年。东侧窟，进深较浅，雕的是释迦多宝二佛。其秀骨清像，臂大过膝，四肢细长，典型的北魏晚期风格（图11-1-53）。

第九窟当地百姓都叫它油篓窟，窟内四壁共雕小佛龛百余个，旁边提刻着供养人的姓名（图11-1-54）。

羊头山石窟以其较高的历史、艺术价值被国务院公布为第六批全国重点文物保护单位。

六、平顺金灯寺石窟

金灯寺石窟位于平顺县杏城镇背泉村东的林虑山巅，原名宝岩寺。金灯寺之名由神话演变而来。③相传，佛光从东山升起，到本寺落地，故曾赐额落灯寺，后改金灯寺。石窟开凿于山巅自然形成的山凹内。开凿年代从明弘治十七年（1504年）起，至明嘉靖四十四年（1565年）止，历时60余年。石窟和建筑坐北朝南，依崖布置。现存7进院，洞窟14个，佛龛37个，摩崖造像500余尊（图11-1-55）。

木构建筑有延寿殿、关公殿、丈八佛殿等34间，寺内保存历代碑、碣20余通。金灯寺石窟中的佛、菩萨、金刚、天王、罗汉以及佛教故事中的人物造像，形体秀美，装饰富丽，承唐、宋圆润风格之遗风，独具明代俊俏娴静的特色，具有极高的文物艺术价值。金灯寺石窟群，规模宏大，雕造精美，是我国石窟造像尾声中的巅峰之作。金灯寺的布局，依崖设置，凿崖为基。殿堂分院设置，石窟造像沿北壁雕凿而成，其中70厘米以上的石雕像有200尊，余皆30~50厘米小像。寺门石构，门上阴刻横匾"磐石"二字。入寺门为第一进院落，石窟自东向西排列。第1窟居第一进院北侧，外观为仿木结构的三间殿堂，依山崖雕凿而成。第2窟在第一进院西北隅，规模小，内雕一佛、二弟子、二金刚，手法略糙，窟之外观亦较简单。第3窟位于一、二院之间，两院相间处有高台方亭相连，台下券洞为道，台上建方亭奉韦陀。第4窟居第二进院西北隅，外观为仿木结构三间殿堂，雕造规整。窟内正面奉二菩萨，左右为十八罗汉。第三进院全部为木构殿堂，无窟龛造像。正殿五间，额曰"延寿之殿"，平面甚殊，明、次三间相等，梢间很窄，盖因地形而施之。第5窟位于第四进院北侧，是该窟群的中心区。第6、7两窟居第5窟上隅，并列造凿，形制大小略同，总宽之和与第5窟相等。第8窟位于第五进院东北崖下，外观为三间殿堂式，内外形制与前述诸窟同。第9窟居第五进院西北隅，窟凿半崖中，距地面2.5米。窟前置石阶九级，每级高25~30厘米。第10至14窟位于第六进院北侧，分上下两层。第七进

图11-1-55 平顺金灯寺摩崖造像（资料来源：自摄）

图 11-1-56 平顺金灯寺石窟窟体（资料来源：自摄）　图 11-1-57 平顺金灯寺石窟院落（资料来源：自摄）

图 11-1-58 平顺金灯寺石窟山门（资料来源：自摄）　图 11-1-59 平顺金灯寺石窟佛像（资料来源：自摄）　图 11-1-60 平顺金灯寺石窟佛殿（资料来源：自摄）

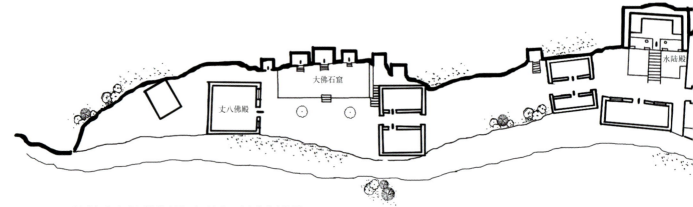

图 11-1-63 平顺金灯寺平面图（资料来源：山西省第三次文物普查资料）

图 11-1-61 平顺金灯寺石窟外景（资料来源：自摄）　图 11-1-62 平顺金灯寺石窟大殿内景（资料来源：自摄）

院落，是原来寺内法藏阁的居所，俗称内院，建筑宏大，气势非凡（图 11-1-56～图 11-1-63）。

七、清徐都沟石窟

都沟石窟，位于清徐县马峪乡都沟村北 1.5 千米屠谷山南麓。据《清源县志》载，宋元祐三年（1088 年）十月十五日凿出石洞。北宋绍圣年间（1094～1098 年）在洞外建慈云禅寺，由石窟、寺院两部分组成。清末更名严香寺，此后屡有增修。现寺院建筑已毁。寺院布局分为上下院，占地面积 18300 平方米。上院现存石窟、建筑遗址。石窟 3 窟，坐东朝西，南北方向一字排开，称为南窟、中窟、北窟。1986 年 8 月山西省人民政府公布为省级文物保护单位。

南窟为宋代遗存。凿于上院山崖上。窟平面圆形，直径 3 米，高 1.85 米。方形窟门，高 0.8 米，尖拱门楣及正中花饰风化。窟内残存 2 尊塑像，均头部缺失。中窟为宋代遗存。凿于上院山崖上。窟平面圆形，直径 3.3 米，高 1.8 米。圆拱龛形窟

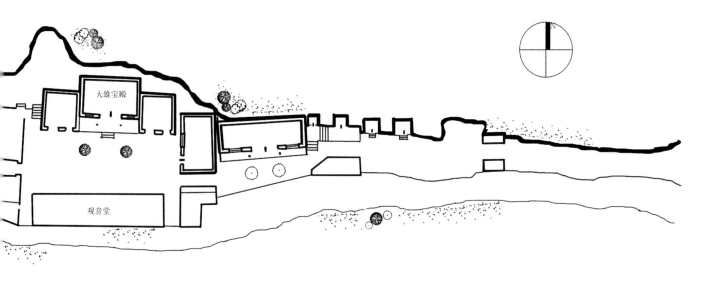

门，上有尖拱楣，高0.9米，宽0.9米，厚0.2米。窟门上方雕"妇人半掩门"。北窟为宋代遗存。凿于上院山崖上。窟平面圆形，直径2.6米，高1.2米。三重窟门，一重为圆拱连弧尖楣龛形，高0.6米，宽1.17米。龛上一长方形青石，浮雕一佛二菩萨供养人。二重门为方形，宽0.88米，高0.3米，厚0.1米，上有龛梁，仿木结构，有三个方形门簪。三重门为圆拱形，宽1.05米，高0.2米。窟内无像，窟顶正中有素面藻井。东窟为宋代遗存，凿于下院山崖上，俗称"千佛洞"，由前廊和后室两部分组成。前廊有4根石柱支撑崖面，西侧2根为方形抹棱石柱，东侧2根为方形石柱。前廊后壁东侧崖面残存力士雕像。后室平面呈马蹄形，平顶，三壁三龛式，窟内有方形抹棱石柱支撑。窟内正中存摩崖石刻造像一尊，为释迦牟尼坐像，通高2.1米。释迦为螺旋髻发，圆脸，身披袈裟，袒胸宽衣。两侧各有侍佛一尊，左有文殊菩萨手持宝剑，坐骑麒麟，右为普贤菩萨坐骑白象。侍女像各立两旁，高1.5米。组成9尊1铺的"华严三圣"格局。窟壁四周布满小佛龛1200余尊，均以莲花缠枝相连。西窟为宋代遗存。凿于下院山崖上。俗称"弥勒洞"。平面略呈梯形，平顶，面宽3.5米，进深2.15米，高2.3米。三壁前设坛，坛基深0.7米，高0.4米。方形窟门，高1.75米，宽1.35米，上有圆拱形龛楣，正壁残存背光火焰纹。东壁存未雕凿完成的坐佛像。窟内存弥勒佛1尊（图11-1-64～图11-1-66）。

八、沁县南涅水石刻

南涅水地处沁县漳河北源支流涅水的南岸，所以称南涅水。1957年秋在这里发掘清理出一大批窖藏石刻，以出土地为名，称之为"南涅水石刻"。这批石刻造像，根据碑刻及许愿铭文记载，最早的为永平三年（公元510年），最晚的为北宋天圣九年（1031年）期间，东魏、北齐、隋唐，诸朝代均有。以造像塔为主，其次为单体造像、造像碑等，数量大、内容丰富，刻工精湛，时代特色鲜明。南涅水的石刻类别，主要分造像石塔、单体造像和造像碑

图11-1-64　清徐都沟石窟全景（资料来源：自摄）

图11-1-65　清徐都沟石窟窟体（资料来源：自摄）

图11-1-66　清徐都沟石窟佛像（资料来源：自摄）

图11-1-67 沁县南涅水石刻中的"屋形龛"（资料来源：自摄）　　图11-1-68 沁县南涅水石刻的佛像（资料来源：自摄）　　图11-1-69 沁县南涅水石刻中的"人字栱"（资料来源：自摄）

图11-1-70 沁县南涅水石刻博物馆（资料来源：自摄）

三种，共计1391件。其中造像石塔205座，单体造像1161尊，造像碑和文字碑刻25通。石塔造像，是南涅水石刻艺术品中的特殊形制，以四至六块方石叠成一座小型石塔，高约3～4米。下大上小逐级收缩，每石四面雕刻，内置佛、菩萨、金刚等像或佛传故事。根据已经发掘出来的953块方石规格测算，可叠成205座小型佛塔。单体造像，是南涅水石刻中数量最多的一个类型，计有1161尊，主要是佛、菩萨、弟子、金刚等，其中最大者高2.65米，最小者高0.4～0.5米。它们的造凿时代，历史较长，自北魏中晚期始，至东魏、北齐、隋、唐、五代、北宋，各代都有，其中北齐、隋造像尤多。造像碑和文字碑碣25通，分别雕单层龛、双层龛和多层龛，内置佛、菩萨、金刚、力士、蹲狮等，造像虽小，雕造技巧颇精。文字碑碣多为楷书，北魏、隋、唐、北宋各代书法皆备，而且大部分刻有历史纪年题记，对研究南涅水石刻的时代和雕造过程，认识当时佛教艺术的兴盛发展，有着可靠的实证功能。通览南涅水石刻，人们可以看到佛教艺术这一外来形式传入中国以后，经过艺术家们吸收其中的精华来丰富自己的艺术，并与中国的传统艺术相结合，不断地实践，使之成为适合中国艺术风格的雕塑形式，从而推动我国古代雕塑艺术水平达到了新的高峰（图11-1-67～图11-1-70）。[4]

图 11-1-71　昔阳石马寺石窟全景（资料来源：自摄）

图 11-1-72　昔阳石马寺石窟三区摩崖造像（资料来源：自摄）

图 11-1-73　昔阳石马寺石窟四区摩崖造像（资料来源：自摄）

九、昔阳石马寺石窟

石马寺石窟，位于昔阳县西南15公里的洪水乡石马村，是一座石刻造像与庙堂建筑相结合的佛教寺宇。原称石佛寺，后人依崖造屋，筑以殿阁楼堂，形成佛寺布局，寺前置石马一对，俗称石马寺。⑤据题记和碑文所载，该石刻造像凿于北魏永熙三年（公元534年），是佛教北传的早期石窟造像。隋唐时期，继续凿造，此后历代均有修葺。魏、齐造像约70%，余为隋唐时作品。寺内现存石刻造像大小1300余尊，大者高5米，小者5厘米，雕刻在一块高17米、东西长16米，南北宽15米独立的巨石四周，属摩崖石窟造像。石马寺宋代称为寿圣寺，随着时间的推移，石马寺之名家喻户晓，而寿圣寺的本名渐不为人所注意，俗称已经逐步变为通称了。巨石周围和附近总长约30米的崖体上布满石雕造像，除千佛洞和子孙殿内两个小洞窟外，余皆摩崖造像。千佛洞居巨石南向中部，是石马寺造像的主要洞窟。魏齐造像以佛像菩萨、力士、胁侍、供养人等为主。隋唐造像以弥陀、观音、十六罗汉等为主。窟前木构建筑有大佛殿（元代建）、观音阁（明代建）、子孙殿、东南窟廊、钟鼓楼、伽蓝殿、山亭等，或单檐歇山，或重檐歇山，或三面围廊，或六角攒尖，各因地势与造像需要而设置。寺前深涧石拱桥悬空，使两山相接，并有石牌坊呼应，游人往来称便。根据造像风格和雕刻手法，北魏至北齐的作品较多，主要分布在西崖南部、南崖、子孙殿和南殿等处。隋、唐作品较少，主要分布在东崖、北崖和西崖北部。石马寺的北朝造像，主要题材是单身坐佛、三身坐佛、千佛、一佛二菩萨二金刚、一佛二胁侍、一菩萨二胁侍以及供养人等。各像大小不等，龛形亦随像而异。穿插布列，主从有序。隋唐代造像，主要题材是释迦佛、阿弥陀佛、观世音菩萨、十六尊者等。佛座多作方形或六角形，亦有少量长方形，皆束腰叠涩式，束腰处雕壶门间柱，狮子或力士负重（图11-1-71～图11-1-73）。

十、平定开河寺石窟

开河寺石窟开凿平定县石门口乡乱流村西魁头山北侧，坐北朝南，分布面积285.1平方米。据石刻题记记载，石窟分别开凿于东魏武定五年（公元547年）、北齐皇建二年（公元561年）和北齐河清二年（公元563年）。摩崖造像开凿于隋开皇元年（公元581年）。石窟开凿于断崖上，从东往西，分别为Ⅰ、Ⅱ、Ⅲ石窟及摩崖造像。三个石刻均为三壁三龛式，窟宽1.3～1.5米，进深1.05～1.5米，高1.4～1.5米，攒尖顶。窟门已毁，圆拱形，两侧立八角形门柱，各雕力士1尊，门楣处开光，镌"大齐河清二年（公元563年）"发愿文。窟内设坛，坛上三壁各开圆拱龛1个，雕一佛二弟子二菩萨。坛下雕供养人。窟外雕附龛。三窟共有大小龛约40个，大小像约76个，题刻5处。另有明嘉靖四年(1525年)乔宇游记1处。各雕像形态各异，或坐或立，姿态万千。摩崖造像在石窟东侧，在开然陡壁上开凿而成，一佛二菩萨，佛高约3米，肩宽1.7米，体态丰腴，内着交领衫，外着袈裟，半跏趺坐于束腰须弥座上。二菩萨高约2米，肩宽0.4米。崖面西下方有"开皇元年豆卢通造像记"。造像外依山建窑洞，外插廊，单坡顶。辟对开板门。2004年山西省人民政府公布为省级文物保护单位，2013年被国务院公布为第七批全国重点文物保护单位（图11-1-74～图11-1-76）。

图11-1-74 平定开河寺石窟远景
（资料来源：自摄）

图 11-1-75 平定开河寺石窟第 1 窟窟门外景（资料来源：自摄）

图 11-1-76 平定开河寺石窟第 3 窟东北侧北齐河清二年龛（资料来源：自摄）

第二节　关隘津梁

历史上的山西，表里山河，形势完固，靠近京畿，民族聚居，向为兵家必争之地。从战国至清代的千余年的历史中，历代均在山西境内修筑长城，沿线形成许多重要关隘，分布于省境40余个县区中，现存较完整的长城遗迹，计有2500余公里。其中，战国长城分布在晋城市的高平、陵川，全长约106公里，大体呈东西走向。现存遗迹大多为石块垒筑，少数地段为黄土夯筑。东魏长城也呈东西走向，分布在宁武、原平境内，保存有60余公里。北齐长城分为三条走线：一条是从离石吴城镇西南的黄栌关，向北经方山县、岚县、忻州市岢岚县，抵五寨县，全长约200公里；第二条线是西起兴县魏家滩镇西坡村西南，经岢岚、五寨、宁武、原平、代县、阴县、应县、浑源县、广灵，东出至河北蔚县，在山西境内全长约500公里；第三条线是从阳城东南的轵关，向东进入河南济源，再向东进入泽州晋庙铺镇，全长约100公里，多数石块垒砌。五代长城在沁水东裕乡北面的雨井山上，长约10公里，大体呈东西走向。宋长城位于岢岚县窑子坡村，长约20公里。山西境内的明长城隶属于大同、山西二镇，分为内、外长城。外长城大部分隶属于大同镇，部分外长城如偏关县丫角山至老牛湾段，黄河边长城隶属于山西镇。外长城长约450公里，大体上沿内蒙古自治区与山西省交界处分布。由河北怀安、山西天镇，经山西阳高、大同、左云、右玉、平鲁、偏关，直达黄河东岸。内长城全长约400公里，有两条线：第一条线由河北涞源经山西灵丘，向西再向西北，经繁峙、浑源、应县、山阴、代县、原平、宁武、神池、朔州，至偏关县丫角山与外长城会合；另一线沿太行山脊分布，自灵丘牛帮口分岔南下，经五台、盂县、平定、昔阳、和顺、左权，至黎城县东阳关。清长城位于乡宁、吉县、大宁三县沿黄河东岸处，呈南北走向，全长约120公里。[6] 复杂的自然地理环境和重要的政治地理环境，使得山西境内关隘重重，如在著名的"太行八陉"，即军都陉、蒲阴陉、飞狐陉、井陉、滏口陉、白陉、太行陉、轵关陉上，就分布有众多关隘。此外，山西沟壑纵横，孔道蜿蜒，历史上形成许多津渡、桥梁。较著名的有风陵渡、茅津渡、大禹渡、蒲津渡等。山西境内关隘遗存较为完整，主要有雁门关、宁武关、偏头关、平型关、娘子关、天井关等。其中，雁门关段为第五批全国重点文物保护单位，余皆为第二批省级文物保护单位（图11-2-1、图11-2-2）。

一、泽州天井关

天井关，位于泽州县晋庙铺镇，又名太行关，因关南有三眼自然形成的深穴形似天井而得名。《汉书·地理志》载："上党高都有天井关，即

图 11-2-1 天镇保平堡（资料来源：自摄）

图 11-2-2 右玉铁山堡（资料来源：自摄）

图 11-2-3 泽州天井关碗子城（资料来源：自摄）

图 11-2-4 泽州天井关防御体系图（资料来源：自绘）

天门也"，是文献对天井关的最早记载。汉建武二年，遣司空王梁北守天井关，击赤眉，至此战事频繁。是古代重要的军事遗址。天井关南延25公里，分大口、小口两个关隘达省界，沿途关城、古道、堡寨甚多，现存建筑遗址有天井关、孔子庙、星轺驿、横望隘、碗子城、羊肠坂、磐石长城、古寨等十余处。天井关是利用太行天险而修筑的重要关隘，也是晋豫两省穿越太行之交通要道（图11-2-3～图11-2-6）。⑦

二、代县十二连城

在山西代县勾注山雁门关下，代州古城的周边，曾建有永和堡等三十九堡军事防御设施，这里为内长城边塞的第二道防线，始建于汉，宋明兴盛，元清衰落，东西绵延约40公里，与雁门关长城几乎平行相向，各堡大部分设置在滹沱河北岸人口稠密的村庄。三十九堡中较大的十二堡，民间俗称十二连城，分别为阳明堡、马站、七里铺、东关、西关、北关、平城、十里铺、二十里铺、磨坊堡、段村堡、永和堡。堡墙根据村庄大小、人口多少，规模不一，有的东西长300米至400米，南北宽100米至120米，有的东西长500米至600米，南北宽100米至200米。永和堡、清泰堡、清淳堡、清平堡、清宁堡保存较好（图11-2-7，图11-2-8）。

三、平定娘子关

娘子关原名苇泽关，位于平定县城东北45公里娘子关村东500米处，是山西省第二批省保。相传唐高祖李渊的第三女平阳公主曾率娘子军于此驻防，故名，是长城的著名关隘。现存关城为明嘉靖二十一年（1542年）所筑，崇祯七年（1634年）重修。娘子关现存关城两座，即南关楼、东关楼。南关楼坐北朝南，下部为石砌台基，高约9米，中央辟砖券门洞，券门高3米，台上四周

图 11-2-5 孔子回车碑测绘图（资料来源：自绘，2007年实测）

图 11-2-6 孔子回车碑实景（资料来源：自摄）

图 11-2-7 代县十二连城之马站村玉楼外观之一（资料来源：自摄）

图 11-2-8 代县十二连城之马站村玉楼外观之二（资料来源：自摄）

图 11-2-9 平定娘子关关城门楼（资料来源：自摄）

设女儿墙，台之南面门洞上楷书"京畿藩屏"四字，台上建重檐歇山顶门楼，为20世纪80年代复建。东关楼现存建筑为明代所筑，坐东朝西，下为砖券门洞，东西贯通，北侧设砖砌台阶，由此可达城楼，台上四周设女儿墙，台面方砖铺砌，台之东侧门洞上楷书"直隶娘子关"，台上门楼单檐歇山顶，为20世纪80年代复建。城门东侧有依山势蜿蜒起伏的长城约300米（图11-2-9、图11-2-10）。⑧

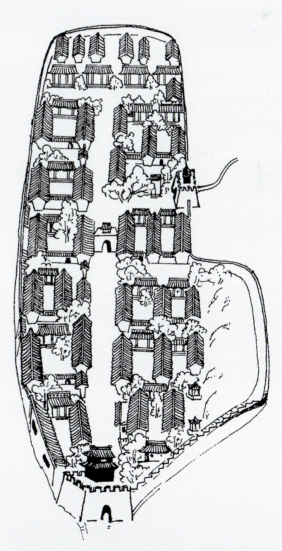

图 11-2-10 平定娘子关关城示意图（资料来源：《娘子关志》）

图 11-2-11　偏关老牛湾堡（资料来源：自摄）　　图 11-2-13　偏关老营堡瓮城（资料来源：自摄）　　图 11-2-14　偏关老营堡城门（资料来源：自摄）

图 11-2-12　偏关老牛湾黄河（资料来源：自摄）

四、偏关偏头关

偏头关位于偏关县城中部关河北岸，是山西省第二批文物保护单位。偏头关东连丫角山，西濒黄河，因东仰西伏，故名偏头。现存关城为明洪武十三年（1390年）所建，明宣德，天顺，弘治元年、嘉靖六年、隆庆年间均有修建。偏头关城形状不规则，东西长1100米，东、西、南三道城门均建有瓮城。城高10米处砌砖石，南门至西门一带，砖石大部犹存。西墙、北墙多为夯土墙，东部城墙已毁。明代除设置"偏头关"外，在崇山峻岭的长城沿线及重要通道上建起了城22座，有桦林堡、老牛湾堡、草垛山堡、老营堡等。这些堡城的边墙现多仅存夯土,唯地处黄河岸边的桦林堡地段,约30公里边墙保存较好,全部包砖,高耸于河岸,甚为壮观(图11-2-11～图11-2-14)。⑨

五、宁武宁武关

阳方口位于忻州市宁武县北约13公里,宁武关城所在地。宋时因杨家将驻防于此关口,所以简称杨防口,后来简化为阳方口。阳方口战略地位极其重要,古代以重兵驻此,东可以卫雁门,西可以援偏关,北可以应云朔。该关城筑于明成化二年(1466年),弘治十一年(1498年)扩城7里,嘉靖二十年(1543年)有三关镇守总兵官驻守,辖雁门、偏头二关。明代内长城原分为三路,宁武关为中路,雁门关为东路,偏头关为西路。《边防考》中载,宁武关在当时的军事史上占有重要位置。现今关城已圮(城楼已复建),旧城垣依稀可辨,残高3～5米,底宽5米。城两侧的长城遗迹尚存。⑩是山西省第二批文物保护单位(图11-2-15～图11-2-17)。

图11-2-15 宁武关阳方口长城(资料来源:自摄)

图11-2-16 宁武关长城现状(资料来源:自摄)

图11-2-17 宁武关长城保存较好的长城(资料来源:自摄)

六、代县雁门关

雁门关位于代县城西北 20 公里白草口雁门关村南 200 米，是第五批国家文物保护单位。雁门关又名西陉关，是明代内长城的重要关隘之一，与偏头关、宁武关合称三关。旧关原在雁门山上，元废。明洪武七年（1374 年）将旧关移筑于今址，景泰、正德、嘉靖、万历及清同治年间，均有修葺。雁门关四周峰峦叠嶂，地势险要，道路曲折，为历代戍守重地。现存关城由关城、瓮城、围城三大部分组成。墙高 10 米，石座砖身，内为夯土，关门三重。东门原有雁楼，西门原有六郎庙，今已不存。西门之外又有南北向小门，门额石匾横刻"雁门关"三个大字，左右无双地，九寨尊崇第一关。沿关城西南，有依山势蜿蜒起伏的白草口长城约 2.5 公里，保存完好（图 11-2-18、图 11-2-19）。

图 11-2-18　代县雁门关关门（资料来源：自摄）

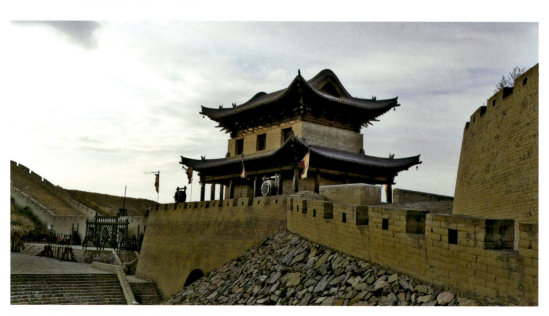

图 11-2-19　代县雁门关瓮城城楼（资料来源：自摄）

七、右玉永济桥

永济桥，又名广义桥，位于右玉县右卫镇杀虎口堡南门外100米处，始建年代不详，现存为明代遗构。桥呈南北走向，为单孔尖拱石拱桥，长27米，宽7米，桥高5.5米，占地面积189平方米。桥孔跨度3.5米，高3.1米，全部以黑灰色玄武岩垒砌而成。桥洞两侧拱顶分别饰有石雕龙首龙尾。桥青石铺面，桥两侧设石栏板护栏，设望柱22根，每根望柱头上雕狮子、猴、仙桃、石榴等，形象逼真，刻工精细。永济桥现仍在使用。2005年右玉县人民政府公布为县级文物保护单位（图11-2-20～图11-2-23）。

图11-2-20 右玉永济桥外观（资料来源：自摄）

图11-2-21 右玉永济桥桥栏（资料来源：自摄）

图11-2-22 右玉永济桥石猴（资料来源：自摄）

图11-2-23 右玉永济桥石狮（资料来源：自摄）

图11-2-24 襄汾洪济桥桥廊（资料来源：自摄）

图11-2-25 襄汾洪济桥桥廊木构架（资料来源：自摄）

图11-2-26 原平普济桥石狮（资料来源：自摄）

图11-2-27 原平普济桥石人（资料来源：自摄）

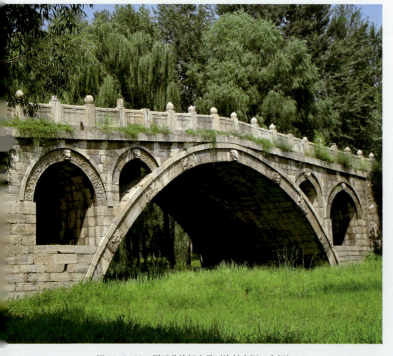
图11-2-28 原平普济桥实景（资料来源：自摄）

八、襄汾洪济桥

洪济桥位于襄汾县汾城镇，汾城镇旧为太平县。古太平县城北面平坦，三面临沟，为解决交通问题，历史上建造了很多桥梁，洪济桥就是众多桥梁中的佼佼者。该桥位于镇之西北（古太平县城西北）南关石坡下，创建于金大定二十三年（1184年），清乾隆年间将廊桥木柱易为石柱，民国九年修缮。桥为东西向石砌单券单孔，券洞顶上方悬出一巨型龙头石雕。桥面上建有面阔五间单檐歇山顶式廊房，从而形成北方十分罕见的廊桥。桥面上木构建筑斗栱为五铺作计心造，梁架结构为四架椽，16根立柱以枋木、雀替、斗栱承托廊顶，造型优美壮观。洪济桥是连接南关石坡和大南关的要津，历来是车水马龙，人流不息，热闹非凡，成了汾城镇繁华之地（图11-2-24、图11-2-25）。

九、原平普济桥

普济桥位于原平市崞阳镇平定街村南桥河上。敞肩联拱石拱桥。据清乾隆《崞县志》记载，建于金泰和三年（1203年）。后历代修缮，现存桥体为金代遗构。南北走向，全长82米，宽8米，由单孔长券和四个小券组成，大券尽跨19米，矢高6.5米，东西两侧券楣上分别雕有云中盘龙、扁舟渔翁、文弱书生、威武壮士及奇形异兽等像，券楣上为龙首汲水兽。桥面两侧设有石栏板、望柱，望柱上雕有佛手、石鼓、桃、狮和麒麟等，造型生动。1986年山西省人民政府将文庙公布为山西省重点文物保护单位（图11-2-26～图11-2-28）。

十、平遥惠济桥

惠济桥位于平遥县古陶镇东城村下东门外东北300米处，横跨于惠济河下游。联拱石桥，俗称"九眼桥"。据碑文记载，原为木板桥，清康熙十年（1671年）始建五孔石拱桥。清康熙三十六年（1697年）增为九孔拱桥。乾隆、同治、光绪年间曾予补筑修葺。南北走向，桥全长80米，宽7.4米，占地面积677平方米。各拱券净跨4.2～4.9米不等，桥面略呈弧形，条石铺墁。中间5孔桥洞的拱券两旁分别雕龙头、龙尾，桥身两侧设石雕栏板、望柱，栏板上雕刻珍禽异兽、吉祥花卉以及福、禄、寿字纹样，望柱头雕狮子、花蕾、"八宝"形象。清代后期，惠济桥以"河桥野望"一名，列为平遥"十二景"之一。1988年，山西省文物局和平遥县财政下拨专款，重新铺墁桥面，补配、置安栏板、望柱。2004年11～12月，县财政投资清倒污土、整理河床、疏通河道。1982年10月10日，被平遥县人民政府公布为县级文物保护单位。2003年1月15日，被晋中市人民政府公布为市级文物保护单位。[11] 2004年6月，被山西省人民政府公布为省级文物保护单位（图11-2-29、图11-2-30）。

十一、泽州景德桥

景德桥位于晋城市泽州县城西关沙河上，又称西大桥，因其西通沁水、阳城，亦称沁阳桥。据《重修沁阳桥堤碑》载，景德桥始建于金大定二十九年（1189年），清乾隆四年（1739年）重修。新中国建立初期，桥身拱券崩塌，桥上栏板残损无几，1956年国家拨款重新维修，增筑栏板，使桥恢复旧貌。景德桥是一座敞肩式单孔圆弧弓形石拱桥，桥长21.62米，桥面宽4.8米。主拱券由十五道等截面独立圆弧拱石圈纵向并列错缝砌置而成，券体宽6.65米，上、下各拱石接面处及相邻拱圈内部，均采用银锭卯腰铁相连，增强了各拱石及十五道拱券内的纵、横向联系。主拱券两侧，各设泄洪小券一个，小券跨度3.05米，也由十五道拱石构成，采用了镶边纵联错缝砌置法砌造，别具匠心。景德桥整体

图11-2-29 平遥惠济桥全貌（资料来源：自摄）

图11-2-30 平遥惠济桥局部（资料来源：自摄）

图11-2-31 泽州景德桥实景（资料来源：自摄）

图11-2-32 泽州景德桥桥面（资料来源：自摄）

图11-2-33 泽州景忠桥（资料来源：自摄）

图11-2-34 襄垣永惠桥拱顶（资料来源：自摄）

图11-2-35 襄垣永惠桥实景（资料来源：自摄）

图11-2-36 襄垣永惠桥近景（资料来源：自摄）

造型平坦舒展，形制与隋代赵州桥基本相似。该桥是第一批山西省重点文物保护单位（图 11-2-31，图 11-2-32）。

十二、泽州景忠桥

景忠桥位于晋城市泽州县城外东关，俗称东关桥、东大桥，又名永济桥，至今仍是晋城东向交通往来的必经之路。据清乾隆《凤台县志》载，桥始建于元至正年间（1341～1368 年），初建时为木构桥梁，明弘治年间（1488～1505 年）仿晋城西关景德桥大券拱式样，改建为石桥。清乾隆三年（1738 年）重建，四十八年（1783 年）又进行了大的修葺。景忠桥是一座单孔弓形石拱桥，桥长 16.55 米，桥宽 5.7 米，桥面略有弧度。桥身为单孔拱券，桥拱宽 6.5 米，共由 99 道石圈采用并列自由错缝法砌造而成。拱石厚 0.62 米，上、下接面处不设露明腰铁，拱背上设有护拱石一层，拱外券面石无雕饰，拱顶锁口石刻作兽面。桥身两侧各设一根长条石，外端刻作龙首形。桥面栏杆低矮无奇，是清代桥梁上常见的形制。该桥是第二批山西省重点文物保护单位（图 11-2-33）。

十三、襄垣永惠桥

永惠桥位于长治市襄垣县城北门与北廓门之间甘水河两岸，俗称北关桥。据清乾隆县志载，永惠桥始建于金天会九年（1131 年）。历经明成化年间，明万历十九年（1591 年）、清道光十九年（1838 年），多次维修。现存永惠桥及其附属文物五龙庙山门、正殿、乐楼等。永惠桥为单孔实腹尖拱石桥，长 29.5 米，宽 8.5 米，桥孔净跨 12.8 米，矢高 7.5 米，高跨之比约为 1∶0.59。整座桥梁用长方形、梯形、微弧形石灰岩条石横置砌成，拱券两侧正中龙门石上采用深、浅浮雕手法各雕"四爪升龙"三条。桥面两侧有望柱、栏杆、石栏板装饰。栏板雕刻春秋花卉、人物故事等，背面刻花纹，具有一定的艺术价值。该桥是第三批山西省重点文物保护单位（图 11-2-34～图 11-2-36）。

十四、太原晋祠鱼沼飞梁

鱼沼飞梁为宋代遗构，位于中轴线圣母殿与献殿之间，为一座十字形桥。古人有"圆为池，方为沼"之说，因此池方形而多鱼，故称"鱼沼"。鱼沼，晋水的第二泉源，水从沼出，流入八角莲池，然后汇入智伯渠。桥建于鱼沼之上，形同飞梁，故名"鱼沼飞梁"。桥始建年代无考，据北魏地理学家郦道元《水经注》载：悬瓮山麓"际山枕水有唐叔虞祠，水侧有凉亭，结飞梁于水上"，可知此前此处已建有飞梁。现存鱼沼飞梁除沼中小八角柱及柱础仍保存北朝风格外，整座桥梁为宋代遗物。东西长 19.6 米，宽 5 米；南北长 19.5 米，宽 3.3 米，两端下斜与地面平。沼中立八角石柱 34 根，柱础为宝装莲花，柱头与普柏枋相连，上置栌斗，施十字华栱承托梁枋，共同支撑桥面。四面以桥连接，成十字形桥面，中间交叉处为 6.5 米见方的平台，东西连接献殿和圣母殿。南北桥面斜至沼边，状如鸟之双翼。鱼沼飞梁四周有白石勾栏围护。飞梁形制与构造之殊，偶见于古画之中，国内现存实物仅此一例（图 11-2-37）。

图 11-2-37　太原晋祠鱼沼飞梁（资料来源：自摄）

第三节　牌坊照壁

在中国建筑史中，尽管牌坊、照壁仅为古代建筑群落的附属小品，但它们的使用范围非常广泛，大到城市、乡村、园林、街巷，小到宫殿、衙署、庙宇、民居，随处可见，无处不在。一般认为牌坊产生于周代，脱胎于"衡门"。所谓衡门，其建筑形象是以两根柱子架一根横梁的"门式"造型，是院落的出入口。及至隋唐时期，我国的城市营建，从都城到县城均采用里坊制，城市空间被纵横交错的大街小巷划分为整齐一律的棋盘状，在每个方块内安置居民，作为居住区的基本单位，古代称之为"坊"。坊与坊之间用墙相隔，坊墙中央设门，用以出入，称为坊门。随着里坊制的消亡，这些坊门业已失去其固有的开闭功能，但这种建筑物仍然被保留下来，作为城市地段的重要标志物而存在，被人们称之为牌坊。这些牌坊选址于建筑物的出入口或重要交通要道上，成为古代用以旌表、纪念、标识的构筑物。牌坊种类很多，无顶的曰"坊"，有顶的曰"楼"，合称"牌坊"或"牌楼"。其建筑选材范围较广，既可以是石质牌坊，也可以是木质牌坊，其中后者颇具古风。在中国古代，人们性格内敛，空间观念内向，无论是城市、乡村，还是庙堂、民居，均用四合院、三合院组织空间，院落封闭，自成天地。为了遮挡视线并起到藏风聚气的作用，产生了另一种建筑小品，称之为"照壁"。也叫"影壁"、"萧墙"、"屏风墙"等。对于照壁的营建，历代均很重视，无论是官家还是民间，往往投入较多的人力物力为之，于是产生了各种造型优美、内涵深邃、类型丰富的照壁，既有琉璃的，也有砖石的。这些照壁寄托了古人的理想和追求，是我国古代建筑遗产的重要组成部分，具有较高的技术和艺术价值（图11-3-1～图11-3-3）。

图11-3-1　运城解州关帝庙"威震华夏"牌楼（资料来源：自摄）

图11-3-2　芮城永乐宫"人伦模楷"石牌坊（资料来源：自摄）

图11-3-3　太原纯阳宫"吕天仙祠"牌楼
（资料来源：自摄）

一、交口韩极石牌坊

韩极石牌坊位于交口县回龙乡陶上村韩家沟自然村中，坐北向南，南北长2米，东西宽6.8米，占地面积14平方米。韩极（1780～1854年）字天枢，号玉衡，自幼家贫，青年时闯西域到乌鲁木齐经商，成为一巨贾，与咸丰帝私交甚密，皓封为奉政大夫，国子监大学士，并赐世袭"骑都尉"，其子袭四川省通判，曾显赫一时。咸丰五年（1855年），经咸丰皇帝御赐，建天枢之坊于村内河畔，结构为四柱三楼歇山顶仿木构石雕建筑，坊高约8.9米，宽6米，质地为青石。楼脊中央为狻猊驮公斗，坊梁横书"皓封奉政大夫韩翁韩极字天枢之坊"和"大清咸丰五年岁次乙卯夏六月中瀚吉旦敬立"。额书"龙德褒嘉"和"彩凤云开"。檐下悬挂有"圣旨"和"敕命"匾。四柱遍刻楹联，楼身雕刻八仙庆寿、驾鹤天将、万国来朝、西洋钟、琴棋书画、赐福天官、指日高升、蔡顺奉亲、郭巨埋儿、子路负米等民间典故。雕刻手法采用透雕、镂空雕、圆雕、浮雕、高浮雕、线雕等技法。各构都雕有榫卯，整体建筑设计巧妙合理，造型独特，古朴凝重，雕刻纹饰栩栩如生，不失为牌坊中的精品佳作。2004年6月10日被山西省人民政府公布为第四批省级重点文物保护单位（图11-3-4）。

二、曲沃四牌楼

四牌楼又名望母楼，八柱九楼式木牌坊，占地面积706平方米。据清乾隆二十三年（1758年）《曲沃县志》记载，明万历四十三年（1615年），邑人李济沆思母而建，清道光年间、1981年曾部分维修，2002年整体落架维修。平面呈方形，二层十字歇山顶。二层檐前后各出抱厦一间，山花向前，主楼四角各出戗柱一根，上建角楼，琉璃脊饰、屋面。每角栏板上雕有狮子、麒麟等图案。底座卧石三层、竖石八块，每块竖石雕鼓狮绣球撑角柱。整个牌楼为阁楼式与牌楼式相结合结构，造型奇特，牌楼上下坊、雀替、板件上均雕有精美的浅浮雕图案，有较高的艺术价值。2004年6月公布为省级重点文物保护单位（图11-3-5～图11-3-7）。

图11-3-4 交口韩极石牌坊（资料来源：山西省第三次文物普查资料）

图11-3-5 曲沃四牌楼全景（资料来源：自摄）

图11-3-6 曲沃四牌楼近景（资料来源：自摄）

图11-3-7 曲沃四牌楼屋顶细部（资料来源：自摄）

三、翼城四牌坊

四牌坊—木牌坊，位于翼城县唐兴镇城内村中，木坊街与牌坊路十字交汇处，占地面积64平方米。创建年代不详，据碑载明万历四十一年（1631年）重建，清康熙十五年（1676年）、民国14年（1925年）均有重修，1989年有维修。现存牌楼为明代建筑，八柱五楼式，面阔、进深均为6米，通高约20米。八柱分四组立在四个平面五边形的基座上，基座石砌，高0.4米。十字歇山顶，二层滴水檐，楼身平面呈方形，设四根金柱直达顶层组成构架，四金柱四角向外各立一柱，上建次楼，次楼抱厦式，飞檐挑八角。各柱之间以穿插枋相构，四面各柱间施以华替、匾额。匾额题字自北顺时针方向，分别为"封翁"，"龙章宠赫"；"乡科"，"桂殿分香"；"明经"，"宫墙脱颖"；"甲科"，"瀚墨传芳"。牌坊西北角立"重建四坊由上"碑，东北角立"重建四坊各里施米树姓名计开于后"碑。2004年山西省人民政府公布为省级文物保护单位。重建四坊由上本县单父母居，位于四牌坊下西北角，青石质，碑身高1.96米，宽0.78米，厚0.30米，碑座高0.48米，厚0.60米，宽1.0米。额篆题："翼城县重建四方由"，首题："重

图11-3-8　翼城四牌坊全景（资料来源：自摄）　　图11-3-9　翼城四牌坊近景（资料来源：自摄）

图11-3-10　翼城四牌坊翼角（资料来源：自摄）　　图11-3-11　翼城四牌坊彩绘（资料来源：自摄）

建四方由上本县父母启",18行,满行48字,碑阴"重建四方记",16行,满行46字,皆为楷书。该碑是曾任监察御史的翼城东关史家疙瘩的史学迁等人写给县官单崇的一分重建木牌楼的报告。该碑立于明万历四十一年(1613年)十月,撰文史学迁、石天麟、高登明、王三赐、王天医、高佑、王国封、李永植、陈嘉瑛等,柳桥书丹并篆。碑阴记述修木牌坊的经过(图11-3-8～图11-3-11)。

四、翼城石牌坊

四牌坊—石牌坊,位于翼城县唐兴镇城内村牌坊路与石坊街交汇处,占地面积64平方米。据民国18年(1929年)版《翼城县志》载,创建于明万历三十九年(1611年),清乾隆三十六年(1771年)、民国14年(1924年)均有重修,2007年又有重修。现存牌坊为明代建筑,平面呈方形,面阔、进深均为8米,建在四个石砌五边形基座上,座高1.2米,呈十字形对角分布,上置石条台座。明次坊石柱为方形抹角,置于台座之上,柱子根部设抱鼓石。平面设八柱,内四通柱支撑主楼,单檐十字歇山顶,(原为石顶,现存为后人重修时改建的木结构十字歇山顶),四角向外延伸设四柱与内柱之间用平板枋等连接支撑次楼(顶已不存),四面看,均为四柱三楼式。压头枋与平板枋之间有题字板(字已不存),通体均有雕刻,内容有人物故事、鸟兽、花卉等,其主要内容是引喻和旌表建坊主人监察御史史学迁为官的业绩故事。牌楼柱间现存民国14年(1925年)重修布施碑2通。2004年山西省人民政府公布为省级文物保护单位(图11-3-12～图11-3-14)。

图11-3-12 翼城石牌坊细部(资料来源:自摄)

图11-3-13 翼城石牌坊藻井(资料来源:自摄)

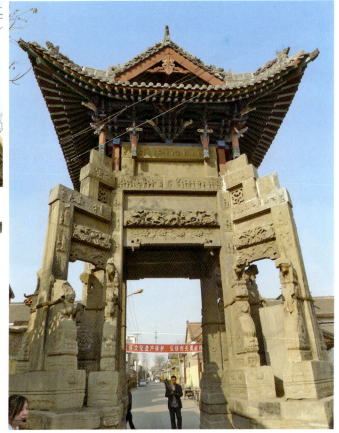

图11-3-14 翼城石牌坊外观(资料来源:自摄)

五、和顺石牌坊

石牌坊位于和顺县义兴镇北关村中和北街。据楼匾题记载，创建于明崇祯四年（1631年），清代曾维修，占地面积20.44平方米，坐北朝南。牌坊为四柱三间五楼，高11米，歇山顶，坊基埋入地下，柱脚前后设抱鼓石，明楼柱间设额枋，上、下方及楼匾共八层，枋上均雕有各种图案，檐下设五踩斗栱六攒，正楼匾上楷书"陵京锁钥"，右侧行书"……崇祯四年辛未孟冬吉日建"题记。1993年被和顺县人民政府公布为县级文物保护单位。1996年被山西省人民政府公布为省级文物保护单位（图11-3-15～图11-3-17）。

六、介休太和岩牌楼

太和岩牌楼，位于介休市义安镇北辛武村东，为真武庙门前牌楼，现庙毁仅存牌楼。据牌楼题记载，清光绪二十三年（1897年）造，占地面积48平方米。牌楼坐北朝南，为四柱三门三楼式，建于石砌束腰须弥座上，宽5米，高4.5米，歇山黄琉璃瓦顶。明间设七踩三翘斗栱七攒，次间置五踩单翘单昂斗栱五攒，明、次间额枋斗栱、门楣牌匾、勾滴瓦垄、吻兽脊饰及各种花卉图案、文字等全用黄、绿、蓝琉璃构件搭套安装而成。门拱上雕蔓延花枝及二龙戏珠，额枋心内雕人物、花卉和文房四宝，斗栱饰雕龙头，牌匾上剔地突起花边，枋柱两侧面塑青龙、白虎。正面中门檐下悬"太和岩"牌额，枋下悬"紫极腾飞"横匾，左门上悬"无上道"，右门上悬"众妙门"。四柱饰对联，中间一副："北极极也本无极为太极；玄天天也迺先天而后天"，两旁题："汾川宝地殿庭观壮玉虚正玉衡调玉烛者

图11-3-15 和顺石牌坊外观（资料来源：自摄）

图11-3-16 和顺石牌坊细部（资料来源：自摄）

图11-3-17 和顺石牌坊石雕（资料来源：自摄）

图 11-3-19 介休太和岩牌楼全景
（资料来源：自摄）

图 11-3-20 介休太和岩牌楼西部
（资料来源：自摄）

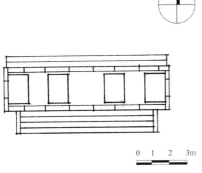

图 11-3-18 介休太和岩牌楼平面图（资料来源：自绘）

犹王；玄岳佐玄宜躔玄武之又玄净乐前星针杵功成"。牌楼背面中门悬"天枢真宰"横匾，四柱饰对联，分别为"道事半百年飞真自天上帝适；名留于一千古游王避地大宇寒"、"净乐钟灵三三诞降；太和深道九九飞升"。2006 年被国务院公布为第六批全国重点文物保护单位（图 11-3-18～图 11-3-20）。

图11-3-21 原平朱氏牌楼侧面（资料来源：自摄）

图11-3-23 原平朱氏牌楼正面（资料来源：自摄）

图11-3-22 原平朱氏牌楼细部（资料来源：自摄）

七、原平朱氏牌楼

朱氏牌楼主枋位于原平市大牛店镇阳武一村中,据牌楼题记始建于清咸丰五年(1855年),主枋位于村中,坐东面西,四柱三楼重檐歇山顶,通高10.54米,通面宽15米,建于一高0.94米的束腰须弥座上,束腰部雕有各种人物故事图,正面雕有四个力士。额枋下四柱方形,前后有戗柱支撑。戗柱上有螭首缠绕。明楼略宽,两次楼稍窄,明楼雀替上镂雕有二龙戏珠图。上置额枋及楼匾,分别署"咸丰五年九月男武访畤谨建"、"旌表资政大夫庠生武烈之妻朱氏节孝坊"。两次楼雀替上镂雕丹凤朝阳,额枋上分别署"柏舟矢志"、"竹帛流芳",上下坊上均雕有二十四孝图、人物故事及花鸟走兽等图案。下层檐仿木构石雕斗栱,五踩重翘,上层檐仿木构石雕斗栱,三踩单翘。坊前设有石雕、旗杆各一对。配坊坐北朝南,四柱三门,单檐歇山顶。牌楼石刻神兽、人物、楹联。1982年维修。⑫1965年山西省人民政府将文庙公布为山西省重点文物保护单位(图11-3-21~图11-3-23)。

八、绛县乔寺碑楼

周万钟功德碑楼位于绛县横水镇乔寺村北约20米,坐西向东,单体建筑,平面长方形,建筑面积44.2平方米。碑文记载,建于清道光十七年(1873年),是周氏家族为资政大夫周万钟所建的功德碑楼。石砌台基宽17米,深2.60米,高1.50米,楼身约高15米。楼身六间,单檐歇山顶。正面五碑室七通碑,序由乙未科探花乔晋芳撰,每室之间有通柱石雕对联,上嵌石匾额,楼体上部四面均为仿木斗栱砖雕,三踩单翘,龙形耍头,有橼飞,并雕有人物、花卉,砖雕、石雕皆十分繁复而华丽。1996年公布为省级文物保护单位(图11-3-24~图11-3-26)。

图11-3-24 绛县乔寺碑楼远景(资料来源:自摄)

图11-3-25 绛县乔寺碑楼近景(资料来源:自摄)

图11-3-26 绛县乔寺碑楼细部(资料来源:自摄)

九、绛县石牌坊

南樊石牌坊，又名节孝坊，位于绛县南樊镇西堡村中部交通要道上，坐北朝南，南北长12米，东西宽8米，占地面积96平方米。据石匾题刻，创建于清嘉庆八年（1803年），由石牌坊和石碑楼两部分组成。牌坊石条基，宽4.6米，深3.1米，高1米，全青石砌造，总高约10米。六柱五门，重檐庑殿顶，脊饰、瓦当、椽飞均为仿木构形式雕刻，上置七攒平身科斗栱，夹杆石为圆雕石狮门墩。主门正中石匾上刻"诰封中宪大夫贾凝端之妻李恭人节孝坊"、"嘉庆八年（1804年）"题款。其额枋、斗栱、阑额等部位，有多种形式的石雕装饰，基本反映并代表了当时最高水平的石雕工艺。牌坊东南侧附建一石碑楼。1996年公布为省级文物保护单位。碑楼，石牌坊附属建筑，创建于清嘉庆八年（1803年），石条台基，高0.9米，宽三间，深一间，石雕仿木构单檐歇山顶，屋脊、瓦垄、檐下斗栱枋板、雀替均雕刻有图案，柱头斗栱五踩斜昂。碑楼内嵌碑15通，主碑居中，碑框线刻有佛手、扇面、圆形、菱形图案，字体真草隶篆皆有，内容为歌颂李氏的诗、词、赋、文章，书法均出自当时的状元、榜眼之手（图11-3-27～图11-3-29）。

图11-3-27　绛县石牌坊正面（资料来源：黄海摄）

图11-3-28　绛县石牌坊与碑楼（资料来源：黄海摄）

图11-3-29　绛县石碑楼（资料来源：黄海摄）

十、汾西师家沟石牌坊

师家沟村隶属与汾西县僧念镇，位于僧念镇之北，东临汾河，西靠姑射山。村落三面环山，南边临沟，依山就势，避风向阳，布局巧妙，错落有致。师家沟村的师氏家族在清代中后期商业发达，财力雄厚，所以师家沟从选址布局和空间组织，到单体建筑和细部装饰，都非常讲究，与自然地形地貌有机结合。村落始建于乾隆三十二年（1767年），由师家第三代师法泽主持。后来，随着师氏家族的兴盛，逐步扩建，到光绪年间（1875～1908年）基本建成，前后持续二百多年。该村现存传统建筑面积5万余平方米，较完整的院落有30余座，窑250

图 11-3-30 汾西师家沟石牌坊外观（资料来源：自摄）

图 11-3-31 汾西师家沟石牌坊下檐（资料来源：自摄）

图 11-3-32 汾西师家沟石牌坊上檐（资料来源：自摄）

余孔，房100余间。村落中部以民居为主，多采用窑洞形式，窑上建楼，院上盖院，院中进院，院院相通，交融一体。中部民居区四周设环道，环道外侧有酒坊、醋坊、染坊、油坊、当铺、药店等。在师家沟村的村口，有一座用当地红砂石砌筑的石牌坊。该牌坊是一座"节孝牌坊"，用以旌表该村师自省之妻。师自省在39岁时不幸身亡，其妻赵氏和张氏坚守节操，一生侍奉公婆、养育儿女，其后人师丙成科举功成。为了表彰赵氏和张氏的事迹，于咸丰七年（1857年），皇上敕建了这座四柱三楼式石牌坊，在石牌坊上共雕刻了465头灵兽。师家沟石牌坊造型生动，文化底蕴深厚，具有较高的艺术价值和历史价值。2006年，师家沟建筑群被公布为全国重点文物保护单位（图11-3-30～图11-3-32）。

十一、大同龙壁

在等级森严的古代中国，以龙为题材营造影壁，只能用于皇宫、王府、庙宇门前，民间较少使用。大同曾是明太祖第十三子代王朱桂的分地，在王府、寺庙门前建有大量的龙壁，被人们称为龙壁之城。一般而言，这些照壁依据龙的数量可以分为一龙壁、三龙壁、五龙壁、七龙壁和九龙壁，鲜有使用双数的。等级较高的龙壁使用琉璃装饰，使得这些影壁五光十色，绚丽多姿。据统计，大同的一龙壁曾有4座，

图 11-3-33　大同三龙壁（资料来源：自摄）

图 11-3-34　大同五龙壁（资料来源：自摄）

图 11-3-35　大同九龙壁（资料来源：自摄）

分别布置于明代大同县文庙及兴国寺山门两侧，壁心为黄色琉璃龙图案。观音堂门口的三龙壁，是大同唯一的一座双面琉璃三龙影壁，壁长12米、高6米、厚1.2米。大同的五龙壁共有三座，分别是兴国寺五龙壁、天竺庙五龙壁和县文庙五龙壁。善化寺门口的五龙壁，曾是大同城南兴国寺山门前的照壁，后迁建于此地。大同九龙壁位于城区和阳街中段，坐南朝北，南北长38.6米，东西宽64.5米，占地面积2490平方米。据《大同县志》记载，建于明洪武二十五年（1392年），代王府邸照壁，府邸于崇祯末年毁于兵火，唯九龙壁幸存，清代、民国曾予修缮。壁长45.5米，高8米，厚2米，下部为琉璃贴面须弥基座，束腰部分雕刻狮、象、麒麟、鹿、飞马等动物图案，壁身正面雕刻九条巨龙翻腾于云海中。全部壁面用426块黄、绿、白、赭、紫、蓝色琉璃构件拼砌而成，龙壁顶部为仿木构庑殿顶，檐上勾滴、瓦垄、脊兽、戗兽俱全，正脊上雕刻行龙、莲花等图案。九龙壁前池沼长35米，宽4.75米，中有双孔石桥，四周设石栏杆，望柱上石雕石榴、动物等。1954年，因城市建设，依九龙壁原状向南迁移28米。现存历代重修碑5通。2001年7月公布为全国重点文物保护单位（图11-3-33～图11-3-36）。

图11-3-36　大同九龙壁细部（资料来源：自摄）

注释

① 国家文物局. 中国文物地图集：山西分册（上）[M]. 北京：中国地图出版社，2006：120.

② 山西省文物局. 山西省重点文物保护单位[M]. 太原：内部图书，2006：247-249.

③ 平顺县志编纂委员会. 平顺县志[M]. 北京：海潮出版社，1997：320.

④ 柴泽俊. 柴泽俊古建筑文集[M]. 北京：文物出版社，1999：514-516.

⑤ 柴泽俊. 柴泽俊古建筑文集[M]. 北京：文物出版社，1999：503.

⑥ 山西省文物局. 山西省重点文物保护单位[M]. 太原：内部图书，2006：398.

⑦ 王天明. 品读泽州[M]. 内部资料，2006：132.

⑧ 朱玉芳. 娘子关志[M]. 北京：中华书局，2000：35-39.

⑨ 偏关县志编纂委员会. 偏关县志[M]. 太原：山西经济出版社，1994：512-514.

⑩ 山西省文物局. 山西省重点文物保护单位[M]. 太原：内部图书，2006：400.

⑪ 平遥县地方志编纂委员会. 平遥县志[M]. 北京：中华书局，1999：754-755.

⑫ 原平县志编纂委员会. 原平县志[M]. 北京：中国科学技术出版社，1991：436.

山西古建筑

… 第十二章 山西早期建筑结构与构造的区域特征

山西早期建筑分布图

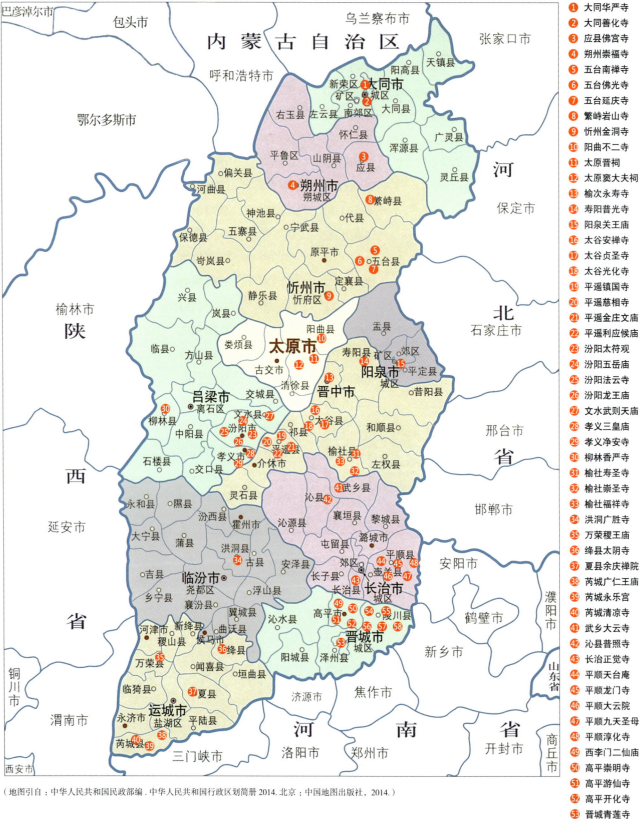

① 大同华严寺
② 大同善化寺
③ 应县佛宫寺
④ 朔州崇福寺
⑤ 五台南禅寺
⑥ 五台佛光寺
⑦ 五台延庆寺
⑧ 繁峙岩山寺
⑨ 忻州金洞寺
⑩ 阳曲不二寺
⑪ 太原晋祠
⑫ 太原窦大夫祠
⑬ 榆次永寿寺
⑭ 寿阳普光寺
⑮ 阳泉关王庙
⑯ 太谷安禅寺
⑰ 太谷贞圣寺
⑱ 太谷光化寺
⑲ 平遥镇国寺
⑳ 平遥慈相寺
㉑ 平遥金庄文庙
㉒ 平遥利应侯庙
㉓ 汾阳太符观
㉔ 汾阳五岳庙
㉕ 汾阳法云寺
㉖ 汾阳龙王庙
㉗ 文水武则天庙
㉘ 孝义三皇庙
㉙ 孝义净安寺
㉚ 柳林香严寺
㉛ 榆社寿圣寺
㉜ 榆社崇圣寺
㉝ 榆社福祥寺
㉞ 洪洞广胜寺
㉟ 万荣稷王庙
㊱ 绛县太阴寺
㊲ 夏县余庆禅院
㊳ 芮城广仁王庙
㊴ 芮城永乐宫
㊵ 芮城清凉寺
㊶ 武乡大云寺
㊷ 沁县普照寺
㊸ 长治正觉寺
㊹ 平顺天台庵
㊺ 平顺龙门寺
㊻ 平顺大云院
㊼ 平顺九天圣母
㊽ 平顺淳化寺
㊾ 西李门二仙庙
㊿ 高平崇明寺
51 高平游仙寺
52 高平开化寺
53 晋城青莲寺
54 西溪二仙庙
55 南神头二仙庙
56 陵川龙岩寺
57 陵川白玉宫
58 陵川崔府君庙

(地图引自：中华人民共和国民政部编. 中华人民共和国行政区划简册 2014. 北京：中国地图出版社，2014.)

第一节　晋中早期建筑

所谓早期建筑，这里特指元代及之前的建筑遗存。本章对山西各地早期建筑的结构与构造逐一分析，结果表明山西各地早期建筑呈地域性分布，特征鲜明。在此需要特别说明是，由于晋西地区的早期建筑存留较少，所以将其放在晋中地区一节中进行分析。①

晋中地区历来是山西省的政治、军事、文化中心，古建筑结构技术不但形成了本地区的独特之处，同时也影响和吸收了南、北结构之精华，既具有南部宋、金时期铺作之制的严格区分，又体现了北部辽代梁架结构的合理成分，其建筑结构的发展脉络非常清晰。晋中目前还未发现唐代木结构遗物，五代时期的建筑遗构，仅存平遥县镇国寺万佛殿一座。其梁架结构的主要特点是平梁之上设蜀柱顶承脊部，且蜀柱立于驼峰之上，梁栿之间设驼峰及纵横交构的"十字"出跳斗栱隔承，栿头与令栱相接不出头，由托脚斜戗，托脚与梁栿结构形成梯形构架，此结构点及形制与唐代遗构相较，除托脚用材规格变小外，余皆雷同。

万佛殿是山西中部地区目前唯一保存至今的五代木结构遗物，其结构反映了北部和中部建筑上继唐、下传辽宋，具有过渡性的代表遗构（图12-1-1）。宋代遗构特点是，平面减柱，平梁之上的结构直接继承了中部地区五代时期的结构手法，平梁之上蜀柱仍由驼峰承托，叉手捧戗脊部攀间的捧节令栱或替木两侧。宋末脊部攀间出现了复合叉手的结构形制，金代出现了双叉手。同时辽代托脚斜戗于槫外侧之结构，宋代也吸收使用。出现了《营造法式》中规定的"梁栿对乳栿"和民间的"梁栿压乳栿"两种结构形制，同时使用的结构技术。继承并发展了五代建筑中梁栿之下惯用的内外出跳栱（向殿外出跳栱不设交互斗，华栱直至托脚）。檐部铺作施以真昂造外，还出现了直昂造，直昂除造型与假昂有所不同外，结构功能与假昂完全一致，也可以说是假昂的雏形。宋代直昂造以北部忻州金洞寺转角殿、太原晋祠圣母殿廊部及寿阳普光寺大殿等实例，另有太原晋祠献殿（金大定八年，1168年），榆社福祥寺山门也近于直昂造（图12-1-2）。

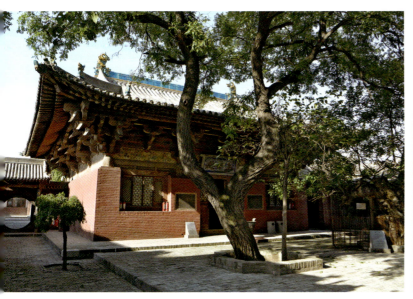

图12-1-1　平遥镇国寺万佛殿（资料来源：自摄）

图12-1-2　忻州金洞寺转角殿外观（资料来源：自摄）

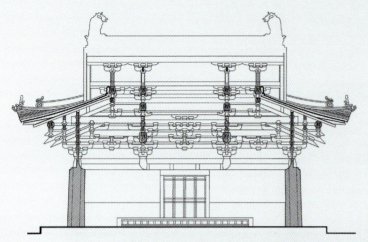

图 12-1-3 平遥镇国寺万佛殿纵断面图（资料来源：《山西文物建筑保护五十年》）

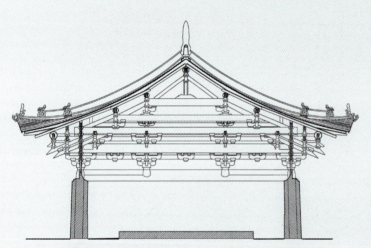

图 12-1-4 平遥镇国寺万佛殿横断面图（资料来源：《山西文物建筑保护五十年》）

图 12-1-5 平遥镇国寺万佛殿柱头铺作（资料来源：自摄）

一、五代建筑

镇国寺万佛殿，建于五代北汉天会七年（公元962年），距今1050余年。该殿面阔三间，进深三间，单檐九脊顶（图 12-1-3、图 12-1-4）。梁架为复合式六椽栿通檐用二柱，下六椽栿置于二跳华栱之上，交正心斗栱向外延伸与一跳昂身斜切；上六椽栿置于整撺铺作之上，且两昂尾直接承顶上六椽栿下皮，两道六椽栿相距一材两栔。上六椽栿与四椽栿之间，于上平槫重心处设纵横相交内外出挑的隔架斗栱承四椽栿，不设驼峰。四椽栿端部（下平槫缝）设纵横相交斗栱，其中横向栱向内出跳托乘四椽栿，交纵栱向外延伸与托脚切接，四椽栿之上设小驼峰及纵横相交的斗栱（与四椽栿槫缝结构相同）承垫平梁。这种栿间以纵横相交斗栱垫承的承重构件，是目前已发现最早的遗构实例（图 12-1-5、图 12-1-6）。在晋中地区的宋代建筑及金代部分建筑中多用之，是山西中部五代、宋至金代部分建筑的最明显的地域特征，反映了这一地区木构建筑的传承性。该殿开平梁之上设蜀柱，且立于驼峰之上之先河，蜀柱与脊槫捧节令栱、替木及叉手共同承托脊部，叉手捧戗于攀间捧节令栱两侧。平梁及四椽栿端部均施托脚戗承，结构与唐及其他五代建筑的同部位结构雷同，但托脚用材小于唐代，纵架所设丁栱为平直式结构形制。万佛殿梁架结构、建筑部件制作手法及构架风格是唐代至宋代建筑典型的过度作品，尤其是晋中地区，这些风格、做法至金代仍在部分建筑中体现。

二、宋代建筑

（一）太谷安禅寺藏经殿

安禅寺，位于太谷县城内西道街安禅寺巷，太师附小院内。寺建于宋咸平四年（1001年）。寺坐北面南，南北25.08米，东西21.65米，占地面积542.98平方米。现存建筑有藏经殿、后殿，其中藏经殿为宋代原构，后殿为明代遗物。藏经殿面阔三间、进深四架椽单檐九脊屋顶。宋咸平四年（1001年）建，脊榑下题记"维大宋咸平四季岁在辛丑八月庚子朔十五日甲寅用□时昇梁永远为记源旧大中十一年起置南禅院今重建造"。考其建筑遗构的用材、结构关系及建筑造型，和五台南禅寺大殿相似，该殿的建造与"源旧大中十一年起置南禅院今重建造"记载一致。虽然明嘉靖五年重修，但大部分建筑构件保留了宋代原有遗物，只极少部分部件留有明代风格，为明代修缮时复制和增设之物（图12-1-7、图12-1-8）。清道光十二年（1832年）修，殿前向平榑之下题记"大清道光十二年朔日正西二二甲守筑所于总武"。考其遗物，此次修缮并未对藏经殿大型修缮，主要是对屋顶进修了揭瓦，同时更换了椽、飞、仔角梁及个别散斗。清光绪《太谷县志·寺观》载"安禅寺在县治西南元延祐三年建。"但考察现存建筑结构没有元代痕迹。根据藏经殿脊榑之下题有"维大宋咸平四季岁在辛丑八月庚子朔十五日甲寅用□时昇梁永远为记源旧大中十一年起置南禅院今重建造。"宋代遗构无疑。殿面阔三间（945厘米），进深四架椽，梁架为四椽栿通檐用二柱，单檐九脊顶。檐下铺作为四铺作内外出华栱，殿前、后向明间设门，次间设窗装修，是使用单位所修。殿梁栿之间设驼峰及出跳铺作隔承，平梁头与平榑襻间令栱交咬向外不出头，由托脚斜撑于襻间令栱外侧，平梁与托脚结构形成梯形构架。梁栿之间铺作为"十字"形制，即设出跳栱。平梁之上设驼峰立蜀柱，蜀柱之上设襻间栱及大叉手共承脊部，不设丁华抹亥栱，叉手上端捧戗襻间栱两侧，叉手捧戗脊部襻间令栱两侧的位置与五台南禅寺相同，丁栿施以平直的结构形制，与山西境内现存的斜直式不同，转角部分设递角栿且老角梁为斜置式，山西境内木结构建筑的老角梁至五代开始使用平直式结构，这些结构特点与五台南禅寺基本相同。其梁栿之间设驼峰及出跳铺作隔承及叉手上端捧戗襻间栱两侧的结构特征，是山西中部地区五代和宋代木构建筑的典型构造类型，考该建筑整体结构，可得到启迪，

图12-1-6 平遥镇国寺万佛殿转角铺作（资料来源：自摄）

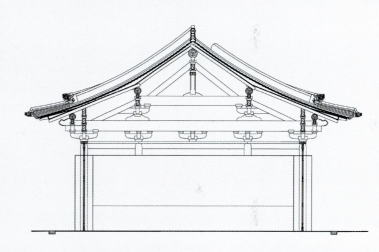

图12-1-7 太谷安禅寺藏经殿横断面图（资料来源：《山西文物建筑保护五十年》）

图12-1-8 太谷安禅寺藏经殿外观（资料来源：自摄）

图 12-1-9 太谷安禅寺后殿外观（资料来源：自摄）

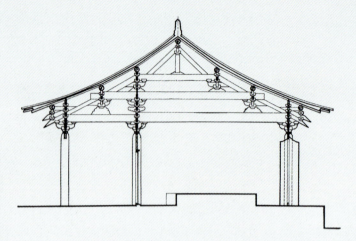

图 12-1-10 榆次永寿寺雨华宫横断面图（资料来源：《山西文物建筑保护五十年》）

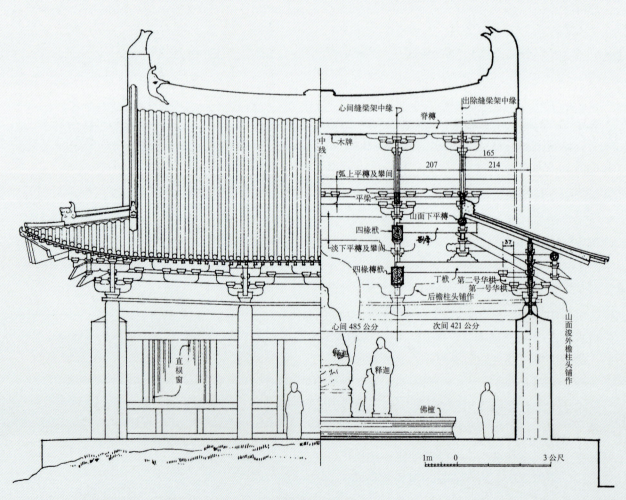

图 12-1-11 榆次永寿寺雨华宫立、纵断面图（资料来源：《山西文物建筑保护五十年》）

即当时建造者对前人的建筑技术已产生了很深的"继承和发展"的建筑理念（图 12-1-9）。

（二）榆次永寿寺雨华宫

永寿寺，在榆次源涡村，雨华宫为其主殿，建于宋大中祥符元年（1008 年），距今 1000 余年。可惜遗构已被火烧毁无存，兴得留有部分资料，为后人研究所用。面阔、进深各三间，平面方形。梁架属四椽栿前接乳栿用三柱，单檐九脊顶。内、檐柱同高。四椽栿和乳栿同置于铺作二跳华栱的位置，劄牵和三椽栿为同一材料制成且各端部与平梁之间榫缝重心处设驼峰、斗栱隔承，平梁之上设蜀柱、叉手及蜀柱，蜀柱立于驼峰之上，结构与平遥镇国寺万佛殿雷同。平梁端部所设托脚结构亦与平遥镇国寺万佛殿雷同，即平梁与托脚结构形成梯形构架，三椽栿及劄牵之托脚由檐部铺作真昂延伸而成，且斜撑四椽栿出头之下皮。整体结构整洁秀美，体现了中部地区宋代木构建筑中结构考究形制高雅的建筑风格（图 12-1-10、图 12-1-11）。

（三）太原晋祠圣母殿

圣母殿，宋代遗构。位于鱼沼飞梁之西，后依悬瓮山主峰（图 12-1-12）。据明嘉靖《太原县志》及殿内脊檩题记，此殿创建于北宋天圣年间（1023～1032 年），崇宁元年（1102 年）重修。元、明两代又有修葺，形制、结构保留宋代规范。坐西朝东，石砌台基，殿高 19 米，面宽七间，进深六间，平面近正方形，重檐歇山顶，黄、绿色琉璃瓦剪边。殿身四周建有围廊，前廊进深两间。前檐柱上雕有木制盘龙 8 条，为宋元祐二年（1087 年）所雕，此形制为现存最早实例（图 12-1-13）。[②] 殿内不设内柱，檐下斗栱形制多样，柱头与补间相异，上檐与下檐不同。下檐斗栱五铺作，单栱出两跳，柱头出双下昂，补间单抄单下昂，并施异形栱。斗栱以上置梁架，围廊上施乳栿和劄牵，殿身上自八椽栿向上递减叠承，各架皆用平置的梁栿，无任何装饰与雕刻。栿间设驼峰，两端施托脚，平梁上施合㭼、瓜柱、叉手承脊槫。前檐当心间、两次间安板门，两梢间装直棂窗，殿周柱子皆内倾，侧脚、生起明显，柱头卷杀圆润（图 12-1-14）。殿内正中神龛内供奉邑姜，四周环列侍女像 43 尊，为宋代彩塑珍品。殿内有宋代彩塑 43 尊，除中央龛内的 2 尊小像为后补外，其余均为原作。主像邑姜，凤冠蟒袍，仪态庄重；其余 42 尊塑像分立于圣母两旁。其中侍女像 33 尊，宦官像 5 尊，女官像 4 尊，均大如常人。这些人物，或奉梳妆洒扫，或侍饮食起居，或献音乐歌舞，或掌纹印翰墨，造型各异，神态逼真（图 12-1-15、图 12-1-16）。殿外门额上、檐下有 4 块壁画，绘有人物 40 余人，中绘圣母邑姜手持圣

图 12-1-12　太原晋祠圣母殿外观（资料来源：自摄）

图 12-1-13　太原晋祠圣母殿翼角（资料来源：自摄）

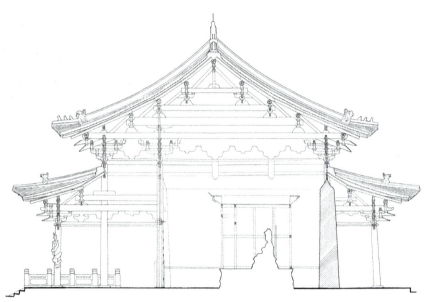

图12-1-14　太原晋祠圣母殿横断面图（资料来源：《山西文物建筑保护五十年》）

图12-1-15　圣母殿盘龙柱（资料来源：自摄）（左）
图12-1-16　圣母殿侍女像（资料来源：自摄）（右）

旨，左右众侍女各持宝伞、宝扇之类，众人脚下腾云，作下界出巡状。壁画线条流畅，其绘制年代待考。

（四）阳泉关王庙正殿

阳泉关王庙，位于阳泉市西南郊6公里林立村山腰。正殿为庙内主殿，建于宋宣和四年（1122年），距今890余年。该殿面阔及山檐进深三间，平面正方形，前廊式，梁架属六架椽屋，六椽栿两段对接用三柱，单檐九脊顶（图12-1-17～图12-1-19）。六椽栿两端交正心素枋、隐刻瓜子慢栱及令栱出耍头，平梁与四椽栿及六椽栿之间设驼峰、栌斗隔承，不设斗栱，平梁之上设驼峰承蜀柱，蜀柱头施攀间栱、攀间枋、通替及斗承脊槫，且于脊槫、攀间枋两侧设复合叉手，可谓唐至元木结构建筑叉手结构发展的第三阶段遗构，风格独特，不设托脚。纵架脊部攀间枋以斗隔承并与次间出半栱，平槫攀间枋间以散斗隔垫并于明间交梁栿向外出半栱。丁栿置于铺作之上，尾搭六椽栿之上，施用头高尾低之材，其结构基本上形成了斜直式，剳牵前高后低，为弯曲材料制成。③

（五）寿阳县普光寺正殿

普光寺，位于寿阳县境内，正殿为寺内主殿。面阔三间（1080厘米）、进深三间（1150厘米），前廊式布局，单檐硬山顶。梁架为四椽栿前后剳牵用四柱，剳牵分别插于檐柱和内柱上端。四椽栿与平梁之间施驼峰及出跳斗栱隔承，华栱向内出跳扶承平梁，向外交泥道栱抵托脚，托脚上端斜撑泥道慢栱及平梁头，与平梁构成梯形托架（图12-1-20、图12-1-21）。平梁之上设蜀柱，柱头设栌斗，次间设连身对隐半栱在外的襻间枋、替木以承脊榑，连身对隐半栱襻间枋两端施叉手捧戗。蜀柱脚设合

图12-1-18 阳泉关王庙正殿梁架（资料来源：自摄）

踏稳固，与山西中部多数宋代遗构不同，待考。但该建筑椽、飞卷刹显明，且与椽、飞之间所设大连仍部分保存至今。

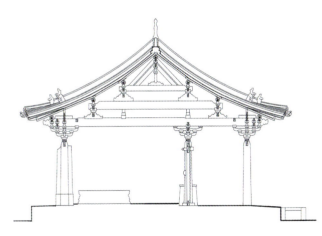

图12-1-17 阳泉关王庙正殿横断面图（资料来源：《古建园林技术》2003年2期）

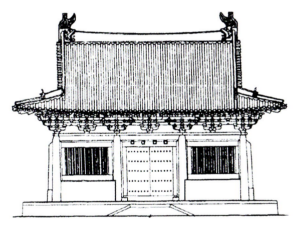

图12-1-19 阳泉关王庙正殿立面图（资料来源：《古建园林技术》2003年2期）

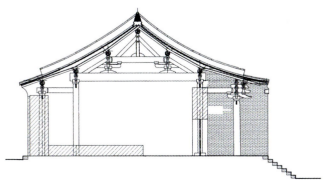

图12-1-20 寿阳普光寺正殿横断面图（资料来源：《山西文物建筑保护五十年》）

图12-1-21 寿阳普光寺正殿梁架（资料来源：自摄）

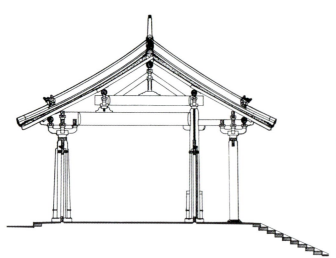

图 12-1-22 榆社寿圣寺山门横断面图（资料来源：《山西文物建筑保护五十年》） 图 12-1-23 榆社寿圣寺山门外观（资料来源：自摄）

（六）榆社寿圣寺山门

寿圣寺，位于榆社县东南 15 公里郝壁村，寺坐北面南，现存建筑五座，其中山门为宋代遗构。山门曾被断为明代遗构，1987～1991 年笔者多次考察提出疑义，并于 1993 年接山西省文物局任务对其勘测考证得出宋代遗构之定论。面阔三间（976 厘米）、山檐进深三间（633 厘米）前廊式布局，梁架三椽栿前插金柱接劄牵用三柱，单檐不厦两头造。三椽栿和劄牵头部搭于铺作之上，尾插于檐柱。平梁南端由檐柱及斗承托，北端与三椽栿之间由驼峰、栌斗隔承。平梁之上施驼峰、蜀柱、斗、攀间枋（隐刻栱）替木承平榑，并于攀间枋两侧施叉手稳固（图 12-1-22，图 12-1-23）。纵向攀间枋设于次间，为连身对隐半栱在外的做法。平梁以上结构与镇国寺万佛殿、榆次永寿寺雨华宫、寿阳县普光寺大殿、太谷安禅寺藏经殿等结构相同。

内柱之上设斗栱、五椽栿与四椽栿之间前平榑缝重心处设斗栱及素驼峰隔垫，驼峰向外延伸至檐榑兼衬头枋。平梁与四椽栿之间设斗栱及驼峰承垫，栿间斗栱横栱向内出跳扶承平梁，向外交纵向栱延伸与托脚内皮切接，平梁之上设合踏及蜀柱、攀间枋、替木承脊榑，继承了中部地区的五代及宋代结构形制。所设叉手上端上移捧戗替木与脊榑之间并施类似丁华抹颏栱之条木与叉手结构，发展了五代及宋代叉手之结构位置，使脊部结构更加稳固。托脚上端斜撑攀间枋与梁栿下半部位，结构较五代及宋更趋向稳固合理化。纵架明间脊部攀间枋与东西蜀柱栌斗相交向外出半栱，其上设替木跨山架及明间梁缝交蜀柱栌斗出半替木，山架及明间梁缝蜀柱间设顺脊串交蜀柱头出

三、金代建筑

（一）文水武则天庙正殿

武则天庙，位于文水县城北 5 公里南徐村。正殿建于金皇统五年（1145 年），面阔、山檐进深各三间，单檐九脊顶。梁架为五椽栿后对劄牵用三柱。五椽栿与劄牵对插于内柱，下施小雀替扶承。栿端置于铺作二跳华栱位置，与榆次永寿寺雨华宫结构相似。

图 12-1-24 文水武则天庙正殿塑像（资料来源：自摄）

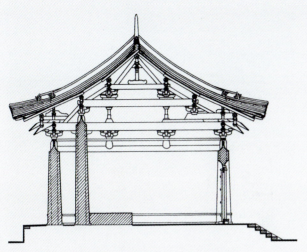

图 12-1-25 文水武则天庙正殿横断面图（资料来源：《山西文物建筑保护五十年》）

图 12-1-27 榆社福祥寺全景（资料来源：自摄）

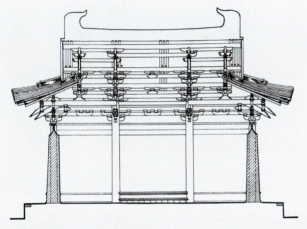

图 12-1-26 文水武则天庙正殿纵断面图（资料来源：《山西文物建筑保护五十年》）

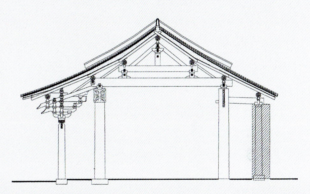

图 12-1-28 榆社县福祥寺大殿横断面图（资料来源：《山西文物建筑保护五十年》）

耍头。平槫之下所设襻间枋隐刻慢栱。两山设丁栿，为平直式结构，其尾搭五椽栿之上，头部置于铺作之上（图 12-1-24～图 12-1-26）。

（二）榆社县福祥寺大殿

福祥寺位于榆社县海金山水库西北 1.5 公里之岩良村。寺始建于晚唐，金大定时重修。原有佛殿 5 间，东西垛殿各 2 间，阎王殿 3 间（东殿）、菩萨殿 3 间（南殿）以及僧房、厨库、钟鼓二楼、平台等。现存建筑有大佛殿金大定遗构，面阔五间、进深四架椽屋，梁架三椽栿前对劄牵用三柱单檐悬山顶。殿内施以减柱造，前向减去明间两内柱，后向减去两次间内柱，柱网布列蜀五台佛光寺文殊殿型。与之相应的梁架前向明、次间设纵跨三间的大内额，后向东、西次、梢间设纵跨二间的内额。梁架为四椽栿前挑斡后劄牵用四柱，前向内额之上设栌斗承四椽栿，铺作挑斡尾斜戗四椽栿底部，后设劄牵直插金柱内，四椽栿前向端部出头制成华栱头承下平槫。四椽栿与平梁之间设蜀柱、栌斗且设合㭼稳蜀柱，平梁之上于中部设蜀柱、合㭼及丁华抹亥栱、棒节令栱，承脊槫枋与脊槫，两侧并设叉手捧戗襻间隐刻栱，脊部蜀柱不设合㭼或驼峰。槫缝设托脚，上端斜戗各槫外侧（图 12-1-27、图 12-1-28）。

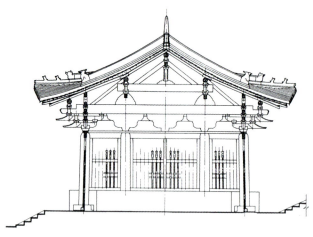

图 12-1-29 太原晋祠献殿横断面图（资料来源：《山西文物建筑保护五十年》）

图 12-1-30 太原晋祠献殿外观（资料来源：自摄）

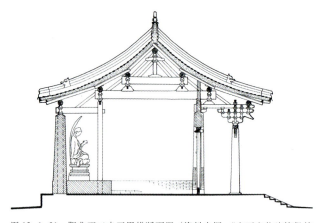

图 12-1-31 阳曲不二寺正殿横断面图（资料来源：《山西文物建筑保护五十年》）

图 12-1-32 阳曲不二寺正殿外观（资料来源：自摄）

（三）太原晋祠献殿

献殿位于晋祠圣母殿之东，相隔于鱼沼飞梁，建于金大定八年（1168年）。面阔三间（1256厘米）、山檐进深三间（757厘米），梁架为四椽栿通檐用二柱，单檐并九脊顶。四椽栿置于铺作之上，栿头与令栱交出耍头。四椽栿之上设驼峰、栌斗承平梁，不设隔架斗栱。平梁之上设合踏及蜀柱、攀间枋、替木承脊槫，继承了中部地区的五代及宋代结构形制。驼峰之间设拉枋联络，攀间枋两侧设叉手，结构点延续宋代之制。托脚上端斜撑平槫，结构与圣母殿中、下平槫同，铺作亦与圣母殿廊部铺柱相同，证明圣母殿结构直接影响着献殿（图12-1-29、图12-1-30）。

（四）阳曲县不二寺正殿

不二寺，现位于阳曲县城西南，寺内正殿为金明昌六年（1195年）重建，面阔三间（1020厘米）、进深三间（736厘米），梁架为四椽栿前后劄牵用四柱，前廊式单檐不厦两头造。前向下平槫与檐柱重心相错，檐柱在内。四椽栿后端置于后内柱之上由栌斗隔垫，前端与劄牵之间设驼峰及栌斗隔承，似劄牵而非之，檐柱在内柱头设栌斗承四椽栿。这一做法在山西中部小型金代遗构实例较多。前、后劄牵插于檐柱及后内柱中，前向劄牵用材规格较小，故于檐柱上部出栱头扶承劄牵减小其力臂。四椽栿之上设驼峰、栌斗承平梁，平梁之上中部设驼峰立蜀柱，其上设捧节令栱承脊槫，脊部攀间共设叉手两道，可谓唐至元木结构建筑叉手结构发展的第三阶段遗构。叉手结构是上道捧戗于脊槫下部于替木间由丁华抹颏栱稳固，下道捧戗于丁华抹颏栱下平与栌斗间，此结构山西境内现存古代木构建筑实例中稀少（图12-1-31、图12-1-32）。

（五）平遥慈相寺大雄宝殿

慈相寺，位于平遥县城东北15公里冀郭村，古名圣俱寺。唐肃宗时，有无名祖师居寺四十载，受诏以寺内神泉，医治太后的眼疾，名震朝野。宋皇祐三年（1051年）改名为慈相寺。金天会年间（1123~1137年）重修。大雄宝殿为其主殿，为金天会年间（1123~1137年）重修之构，面阔五间（2131厘米）、进深三间（1963厘米），梁架为七架椽，四椽栿前乳栿后剳牵用四柱，单檐前廊式不厦两头造。四椽栿由前檐柱及后内柱顶承柱上设栌斗及替木，平梁为复合式，即与四椽栿之上设平梁两道，下道由栌斗、驼峰隔垫，上道由栌斗和替木隔垫，两栌斗间纵向设拉枋联络，结构少见，表现了金代平梁结构的另一种风格。上平梁之上立蜀柱，柱脚设合踏插稳，柱头施斗、枋、替木承脊槫，脊槫两侧设叉手捧戗，蜀柱栌斗设丁华抹颏栱稳叉手。后内组、柱与下平槫同一重心，前檐柱置于中平槫重心以内，这种做法还见于太谷真圣寺金代正殿遗构中。乳栿置于斗栱之上，横跨两步架468厘米，形成前廊深远的空间，故装修设于下平槫架缝重心处。纵架脊部于明、梢间设连身对隐半栱向外之攀间枋（图12-1-33、图12-1-34）。④

（六）太谷贞圣寺正殿

贞圣寺，位于太古县东北35公里蚍蜉村，现存正殿是金代正隆二年（1157年）所建。面阔三间（1026厘米）、山檐进深三间（857厘米），单檐前廊式不厦两头造。梁架为三椽栿向前延伸剳牵，乳栿插檐柱用三柱，乳栿交铺作瓜子慢栱及令栱出耍头。栿间设驼峰、栌斗隔垫，平梁之上立蜀柱，柱脚施合踏稳固，柱头设攀间栌斗、捧节令栱及通替承脊槫，脊槫两侧施叉手捧戗并施枋木（后人改丁华抹颏栱为枋木）横向稳固叉手。各托脚插栿头撑平槫，结构简洁规整，构架大方（图12-1-35、图12-1-36）。

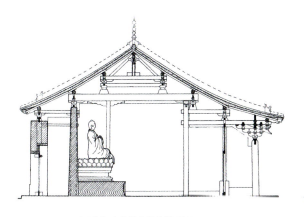

图12-1-33　平遥慈相寺大雄宝殿横断面图
（资料来源：《山西文物建筑保护五十年》）

图12-1-34　平遥慈相寺大雄宝殿外观（资料来源：自摄）

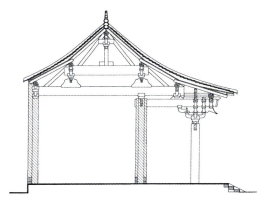

图12-1-35　太谷贞圣寺正殿横断面
（资料来源：《山西文物建筑保护五十年》）

图12-1-36　太谷贞圣寺外观（资料来源：自摄）

（七）汾阳太符观昊天殿

太符观昊天殿，位于汾阳市东北 17 公里杏花镇上庙村，是观内主要且建造年代最早的建筑，建于金承安五年（1200 年）之前。殿面宽三间（1265 厘米），进深三间（1100 厘米），梁架属四椽栿前压乳栿用三柱，单檐九脊顶。殿檐下施五铺作双抄计心造斗栱，前檐及两山南次间设补间铺作。殿前设月台，东西 1324 厘米，南北 400 厘米，高 90 厘米，金代作法。因殿之角梁平直式结构，故造成翼角生起明显，柱头所设普拍枋用材较薄（33.5 厘米 × 9 厘米）阑额与角柱相交不出头，宋代遗风犹存（图 12-1-37）。六架椽屋，四椽栿北端交后檐柱头铺作，南端压乳栿交之蜀柱，由内柱栌斗承托，乳栿由铺作一跳华栱延伸殿内交内柱栌斗而成，铺作二跳华栱延伸殿内制成半驼峰承蜀柱，耍头向殿内延伸交蜀柱出耍头，衬头枋向殿内延伸与蜀柱结构，制作独特，实例少见。三椽栿交蜀柱对且扣压剳牵，剳牵南端由下平榑蜀柱及栌斗承托，且交攀间栱出梁头，其上设托脚斜撑平梁头下皮。三椽栿北端由驼峰栌斗承托，平梁由蜀柱及栌斗承托，之上设蜀柱及攀间斗栱、替木承脊榑，且施叉手捧戗于脊榑及替木之间，脊蜀柱栌斗横向设丁华抹头栱稳叉手。纵架于次间上平榑攀间处所设托脚，与繁峙岩山寺、五台佛光寺文殊殿、朔州崇福寺弥陀殿相近。两山北向设斜直式丁栿，制作规整、用材比例协调，宋代遗风；南向设平直式丁栿与内柱铺作结构。梁架结构完美简洁，用材比例和谐，地方特色强烈（图 12-1-38、图 12-1-39）。⑤

（八）汾阳虞城五岳庙五岳殿

五岳庙，位于汾阳市城东南 12 公里阳城乡虞城

图 12-1-37 汾阳太符观昊天殿外观（资料来源：自摄）

图 12-1-38 汾阳太符观昊天殿横断面图
（资料来源：《山西文物建筑保护五十年》）

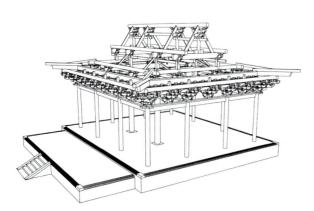

图 12-1-39 汾阳太符观昊天殿梁架结构三维图
（资料来源：《山西文物建筑保护五十年》）

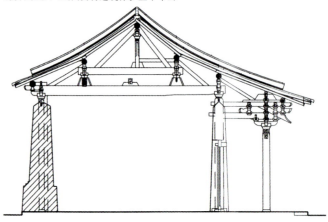

图 12-1-40 汾阳虞城五岳庙五岳殿横断面图（资料来源：自绘）

图 12-1-41 太原窦大夫祠献殿藻井（资料来源：自摄）

村。正殿位于庙之最北端，是该庙之主殿，创建年代不详。现存遗构至迟为金泰和三年（1203年）所建，面阔三间（1178厘米），进深五架椽（1186厘米），梁架为四椽栿前设双剳牵用三柱，前廊式单檐硬山顶，清康熙前为单檐不厦两头造。四椽栿南北端搭于檐柱之上，且施栌斗隔垫，南端交柱头泥道栱及泥道慢栱出梁头，北端交泥道栱及素枋出华栱及耍头。四椽栿之上设驼峰及攀间斗栱承平梁，平梁两端交攀间令栱出耍头。前后平槫由攀间斗栱及平梁端部承托。平梁之上立蜀柱，之上设脊部捧节令拱承脊槫，并设叉手捧戗之。蜀柱脚由合踏稳固，蜀柱50厘米之上为四角破棱的八角形，之下为方形。剳牵尾部亦插交于檐柱内，为复合式作法。下剳牵是廊部铺作里转二跳华栱延伸制成，上剳牵是二层耍头延伸制成。此结构是汾阳地区金代建筑之惯用手法，例如太符观昊天玉帝殿檐部斗栱里转结构（图12-1-40）。

四、元代建筑

（一）太原上兰村窦大夫祠后殿及献殿

窦大夫祠，是祭祀春秋时期晋国大夫窦犨所建之祠。位于太原市西北25公里尖草坪区上兰镇，创建年代不详。重建于宋元封八年（1085年），重修于蒙古世祖至元四年（1267年），明、清两代不断修葺。现存建筑以元代风格为主，亦存有明、清遗构，祠坐北面南，东与保宁寺、观音阁、赵公馆连为一体，西与烈石寒泉并接。五处文物建筑组群连为一体，北依烈石山，西南为汾河之水，环境别致幽雅。东与上兰镇接连，是典型的山野建筑和乡镇建筑的结合体。献殿为元代遗构，面阔、进深各一间，正方形。单檐歇山顶，琉璃剪边（明代），檐下斗栱五铺作双下昂计心造（图12-1-41）。所施柱、额用材硕大，其额枋通间横跨16米之多，整体构筑浑厚气魄。殿内所设天花藻井，均斗栱递叠而就，二层以上为八边形，一、二层为四边形，并于二层各边设神龛，构造玲珑别致。后殿位于祠院北端，面阔三间（1787厘米）、进深四架椽（119厘米）前廊式单檐不厦两头造，琉璃剪边。平面柱网布列施以减柱造，以增加室内空间。前向廊柱与献殿后柱公用使两殿构为一体，梁架结构五椽栿前对剳牵用三柱。栿间立蜀柱并施合踏稳固，平梁之上中部设蜀柱丁华抹亥栱承脊槫，叉手穿丁华抹亥栱捧戗脊槫两侧。檐下斗

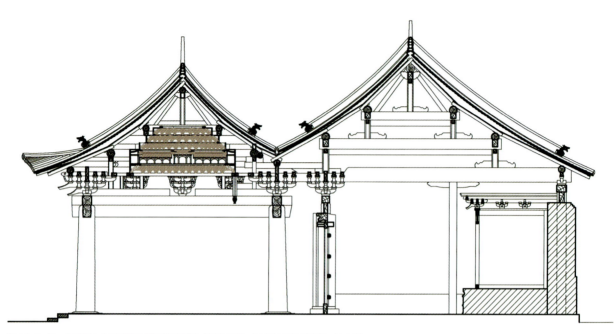

图 12-1-42　太原窦大夫祠献殿及后殿横断面图（资料来源：《山西文物建筑保护五十年》）

图 12-1-43　太原窦大夫祠献殿及后殿侧面（资料来源：自摄）

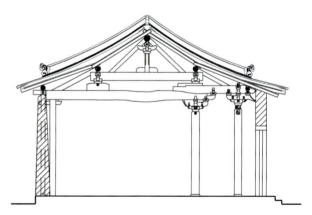

图 12-1-44　汾阳法云寺正殿剖面图（资料来源：自绘）

栱五铺作双下昂计心造，明间檐柱间劈板门，次、梢间设破子棂窗装修，元明遗构（图 12-1-42、图 12-1-43）。⑥

（二）汾阳法云寺正殿

法云寺，在汾阳市城西南 15 公里三泉镇平陆村。正殿位于寺之最北端，是该寺之主殿，元至大元年（1308 年）重建，面阔三间（945 厘米），山檐进深两间（812 厘米），梁架为三椽栿前承劄牵用三柱，原建筑为前廊式单檐不厦两头造。后人于前台明及两山增砌檐墙，使其形成硬山顶，并于前檐明间开门，次间开窗，改变了原有装修。三椽栿南端制成出跳华栱为檐柱铺作之二跳华栱承劄牵，劄牵之上设驼峰及攀间斗栱，其栌斗承平梁，劄牵尾搭压于三椽栿之上，由檐柱、斗栱承托。平梁端部由及驼峰、栌斗承托，南端驼峰下压劄牵尾且交攀间斗栱承前平槫出梁头。三椽栿北端做成榫头插入后檐柱，栿上承后檐槫，因后檐柱置于墙内，用材规格仅直径 16 厘米，且三椽栿做榫插入后柱内，故结构承载不足，后人增加保护柱顶承（图 12-1-44）。平梁之上立蜀柱，蜀柱脚由合踏稳固，蜀柱头设攀间斗栱及替木承脊槫，且设丁华抹颏栱及叉手捧戗脊槫。该殿角铺作内外于正身出跳昂的两侧出45度昂。制作手法特征明显，平梁之上蜀柱截面为18厘米×18厘米，脚端28厘米处为方形，28厘米之上为方木破楞形成小八角（大边11厘米）形，整柱锛戗而成，柱身留有明显的锛做痕迹且清晰可见。平梁制做较规整，三椽栿为弯曲的自然材料制成亦锛戗而成，且留有锛子痕迹。柱头、檐椽卷刹明显。整体构造风格朴实制作随意，是研究元代建筑地方制作手法之实物资料。

（三）平遥县金庄文庙大成殿

金庄文庙，坐落在山西省平遥县城东5公里的岳壁乡金庄村西，坐北朝南，东与龙王庙毗连，西北两面与民居相邻，南为贯穿东西的大路，现存三进院落。前院有山门（不存）、明伦堂；中院有状元门（不存）、状元桥、泮池、神库、神厨（不存）、东西讲习堂；后院为三街门（不存）、大成殿、东西耳殿（不存）、东西配殿等共15座古建筑，总建筑面积500余平方米，占地总面积为1840平方米。据庙内大清乾隆十八年（1753年）《义学碑铭》记载："今设义学非自今昉也，始于大元延祐年间，其时有一进士张先生讳传霖者……创建正殿三楹，内塑孔圣圣像，旁塑四配十哲，号曰文庙"。另大成殿内梁枋题记："大元延祐二年（1315年）修造，……明万历四十四年（1616年）重修……"。证明该庙历史及大成殿元代遗物（图12-1-45、图12-1-46）。大成殿是庙内主体建筑，面阔三间，进深三架椽，前设廊，单檐硬山顶，隔扇门窗，现状保存完好。梁架构造随意草率，为平梁前剳牵用三柱。剳牵插于檐柱内，平梁上立蜀柱及叉手。后向减去内柱（图12-1-47）。

（四）太谷县北洸乡光化寺过殿

光化寺，位于太谷县城内西南7公里的北洸乡白城村。唐贞观十三年（公元639年）大兴佛刹，名隆兴寺；宋真宗赵恒寓此，偶见龙像于咸丰二年（公元999年）敕命重修，改额"光化圣寺"；至元代寺宇颓败，泰定三年（1326年）重建现存，有过殿、后殿及西配殿，其余建筑皆塌毁无存。过殿面阔殿面阔五间（194厘米），进深八架椽（1292厘米），前廊单檐九脊厅堂式建筑。前后明间设板门各一道，前檐次间设直棂窗，梢间以檐墙封闭。梁架属四椽栿，前后乳栿用四柱，平面减柱、移柱造。四椽栿之上立蜀柱设斗栱承平梁，蜀柱为圆形

图12-1-45 平遥金庄文庙大成殿外观（资料来源：自摄）

图12-1-46 平遥金庄文庙大成殿室内（资料来源：自摄）

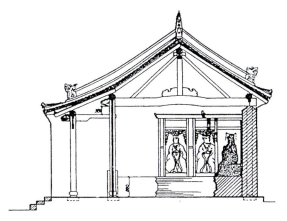

图12-1-47 平遥金庄文庙大成殿横断面图（资料来源：《山西文物建筑保护五十年》）

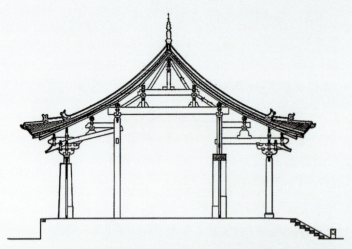

图 12-1-48　太谷光化寺过殿横断面图（资料来源：《山西文物建筑保护五十年》）

图 12-1-49　柳林香严寺中殿外观（资料来源：自摄）

并施合踏稳固。平梁之上于中部设蜀柱、丁华抹亥栱及叉手共同承托脊部，叉手捧戗脊槫两侧。所施均蜀柱施合踏稳固。乳栿前端与铺作相交出耍头，令栱之上承撩檐枋，不设撩檐槫，乳栿之尾插入内柱，结构简洁稳固，元代风格明显。殿后向设内额，内额横跨两间，为丁栿延伸而成（图12-1-48）。

（五）柳林香严寺中殿

香严寺，位于柳林县城内，寺内现存多座元代建筑。中殿位于山门之北，面阔五间（1165厘米）、进深三间（1422厘米），六架椽屋，单檐不厦两头造。梁架为四椽栿前后剳牵用四柱，剳牵头部置于铺作之上、尾插于内柱，内柱头设兰额、普拍枋及铺作承四椽栿。内柱铺作为单杪式，横架向外出华栱承替木及出跳下平槫、向内出榻头木，正心设泥道栱和泥道慢栱及替木承正心下平槫，四椽栿与平梁之间设驼峰及栌斗隔承。平梁中立蜀柱，柱头设栌斗、襻间隐刻栱及替木乘脊槫，叉手捧戗于脊槫与替木之间并施丁华抹颏栱稳固，各缝均设托脚，且托脚上端撑栿头。整体构架结构合理，制作及用材均较规整，显现金代特征（图12-1-49、图12-1-50）。

（六）榆社县崇圣寺大殿

崇圣寺又名清凉寺，位于榆社县西30公里，风景优美，嶂峰重叠，涧壑深远，绿柏杨涛，古松拥翠的禅隐山上，寺院创建于唐初，初名崇严寺。宋嘉祐年间更名崇圣寺。宋末毁于战火。金大定年

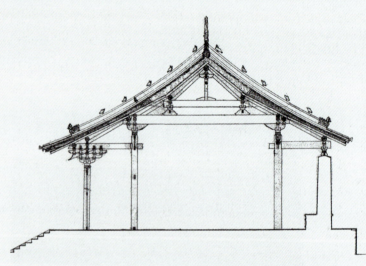

图 12-1-50　柳林香严寺中殿横断面图（资料来源：《山西文物建筑保护五十年》）

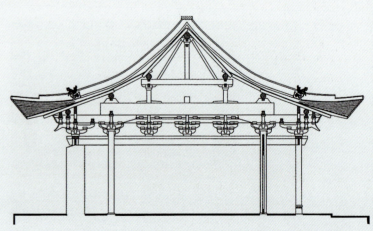

图 12-1-51　榆社县崇圣寺大殿横断面图（资料来源：《山西文物建筑保护五十年》）

间重建，元、明、清历代均有修葺。现存殿宇、廊房、僧舍50余间，建筑面积1800多平方米，另存北石佛一尊、金大定碑一通，元墓塔两座，其中大殿元代遗构。大殿面阔三间、进深四间，四椽栿压前、后剳牵用四柱，前廊式单檐九脊顶。四椽栿之上设蜀柱、栌斗及替木承平梁，平梁之上设蜀柱、栌斗、丁华抹亥栱及同替承脊槫，脊部所设叉手用材较小，叉手穿丁华抹亥栱捧戗脊槫两侧。下平槫由驼峰承托，驼峰伏卧四椽栿之上。檐下斗栱单杪单下昂五铺作，铺作耍头向内延伸交内柱铺作出楣头木。整体构架结构简洁四椽栿之上构件用材随意（图12-1-51）。

（七）平遥县郝洞村利应侯庙正殿

利应侯庙，位于平遥县城东北方向12公里郝洞村。现存正殿元代遗构，面阔三间（1202厘米）、进深三间（959.5厘米），后向减去内柱，正面明间辟板门，次间设直棂窗，单檐悬山顶。梁架为三椽栿前对剳牵用三柱，剳牵是铺作耍头向后延伸制成，与三椽栿对插于前檐柱内。平梁前端由前檐柱及栌斗顶承，梁头制成出跳栱承平槫，平槫设托脚斜戗；平梁后端于三椽栿之上设驼峰及栌斗隔承，不设托脚。平梁中部设蜀柱攀间栱承脊槫，脊槫两侧设叉手捧戗。蜀柱脚施合踏稳固。檐下斗栱单杪单下昂（插昂造）五铺作计心造，里转双杪偷心造。补间铺作单杪单下昂计心造，里转双杪偷心造施以挑斡（图12-1-52～图12-1-54）。

（八）汾阳市峪道河龙王庙龙王殿

龙王庙，位于汾阳市城北6公里峪道河镇堡城寺村，与307国道相望。创建年代不详。庙址坐北面南，南北65.63米，东西48.05米，占地面积3153.52平方米，原建布局已毁，庙内现存龙王殿及廊窑各一座，其余建筑为新建。考龙王庙龙王殿现存构架、斗栱等建筑部件之做法及整体构造、风格至迟为元代遗构，廊窑位于正殿东侧，为民国遗物。龙王庙龙王殿，位于庙之最北端，创建不详。殿内三椽栿下皮有"达鲁花赤"题记，证明该殿为元代遗构。龙王殿面阔三间（986厘米），进深四架椽（889厘米），梁架属三椽栿前承剳牵用三柱，前廊式单檐悬山顶。

图12-1-52 平遥利应侯庙正殿外观（资料来源：自摄）

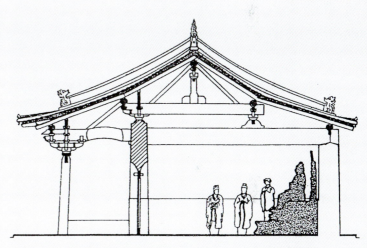

图12-1-53 平遥村利应侯庙正殿横断面（资料来源：《山西文物建筑保护五十年》）

图12-1-54 平遥村利应侯庙正殿室内（资料来源：自摄）

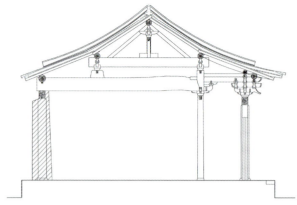

图 12-1-55 汾阳峪道河龙王庙龙王殿横断面图（资料来源：自绘）

图 12-1-56 孝义贾家庄三皇庙三皇殿外观（资料来源：自摄）

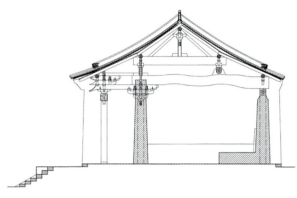

图 12-1-57 孝义贾家庄三皇庙三皇殿横断面图（资料来源：自绘）

三椽栿北端插咬于平槫蜀柱，且插过蜀柱制成出跳栱。檐柱之上设栌斗承蜀柱及三椽栿，栌斗南北及东西方向出替木垫三椽栿及三椽栿之出跳栱。剳牵插于平槫之蜀柱，下由出挑栱及替木扶承，剳牵交斗栱内罗汉枋、正心令栱及檐槫、通替，之上设缴背，平槫蜀柱之上设栌斗承平梁，平槫攀间栱咬插平梁。三椽栿北端搭压于后檐柱，由较大额枋隔承，不设斗栱。平梁北端由合踏及栌斗隔承，平梁交攀间斗栱承后平槫出梁头。平梁之上立蜀柱，蜀柱脚由角

背稳固，蜀柱头设攀间斗栱、丁华抹亥栱及替木承脊槫，叉手捧戗脊槫和替木两侧。廊柱之上设四铺作单下昂斗栱。手法特征，平梁之上蜀柱截面为17厘米×17厘米，脚端33厘米处为方形，33厘米之上为方木破棱形成小八角形，整柱为锛戗而成，柱身留有明显的锛做之痕迹。平梁制作较规整，西三椽栿以及不规矩的自然弯材制成，两三椽栿均锛迹显明。各柱头卷刹明显，部分檐椽亦卷刹明显（图12-1-55）。

（九）孝义市贾家庄村三皇庙三皇殿

三皇殿面阔三间，进深四架椽，梁架为三椽栿前压剳牵用三柱，单檐硬山前廊式结构。殿明间柱间辟板门，门扇背面有明显的锛纹，证明板门为锛戗而成，元代原物。殿前廊及后檐柱之上设通三间之额枋。殿廊角铺作里转设45度出跳栱，外转45度出跳栱为后代修葺时包于墙内，许被锯掉，据考证山西中部地区悬山式木结构建筑角铺作多向两山方向设45度出跳栱，汾阳及孝义尤甚，故现存硬山屋顶之造型为历代修葺所致，此前应为单檐悬山顶。梁架三椽栿之上前部立蜀柱设斗栱承平梁，蜀柱施合踏稳固，后部不立蜀柱设驼峰托斗栱承平梁。平梁之上于中部设蜀柱、丁华抹亥栱及叉手共同承托脊部。三椽栿北端搭于后檐柱普拍枋之上，东端搭于内柱及剳牵之上，且剳牵为昂延伸制成，剳牵前端与铺作相交出耍头，后尾与檐柱铺作相交出耍头，殿内所用梁栿均自然弯材，且加工粗糙，结构简洁稳固，元代原物。殿前廊及后檐柱之上施以大额枋，其廊柱移柱造，即明间廊柱向此间移半间，形成明间开阔，增大了明间使用功能。这一特点是山西元代小型木结构常规做法，实例山西省境各区域均可见到，如汾阳市北榆苑村五岳庙、高平圣姑庙等。殿之廊柱施以自然弯材，这些特点均体现了元代历史条件的产物，同时反映了元代民间建筑理念。整体构架自然、粗糙、简洁、合理。前廊及后檐柱之上施以大额枋，自然朴实，随意加工。三椽栿及平梁施以不规则的自然弯材稍做加工而用，廊柱施以自然弯材，整柱锛戗而成，柱身留有明显的锛做之痕迹，与汾阳欲口圣母庙大殿雷同（图12-1-56、图12-1-57）。

（十）孝义市白壁关净安寺大殿

净安寺，位于孝义市西7公里高阳镇白壁关村。创建年代不详，元代有之，历年均有修葺，现存正殿为元代遗构。寺坐北向南，南北长55.4米，东西长22.8米。一进院落，沿中轴线由南到北依次建有影壁，山门为面宽七间，进深二间的背靠背砖拱窑洞，中间三间前出木构檐（图12-1-58、图12-1-59）。正殿遗于寺最北端，两侧分别砖拱配殿及大殿两侧砖拱耳房。正殿元代遗构。殿面宽三间，进深四架椽，梁架为二椽栿前后压乳栿用四柱，单檐悬山顶木结构。面阔三间，明间412厘米、次间380厘米；进深四架椽，殿前设台明、月台。平面用柱采用移柱的方法。明间梁架：二椽栿前后压剳牵用四柱，后檐金柱后移，承托后檐剳牵，剳牵上施合踏稳固、蜀柱承后檐下平槫。前檐金柱上施襻间铺作，承托前檐剳牵，前后平梁头下设襻间铺作、柁墩，平梁上设蜀柱、叉手及丁华抹颏栱承脊槫，脊槫与替木之间设叉手捧戗。次间梁架，平梁前后插剳牵，前后内柱直接承托平梁，前后乳栿插入内柱。梁架举折和缓，前后檐槫中心距1082厘米，总举高273厘米，前后檐槫中心距：总举高为1∶0.25。檐下施五铺作单下昂，计心造斗栱，前檐明间补间施五铺作单下昂，施45度斜华栱，昂后尾挑斡平槫。前檐角柱头铺作：五铺作单下昂，计心造，向一侧施45度斜华栱。外观略有四坡屋顶转角铺作的外形，此种方法多流行于该地区的元代建筑。

第二节 晋北早期建筑

山西北部地区目前已发现唐代建筑两座，均遗存在五台县境内，一座是位于县城西南22公里李家庄西侧的南禅寺正殿，一座是位于县城东北32公里佛光山腰的佛光寺东殿。辽、宋、金是中国历史上经五代十国战乱之后，进入争霸对峙的时期。公元916年契丹族建立了辽王朝，统治了山西、河

图12-1-58 孝义白壁关净安寺大殿斗栱（资料来源：自摄）

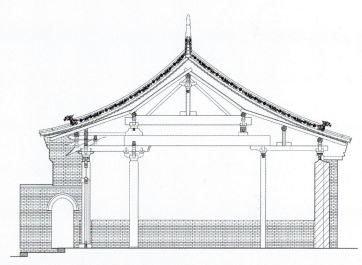

图12-1-59 孝义白壁关净安寺大殿横断面图（资料来源：自绘）

北的北部，吸收了汉族文化，进入了封建社会。辽代统治者效仿汉文化，在建筑上使用汉族匠工修建都城、宫室和佛寺等。

一、唐代建筑

考查佛光寺东殿的建造背景及结构特征，当为唐代官方木结构建筑的流行之作，虽然唐代还没有颁布相关的木构建筑规范制度，但就其本身构造及做法，一定程度上代表了当时官方流行，且具有共性的结构体系及做法（图12-2-1～图12-2-3）。

图 12-2-1 佛光寺东殿翼角（资料来源：自摄）

图 12-2-2 从北侧看佛光寺东殿（资料来源：自摄）

图 12-2-3 佛光寺东殿匾额（资料来源：自摄）

这一结论可从以下三个方面证明。其一，建造该殿的"佛殿主"即出资人宁公遇，是当时京都有一定身份的女性，她与朝野宦官有着亲密关系；"功德主"即布施人，是当时地位最为煊赫的"右军中尉王守澄"等。这些人物出资建殿，在选择技术匠工时一定慎重，决不会轻易选择当地一般民间匠工，即使选用当地民间匠工，也一定选用技术高的工匠，并会选派京城部分匠工为主力及名匠师进行督工。其二，佛教建筑的传播途径与佛教文化的传播有一定的关系。对山西的影响，从途径上看主要有三：一是长安——蒲州，二是长安——太原——五台，三是长安——泽州。唐代的五台山是佛教《华严经》传播的北方中心区域，而五台山历来不乏名僧大德，并为历代王朝统治者所关注之地，因此，佛光寺隋唐时期在全国影响很大，故佛光寺东殿不会是一般民间匠工之建造手法。其三，就该殿整体结构而言，明栿结构合理，制作归整，手法细腻；草栿注重结构及力传的稳固合理，不注重构件的统一和视觉的观感性。在地盘分槽、结构体系及整体形制上与日本唐昭提寺金殿（约公元 770 年）有相近之处。昭提寺金殿约早于佛光寺东殿 87 年，是唐代律宗僧人鉴真及其门人修建。鉴真于景龙二年（公元 708 年）在长安受具足戒，不但博研佛教，在佛教建筑及雕塑等方面亦颇多建树。于天宝元年（公元 742 年）始，应日本僧人邀请多次赴日本未果，天宝二十七年第六次东渡成功，进行佛教活动。不难断定昭提寺金殿多方面体现着唐代官方流行且具有共性的结构体系及做法，因鉴真为南方人士，故建筑风格一定程度上带有南方风格，但就整体风格上讲仍显现出唐代官方流行且具有共性的结构体系及做法。建于唐建中三年（公元 782 年）的五台南禅寺正殿，能避过会昌五年（845 年）的"灭法"，主要原因是地处偏僻、规模小、影响小，可断定为民间建造，故有着地方民间建筑构造的倾向性，但决不有代表性。因唐代木构建筑仅存 4 例，故在分析地域特征时难度大，只能大体归纳。

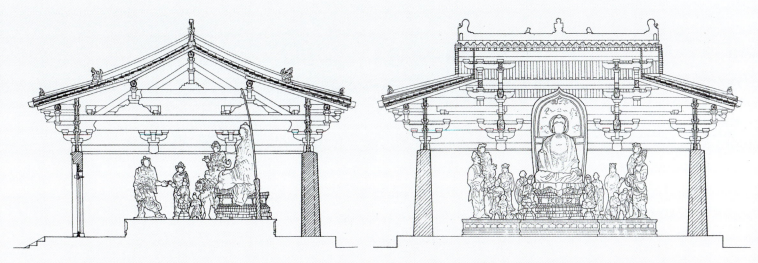

图 12-2-4　五台南禅寺正殿横断面图（资料来源：《文物》1980 年 11 期）　　图 12-2-5　五台南禅寺正殿纵断面图（资料来源：《文物》1980 年 11 期）

（一）南禅寺正殿

南禅寺，位于五台县县城西南 22 公里李家庄西侧。寺内正殿，唐建中三年（公元 782 年）建，距今 1221 年。是我国目前已发现保存年代最早，且结构完整的木结构建筑。正面阔三间、侧面深三间，梁架属四椽栿通檐用二柱，九脊顶。四椽栿两端交泥道慢栱出二跳华栱，其上设缴背，缴背两端交正心枋出耍头，平梁与四椽栿之间施驼峰隔承，脊槫之下设攀间斗栱且施叉手捧戗，平梁由驼峰及栌斗承托，其梁头结构点与栱相接不出头，所设托脚上端斜撑栱子外侧，为梯形构架，达到了构架的整体稳固性。平梁之上遗有蜀柱，考其结构及手法，与现存五代及宋代建筑中所用蜀柱如出一辙，故该殿所遗蜀柱至迟为宋代遗物，20 世纪 70 年代维修时拆除（图 12-2-4～图 12-2-6）。⑦

（二）佛光寺东大殿

佛光寺，位于五台县东北 32 公里佛光山腰，始建于北魏时期，"会昌灭法"时被拆毁，唐大中十一年（公元 857 年），灭法时逃亡在外的该寺法师愿诚募资重建，其中东殿就是大中十一年（公元 857 年）原构，距今 1146 年，是京都宦官王守澄恩宠之妇宁公遇布施建造的。殿面阔七间、进深四间"金箱斗底槽"，八架椽，单檐四阿式屋顶，殿前檐中五间劈板门、尽间及两山北次间设直棂窗。梁架以"平闇"相隔，分"明栿"、"草栿"两种做法，明栿于"平闇"之下，制作考究，所用梁栿均"月亮"造，"平闇"之上施以草栿，结构坚固、用材浑厚大方。整体构架气势磅礴、粗犷有力，是目前我国乃至世界已发现时代最早、结构最完整、规模最大的木结构建筑。明栿于外槽柱间，横向施斗栱、乳栿结构，乳栿制作细致，月梁造，且制有

图 12-2-6　五台南禅寺正殿转角铺作（资料来源：自摄）

图12-2-7 五台佛光寺东殿剖视图（资料来源：《中国古代建筑史》）

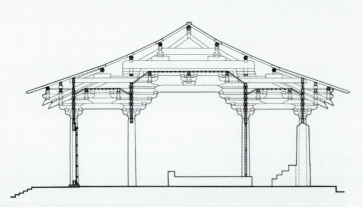

图12-2-8 五台佛光寺东殿横断面图（资料来源：《柴泽俊古建筑文集》）

图12-2-9 五台佛光寺东殿转角铺作（资料来源：自摄）

卷刹。乳栿两端交内外槽铺作出二跳华栱，上承半驼峰、令栱、隐刻栱枋及"平闇"枋；四椽栿由内槽铺作迭跳华栱承托，上承内半驼峰、令栱及"平闇"枋，形成了内槽空间宽阔、外槽空间适度的实用性空间。草栿设于"平闇"之上，因视线所不及，故木料表面加工粗略，其构件的形式及布置，完全服从于整体结构的合理性和实用性。乳栿置于铺作之上，由昂尾及内槽半驼峰直接承托，四椽栿搭于乳栿之上，并施纵横交叉的短方木块隔承。平梁施方木及攀间栌斗隔垫，两头与攀间栱交接，外向由托脚捧戗，与南禅寺正殿雷同。脊槫下设攀间替木、令栱并由大叉手捧戗，不设蜀柱。平梁与托脚为梯形结构，下平槫施托脚直接捧戗。纵断梁架，尽间设明、草丁栿联络，与横断外槽乳栿套件结构完全相同，当心、次间，因横断梁架结构整齐对称贯通内外槽，故纵断结构清晰明快，唯梢间复杂，于中平槫之下至次间东、西缝四椽栿之上设草丁栿三道，以承托两山屋顶荷载。因该丁栿前承中平槫，尾搭四椽草栿之上，故形成前低后高的斜置形联络结件，栿头施不规则的方木承垫，其上承草架平梁、叉手及上平槫、攀间斗栱（图12-2-7～图12-2-9）。[8]

二、辽、宋、金建筑

由于北方从唐朝末期起，就形成藩镇割据的状态，建筑技术和艺术很少受到唐末至五代时期中原和南部文化的影响，因此辽朝早期建筑保持了很多的唐代风格，故有辽袭唐风之说。如山西大同下华严寺薄伽教藏殿（辽重熙七年，1038年）及善化寺大雄宝殿（辽，约公元11世纪）、应县佛宫寺释伽塔（辽清宁二年，1056年）等。这些建筑具有用材规格大，斗栱施以真昂造，梁架制作规整，平梁之上蜀柱之下施驼峰承垫，叉手捧戗脊榑之下。辽代出现斜栱，开中国建筑斜栱之先河，梁栿之间于榑缝重心处施以完整的前后出跳"十字"卷头斗栱隔垫，这一结构在山西境内现存的唐、五代、宋、金遗构中几乎无此做法，或许是契丹族的一种民俗性与汉文化融合而产生的一种建筑特点。

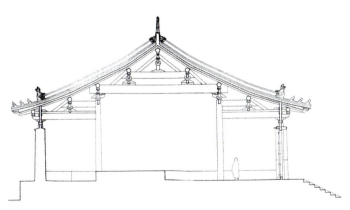

图12-2-10 大同下华严寺海会殿横断面图（资料来源：《山西文物建筑保护五十年》）

图12-2-11 大同下华严寺塑像（资料来源：自摄）

（一）大同下华严寺海会殿

下华严寺，位于大同市城西。海会殿约建于11世纪中，可惜现毁坏无存。原建筑面阔五间（2765厘米）、进深三间（1926厘米），单檐不厦两头造。梁架为四椽栿前后乳栿用四柱，梁柱对应，不施减柱造。四椽栿由内柱顶斗栱而承之，乳栿、劄牵插于内柱上端且乳栿交正心栱出华栱出跳，其上设缴背，劄牵与乳栿间设驼峰栌斗隔垫，四乳栿与平梁之间亦同一做法。平梁之上设驼峰立蜀柱，柱头设襻间栱及枋和通替承脊榑，叉手上端斜撑襻间枋，枋头为半栱形制，上、中平榑襻间结构形制相同，下平榑之下设襻间栱及替木。上、下平榑均设托脚且直接斜撑榑子外侧，四椽栿与栱枋相交向外出头，四椽栿托脚上端斜撑栿头下皮，四椽栿由内柱斗栱承托，斗栱之华栱交泥道栱向外延伸与托脚内皮斜切。整体梁架明显反地映了"辽袭汉制"之特征（图12-2-10、图12-2-11）。

（二）善化寺大雄宝殿

大雄宝殿位于寺北端，是寺之主殿。殿建于11世纪中，金天会、皇统（1123～1148年）间均有修缮，现存构架为辽构，面阔七间（4050厘米）、进深五间（2488厘米），殿内减柱两排8根，扩大了室内空间，十架椽屋单檐五脊顶。殿前设深1856厘米之月台，明间梁架为六椽栿前后乳栿用四柱。前向，因减去首列内柱，故乳栿向后延伸为四椽栿，插于前向上平榑缝重心内柱上部，六椽栿端部由顺栿串、劄牵承托，劄牵由搭于乳栿之上的额枋栌斗承之。劄牵尾向内交栌斗出跳，制成华栱扶承顺栿串，劄牵头由驼峰、斗栱承托，其横向栱向内出跳扶承劄牵，向外延伸形成类似劄牵结构部件。后向，因减去上平榑缝重心内柱，乳栿尾插于下中平榑重心内柱上部，劄牵与乳栿之间隔承构件同前向，劄牵尾向内交内柱栌斗出跳成华栱，与其上栱形构件共同扶托六椽栿。六椽栿之上设缴背、驼峰、栌斗承四椽栿，四椽栿亦设缴背，缴背之上设斗栱承顺栿串及平梁，平梁之上设驼峰立蜀柱，柱头设纵横相交的"十字"形斗栱（纵向为隐刻栱）、襻间枋承脊榑，叉手上端斜撑于攀间枋两侧,且施丁华抹颏栱稳定。整体梁架略同于辽宁义县丰国寺大殿。是山西辽代木结构建筑之代表,也是全国辽代建筑中的典型之作(图12-2-12、图12-2-13)。

（三）应县佛宫寺释迦塔

佛宫寺释迦塔,又称应县木塔,位于山西省应县城内西北隅。木塔建于辽清宁二年(1065年),平面八边形,外观五层六檐,内部构造九级(明层五级、暗层四级),塔体采用底层双壁、塔身双筒式构架,下部建以高敞的砖石台基,是世界现存时代最久远、体量最宏大的木构楼阁式塔建筑。塔平面八边形,塔下设基座,高九级(明五层、暗四层)六檐,腰缠平座,屋顶攒尖式。塔身逐层立柱,柱头间施阑额、普拍枋联络,塔身每面三间,中设门装修,底层板门,二层以上均设格子门。柱网布置,除底层设副阶外,余皆设檐柱和内柱(包括底层)两周。塔所用柱子直径规格在48～64厘米之间,柱卷刹明显,用材较大。外槽檐柱之间及内槽内柱之间于柱头设阑额及普拍枋联络,于柱脚水平设地栿联络,柱头部分施铺作及栿枋结构,内外槽纵横结构,暗层施以斜撑稳固,将整体塔身形成套筒式结构。加强木塔结构的整体性和坚固性。全塔共用铺作54种,结构基本相同,仅小部分微差。外檐铺作:副阶内外双抄五铺作;一、二层双抄双下昂七铺作,里转双抄五铺作;三层三抄六铺作,里转双抄五铺作;四层双抄五铺作,里转单抄四铺作;五层内外单抄四铺作。各层补间铺作里外转均双抄五铺作。平座铺作二至四层外转三抄六铺作,五层双抄五铺作,里转及内柱均施枋材叠构,以保持内外构架平衡。木塔腰身设平座暗层,各层平座柱子与上层檐柱为同轴重心,插柱造。而比下层的外檐柱向塔内收入约半柱径。平座层外柱插入在下层斗栱之上的草栿之上,这一结构从整体上讲,下大上小,不但使结构更加稳定,同时形成塔体轮廓造型成流线型的美感。内槽上下柱间结构,因没有外轮廓的问题,因此只是满足力学的要求,故采取一至四层(包括平座)各层柱基本为同一轴线,五层平座内柱开始向里错半柱径且与五层内柱基本为同一轴线,并使八根轴线都略向塔心倾斜(因设有柱侧角)。完美地体现了构件、构造和建筑造型统一性。我国木结构技术的发展,从浙江余姚河姆渡遗址出土的带有榫卯的干阑长屋遗构算起,至少已有将近七千年的历史。通过历代匠师的辛勤、智慧的营造实践,掌握了木结构体系的结构规律。辽、宋时期,高层木构建筑的设计和施工已经相当成熟。对于高层木构的设计来说,风力是一项不容忽视的水平活荷载。对于这一点,辽、宋匠师是有明确认识的。平座暗

图12-2-12　大同善化寺大雄宝殿前牌楼（资料来源：自摄）

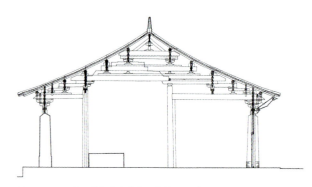

图12-2-13　大同善化寺大雄宝殿横断面图（资料来源：《山西文物建筑保护五十年》）

层使用大批斜撑固定复梁，这些撑杆和复梁的组合体，既抵制风力以及地震横波的推力，又对塔体水平方向的位移和扭动起到防护作用。其撑杆和复梁的组合体，从性能上可分两大类：一类是使平座内槽系统和外檐系统各自加大它们的稳定性；另一类是使内外两层系统保持它们的相对位置。由于这些撑杆的连接，构成了整体空间系统，一经受力，各构件就可以联合作用（图12-2-14～图12-2-16）。

平座暗层是用斜撑和梁、柱组成的一道平行桁架式的圈梁构造。在这个圈梁的内环上，又叠置由四层枋子组成的一道井干式的圈梁。整个暗层，实际是一个牢固的刚性的箍，在五层塔身中，间隔均布了这样四道刚性箍。在外观上，夹层巧妙地处理成为各层平座腰檐。塔副阶结构是柱头铺作上承剳牵，剳牵交外转令栱出批竹耍头。剳牵背设缴背，两构件同时插入檐柱内，并靠檐柱立小蜀柱及叉手，之上设承椽枋承檐椽。一至四层梁栿结构做法相同，各层均施不同规格明乳栿及草乳栿、素枋共同连接内外柱构架。二至四层平座，施单材枋联络内外铺作，五层施足材枋联络内外铺作。内槽南北转角铺作上与外槽乳栿相对用通栿。通栿两端之下各用一斜栿承托，斜栿两头置于相邻面明间补间铺作上。东西、南北方向各设普拍枋通内外槽，其中东西方向施以足材，南北方向施以单材，又于通贯普拍枋两侧柱头铺作至通栿贯以普拍枋。各斜面均于明间补间铺作至通栿设普拍枋结构，又于柱头铺作至内槽柱间足材枋贯以普拍枋。平座外槽檐柱和内柱内侧于草乳栿之上两端设承重枋，承重枋上中部立小柱，上顶承补间平座一跳跳头，又于中间向两侧设斜撑。斜撑下榻承重枋，上斜撑柱头铺作一跳跳头。各明间草乳栿上亦立斜撑，上斜撑外檐柱头铺作里跳跳头。各角草乳栿上各立斜撑两个分别向内外斜撑于转角铺作跳头下。各平座内槽于下层柱头枋上，各立柱三根，两根靠近角柱，一根置于中间，均插于阑额之下，二、三层又于中部立斜撑两根，分别插于两角阑额下。五层檐柱与内柱仍设乳栿和草乳栿结构，下平枋（下平槫）置草乳栿之上，以木墩添承。

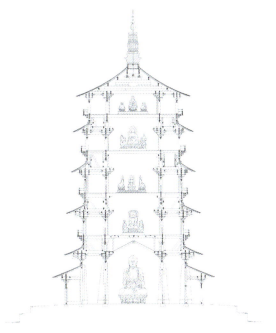

图12-2-14　应县佛宫寺释迦塔断面图（资料来源：《应县木塔》）

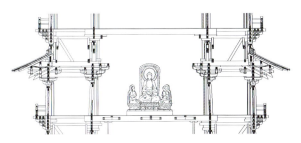

图12-2-15　应县佛宫寺释迦塔二层断面图（资料来源：《应县木塔》）

图12-2-16　应县佛宫寺释迦塔牌楼（资料来源：自摄）

图 12-2-17　应县佛宫寺释迦塔外观（资料来源：自摄）

图 12-2-18　应县佛宫寺释迦塔细部（资料来源：自摄）

图 12-2-19　应县佛宫寺释迦塔匾额（资料来源：自摄）

内槽于南北转角铺作第三跳上施四椽栿，其上又施四椽草栿，栿上设枋木墩添承平梁。平梁之上设井字形梁，井字梁之上设井字普拍枋，其上又设脊枋两层，于井字梁背上中部南北向设足材枋两道，稳固脊刹杆底部。第二层脊枋上设足材枋两道，稳固脊刹杆中部，脊刹杆直达塔刹宝珠（图 12-2-17、图 12-2-18）。

综上所述，佛宫寺释迦塔虽看实物结构复杂，细分析确与五台唐代佛光寺东殿结构类同。五层梁架由草架梁栿、素枋及方木墩组合，而各平座层内槽设通栿（承重梁）、外槽设栿（类同乳栿）两道连贯内外柱，栿下于内柱头设栱枋承垫，各外槽檐柱之上设铺作过渡，内、外柱及铺作同高，所设乳栿结构与五台佛光寺东殿如出一辙，充分体现了辽袭汉制的营造技术（图 12-2-19）。

辽代不但吸收了唐代建筑桁架结构造技术，同时在殿阁、厅堂建筑梁栿之间，施以完整的"十字"卷头斗栱隔垫，体现了对唐、五代的营造技术的继承和发展，如佛光寺东殿明四椽栿与中平闇枋、镇国寺万佛殿四椽栿与上六椽栿之间所设隔垫斗栱就是采用了不完整的纵横相交的"十"字斗栱。与唐、五代梁架相较辽代梁架结构的最大特点，是托脚上端向上移动斜戗于平槫外侧，直接分解槫部荷载。体现了辽代木结构建筑不饰以华丽，注重实效的朴实大方的特点，反映了辽代继承和发展唐代建筑风格及营造技术，也一定程度上流露出契丹族的审美观。辽代平梁之上结构与唐、五代及宋代亦差别明显，辽代所用蜀柱矮小，且多圆形，而脊部攀间斗栱较唐、五代及宋代多施攀间枋，且多隐刻栱。于令栱十字相交设丁华抹颏栱，与宋《营造法式》同。但叉手捧戗于攀间枋两侧，却有别于《营造法式》，与唐、五代现存遗构相同。辽代建筑中若设平棋（闇）其草栿做法近唐代风格。⑨

（四）五台延庆寺大佛殿

延庆寺，在山西五台县城西南27公里杨柏乡善文村，四周环山，寺成盆地，佛殿分外醒目。寺史无文献可考，原有规模不详。寺前有北宋景祐二年（1035年）经幢一座，4层，高约7米，上镌陀罗尼经，证明宋代已有此寺。寺内建筑，多为清式，仅大佛殿是与经幢同期遗构。大佛殿面阔三间（1260厘米），进深三间（1256厘米）六椽，单檐九脊屋顶，檐下施五铺作单杪单下昂偷心造铺作。西缝梁架为六椽栿通檐用二柱，东缝梁架为金代修缮时改为五椽栿后对剳牵用三柱，平梁之上结构及部件亦金代特征。东、西缝六椽栿之下均后人修缮时增加了保护性支撑柱。梁架不设用四椽栿，由驼峰及出跳隔架栱直承平梁，下平槫由驼峰及攀间栱承之，驼峰和攀间栱设于六椽栿之上，结构严谨节能。平梁端部下方设托脚斜撑，平梁之下攀间栱，向内出跳扶承平梁并盛栌斗向外与托脚斜切，托脚下部交下平槫攀间栱承下平槫且延伸斜踏六椽栿，与忻州金洞寺前檐铺作要头尾部向上延伸为托脚结构近似

图 12-2-20　五台延庆寺大佛殿外观（资料来源：自摄）

图 12-2-21　五台延庆寺大佛殿梁架（资料来源：自摄）

（图12-2-20～图12-2-22）。北部现存的金代木构建筑较中部和南部，不但规模大，其梁架结构亦形成本地区的风格。建筑结构，除斗栱延续了辽代真昂、斜栱造外，梁架及柱网布列发生了很大的变化，减柱、移柱、内额及梯形托架的作法广泛使用，梁栿之间承垫构件下几乎不用出跳栱，如佛光寺文殊殿（金天会十五年，1137年）、繁峙岩山寺文殊殿（金大定七年，1167年），崇福寺弥陀殿（金皇统三年，1143年）也是如此，但其梁栿下施以实拍出跳栱，形制与宋代相似。

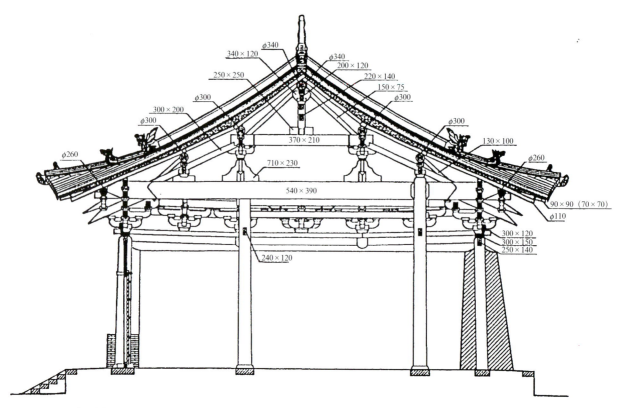

图 12-2-22　五台延庆寺大佛殿横断面图（资料来源：《山西文物建筑保护五十年》）

图 12-2-23　忻州金洞寺转角殿梁架（资料来源：自摄）

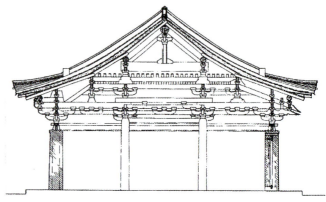

图 12-2-24　忻州金洞寺转角殿横断面图（资料来源：《山西文物建筑保护五十年》）

（五）忻州金洞寺转角殿

金洞寺在忻州城西 20 公里的龙门山脚下，又名龙门寺。北宋元祐八年（1093 年）以前修建。原由上、中、下三个寺院组成，上院金光寺，在龙门山上；中院铁夹寺，在龙门山沟；下院金洞寺，建于龙门山外围的丘陵地带。上院和中院已毁，现在只留金洞寺保存较好。金洞寺由南到北依次遗有山门、过殿、文殊殿（明嘉靖七年，1528 年），西南遗转角殿，西遗僧舍；东向由南向北依次遗有普贤殿、三教殿，其中转角殿，是北宋元祐八年（1093 年）修建之遗存。转角殿坐北面南，面阔、进深各三间（608 厘米）正方形，单檐九脊屋顶。梁架以枋系为主，平梁以上施蜀柱、叉手承托脊部且脊部设丁华抹颏栱，叉手捧戗脊榑替木两侧。四椽栿规格为一足材枋，于上平榑缝重心设隔架斗栱承之，四椽栿端部设出跳栱，向内出跳栱与隔架栱对身连隐，后架设托脚，上端与四椽栿对接，四椽栿下出跳栱向外延伸与托脚斜切，栱间斗栱由驼峰承托。前檐铺作为五铺作偷心直昂造，耍头尾部向上延伸为托脚，与四椽栿相接同后架托脚；后檐铺作五铺作卷头偷心造（图12-2-23、图12-2-24）。

（六）五台佛光寺文殊殿

佛光寺文殊殿，建于金天会十五年（1137年），距今866年，面阔七间（3165厘米）、进深四间（1759厘米），八架椽单檐不厦两头造。平面减柱，殿身前檐中三间辟板门，梢间设直棂窗，背面明间设板门一道，殿内前向设内柱两根，形成了前内柱横跨明、次三间（1412厘米）的大开间，减柱使梁架结构发生了与之相应的变化，与两内柱间设内额，内额之上架四椽栿。后向于明间设二根内柱，次、梢、尽间内柱全部减去，与之相应的后向纵架形成了横跨次、梢、尽间（1339厘米）的上、下两道内额，内额之间设梯形托架，大大地增加了室内空间。所谓梯形托架，即

图12-2-25 五台佛光寺文殊殿外观（资料来源：自摄）

较弥陀殿"斜撑"增设了水平臂力构件与其上。横加为四椽栿前后乳栿用四柱，平梁之上蜀柱脚施合踏稳固，平梁与四椽栿之间设驼峰及栌斗承垫，叉手捧㕑脊槫（图12-2-25～图12-2-27）。[10]

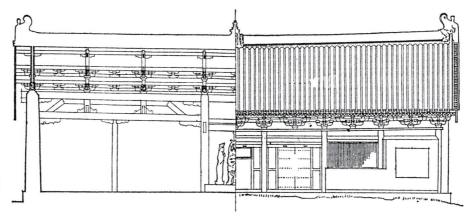

图12-2-26 五台佛光寺文殊殿纵断、立面图（资料来源：《柴泽俊古建筑文集》）

图12-2-27 五台佛光寺文殊殿横断面（资料来源：《柴泽俊古建筑文集》）

图12-2-28 崇福寺弥陀殿匾额（资料来源：自摄）（左）
图12-2-29 崇福寺弥陀殿门扇（资料来源：自摄）（右）

图12-2-30 崇福寺弥陀殿室内（资料来源：自摄）

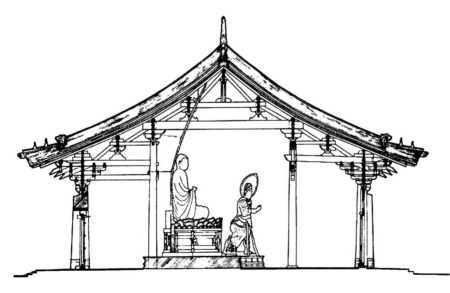

图12-2-31 朔州崇福寺弥陀殿横断面图（资料来源：《柴泽俊古建筑文集》）

图 12-2-32 繁峙岩山寺文殊殿壁画（资料来源：自摄）（左）
图 12-2-33 繁峙岩山寺文殊殿外观（资料来源：自摄）（左下）
图 12-2-34 繁峙岩山寺钟楼（资料来源：自摄）（右下）

（七）朔州崇福寺弥陀殿

崇福寺弥陀殿建于金皇统三年（1143年），距今860年，是寺内现存时代最早、规模最大的建筑。殿面阔七间（4132厘米）、进深四间（2270厘米），单檐九脊顶，平面于尽间设内中柱，前内柱施减柱、移柱造。梁架属八椽栿前后栿用四柱，后架施以双乳栿，其下乳栿交隐刻泥道慢栱向外延伸制为二跳华栱，且乳栿、劄牵均插于金柱内，前向乳栿、劄牵除梢间外缝插于前内柱外，余皆搭交于内额。梁栿所设托脚均于上栿下平相接，梁下槫缝设向内出跳实拍栱及驼峰隔承，这一做法有别于五代及宋之遗构。纵向梁架于前内柱间设上下内额，中横跨两间（1240厘米），两边横跨一间半（879厘米）。两内额之间设梯形斜撑，明间脊部与东西两平梁处亦设同样梯形斜撑，梢间内中柱之上设丁斜梁以固间架，这些结构可定位为北部金代具有共性的特殊结构（图12-2-28～图12-2-31）。[11]

（八）繁峙岩山寺文殊殿

岩山寺位于繁峙县城东南40公里天岩村。文殊殿是轴线上仅存之建筑，建于金大定年间，殿内墙壁所绘壁画是宫廷画师王逵于大定七年（1167年）所绘，距今836年。殿面阔五间（1498厘米）、进深三间（1189厘米），梁架为四椽栿前后劄牵用四柱，单檐九脊顶。四椽栿之上设梯形驼峰及栌斗间设普拍枋承平梁，平梁之上立蜀柱。蜀柱脚施合踏稳固，头直承脊槫，槫两侧设叉手捧戗，四椽栿由内柱及栌斗直接顶承，劄牵尾斜搭于四椽栿之上。纵架因减、移柱造，前、后内柱之上均设内额，后架横跨三间，前架横跨两间，脊部设三角斜撑架，属朔县崇福寺弥陀殿和五台佛光寺文殊殿的内额之间所设梯形斜撑及托架体系（图12-2-32～图12-2-36）。

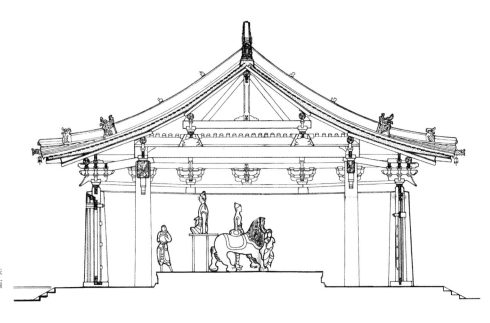

图 12-2-35 繁峙岩山寺文殊殿横断面图（资料来源：《山西文物建筑保护五十年》）

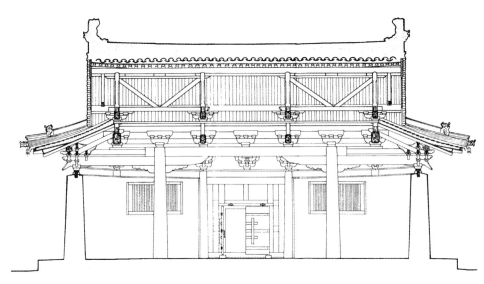

图 12-2-36 繁峙岩山寺文殊殿纵断面图（资料来源：《山西文物建筑保护五十年》）

第三节　晋南早期建筑

晋南现存一座唐代建筑，所遗宋、金两代木构建筑梁架结构与晋东南基本相同，但有局部差异，主要表现在晋东南梁栿之间普遍使用蜀柱，个别使用驼峰，晋南宋、金两代木构建筑梁架结构梁栿之间几乎全部施以驼峰隔承，不施蜀柱支承，这一点和北部、中部雷同。如建于北宋元丰元年（1078 年）夏县司马光墓中的余庆禅院大殿、位于万荣县南张乡太赵村稷王庙大殿、绛县太阴寺金代大雄宝殿等，均梁栿之间施驼峰及栌斗承垫，不施蜀柱。元代建筑遗存主要有永乐宫三清殿等。

一、唐代建筑

芮城广仁王庙五龙殿是山西晋南唯一保留下来的唐代结构建筑遗物。广仁王庙，俗称五龙庙，位于晋南芮城县北 4 公里中龙泉村北侧，五龙殿位于庙之北端，是庙中主殿，建于唐太和五年（公元 833 年），距今 1170 年，较五台佛光寺东殿早 26 年，晚于南禅寺正殿 49 年，规模不大，为小五间之殿，面阔（1154.6 厘米）、山檐进深三间（495.6 厘米）。梁架为四椽栿通檐用二柱，单檐九脊顶，梁架结构与五台南禅寺正殿相似，叉手上端捧戗脊槫令栱，平梁与托脚结构形成梯形状态。与五台南禅寺正殿结构点的差异，是叉手下端与平梁结构及托脚下端与四椽栿结构和南禅寺正殿结构有很大的差别，其结构受力与南禅寺正殿有所不同。五龙殿叉手下端插立在平梁与平槫襻间令栱之间，托脚下端直顶于正心令栱内侧形成向外推力，一定程度上破坏了槫枋的稳定性。于檐槫与正心令栱之间平设枋子（似衬头枋）以顶撑托脚下端以消减托脚向外推力，证明当时匠工对此结构的重视（图12-3-1～图12-3-3）。⑫

二、宋金建筑

（一）夏县司马光墓余庆禅院大殿

司马光墓位于夏县城北15公里水头乡小晁村。夏县是宋代著名政治家和历史学家司马光的故里，司马光墓分为茔地、碑楼、碑亭、碑碣、余庆禅院等几个部分。茔地位于右翼，禅院列于左翼，碑楼在最前方。碑楼高大、壮观，内有"司马温国公神道碑"一通，碑身厚硕高大，碑文介绍了司马光一生的成就。碑额"忠靖粹德"由宋王哲宗亲笔；碑文为苏东坡撰并书。这通碑，是司马光墓的重要标志，对外很有影响。余庆禅院是宋代为保护司马光墓而建立的一处寺院，寺内，现存有一座明代建的大佛殿。殿内，尚有3尊造型优美，风格古朴的人佛像。在大殿后部，还有宋碑五通，明清碑十来通。这些碑文，详细记载了余庆禅院的历史，是研究司马光墓的重要史料。余庆禅院建于北宋元丰元年（1078年），院内大雄宝殿为北宋元丰元年遗构。面阔五间（1724.5厘米）、进深三间（1178厘米），梁架为四椽栿前后劄牵用四柱，单檐悬山顶。平面柱网移柱，将前、后内柱向外移位半间，增加了使用空间。梁栿间施以驼峰和栌斗隔承，平梁之上设蜀柱并以合踏稳固，蜀柱头施栌斗、襻间枋、替木及连身对隐令栱承平槫，脊部设有复合式叉手。叉手上端结构点分别是，上叉手捧戗脊槫两侧、下叉

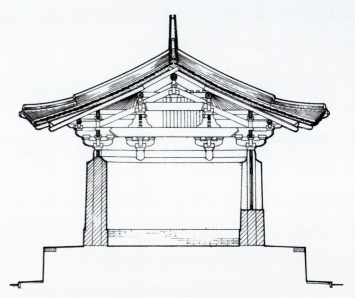

图12-3-1 芮城广仁王庙正殿横断面图（资料来源：《山西文物建筑保护五十年》）

图12-3-2 芮城广仁王庙正殿外观（资料来源：自摄）

图12-3-3 芮城广仁王庙正殿转角斗栱（资料来源：自摄）

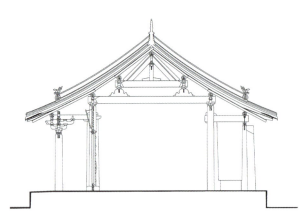
图 12-3-4 夏县余庆禅院大殿横断面图（资料来源：《山西文物建筑保护五十年》）

图 12-3-5 夏县余庆禅院大殿柱头铺作（资料来源：自摄）

图 12-3-6 万荣太赵村稷王庙大殿转角铺作（资料来源：自摄）

图 12-3-8 万荣太赵村稷王庙戏台（资料来源：自摄）

图 12-3-7 万荣太赵村稷王庙大殿外观（资料来源：自摄）

手捧戗于替木及襻间枋，与中部区域同一类型。四椽栿置于内柱之上，由栌斗隔承，劄牵插于前后内柱中。梁架结构简洁，结构大方合理（图12-3-4、图12-3-5）。

（二）万荣县太赵村稷王庙大殿

稷王庙，位于万荣县南张乡太赵村北隅，坐北朝南。创建年代不详。现仅存大殿一座，殿虽历经修缮，但主体建筑和构件仍保存金代原物。脊檩有元至元二十二年（1286年）重修题记。殿内后壁上镶有元至元八年（1271年）修舞亭石碣一块。大殿面阔五间，进深三间，六架椽，副阶周匝，单檐五脊顶。檐下施五铺作双下昂偷心造斗栱，殿内设中柱一列分心造，中柱直通平梁，将大梁分前后两段，穿插相构，廊部设乳栿、劄牵两步架，形成宽阔敞亮的行廊周匝，殿梁栿之间无论间距大小均施以驼峰隔架，充分证明西南部区域梁栿之间以驼峰隔架的共同特点（图12-3-6～图12-3-8）。

（三）绛县太阴寺大雄宝殿

太阴寺位于山西西南部的绛县城东7.5公里卫庄镇张上村，大雄宝殿为寺内主殿，金代遗构。殿面阔五间（1257厘米）、山檐进深三间（1225厘米），梁架为六椽栿前后檐柱后顶内柱，单檐不厦两头造。栿间设驼峰、栌斗隔承，栌斗纵向设令栱、替木交栿端承平榑，平梁之上蜀柱居中合踏稳固，蜀柱之上坐栌斗、捧节令栱及复合替木承脊榑，设丁华抹颏栱与令栱相交稳叉手，叉手两道复合式，下捧戗替木上捧戗脊榑，结构与阳泉关王庙正殿雷同。各缝均设托脚，平梁托脚串栿头撑平榑，六椽栿托脚撑栿头下半部位。纵架蜀柱间设顺栿串联络，明间在下隔间相闪，驼峰间亦设顺栿串联络。梁架整体结构与中部地区相近（图12-3-9）。

三、元代建筑

晋南的元代建筑，气势宏伟，布局规整，手法考究、随意、粗犷，构造大胆，个性化强烈。这类建筑风格，主要形成于民间建筑活动，其特点是建造手法及选材随意、建筑构造技术大胆，大量施以

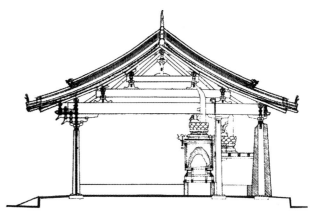

图12-3-9 绛县太阴寺大雄宝殿横断面图（资料来源：《山西文物建筑保护五十年》）

减柱、移柱造，构件之作粗劣化，自然圆木、弯料的原生化及强烈的个性化建筑思维，导致有些元代建筑遗构局部构造近乎不合理。

（一）芮城永乐宫

远在十三世纪初，蒙古崛兴尚未建立国号时，忽必烈至元八年（1271年）即发令旨，指定专人管领道教，并由燕京派遣道门大师潘德冲常驻永乐主办兴建事宜。于是在这里扩建了规模宏伟的道教场所"大纯阳万寿宫"，施工期前后共110多年。因建在永乐镇，后世统称为永乐宫。搬迁的永乐宫坐北面南，中轴线上由南向北依次为宫门、无极门（龙虎殿）、三清殿、纯阳殿及重阳殿。无极门又称"龙虎殿"，是永乐宫原有的宫门。面宽五间（20.68米），进深两间六椽（9.60米），单檐庑殿顶，檐下斗栱五铺作单抄单下昂。梁架结构为前后三椽栿用三柱，中间竖中柱一排，以内额相联贯。前后三椽木栿于中柱上对接，置于铺作之上。三椽栿之上立蜀柱及栌斗承平梁，劄牵插于蜀柱，脊部设丁华抹亥栱，叉手捧戗脊榑两侧，托脚上端斜撑榑外侧，所用蜀柱均以合踏稳固。因内外柱同高，故纵架梢间设平直式丁木栿承载上面的梁架，结构手法简洁利落，富有创造性，梁木栿构件多用圆木做成、断面无一定比例，加工粗糙，梁架特点是用料经济。殿中柱上装板门间，门内当中悬匾额一方，榜书"无极之门"四个大字，为至元三十一年（1294年）所制

图 12-3-10　芮城永乐宫无极门匾额（资料来源：自摄）

图 12-3-11　芮城永乐宫无极门梁架（资料来源：自摄）

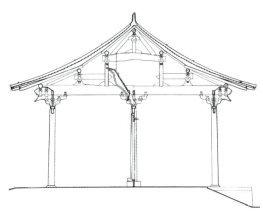

图 12-3-12　芮城永乐宫无极门横断面图（资料来源：《山西文物建筑保护五十年》）

图 12-3-13　芮城永乐宫芮城永乐宫无极门吻兽（资料来源：自摄）

（图 12-3-10～图 12-3-13）。三清殿，又名无极殿，供奉道教三清殿祖像，是永乐宫中最主要的一座殿宇。面宽七间（28.44米）、进深四间八椽（15.28米）单檐五脊顶，殿前设大月台，宽 15.60米，深 12.15 米，秋瓦墁方砖，月台的两侧复各设朵台一个，上下各设踏道四条，殿的平面减柱造，仅后半部设金柱八根，扩大了建筑空间。前檐仅东西两尽间砌以檐墙，其余五间俱装隔扇，以供采光和人流出入之用；后檐明间装板门两扇，以通后殿，檐下斗栱六铺作单抄双下昂重拱造，梁架横断面进深八架椽，明间和两次间前后四椽栿对接用四柱，四椽栿之上立蜀柱，承上四椽栿，平梁与四椽栿之间承蜀柱，平梁之上于中部设蜀柱承脊槫。脊蜀柱两侧用叉手捧戗。虽梁枋题有清康熙间重修，四椽栿以上的梁架结构手法有所变动并非原物，但结构关系仍保存元代特征；纵断面的结构，由于两次间和梢间采用减柱法，因此在山柱与内柱之间用长跨度的丁栿结构山面的屋架，以扩大空间。脊部叉手捧戗脊槫与攀间枋之间，托脚上端斜撑栿下，所用蜀柱均以合踏稳固（图 12-3-14、图 12-3-15）。

（二）芮城清凉寺大雄宝殿

清凉寺位于芮城县城东北 25 公里的甘枣山下寺里村，建于元朝大德年间。环寺茂林修竹，绿荫蔽天，鸟语呢喃；放眼望去，寺周围院落参差窑洞错落；再往远看，甘枣山奇峰峭立轻岚缭绕，梯田层叠果林如带，整个寺庙院与山村相互辉映融为一体。清凉寺除了保存有元、明、清各代价值颇高的数十幢石碑外，现存的大雄宝殿仍为原汁原味的元代建筑，面阔五间（2351厘米）、进深三间（1414.5厘米），单檐不厦两头造。殿宇气势磅礴，造型巍峨壮观，斗栱古朴壮美，梁架粗犷豪放，制作随意。为扩大殿内实用面积而使用"减柱造"手法，与之相应梁架结构施以大内额结构，殿所用柱子直径在53厘米至78厘米之间，粗犷有力。殿梁架构造为四椽栿前、后乳栿用四柱，乳栿插于内柱，剳牵尾置于内额之上，平梁与四椽栿之间施驼峰、栌斗和替木过渡，剳牵与乳栿之间施蜀柱承之，蜀柱脚施合㭼稳固，殿内结构点根据具体情况添加不同规格方木，使用材料非常随意，是山西典型的元代民间一般匠工建造实例，为研究元代区域木结构建筑珍贵的实物资料（图12-3-16）。

（三）洪洞广胜下寺后殿

广胜下寺，位于晋西南洪洞县城东北17公里霍山麓，后殿为其主殿，建于元至大二年（1309年）。殿面阔七间（2788厘米）、进深三间（1610厘米），梁架为四椽栿前后乳栿用四柱，单檐不厦两头造。明间乳栿较其他规整，平直式结构前后端搭于柱头铺作之上。上设斜直式剳牵，剳牵头由乳栿、驼峰及栌斗隔承，尾置于内额铺作之上并交铺作向后延伸至四椽栿下皮而承之。四椽栿与平梁之间设蜀柱、栌斗隔架，平梁之上设蜀柱、栌斗及替木、原形通替承脊槫，于丁华抹颏栱两侧设叉手捧戗，各蜀柱脚均设合㭼稳固。其他各间乳栿及剳牵均施自然弯曲圆材制成，其头端结构与明间同，尾部上下并排斜弯搭于内额栌斗之上，剳牵向殿内延伸承四椽栿。除下平槫由托脚直接捧戗外，其余托脚均捧戗于栿头侧部。纵架各蜀柱间均设设顺栿串联络，明间在下隔间相闪，驼峰间亦设顺栿串联络。梁架整体结构浑然质朴，构思独特，制作大胆，反映了元代营造技术的灵活性和不拘一格的创造胆略（图12-3-17、图12-3-18）。

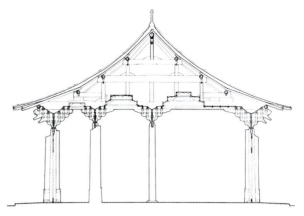

图12-3-15 芮城永乐宫三清殿横断面图（资料来源：《山西文物建筑保护五十年》）

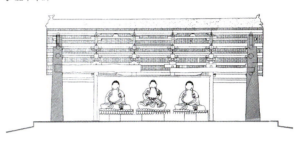

图12-3-16 芮城清凉寺大雄宝殿横断面图（资料来源：《山西文物建筑保护五十年》）

图12-3-17 洪洞广胜下寺后殿外观（资料来源：自摄）

图12-3-14 万荣太赵村稷王庙戏台（资料来源：自摄）

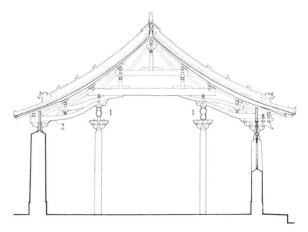

图12-3-18 洪洞广胜下寺后殿横断面图（资料来源：《山西文物建筑保护五十年》）

第四节　晋东南早期建筑

山西晋东南现存唐代木结构建筑1座，五代木结构建筑2座，均遗存于平顺县境内。王曲村的天台庵正殿，创建年代不详，仅存正殿及唐碑1通，但从形制、结构和构造做法来看，当属唐代遗构无疑。五代时期建筑，有龙门寺西配殿和大云院正殿。这三处建筑虽规模较小，但共性较强，一定程度上反映了唐、五代时期木结构建筑结构技术的过渡性和传承特点。

其共性特点是平梁之上立蜀柱于驼峰之上，脊部由脊槫、捧节令栱、替木组成，叉手捧戗于捧节令栱两侧，上端斜撑栱子外侧，所设托脚与唐代及五代中部区域结构雷同，为梯形构架。个性特点是梁栿之间出现蜀柱过渡且不设合踏稳固，但仍以驼峰隔垫为主，驼峰之上不施纵横相交内外出挑的隔架斗栱，只设槫下襻间栱。所设托脚上端斜撑槫下襻间栱外侧，以增强构架的稳固性和一体性之结构，整体梁架结构简洁，制作规整（图12-4-1、图12-4-2）。

图12-4-1　平顺天台庵外观（资料来源：自摄）

图12-4-2　平顺大云院弥陀殿外观（资料来源：自摄）

山西东南部现存的宋、金建筑，占全省同期遗构比例巨大，名列全省前茅。这些建筑规模不大，多三到五间之构，其主体梁架与宋《营造法式》接近，而不拘泥于官式作法。北部辽、宋时期木构建筑梁栿之下横向出跳斗栱的结构形制，在晋东南无一实例。其宋、金两代建筑所施减柱造多减去前或后内柱，梁架结构多为四椽栿前或后压乳栿用三柱的构造形制，较《营造法式》中规定的"四椽栿对乳栿"稳固，是晋东南地区宋、金两代建筑的区域共性。山西东南部宋、金木结构建筑明显差别，是宋代纵架施斜直或平直式丁栿（四坡屋顶），横架蜀柱之下多施驼峰承托，铺作多施以真昂造；金代纵架施斜弯或平直式丁栿（四坡屋顶），横架蜀柱之下多施合踏稳固，铺作多施以假昂造（图12-4-3、图12-4-4）。

宋、金两代建筑结构在晋东南地区，已经形成了明显的朝代差别，其一，于栿上立蜀柱，蜀柱外侧插短梁，短梁起劄牵或乳栿作用，短梁头部施合踏或蜀柱承托，此结构通常可称为"×椽栿立蜀柱插劄牵通檐用×柱"。此结构简练、节料，受力合理，宋代有之，其中晋城青莲寺释迦殿即此结构雏形，至金代以后晋东南普遍使用，当视为宋金以后木结构梁架结构的另类结构系列。其二，是铺作的差别，现存宋代建筑全部施以真昂造，无一例为假昂作法；而现存金代建筑几乎全部施以假昂造，只有个别的施以真昂作法。其三，是梁架结构部件及结构点的差别，主要体现在平梁以上，宋代平梁之上所施蜀柱以驼峰承托，个别施合踏稳固，叉手捧戗脊部攀间的捧节令栱或替木两侧，金代建筑平梁之上所施蜀柱大都施以合踏，很少设驼峰，叉手较五代、宋代上移多捧戗脊槫与替木之间，可谓唐至元叉手发展的第三阶段。其四，是梁栿之间的结构部件和结构点的差别，宋代梁栿之间多施以单蜀柱或驼峰之上立蜀柱顶承，金代多以合踏稳固蜀柱顶承上栿。梁栿之间以蜀柱过渡特点与中部和西南部施驼峰过渡形成了鲜明的对比（图12-4-5）。

图12-4-3 高平崇明寺中佛殿外观（资料来源：自摄）

图12-4-4 高平游仙寺前殿外观（资料来源：自摄）

图12-4-5 晋城青莲寺释迦殿外观（资料来源：自摄）

一、唐代建筑

天台庵，位于平顺县王曲村。庙规模很小，现建筑仅存正殿一座，殿前遗有石碑一通，除此之外别无他物。殿前石碑砂石质地，风化严重，无法辨认碑中字迹，考其造型、比例、雕刻手法及图案，唐代遗物无疑。关于此庵情况无志书和任何历史文献、题记记载，在对正殿的断代时除殿前石碑旁证外，只能通过建筑本身的结构、风格及手法与其他同类建筑进行比较，总结其时代概率，确定时代区间。天台庵正殿，面阔三间（708厘米），山檐进深三间（708厘米），正方形。梁架为四椽栿通檐用二柱，九脊顶。四椽栿头与柱头栌斗及正心素枋相交出华栱，形成斗口跳。四椽栿之上立蜀柱，蜀柱之上设栌斗承平梁，且蜀柱之脚既不设驼峰也不施合踏。这一结构形制，现存的唐、五代遗构中仅此一例，宋代遗构中也不多见，宋《营造法式》亦无此结构之例，实物中四椽栿蜀柱脚不设驼峰或合踏及缴背也是少见之例，梁栿之间设蜀柱是晋东南宋、金以后惯用手法。平梁之上立蜀柱，并由驼峰垫承，蜀柱头置栌斗、捧节令栱及替木承脊槫，两侧设叉手捧戗脊槫令栱，此做法始于五代，并惯用之。金部设托脚，结构与山西境内现存其他唐、五代木结构建筑遗构相同。平槫攀间栱是在攀间枋上隐刻而成，泥道栱是于正心素枋之上隐刻而成的，这些手法现存唐代木结构建筑遗构中无例可证。只见于龙门寺西配殿遗构中，现存龙门寺西殿所用泥道栱是隐刻于正心素枋之上的实例。纵架所设丁栱为平直式结构形制。根据该殿梁架结构的整体和局部结构特点，建筑部件的制作手法，尤其是平梁及四椽栿之间设蜀柱，平槫攀间隐刻栱、泥道隐刻栱的制作手法等特点，平顺县王曲村天台庵正殿为唐代遗构（图12-4-6～图12-4-8）。

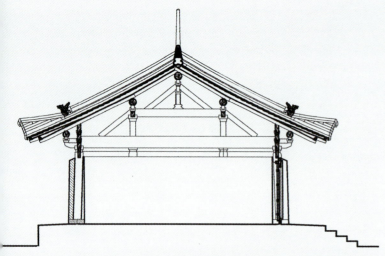

图12-4-6 平顺天台庵弥陀殿横断面图（资料来源：《柴泽俊古建筑文集》）

图12-4-7 平顺天台庵弥陀殿翼角（资料来源：自摄）

图12-4-8 平顺天台庵弥陀殿梁架（资料来源：自摄）

二、五代建筑

（一）平顺龙门寺西配殿

龙门寺，位于平顺县城北40公里龙门山腰。

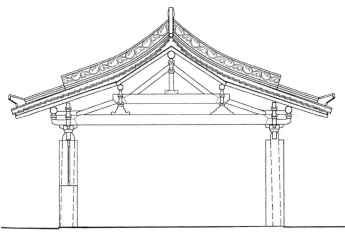

图 12-4-9 平顺龙门寺西配殿纵断面图（资料来源：《山西文物建筑保护五十年》）

图 12-4-10 平顺大云院弥陀殿梁架（资料来源：自摄）

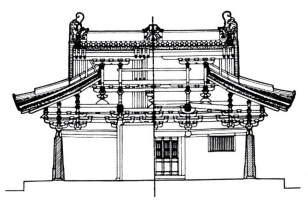

图 12-4-11 平顺大云院弥陀殿纵断面图（资料来源：《山西文物建筑保护五十年》）

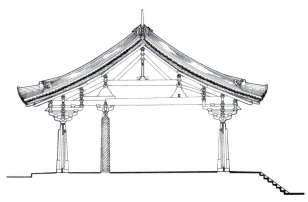

图 12-4-12 平顺大云院弥陀殿横断面图（资料来源：《柴泽俊古建筑文集》）

寺内两进院落，西配殿位于头进院西侧，建于五代后唐同光三年（公元925年），距今1078年。面阔三间、进深四架椽，单檐不厦两头造。梁架为四椽栿通檐用二柱，四椽栿两头交柱头栌斗向外延伸制成华栱，四椽栿之上设驼峰及栌斗承平梁，平梁两端交平榑襻间令栱、替木，梁头交令栱向外出头，开平梁交令栱梁头外出之先河。托脚上端斜承梁头下半部，并两构件相结构处施以锯口式榫卯，下端踏四椽栿抵衬头方，与芮城广仁王庙五龙殿托脚下端结构相近，结构独特。平梁之上设驼峰、蜀柱、脊榑捧节令栱及替木承脊部，叉手捧戗于平梁襻间捧节令栱两侧。整体梁架简洁大方，地域特点鲜明（图12-4-9）。

（二）平顺大云院弥陀殿

大云院，位于平顺县西北20公里石灰村北双峰山腰。弥陀殿为寺之主殿，是五代晋天福五年（公元940年）遗构，距今一千余年。殿面阔三间、进深六架椽，平面近方形，单檐九脊顶。梁架似属四椽栿后对劄牵用三柱，内柱比檐柱高两足材，四椽栿及劄牵搭于铺作之上。下平榑为枋材，由耍头内跳头及其上斗枋顶承。四椽栿及劄牵之上设驼峰与栌斗承平梁，平梁之上置驼峰立蜀柱，柱头设捧节令栱、替木承脊榑，并设叉手捧戗捧节令栱两侧。托脚捧戗于平梁端部襻间捧节令栱外侧，中下部承下平榑，脚踏劄牵于铺作正心素枋内侧。整体梁架简洁大方（图12-4-10～图12-4-12）。

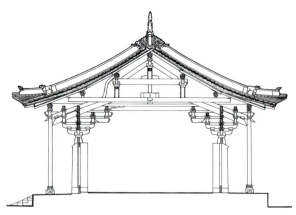

图 12-4-13 高平崇明寺中佛殿横断面图（资料来源：《柴泽俊古建筑文集》）

图 12-4-14 高平崇明寺中佛殿梁架（资料来源：自摄）

三、宋代建筑

（一）高平崇明寺中佛殿

崇明寺，位于高平市城东南15公里圣佛山东麓。中佛殿是寺内仅存的宋代遗构，建造于宋开宝四年（公元971年），面阔三间（1207厘米）、山檐进深两间（752厘米），梁架属四椽栿通檐用二柱，屋顶单檐九脊顶。四椽栿设于铺作之上并由昂尾直接顶承，四椽栿之下设顺栿串，顺栿串里转令栱之上端部与昂身向接，四椽栿为两根高20厘米、宽24厘米方材相接而成，结构奇特体现了民间匠师的胆略。四椽栿之上立蜀柱设栌斗承平梁，平梁之上立蜀柱设合踏，蜀柱之上设栌斗、捧节令栱及替木承脊槫，脊部令栱两侧设叉手捧戗，四椽栿与平梁之间设蜀柱顶承，不设合踏和驼峰。纵架于山中柱铺作之上设平直式丁栿。据寺内宋及清碑记载，"虽屡经修葺，其规制仍保存宋代建筑风格"。笔者认为平梁之上蜀柱不设驼峰，而设合踏，此作法恐后代修缮为之（图12-4-13、图12-4-14）。

（二）高平游仙寺前殿

游仙寺，在高平市城南10公里宰李村西游仙山麓，前殿建于宋淳化年间（公元990～994年），金、元、明、清屡经修缮，故梁架结构多显宋、金风格，铺作宋代原构无疑。面阔三间（1148厘米）、山檐进深三间（1128厘米）单檐九脊顶。梁架为四椽栿后压乳栿，不设剳牵用三柱，乳栿之上设驼峰、斗栱、替木承下平槫，与下平槫及替木之间设托脚斜撑，四椽栿卧压乳栿一材一栔，且乳栿尾交内柱斗栱出榻头木扶承四椽栿。四椽栿之上分别于前下平槫、前后上平槫重心处设驼峰三个，其中前上平槫之驼峰承丁栿尾、垫木及栌斗托平梁，后上平槫之驼峰瘦高呈梯形状承栌斗及四椽栿、前下平槫之替木为小梯形状承栌斗、替木及平槫。平梁之上中部设栌斗交纵向栱上立蜀柱，蜀柱之上设攀间斗栱、枋及通替承脊槫，脊槫与替木之间两侧设叉手捧戗，上平槫不设托脚，下平槫设托脚斜撑之。纵架脊槫攀间枋隐刻斗栱于太平梁缝出榻头木承出际部分的替木、脊槫，次间蜀柱与太平梁蜀柱栌斗间设半栱连身对隐半栱在外之枋，明间与蜀柱脚栱处至脊部攀间枋下设斜撑枋构成梯形架，结构与繁峙岩山寺文殊殿的结构相似而不相同。次间于铺作之上设丁栿，前向丁栿弯曲搭于三椽栿之上，后向与三椽栿平直结构，整体构造特殊少见（图12-4-15～图12-4-17）。

（三）高平开化寺大雄宝殿

开化寺，在高平城区东北17公里舍利山腰，大雄宝殿坐于寺院中部，宋熙宁六年（1073年）重建。殿面阔三间（1172厘米）、山檐进深三间（1172厘米），平面正方形。梁架属四椽栿后接乳栿用三柱，单檐九脊顶。四椽栿置于铺作之上，南部设栌斗及替木承下平槫，北端由后内柱、栌斗及替木承托，乳栿为两道复合式，下乳栿为后檐柱头铺作里转要

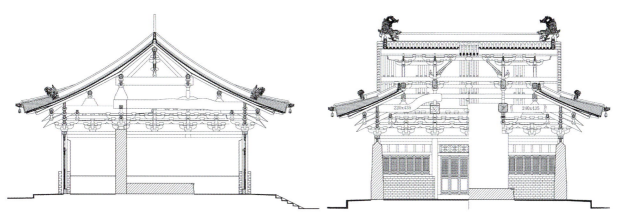

图 12-4-15　高平游仙寺前殿横断面图（资料来源：《山西文物建筑保护五十年》）

图 12-4-16　高平游仙寺前殿纵断面图（资料来源：《山西文物建筑保护五十年》）

图 12-4-17　高平游仙寺前殿转角斗栱（资料来源：自摄）

图 12-4-18　高平开化寺大雄宝殿外观（资料来源：自摄）

图 12-4-19　高平开化寺大雄宝殿转角斗栱（资料来源：自摄）

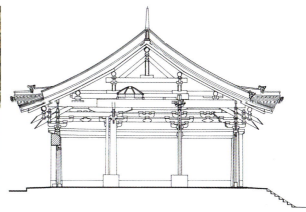

图 12-4-20　高平开化寺大雄宝殿横断面图（资料来源：《山西文物建筑保护五十年》）

头延伸至内柱栌斗出跳形制，上乳栿与四椽栿对接由替木及下乳栿承托。劄牵与上乳栿间由驼峰、栌斗隔承，劄牵向南延伸至南上平槫重心以南形成三椽栿，上设驼峰立蜀柱与栌斗合承平梁。平梁之上蜀柱坐于驼峰之上与捧节令栱（隐刻）、替木合承脊槫，捧节令栱两侧施叉手斜撑，现存遗构无托脚。所用蜀柱均立于驼峰之上。纵断次间北丁栿平直搭于铺作之上，尾与内柱之上栱枋结构，南丁栿尾斜直式搭于四椽栿之上。整体构架简洁合理，结构独特（图 12-4-18～图 12-4-20）。

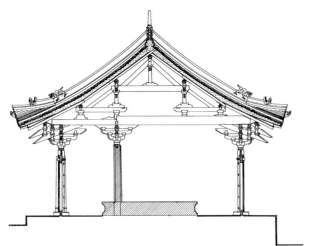

图 12-4-21 晋城青莲寺释迦殿横断面图（资料来源：《山西文物建筑保护五十年》）

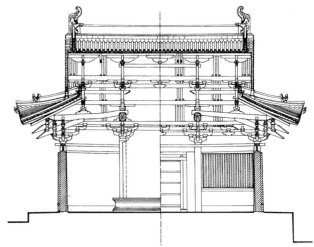

图 12-4-22 晋城青莲寺释迦殿纵断面图（资料来源：《山西文物建筑保护五十年》）

（四）晋城青莲寺释迦殿

释迦殿居于青莲寺轴线中部，是寺内现存时代最早的殿宇，宋元祐四年（1089年）建。面阔三间（1194厘米）、山檐进深三间（1107厘米），梁架为六架椽，四椽栿前接乳栿用三柱，单檐九脊顶。四椽栿和乳栿同压于铺作之上，四椽栿前端设剳牵，并剳牵前由驼峰、栌斗承之，后尾设栌斗及丁栿尾隔承；后剳牵与乳栿之间两端设驼峰、栌斗隔承。剳牵尾部与平梁之间设蜀柱顶承，蜀柱立于驼峰之上，蜀柱之上设栌斗承平梁，平梁之上中部设蜀柱立于驼峰之上，蜀柱头设栌斗及实拍栱承脊槫，实拍栱两侧设叉手捧戗。平梁交上平槫缝攀间枋出头并由托脚斜撑。纵架明间及次间至太平梁蜀柱间均设顺栿串，丁栿斜直式搭于铺作及四椽栿之上。梁架结构既简洁，又节料，是晋东南地区宋代结构简洁明快，形制朴质建筑风格的代表之作（图12-4-21、图12-4-22）。[13]

（五）晋城青莲寺藏经阁

藏经阁位于释迦殿之南，两层单檐九脊顶。阁创建于唐代太和七年（公元833年），面阔三间，宋崇宁年间（1102年~1106年）已贮有藏经。金大定初扩为五间，元至元二年（1336年）重修，考藏经阁现存遗构，上层大木构造平梁之上（包括平梁及斗栱下昂）局部构造为元代特征外，很多构件仍显宋代风格。清代大修时基本保留上层原构。阁上、下层面阔三间（1180厘米）、山檐进深三间（587厘米），为清代大修之作。上层梁架为四椽栿通檐用二柱，四椽栿之上设驼峰、栌斗承平梁，另柱头铺作下昂之尾向后延伸斜撑平梁栌斗下平，此部位之结构与河南登封市少林寺初祖庵宋末大殿非常相似。四椽栿搭于柱头铺作华栱之上与昂切接。平梁中部立蜀柱且施合踏稳固，蜀柱头设栌斗、通替承脊槫，叉手捧戗于通替两侧（图12-4-23~图12-4-25）。

（六）平顺龙门寺大雄宝殿

龙门寺，坐落在山西省平顺县东北石城镇源头村后龙门山中，寺依山而建。大雄宝殿位于龙门寺轴线中部，宋绍圣五年（1098年）建，平面正方形，面阔、山檐进深各三间，均896厘米。梁架蜀四椽栿后接乳栿用三柱，单檐九脊顶。四椽栿和乳栿同压于铺作之上，四椽栿前端设剳牵，由方形驼峰及栌斗承托，后向于乳栿之上设驼峰及栌斗承剳牵。四椽栿之上立蜀柱、栌斗承平梁，平梁之上中立蜀柱栌斗、捧节令栱及替木承脊槫，叉手捧戗于令栱两侧，蜀柱施合踏稳固。平梁与四椽栿之间设蜀柱，不设合踏及驼峰。内柱与上平槫外错不在同一重心，且高于檐柱两足材。纵架前向设斜直式丁栿，后向设平直式丁栿（图12-4-26~图12-4-29）。

图 12-4-23　晋城青莲寺藏经阁外观（资料来源：自摄）

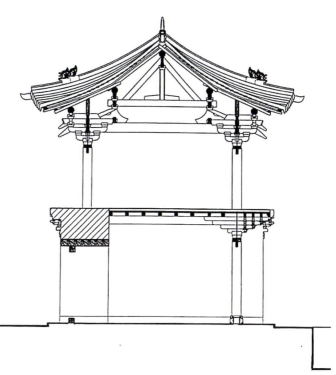

图 12-4-24　晋城青莲寺藏经阁翼角（资料来源：自摄）　　图 12-4-25　晋城青莲寺藏经阁剖面（资料来源：《山西文物建筑保护五十年》）

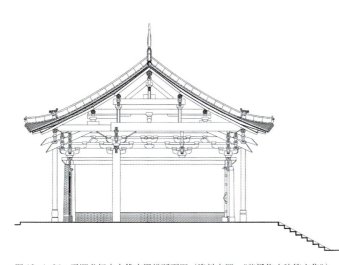

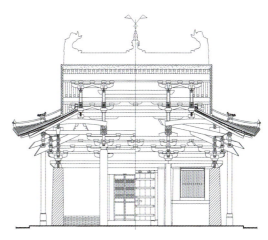

图 12-4-26　平顺龙门寺大雄宝殿横断面图（资料来源：《柴泽俊古建筑文集》）　　图 12-4-27　平顺龙门寺大雄宝殿纵断面图（资料来源：《柴泽俊古建筑文集》）

图 12-4-28　平顺龙门寺大雄宝殿外观（资料来源：自摄）　　图 12-4-29　平顺龙门寺西配殿外观（资料来源：自摄）

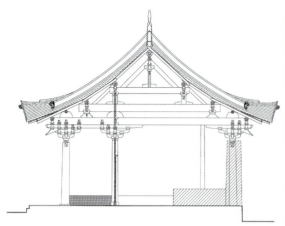

图 12-4-30 平顺县九天圣母庙圣母殿横断面图（资料来源：《山西文物建筑保护五十年》）

图 12-4-31 平顺县九天圣母庙圣母殿梁架（资料来源：自摄）

（七）平顺县九天圣母庙圣母殿

九天圣母庙，坐落在县城西 20 华里的北社乡河东村中，南北长 102 米，东西宽 80 米，占地面积 8000 余平方米。庙背北面南，庙址高耸，建筑雄伟，观之布局紧凑，结构严谨，工艺精湛。古人赞其"接天连云，庄严肃穆，气势非凡"。圣母庙地势周边"东、北、南三面山环而中峰特然秀起，观其形，状九山来朝，二水夹流，适九天圣母坐落其上亦天造地设以矣……背水纡青，面松拥翠，近者奉之而致敬，远者闻之而来朝"，至今香客不绝。圣母殿为庙内主要建筑，创建年代不详，现存主体结构系宋代建筑，宋元符三年（1100年）重修，元中统二年（公元 1261 年）再修。据不完全统计，明朝共重修五次，清朝共六次重修，据今最后的一次修缮在民国 25 年，即公元 1936 年。殿面阔三间，进深六架椽，单檐歇山顶，梁架为前乳栿对后六椽栿与檐柱之上对接通檐用三柱，平梁之上设蜀柱，蜀柱脚以合踏稳固，头设襻间栱两道，并于栌斗设丁华抹亥栱，叉手捧戗脊槫通替之下。平梁与四椽栿之间立蜀柱过渡，蜀柱脚并施合踏稳固。六椽栿与四椽栿之间设驼峰及栌斗隔承，托脚上端斜撑上平槫。纵架前向丁栿平直式与前檐柱头铺作结构，后向斜直式搭于四椽栿之上。整体构架与金代近似，是宋代晚期向金代过渡之作（图 12-4-30、图 12-4-31）。

四、金代建筑

（一）平顺县阳高村淳化寺大殿

淳化寺位于平顺县阳高乡阳高村中，地处浊漳河谷地，背依青山，面临漳河，周围环境幽静，建筑形制古朴典雅。据民国年间《平顺县志·古迹考·祠堂》条记载："淳化寺在阳高村西，唐开元间（公元 714～741 年）建"。龙门寺成化十五年（1479 年）的《龙门寺四至碑记》有"淳花寺为龙门寺下院"的记载。现仅存大殿一座，是金代重修之构。殿左侧有宋代石经幢两座，高 3 米余，幢身高 1.8 米，平面呈八角形，径 0.5 米。有北宋开宝三年（公元 970 年）所刻阴文楷书佛经，字迹清晰可辨。大殿坐北朝南，面阔三间（660 厘米），进深三间（678 厘米），梁架为六椽栿立蜀柱插剳牵通檐用二柱，单檐九脊顶。檐下设单下昂四铺作斗栱，梁架用材规范，制作工艺精湛，所谓梁架为六椽栿立蜀柱插剳牵通檐用二柱，即六椽栿直接搭在前后檐柱头斗栱上。六椽栿之上于上平槫重心处立蜀柱，又与蜀柱插结短梁（剳牵）承下平槫，结构简练、节料，受力合理，这一结构宋代有之，其中晋城青莲寺释迦殿即此结构雏形，至金代以后晋东南普遍使用，当视为宋金以后木结构梁架结构的另类结构系列。殿所施蜀柱均合踏稳固，所用叉手、托脚上端结构点与宋代相同（图 12-4-32～图 12-4-34）。

图 12-4-32 平顺淳化寺大殿外观（资料来源：自摄）（左）
图 12-4-33 平顺淳化寺大殿转角斗栱（资料来源：自摄）（左下）
图 12-4-34 平顺淳化寺大殿横断面图（资料来源：《山西文物建筑保护五十年》）（右下）

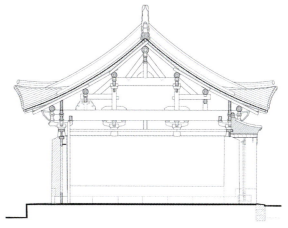

（二）陵川西溪真泽二仙庙后殿

西溪真泽二仙庙，位于陵川县城西 205 公里城关镇岭常西溪村。后殿是庙内主殿之一，重建于金皇统二年（1142 年），虽经后代维修，现存构架仍为原构。面阔三间（1160.4 厘米）、山檐进深三间（1048 厘米），前廊式单檐九脊顶，檐下周设五铺作双下昂。梁架为梁架四椽栿前压乳栿用三柱，乳栿为檐柱头铺作耍头延伸制成，且交内柱头铺作出楮头木扶承四椽栿，四椽栿之上立柱承栌斗及劄牵。后劄牵设于四椽栿之上，由栌斗隔承。四椽栿之上立蜀柱顶栌斗承平梁，蜀柱脚为劄牵串蜀柱出合踏稳固，平梁之上中部立蜀柱，柱脚设合踏稳固，柱头设栌斗、攀间隐刻栱及替木承脊槫，隐刻栱两侧施叉手捧戗并设丁华抹颏栱稳固，叉手上端结构位置继承了五代及宋之做法，不设托脚。纵架于脊部设连身对隐半栱在外，隔间上下相闪之攀间枋，次间蜀柱与太平梁蜀柱栌斗间所设连身对隐之栱，明间处为半栱在外，太平梁处为楮头木在外。前向丁栿为铺作耍头延伸交内柱铺作出栱头承素枋，且四椽栿压于其上；后向丁栿置于两山柱头铺作之上，尾斜弯搭压于四椽栿之上。构架整洁，受力合理，是山西东南部金代遗构之典型，强烈地反映了这一地区的时代特征。该庙所遗存的金代建筑还有前殿（元代大修）、东西梳洗楼，其梁架结构与后殿如出一辙（图 12-4-35～图 12-4-37）。⑭

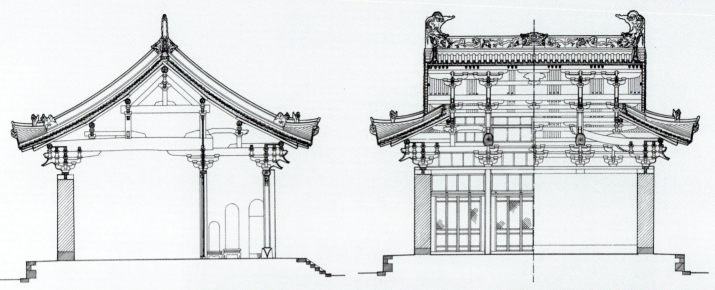

图12-4-35 陵川西溪真泽二仙庙后殿横断面图（资料来源：《山西文物建筑保护五十年》）

图12-4-36 陵川西溪真泽二仙庙后殿纵断面图（资料来源：《山西文物建筑保护五十年》）

图12-4-37 陵川西溪真泽二仙庙后殿外观（资料来源：自摄）

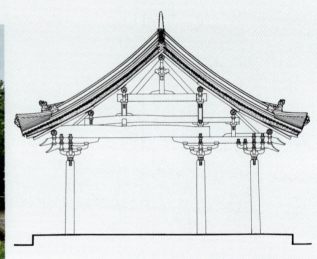

图12-4-38 陵川南神头二仙庙正殿横断面图（资料来源：《山西文物建筑保护五十年》）

（三）陵川南神头二仙庙正殿

二仙庙位于陵川县东南12.5公里南神头村，正殿为金代遗构，面阔三间（1045厘米）、山檐进深三间（965厘米），六架椽屋，单檐九脊顶。檐下周设五铺作单杪单下昂。梁架为四椽栿前压乳栿用三柱，乳栿为檐柱头铺作耍头延伸制成，且交内柱头铺作出榍头木扶承四椽栿，四椽栿前向蜀柱由栌斗及小替木承垫。前劄牵之尾插于平梁蜀柱内，头由乳栿蜀柱及栌斗替木顶承，后劄牵头直接搭于四椽栿之上，尾插于前平梁蜀柱脚，由栌斗替木之。四椽栿之上立蜀柱顶栌斗承平梁，蜀柱脚施合踏稳固，蜀柱头设栌斗、襻间令栱及两层替木承脊槫，替木两侧施叉手捧戗并设丁华抹颏栱稳之，各蜀柱间均设襻间枋联络。纵架前向丁栿于内柱头铺作交结，丁栿头与外转昂形耍头上臂接切，尾交内柱头铺作出令栱，后向丁栿前端压于柱头铺作之上，尾斜弯式搭于四椽栿之上（图12-4-38）。

(四)陵川龙岩寺释迦殿

龙岩寺,位于陵川县城西10公里梁泉村西侧,原名龙泉寺,金大定二年(1162年)改为现名。释迦殿位于寺轴线之前端,金代遗构。面阔三间(1085厘米)、进深三间(890厘米),六架椽屋,单檐九脊顶。梁架为四椽栿后压乳栿用三柱,乳栿之上设缴背蜀柱插套缴背立于乳栿之上与栌斗共同承剳牵,剳牵匍于四椽栿之上且交平梁蜀柱出合踏,四椽栿前向接缴背,且设蜀柱及栌斗承下平槫。四椽栿之上立蜀柱托栌斗承平梁,平梁成弓形为清代修葺之物。平梁之上蜀柱居中合踏稳固,蜀柱之上坐栌斗交丁华抹颏栱及栱枋、替木承脊槫,叉手捧戗于替木与隐刻栱之间,不设托脚。纵架于脊部设连身对隐半栱在外之攀间枋,明间在上次间在下,隔间相闪,太平梁之慢栱向外制成替木形承替木及脊槫,明间各缝蜀柱间设顺栿串。丁栿为铺作耍头延伸制成,后向平直式与内柱铺作结构,压于四椽栿之下,前向为斜弯式搭于四椽栿之上(图12-4-39、图12-4-40)。

(五)陵川白玉宫过殿

白玉宫,位于陵川县城东南17.5公里潞城乡郊底村西,金以前创建,现存过殿金代遗构,面阔三间(790厘米)、山檐进深三间(720厘米),四架椽屋,单檐九脊顶。梁架为三椽栿前压剳牵用三柱,内外柱等高,剳牵为檐柱铺作耍头向后延伸而成,尾交内柱铺作出㭼头木扶承三椽栿,剳牵之上设缴背。三椽栿前向搭于铺作之上,后向搭于剳牵之上,平梁与三椽栿之间设驼峰、栌斗隔承,并平梁交栌斗向外延伸制成栱头承平槫枋,形成了平槫枋与内柱不在同一重心,有与山西中部地区的部分金代建筑相近之处。纵架次间蜀柱间设替木两道,并设攀间将四蜀柱结构一体。次间前向设平直式丁栿,栿上设缴背稳蜀柱;后向设弯曲式丁栿,尾斜搭于三椽栿之上,共性显明(图12-4-41)。

(六)沁县普照寺大殿

普照寺,在沁县城西7.4公里开村,现仅存大殿一座,金大定年(1161～1189年)重修,面阔三间(1158厘米)、山檐进深三间(1067厘米),单

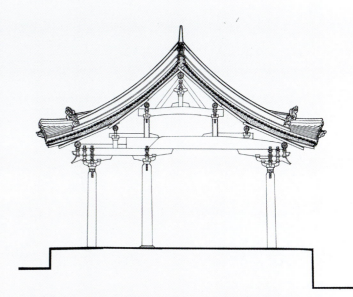

图12-4-39　陵川龙岩寺释迦殿横断面图(资料来源:《山西文物建筑保护五十年》)

图12-4-40　陵川龙岩寺释迦殿外观(资料来源:自摄)

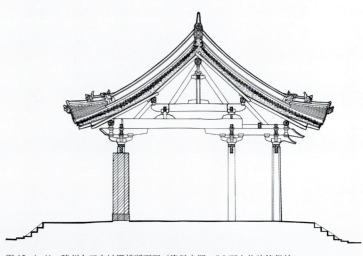

图12-4-41　陵川白玉宫过殿横断面图(资料来源:《山西文物建筑保护五十年》)

檐九脊顶。梁架属四椽栿后接剳牵用三柱，殿之梁架设四椽栿两道，下四椽栿及剳牵置于铺作昂之上，栿端部与柱头铺作瓜子慢栱交咬，下四椽栿之上后向设驼峰、栌斗承上四椽栿，前向设剳牵与之对接，其上设蜀柱、栌斗承上四椽栿。上四椽栿背立小形蜀柱，且合踏稳固，柱头施栌斗承平梁，平梁之上蜀柱居中合踏稳固，柱之上坐栌斗交丁华抹頦栱承跨间替木及脊槫，叉手捧戗于替木与脊槫之间，不设托脚。 纵架明间于蜀柱间设顺栿串联络，次间于栌斗设替木且替木在外。次间后设平直式丁栿，尾交四椽栿向内出内柱头铺做二跳华栱，栿上设驼峰、栌斗及替木承山架四椽栿；前向设斜弯式丁栿，尾斜搭于四椽栿之上。沁县与晋中接壤，故梁架结构及手法一定程度上带有山西中部的特点，该殿四椽栿之间所施驼峰及栌斗隔承即中部地区五代及宋、金代的惯用手法，而上四椽栿背立小形蜀柱角背稳固之做法体现了南部尤其是东南部五代及宋、金代的惯用手法。这些特点在沁县郭村大云院后殿亦反映强烈，体现了地区手法的过渡性（图12-4-42）。

（七）高平西李门二仙庙中殿

西李门二仙庙，位于高平县城南14公里西李门村二仙岭，唐代创建，金、元、明、清、民国及新中国成立后均有修建。现存有山门、东西廊庑、中殿、配殿、后殿等建筑，现存中殿为金代正隆二年（1157年）建，殿面阔三间（988厘米）、进深

图12-4-43 高平西李门二仙庙中殿翼角（资料来源：自摄）

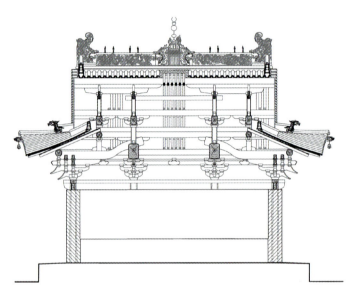

图12-4-44 高平西李门二仙庙中殿纵殿断面图（资料来源：《山西文物建筑保护五十年》）

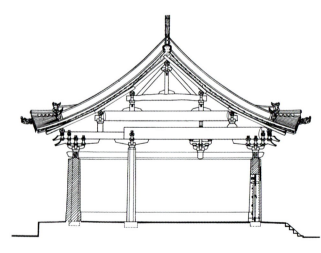

图12-4-42 沁县普照寺大殿横断面图（资料来源：《山西文物建筑保护五十年》）

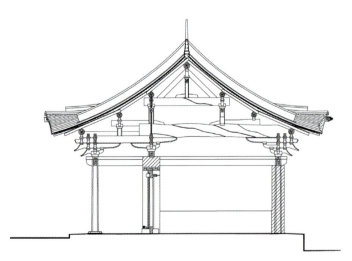

图12-4-45 高平西李门二仙庙中殿横断面图（资料来源：《山西文物建筑保护五十年》）

三间（968厘米）六架椽，单檐九脊顶，殿前设月台，宽1330厘米、深700厘米。檐下周设五铺作双下昂铺作，正面明间于檐柱间设板门，次间设直棂窗装修。古朴大方，风格浑厚。梁架结构为四椽栿前压乳栿用三柱，四椽栿为宽490厘米、高720厘米的自然弯材稍加工制成，乳栿压于四椽栿之下。四椽栿之上设蜀柱承栌斗及实拍襻间栱，其上承替木及脊槫，替木及实拍栱两侧设叉手捧戗，剳牵穿蜀柱制成合踏，结构简洁。属晋东南地区金代木结构建筑共性的实例。纵架南向乳栿平直式，尾交檐柱铺作出泥道栱，北向乳栿搭于四椽栿之上，其本体为自然弯曲形制，明间脊部蜀柱之间施枋材联贯，次间脊部蜀柱栌斗之间施实拍栱联贯其上设实拍替木。乳栿自然弯材且尾搭于四椽栿之上的结构体系，是晋东南金代木结构惯用手法，现存晋东南地区金代木结构四坡顶的遗构中几乎全部使用自然弯曲式丁栿（图12-4-43～图12-4-45）。

（八）陵川崔府君庙山门

崔府君庙，又名显应王庙，位于陵川县城西15公里的礼义镇东北高岗上，是为祀奉长子、滏阳县令崔珏而修建的。据《长治县志》载，府君姓崔，名珏，字元靖，乐平（今昔阳）人，唐贞观进士，为长子县令，有功德于潞地，因而建庙祀之。庙始建于唐，金大定二十四年（1184年）重建，明洪武二年（1369年）及清末均有修葺。规模壮观，山门前平台凸起，两侧石阶对峙，左右配以廊庑。山门两侧又各建掖门一道，门楼秀丽，雕刻精巧，山门之北轴线上依次为倒座戏台、正殿（前设拜厅）、东、西设耳房、配楼、厢房等。山门为金遗构，两层腰缠平座楼阁式建筑，面阔三间下层砖砌墙体，中柱上装青石门框及板门。上层梁架为六椽栿通檐用二柱，单檐九脊顶，六椽栿置于平座之上，四椽栿与六椽栿重叠，四椽栿与平梁之间设蜀柱顶承，平梁之上设蜀柱承脊部，叉手上端捧戗脊槫替木，并与脊槫下部相接，所用蜀柱均不设合踏或驼峰，纵架于次间设斜直式丁栿，梁架规整简洁。该山门六椽栿、丁栿、铺作宋代风格（图12-4-46～图12-4-48）。

图12-4-46 陵川崔府君庙山门（资料来源：自摄）

图12-4-47 陵川县崔府君庙侧门（资料来源：自摄）

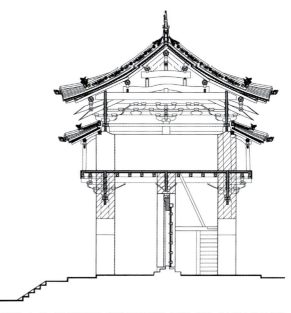

图12-4-48 陵川崔府君庙侧门横断面图（资料来源：《山西文物建筑保护五十年》）

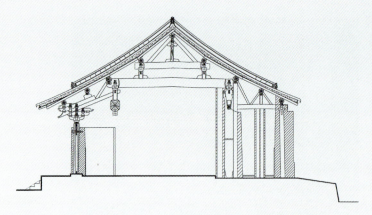

图 12-4-49 武乡故城村大云寺正殿横断面图（资料来源：《山西文物建筑保护五十年》）

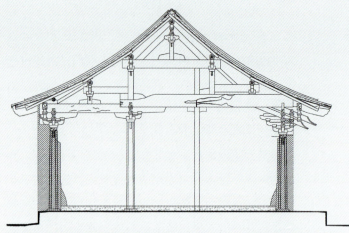

图 12-4-52 长治正觉寺后殿横断面图（资料来源：《山西文物建筑保护五十年》）

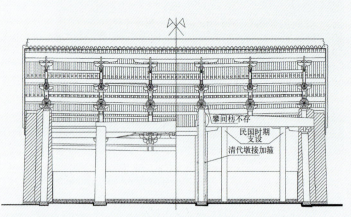

图 12-4-50 武乡故城村大云寺正殿纵断面图（资料来源：《山西文物建筑保护五十年》）

图 12-4-53 长治正觉寺后殿梁架（资料来源：自摄）

图 12-4-51 武乡故城村大云寺正殿外观（资料来源：自摄）

图 12-4-54 长治正觉寺后殿外观（资料来源：自摄）

（九）武乡大云寺正殿

大云寺，原名严净寺，位于山西省武乡县西北30公里处故城镇故城村内。寺庙坐北向南，至迟建于唐代，宋治平元年改严净寺为大云寺，中轴线上由南向北依次为戏台（遗址）、南殿、正殿、正殿两侧为东西角殿、南殿两侧为钟鼓楼（遗址）。院内两侧为东西配殿各五间，该寺总体布局有序、建筑风格独具，正殿位于中轴线北端，是寺院的主体建筑，金代遗构，面宽五间，进深八架椽，单檐悬山顶。因武乡与榆社相接，该殿梁架构造与榆社福祥寺大殿同类型。殿内金柱支撑大内额。明、次间四椽栿前挑斡后剳牵用三柱，明间剳牵直插金柱内，前向内额之上设蜀柱承四椽栿，铺作挑斡尾插于蜀柱内，梢间四椽栿对前后剳牵，四椽栿两端出华栱头，置棒节令栱托随槫枋及中平槫，四椽栿之上设蜀柱、合踏，柱头设棒节令栱一道，承托攀间枋与上平槫。平梁之上设蜀柱、合踏及丁华抹亥栱、棒节令栱，支撑脊槫枋与脊槫，两侧并设叉手捧戗脊槫及脊槫枋。明、梢间在脊蜀柱之间设顺脊枋，次间在棒节令栱之间设半栱枋，为隔间上下相闪。前槽次间金柱前檐柱间设剳牵一根，后端插入金柱内，前端与斗栱相交制成枕枋头。后槽内柱与后檐柱间设剳牵一道，上置蜀柱承托下平槫，出头置于后檐柱上，承托后檐槫。次间后槽剳牵与大额枋相交成扒梁式，明、梢间乳栿平插入金柱内。梁架所设蜀柱均施合踏稳固，梁栿断面比例较大，皆稍加砍锛则用之显元代风格（图12-4-49～图12-4-51）。

（十）长治正觉寺后殿

正觉寺在山西长治县城西北10公里看寺村。寺名取佛经中"登上正觉彼岸"之意，俗称大寺。寺始建于唐在和年间（公元827～835年），宋、元、明都有修葺，现存建筑以后殿历史最早，殿面阔五间，进深六架椽，单檐悬山顶，金代遗构。殿柱网布列为减柱，减去前内柱，增加了前向使用空间。梁架结构为四椽栿压后乳栿用三柱。四椽栿为自然木材稍作加工而就，四椽栿上设蜀柱栌斗攀间栱枋及丁华抹亥栱承脊槫，所设叉手用材较大，上端捧戗于脊槫替木和攀间栱枋两侧；剳牵尾插于蜀柱内，所施蜀柱脚均以合踏稳固（图12-4-52～图12-4-54）。

注释

① 山西省文物局.山西文物建筑保护五十年[M].太原：内部图书，2006：52.

② 柴泽俊.柴泽俊古建筑文集[M].北京：文物出版社，1999：120-126.

③ 史国亮.阳泉关王庙大殿[J].古建园林技术，2003(2)：40-44.

④ 郭步艇.平遥慈相寺勘察报告[J].文物季刊，1990(1)：82-90.

⑤ 曹加武等.道教仙境太符观[J].文物季刊，2005(5).

⑥ 夏惠英.太原窦大夫祠[J].文物世界，2008(2)：67-68.

⑦ 祁英涛等.南禅寺大殿修复[J].文物，1980(11)：61-75.

⑧ 柴泽俊.唐建佛光寺东大殿建筑形制初析[J].五台山研究，1986(1)：17-20.

⑨ 陈明达.应县木塔[M].北京：文物出版社，1980：40-43.

⑩ 柴泽俊.柴泽俊古建筑文集[M].北京：文物出版社，1999：87-88.

⑪ 柴泽俊.柴泽俊古建筑文集[M].北京：文物出版社，1999：134-139.

⑫ 酒冠五.山西中条山南五龙庙[J].文物，1959(11)：43-44.

⑬ 李会智等.山西晋城青莲寺史考[J].文物世界，2003(1)：23-32.

⑭ 李会智等.山西陵川西溪真泽二仙庙[J].文物季刊，1998(2)：4-13.

山西古建筑地点及年代索引

名称	类型	地点	建成年代（变化情况）	材料结构	文保等级
河东书院	书院	运城市	明、清	砖木	不详
晋溪书院	书院	太原市	重建	木结构	不详
卦山书院	书院	交城县	明、清	木结构	第六批国保
冠山书院	书院	平定县	清、民国	木结构	第二批省保
秀容书院	书院	忻州市	清	木结构	第四批省保
止园书院	书院	阳城县	明、清	木结构	第七批国保
凤鸣书院	书院	榆次区	明、清	木结构	不详
桂馨书院	书院	灵石县	明、清	木结构	第六批国保
榆次县衙	衙署	榆次区	明、清	木结构	不详
孝义县衙	衙署	孝义市	明、清	木结构	不详
临晋县衙	衙署	临猗县	元	木结构	第五批国保
绛州州署	衙署	新绛县	元	木结构	第四批国保
霍州州署	衙署	霍州市	宋至元	木结构	第四批国保
平遥县衙	衙署	平遥县	明、清	木结构	不详
汾城县衙	衙署	襄汾县	明、清	木结构	第六批国保
潞安府衙	衙署	长治市	明	木结构	第六批国保
太原纯阳宫	宫观	太原市	明、清	木结构	第七批国保
柳林玉虚宫	宫观	柳林县	清	木结构	第七批国保
陵川白玉宫	宫观	陵川县	金至清	木结构	第六批国保
高平万寿宫	宫观	高平市	元至清	木结构	第六批国保
离石天真观	宫观	离石区	明至清	木结构	第六批国保
浮山清微观	宫观	浮山县	明、清	木结构	第三批省保
武乡会仙观	宫观	武乡县	金至清	木结构	第五批国保
长治玉皇观	宫观	长治县	元至清	木结构	第六批国保
高平清梦观	宫观	高平市	元至清	木结构	第六批国保
平遥清虚观	宫观	平遥县	元至清	木结构	第六批国保
绛县长春观	宫观	绛县	元至清	木结构	第七批国保
泽州府城玉皇庙	宫观	泽州县	宋至清	木结构	第三批国保
陵川石掌玉皇庙	宫观	陵川县	金至清	木结构	第六批国保
乔沟头玉皇庙	宫观	新绛县	元至清	木结构	第六批国保
长子布村玉皇庙	宫观	长子县	宋至清	木结构	第七批国保
河津真武庙	宫观	河津市	明、清	木结构	第四批省保
河津玄帝庙	宫观	河津市	明、清	木结构	第七批国保
夏县堆云洞	宫观	夏县	明、清	木结构	第二批省保
高平玉虚观	宫观	高平市	元至清	木结构	第七批国保

续表

名称	类型	地点	建成年代（变化情况）	材料结构	文保等级
汾西真武祠	宫观	汾西县	元、明、清	木结构	第四批省保
长子布村玉皇庙	宫观	长子县	宋至清	木结构	第七批国保
恒山宫观建筑	宫观	恒山县	明、清	木结构	第二批省保
太原崇善寺	寺庙	太原市	明、清	木结构	第七批国保
天镇慈云寺	寺庙	天镇县	明	木结构	第三批国保
繁峙公主寺	寺庙	繁峙县	明、清	木结构	第六批国保
陵川南北吉祥寺	寺庙	陵川县	宋至清	木结构	第四批国保
阳城开福寺	寺庙	阳城县	金至明	木结构	第六批国保
长治正觉寺	寺庙	长治县	金至明	木结构	第五批国保
霍州观音庙	寺庙	霍州市	元至清	木结构	第四批国保
曲沃大悲院	寺庙	曲沃县	宋、金	木结构	第五批国保
新绛福胜寺	寺庙	新绛县	元、明	木结构	第五批国保
稷山青龙寺	寺庙	稷山县	元	木结构	第五批国保
太谷无边寺	寺庙	太谷县	宋至清	木结构	第五批国保
永济普救寺	寺庙	永济市	宋至清	木结构	第一批省保
新绛白台寺	寺庙	新绛县	金至清	木结构	第六批国保
稷山大佛寺	寺庙	稷山县	金、明、清	木结构	第三批省保
襄汾普净寺	寺庙	襄汾县	元至清	木结构	第六批国保
潞城原起寺	寺庙	潞城市	宋	木结构	第五批国保
长子法兴寺	寺庙	长子县	唐、宋	木结构	第三批国保
长治观音堂	寺庙	长治市	明	木结构	第五批国保
交城玄中寺	寺庙	交城县	明、清	木结构	第七批国保
太谷净信寺	寺庙	太谷县	明、清	木结构	第六批国保
平遥双林寺	寺庙	平遥县	明	木结构	第三批国保
平遥白云寺	寺庙	平遥县	明至民国	木结构	第七批国保
灵石资寿寺	寺庙	灵石县	明	木结构	第五批国保
太原永祚寺	寺庙	太原市	明、清	木结构	第六批国保
太原净因寺	寺庙	太原市	金至明	木结构	第六批国保
大同观音堂	寺庙	大同市	清	木结构	第七批国保
永济万固寺	寺庙	永济市	明	木结构	第一批省保
隰县千佛庵	寺庙	隰县	明	木结构	第四批国保
洪洞广胜寺	寺庙	洪洞县	元、明	木结构	第一批国保
临汾碧岩寺	寺庙	临汾市	明、清	木结构	不详
长子崇庆寺	寺庙	长子县	宋	木结构	第四批国保
高平定林寺	寺庙	高平市	元至清	木结构	第五批国保
泽州青莲寺	寺庙	泽州县	唐至清	木结构	第三批国保
离石安国寺	寺庙	离石区	明	木结构	第五批国保

续表

名称	类型	地点	建成年代（变化情况）	材料结构	文保等级
交城天宁寺	寺庙	交城县	唐至清	木结构	第六批国保
介休云峰寺	寺庙	介休市	明至清	木结构	第七批国保
太原多福寺	寺庙	太原市	明、清	木结构	第六批国保
清徐香岩寺	寺庙	清徐县	金	石结构	第四批省保
灵丘觉山寺	寺庙	灵丘县	辽	木结构	第五批国保
浑源悬空寺	寺庙	浑源县	明	木结构	第二批国保
沁源圣寿寺	寺庙	沁源县	明、清	木结构	第七批国保
显通寺	寺庙	五台山	明、清	木结构	第二批国保
碧山寺	寺庙	五台山	明、清	木结构	第六批国保
塔院寺	寺庙	五台山	明	木结构	第六批国保
菩萨顶	寺庙	五台山	明、清	木结构	第六批国保
殊像寺	寺庙	五台山	明	木结构	第二批省保
金阁寺	寺庙	五台山	明、清	木结构	第二批省保
罗睺寺	寺庙	五台山	明、清	木结构	第七批国保
南山寺	寺庙	五台山	明、清、民国	木结构	第二批省保
园照寺	寺庙	五台山	明、清	木结构	第二批省保
尊胜寺	寺庙	五台县	民国	木结构	第二批省保
常平关氏宗祠	祠庙	运城市	清	木结构	第六批国保
代县杨忠武祠	祠庙	代县	明	木结构	第三批省保
夏县司马光祠	祠庙	夏县	北宋至清	木结构	第三批国保
榆次常氏宗祠	祠庙	榆次区	清	木结构	不详
临县陈氏宗祠	祠庙	临县	清	木结构	第六批国保
灵石王氏宗祠	祠庙	灵石县	明、清	木结构	第六批国保
代县刘氏宗祠	祠庙	代县	清	木结构	不详
浑源栗毓美墓祠	祠庙	浑源县	清	木结构	第六批国保
临汾尧庙	祠庙	临汾市	明、清	木结构	第六批国保
清徐尧庙	祠庙	清徐县	明、清	木结构	第七批国保
运城舜帝陵庙	祠庙	运城市	元至清	木结构	第六批国保
平顺夏禹神祠	祠庙	平顺县	元至清	木结构	第六批国保
平顺北社大禹庙	祠庙	平顺县	元至清	木结构	第七批国保
阳城下交汤帝庙	祠庙	阳城县	宋至清	木结构	第六批国保
泽州汤帝庙	祠庙	泽州县	元至清	木结构	第六批国保
翼城四圣宫	祠庙	翼城县	元至清	木结构	第六批国保
太原晋祠	祠庙	太原市	宋至清	木结构	第一批国保
灵石晋祠庙	祠庙	灵石县	元至清	木结构	第六批国保
代县赵杲观	祠庙	代县	明、清	木结构	第三批省保
太原窦大夫祠	祠庙	太原市	元至清	木结构	第五批国保

续表

名称	类型	地点	建成年代（变化情况）	材料结构	文保等级
清徐狐突庙	祠庙	清徐县	宋至清	木结构	第六批国保
乡宁荀大夫祠	祠庙	乡宁县	元至清	木结构	不详
盂县藏山祠	祠庙	盂县	明、清	木结构	第七批国保
盂县大王庙	祠庙	盂县	金至明	木结构	第五批国保
永济扁鹊庙	祠庙	永济市	明	木结构	第三批省保
稷山李牧庙	祠庙	稷山县	元至清	木结构	不详
盂县烈女祠	祠庙	盂县	明、清	木结构	第四批省保
文水则天庙	祠庙	文水县	金	木结构	第四批国保
太原文庙	祠庙	太原市	清	木结构	第七批国保
太原晋源文庙	祠庙	太原市	明、清	木结构	第七批国保
清徐清源文庙	祠庙	清徐县	金至清	木结构	第六批国保
平遥文庙	祠庙	平遥县	金至清	木结构	第五批国保
平遥金庄文庙	祠庙	平遥县	元至清	木结构	第六批国保
灵石文庙	祠庙	灵石县	明、清	木结构	第七批国保
代县文庙	祠庙	代县	明、清	木结构	第六批国保
原平文庙	祠庙	原平市	元	木结构	第四批省保
大同文庙	祠庙	大同市	明、清	木结构	第三批省保
襄汾汾城文庙	祠庙	襄汾县	明	木结构	第六批国保
闻喜文庙	祠庙	闻喜县	明	木结构	第三批省保
绛州文庙	祠庙	新绛县	明、清	木结构	第七批国保
绛县文庙	祠庙	绛县	明、清	木结构	第七批国保
潞城李庄文庙	祠庙	潞城市	金至民国	木结构	第七批国保
解州关帝庙	祠庙	运城市	清	木结构	第三批国保
定襄关王庙	祠庙	定襄县	宋	木结构	第六批国保
新绛龙香关帝庙	祠庙	新绛县	元至民国	木结构	第六批国保
新绛泉掌关帝庙	祠庙	新绛县	明	木结构	第七批国保
汾阳南门关帝庙	祠庙	汾阳市	明	木结构	第三批省保
太原大关帝庙	祠庙	太原市	明、清	木结构	第七批国保
大同关帝庙	祠庙	大同市	元至清	木结构	第三批省保
阳泉林里关王庙	祠庙	阳泉市	宋	木结构	第四批国保
古县热留关帝庙	祠庙	古县	元至清	木结构	第四批省保
潞城李庄关帝庙	祠庙	潞城市	元至清	木结构	第七批国保
万荣后土祠	神庙	万荣县	清	木结构	第四批国保
介休后土庙	神庙	介休市	明、清	木结构	第五批国保
临汾东羊后土庙	神庙	临汾市	元至清	木结构	第六批国保
灵石后土庙	神庙	灵石县	元	木结构	第六批国保
夏县圣母庙	神庙	夏县	元至清	木结构	第七批国保

续表

名称	类型	地点	建成年代（变化情况）	材料结构	文保等级
河津后土庙	神庙	河津市	元	木结构	第六批国保
和顺圣母庙	神庙	和顺县	元至清	木结构	第六批国保
平顺九天圣母庙	神庙	平顺县	北宋至清	木结构	第五批国保
北甘泉圣母庙	神庙	平顺县	元至清	木结构	第七批国保
霍州娲皇庙	神庙	霍州市	清	木结构	第六批国保
河津台头庙	神庙	河津市	元至清	木结构	第七批国保
襄汾社稷庙	神庙	襄汾县	明	木结构	第六批国保
稷山稷王庙	神庙	稷山县	元至清	木结构	第六批国保
闻喜后稷庙	神庙	闻喜县	元至清	木结构	第六批国保
新绛稷益庙	神庙	新绛县	明	木结构	第五批国保
孝义三皇庙	神庙	孝义市	元至民国	木结构	第七批国保
洪洞孙堡商山庙	神庙	洪洞县	明、清	木结构	第七批国保
高平古中庙	神庙	高平市	元至清	木结构	第六批国保
榆次城隍庙	神庙	榆次区	元至清	木结构	第四批国保
平遥城隍庙	神庙	平遥县	清	木结构	第六批国保
潞安府城隍庙	神庙	长治市	元至清	木结构	第五批国保
芮城城隍庙	神庙	芮城县	北宋至清	木结构	第五批国保
汾城城隍庙	神庙	襄汾县	明	木结构	第六批国保
蒲县柏山东岳庙	神庙	蒲县	元至清	木结构	第五批国保
临汾王曲东岳庙	神庙	临汾市	元至民国	木结构	第六批国保
翼城南撖东岳庙	神庙	翼城县	元至清	木结构	第六批国保
介休五岳庙	神庙	介休市	清	木结构	第六批国保
泽州冶底岱庙	神庙	泽州县	宋至明	木结构	第五批国保
泽州周村东岳庙	神庙	泽州县	宋至清	木结构	第六批国保
兴东垣东岳庙	神庙	石楼县	金至清	木结构	第五批国保
北榆苑五岳庙	神庙	汾阳市	元至清	木结构	第六批国保
万荣解店东岳庙	神庙	万荣县	元至清	木结构	第三批国保
盂县坡头泰山庙	神庙	盂县	元至清	木结构	第六批国保
河曲岱岳庙	神庙	河曲县	明、清	木结构	第二批省保
孝义王屯天齐庙	神庙	孝义市	元至清	木结构	第七批国保
小会岭二仙庙	神庙	陵川县	北宋至清	木结构	第五批国保
南神头二仙庙	神庙	陵川县	金至清	木结构	第六批国保
陵川西溪二仙庙	神庙	陵川县	金至清	木结构	第五批国保
高平中坪二仙宫	神庙	高平市	金至清	木结构	第六批国保
西李门二仙庙	神庙	高平市	金至清	木结构	第六批国保
神北真泽二仙宫	神庙	壶关县	元至清	木结构	第六批国保
东南村二仙庙	神庙	泽州县	宋	木结构	第四批国保

续表

名称	类型	地点	建成年代（变化情况）	材料结构	文保等级
泽州高都二仙庙	神庙	泽州县	金	木结构	第四批省保
三王村三嵕庙	神庙	高平市	金至清	木结构	第七批国保
南阳护村三嵕庙	神庙	壶关县	金至清	木结构	第五批国保
盂县府君庙	神庙	盂县	元至清	木结构	第六批国保
郭壁崔府君庙	神庙	沁水县	明、清	木结构	第六批国保
礼义崔府君庙	神庙	陵川县	金至明	木结构	第五批国保
广灵水神堂	神庙	广灵县	明、清	木结构	第六批国保
神溪律吕神祠	神庙	浑源县	元至清	木结构	第七批国保
泽州西顿济渎庙	神庙	泽州县	金至清	木结构	第七批国保
临县碛口黑龙庙	神庙	临县	清	木结构	第六批国保
太原晋祠水母楼	神庙	太原市	明、清	木结构	第一批国保
介休洪山源神庙	神庙	介休市	清	木结构	第七批国保
太平灵泽王庙	神庙	襄垣县	金至清	木结构	第六批国保
郭庄昭泽王庙	神庙	襄垣县	金	木结构	第六批国保
潞城东邑龙王庙	神庙	潞城县	金至清	木结构	第六批国保
芮城广仁王庙	神庙	芮城县	唐	木结构	第五批国保
新绛三官庙	神庙	新绛县	元	木结构	第六批国保
运城池神庙	神庙	运城市	明、清	木结构	第七批国保
平遥干坑南神庙	神庙	平遥县	明、清	木结构	第七批国保
稷山南阳法王庙	神庙	稷山县	元至清	木结构	第七批国保
河津真武庙	祠庙	河津	明、清	木结构	第四批省保
绛州三楼	楼阁	新绛县	清	砖木	第五批国保
代县边靖楼	楼阁	代县	明	木结构	第五批国保
代县钟楼	楼阁	代县	明	砖木	第四批省保
万荣秋风楼	楼阁	万荣县	清	木结构	第四批国保
万荣飞云楼	楼阁	万荣县	明	木结构	第三批国保
太原藏经楼	楼阁	太原市	明	木结构	不详
太原唱经楼	楼阁	太原市	明	木结构	第七批国保
孝义中阳楼	楼阁	孝义市	清	木结构	第六批国保
孝义魁星楼	楼阁	孝义市	清	砖木	不详
隰县鼓楼	楼阁	隰县	明	木结构	第七批国保
汾城鼓楼	楼阁	襄汾县	清	木结构	第六批国保
宁武鼓楼	楼阁	宁武县	明	木结构	第二批省保
偏关鼓楼	楼阁	偏关县	明	木结构	第二批省保
大同鼓楼	楼阁	大同市	明	木结构	第三批省保
偏关鼓楼	楼阁	偏关县	明	木结构	第二批省保
霍州鼓楼	楼阁	霍州市	明、清	木结构	第四批省保

续表

名称	类型	地点	建成年代（变化情况）	材料结构	文保等级
石永市楼	楼阁	文水县	明	木结构	不详
交城奎星楼	楼阁	交城县	清	木结构	不详
交城吕祖阁	楼阁	交城县	清	木结构	不详
方山鼓楼	楼阁	方山县	明	木结构	第二批省保
祁县镇河楼	楼阁	祁县	明	木结构	第四批省保
榆次四明楼	楼阁	榆次区	清	木结构	不详
忻州北城门楼	楼阁	忻州市	明	木结构	第四批省保
新平堡玉皇阁	楼阁	天镇县	明	木结构	不详
佛光寺祖师塔	亭塔	五台县	北魏	砖石	第一批国保
童子寺燃灯塔	亭塔	太原市	北齐	砖石	第四批国保
明惠大师塔	亭塔	平顺县	五代	砖石	第五批国保
泛舟禅师塔	亭塔	运城市	唐	砖石	第五批国保
开化寺连理塔	亭塔	太原市	宋	砖石	第四批省保
太平兴国寺塔	亭塔	运城市	宋	砖石	第七批国保
妙道寺双塔	亭塔	临猗县	宋	砖石	第六批国保
汾阳文峰塔	亭塔	汾阳市	明、清	砖石	第六批国保
晋源阿育王塔	亭塔	太原市	明、清	砖石	第七批国保
阳曲帖木儿塔	亭塔	阳曲县	元	砖石	第七批国保
代县阿育王塔	亭塔	代县	元	砖石	第五批国保
芮城寿圣寺塔	亭塔	芮城县	宋	砖石	第七批国保
万荣稷王山塔	亭塔	万荣县	宋	砖石	第七批国保
文水梵安寺塔	亭塔	文水县	宋、明	砖石	第七批国保
万荣八龙寺塔	亭塔	万荣县	宋	砖石	第七批国保
安泽麻衣寺塔	亭塔	安泽县	金	砖石	第七批国保
灵光寺琉璃塔	亭塔	襄汾县	金	砖石	第七批国保
临猗永兴寺塔	亭塔	临猗县	宋	砖石	第七批国保
临猗圣庵寺塔	亭塔	临猗县	宋	砖石	第七批国保
万荣旱泉塔	亭塔	万荣县	宋	砖石	第七批国保
南阳寿圣寺塔	亭塔	万荣县	宋	砖石	第七批国保
洪济寺砖塔	亭塔	代县	宋	砖石	第四批省保
浑源圆觉寺塔	亭塔	浑源县	金	砖石	第七批国保
北阳城砖塔	亭塔	稷山县	宋	砖石	第七批国保
大同禅房寺塔	亭塔	大同市	辽	砖石	第六批国保
安泽郎寨塔	亭塔	安泽县	唐	砖石	第七批国保
太原晋祠三亭	亭塔	太原市	明、清	木结构	第一批国保
大槐树碑亭	亭塔	洪洞县	明	木结构	第三批省保
杏花村古井亭	亭塔	汾阳市	清	木结构	第六批国保

续表

名称	类型	地点	建成年代（变化情况）	材料结构	文保等级
二郎庙戏台	戏台	高平市	金	木结构	第六批国保
牛王庙戏台	戏台	临汾市	元	木结构	第四批国保
东羊后土庙戏台	戏台	临汾市	元	木结构	第六批国保
玄鉴楼戏台	戏台	榆次区	明	木结构	第四批国保
河津樊村戏台	戏台	河津市	明	木结构	第二批省保
绛县董封戏台	戏台	绛县	明	木结构	第六批国保
永济董村戏台	戏台	永济市	元、清	木结构	第四批省保
三官庙戏台	戏台	运城市	元、明	木结构	第四批省保
太原晋祠戏台	戏台	太原市	明、清	木结构	第一批国保
介休后土庙戏台	戏台	介休市	明、清	木结构	第五批国保
碛口黑龙庙戏台	戏台	临县	明、清	木结构	第六批国保
汾城城隍庙戏台	戏台	襄汾县	明、清	木结构	第六批国保
翼城乔泽庙戏台	戏台	翼城县	元	木结构	第六批国保
平遥财神庙戏台	戏台	平遥县	清	木结构	第六批国保
介休袄神楼戏台	戏台	介休市	清	木结构	第四批国保
云冈石窟	石窟	大同市	北魏	石刻	第一批国保
天龙山石窟	石窟	太原市	东魏至唐	石刻	第五批国保
龙山石窟	石窟	太原市	元	石刻	第四批国保
七里脚千佛洞	石窟	隰县	南北朝至唐	石刻	第七批国保
开河寺石窟	石窟	平定县	南北朝至隋	石刻	第七批国保
羊头山石窟	石窟	高平市	北魏至唐	石刻	第六批国保
南涅水石刻	造像	沁县	南北朝至宋	石刻	第七批国保
石马寺石窟	石窟	昔阳县	南北朝至唐	石刻	第七批国保
金灯寺石窟	石窟	平顺县	明	石刻	第六批国保
都沟石窟	石窟	清徐县	金	石刻	第四批省保
大井关	关隘	泽州县	唐至清	砖石	第四批省保
十二连城	关隘	代县	汉至明	砖石	第四批省保
娘子关	关隘	平定县	明	砖石	第二批省保
偏头关	关隘	偏关县	明	砖石	第二批省保
宁武关	关隘	宁武县	明	砖石	第二批省保
雁门关	关隘	代县	明	砖石	第五批国保
右玉永济桥	津梁	右玉县	明	石拱券	不详
洪济桥	津梁	襄汾县	金大定二十三年（1184）	石拱券	第六批国保
普济桥	津梁	原平市	金泰和三年（1203年）	石拱券	第二批省保
惠济桥	津梁	平遥县	清乾隆四年(1739年)	石拱券	第四批省保
景德桥	津梁	泽州县	金	石拱券	第一批省保
景忠桥	津梁	泽州县	金	石拱券	第二批省保

续表

名称	类型	地点	建成年代（变化情况）	材料结构	文保等级
永惠桥	津梁	襄垣县	金	石拱券	第三批省保
韩极石牌坊	牌坊	交口县	清	石结构	第四批省保
曲沃四牌楼	牌坊	曲沃县	明	木结构	第四批省保
翼城四牌坊	牌坊	翼城县	明	木结构	第四批省保
翼城石牌坊	牌坊	翼城县	明	石木	第四批省保
太和岩牌楼	牌坊	介休市	清	琉璃	第六批国保
朱氏牌楼	牌坊	原平市	清	石结构	第一批省保
绛县乔寺碑楼	牌坊	绛县	清	砖石	第三批省保
绛县石牌坊	牌坊	绛县	清	砖石	第三批省保
师家沟石牌坊	牌坊	汾西县	清	石结构	第六批国保
大同九龙壁	照壁	大同市	明	琉璃	第五批国保
南禅寺正殿	寺庙	五台县	唐建中三年（公元782年）	木结构	第一批国保
佛光寺东大殿	寺庙	五台县	唐大中十一年（公元857年）	木结构	第一批国保
广仁王庙五龙殿	神庙	芮城县	唐太和五年（公元833年）	木结构	第五批国保
天台庵	寺庙	平顺县	唐	木结构	第三批国保
下华严寺海会殿	寺庙	大同市	辽、金、清	木结构	第一批国保
善化寺大雄宝殿	寺庙	大同市	辽、金	木结构	第一批国保
佛宫寺释迦塔	塔幢	应县	辽清宁二年（1065年）	木结构	第一批国保
延庆寺大佛殿	寺庙	五台县	金至清	木结构	第六批国保
金洞寺转角殿	寺庙	忻州市	宋至清	木结构	第六批国保
佛光寺文殊殿	寺庙	五台县	金天会十五年（1137年）	木结构	第一批国保
崇福寺弥陀殿	寺庙	朔州市	金皇统三年（1143年）	木结构	第三批国保
岩山寺文殊殿	寺庙	繁峙县	金大定年间	木结构	第二批国保
余庆禅院大殿	寺庙	夏县	宋	木结构	第三批国保
稷王庙大殿	神庙	万荣县	金、元	木结构	第五批国保
太阴寺大雄宝殿	寺庙	绛县	金	木结构	第五批国保
永乐宫	宫观	芮城县	元	木结构	第一批国保
清凉寺大雄宝殿	寺庙	芮城县	元	木结构	第五批国保
广胜下寺后殿	寺庙	洪洞县	元至大二年（1309年）	木结构	第一批国保
镇国寺	寺庙	平遥县	五代至清	木结构	第三批国保
安禅寺藏经殿	寺庙	太谷县	宋咸平四年（1001年）	木结构	第六批国保
永寿寺雨华宫	寺庙	榆次区	宋大中祥符元年（1008年）	木结构	不详（已毁）
晋祠圣母殿	祠庙	太原市	宋崇宁元年（1102年）	木结构	第一批国保
关王庙正殿	祠庙	阳泉市	宋宣和四年（1122年）	木结构	第四批国保
普光寺正殿	寺庙	寿阳县	宋至清	木结构	第六批国保
寿圣寺山门	寺庙	榆社县	宋	木结构	不详
武则天庙	祠庙	文水县	金皇统五年（1145年）	木结构	第四批国保

续表

名称	类型	地点	建成年代（变化情况）	材料结构	文保等级
福祥寺大殿	寺庙	榆社县	金至清	木结构	第六批国保
不二寺正殿	寺庙	阳曲县	金明昌六年（1195年）	木结构	第六批国保
慈相寺大雄宝	寺庙	平遥县	北宋至清	木结构	第三批国保
贞圣寺正殿	寺庙	太谷县	金正隆二年（1157年）	木结构	第六批国保
太符观昊天殿	宫观	汾阳市	金承安五年（1200年）	木结构	第五批国保
虞城五岳庙五岳殿	神庙	汾阳市	金泰和三年（1203年）	木结构	第四批省保
窦大夫祠后殿及献殿	祠庙	太原市	元至元四年（1267年）	木结构	第五批国保
法云寺正殿	寺庙	汾阳市	元至大元年（1308年）	木结构	第四批省保
金庄文庙大成殿	祠庙	平遥县	元至清	木结构	第六批国保
光化寺过殿	寺庙	太谷县	元至清	木结构	第六批国保
香严寺中殿	寺庙	柳林县	金至明	木结构	第五批国保
崇圣寺大殿	寺庙	榆社县	元至清	木结构	第六批国保
利应候庙正殿	祠庙	平遥县	元	木结构	第六批国保
龙王庙龙王殿	神庙	汾阳市	元	木结构	第四批省保
三皇庙三皇殿	神庙	孝义市	元	木结构	第七批国保
净安寺大殿	寺庙	孝义市	元	木结构	不详
龙门寺西配殿	寺庙	平顺县	五代同光三年（公元925年）	木结构	第四批国保
大云院弥陀殿	寺庙	平顺县	五代晋天福五年（公元940年）	木结构	第三批国保
崇明寺中佛殿	寺庙	高平市	宋开宝四年（公元971年）	木结构	第五批国保
游仙寺前殿	寺庙	高平市	宋淳化年间（公元990～994年）	木结构	第五批国保
开化寺大雄宝殿	寺庙	高平市	宋熙宁六年（1073年）	木结构	第五批国保
青莲寺释迦殿	寺庙	泽州县	宋元祐四年（1089年）	木结构	第三批国保
龙门寺大雄宝殿	寺庙	平顺县	宋绍圣五年（1098年）	木结构	第四批国保
九天圣母庙圣母殿	神庙	平顺县	宋元符三年（1100年）	木结构	第五批国保
淳化寺大殿	寺庙	平顺县	金	木结构	第五批国保
西溪真泽二仙庙后殿	神庙	陵川县	金皇统二年（1142年）	木结构	第五批国保
南神头二仙庙正殿	神庙	陵川县	金至清	木结构	第六批国保
龙岩寺释迦殿	寺庙	陵川县	金、明	木结构	第五批国保
白玉宫过殿	宫观	陵川县	金至清	木结构	第六批国保
普照寺大殿	寺庙	沁县	金	木结构	第六批国保
西李门二仙庙中殿	神庙	高平市	金正隆二年（1157年）	木结构	第六批国保
崔府君庙山门	神庙	陵川县	金大定二十四年（1184年）	木结构	第五批国保
故城村大云寺	寺庙	武乡县	宋、金	木结构	第五批国保
正觉寺后殿	寺庙	长治县	金至明	木结构	第五批国保

参考文献

[1] 陈国符.道藏源流考[M].北京：中华书局，1949.

[2] 范文澜.中国通史（第二册）[M].北京：人民出版社，1978.

[3] 邹衡.夏商周考古学论文集.北京：文物出版社，1980.

[4] 陈明达.应县木塔[M].北京：文物出版社，1980.

[5] 刘敦桢.中国古代建筑史[M].北京：中国建筑工业出版社，1980.

[6] 山西省古建筑保护研究所.中国古建筑学术讲座文集[M].北京：中国展望出版社，1986.

[7] （清）祁韵士.万里行程记.银川：宁夏人民出版社，1987.

[8] 张驭寰.中华古建筑[M].北京：中国科学技术出版社，1990.

[9] 金其铭.乡村地理学.南京：江苏教育出版社，1990.

[10] 王轩.山西通志（光绪十八年）.北京：中华书局，1990.

[11] 温幸，薛麦喜.山西民俗.太原：山西人民出版社，1991.

[12] 彭一刚.传统村镇聚落景观分析.北京：中国建筑工业出版社，1992.

[13] （日）水野清一等著，孙安邦译.山西古迹志[M].太原：山西古籍出版社，1993.

[14] 杨纯渊.山西历史经济地理述要.太原：山西人民出版社，1993.

[15] 侯精一.山西方言调查研究报告.太原：山西高校联合出版社，1993.

[16] 黄东升.山西经济与文化.太原：山西经济出版社，1994.

[17] 高珍明等.中国古亭[M].北京：中国建筑工业出版社，1994.

[18] 乔润令.山西民俗与山西人[M].北京：中国城市出版社，1995.

[19] 侯伍杰.山西历代纪事本末.北京：商务印书馆，1999.

[20] 柴泽俊.柴泽俊古建筑文集[M].北京：文物出版社，1999.

[21] 董鉴泓.城市规划历史与理论研究.上海：同济大学出版社，1999.

[22] 山西省地图集编纂委员会.山西历史地图集.北京：中国地图出版社，2000.

[23] 宋昆.平遥古城与民居.天津：天津大学出版社，2000.

[24] 楚刃等.山西通史（卷肆）[M].太原：山西人民出版社，2001.

[25] 柳诒徵.中国文化史[M].上海：上海古籍出版社，2001.

[26] 潘谷西.中国古代建筑史（第四卷）[M].北京：中国建筑工业出版社，2001.

[27] 陆元鼎，杨谷生.中国民居建筑.广州：华南理工大学出版社，2003.

[28] 罗哲文.罗哲文历史文化名城与古建筑保护文集[M].北京：中国建筑工业出版社，2003.

[29] 孙大章.中国民居研究.北京：中国建筑工业出版社，2004.

[30] 王金平.山右匠作辑录.北京：中国建筑工业出版社，2005.

[31] 凤凰出版社编选.中国地方志集成：山西府县志.南京：凤凰出版社，2005.

[32] 李允鉌.华夏意匠[M].天津：天津大学出版社，2005.

[33] 颜纪臣.山西传统民居.北京：中国建筑工业出版社，2006.

[34] 国家文物局.中国文物地图集：山西分册.北京：中国地图出版社，2006.

[35] 山西省文物局.山西文物建筑保护五十年[M].太原：内部图书，2006.

[36] 山西省文物局.山西省重点文物保护单位[M].太原：内部图书，2006.

[37] 山西省建设厅.山西古村镇.北京：中国建筑工业出版社，2007.

[38] 傅熹年.中国科学技术史：建筑卷.北京：中国建筑工业出版社，2008.

[39] 王金平等.山西民居.北京：中国建筑工业出版社，2009.

[40] 李晓强.山西省道教建筑文化与形态初探[D].太原理工大学，2004.

[41] 曹如姬.山西五台山寺庙建筑布局及空间组织[D].太原理工大学，2005.

[42] 张强.关帝庙建筑的布局及其空间形态分析[D].太原：太原理工大学，2006.

[43] 张海英.明清时期山西地方衙署建筑的形制与布局规律初探[D].太原：太原理工大学，2006.

[44] 程文娟.山西祠庙建筑研究：晋祠的布局及空间形态分析[D].太原：太原理工大学，2006.

[45] 张莹莹.山西书院建筑的调查与实例分析[D].太原：太原理工大学，2007.

[46] 白文博.山西合院式民居不同地域形态特征分析[D].太原：太原理工大学，2010.

后记

从2010年开始至今，历经四个寒暑，终于完成了本书的写作任务。承蒙山西省文物局与省住房和城乡建设厅的大力支持，又有第三次文物普查资料和山西省古城镇（村）普查资料做支撑，该书完成得还算比较顺利。本书写作之初，笔者有一心结，希望能全面展示山西省古代建筑博大精深之处，但囿于篇幅、体例和水平所限，难免会挂一漏万，此乃本书之缺憾。后经文物保护专家杨子荣、科技史专家高策二位先生认真审阅，深感不足之处实在是太多了，如做较大修改，时间已不允许，特将二位专家之建议补记如下，以便引起读者今后进一步的关注和研究。

在城乡聚落一章中，缺失了襄汾陶寺城址、柳林高红商代方国都邑遗址、盂县古仇犹国城址、襄汾赵康古城址、洪洞古杨国城址、平陆古虞国城址、长子韩国都城址、闻喜上郭古城址等。其中，襄汾陶寺城址原认定为我国史前最大的城址（总面积270万平方米），近几年随着时代相近的陕西神木县石峁城址（总面积400万平方米）和浙江良渚遗址（总面积300万平方米）的发现，退居第三位。但仍不失为山西省迄今发现的时代最早、最大的城址。关于这座城址的性质和功能，学界虽有少数人持不同看法，但认为是"尧都平阳"的见解越来越趋一致，说明该城址是山西省五千年文明史之源头，不可谓不重要。闻喜上郭古城址，即古"曲沃"，是晋昭侯叔父"成师"的封地，号称"曲沃桓叔"。到桓叔之孙、即后来的晋武公时夺了晋公室的权力，最终以"曲沃旁支代宗"的方式结束了多年的内乱，统一了晋国，史称"曲沃代翼"。从此，晋国进入了一个新的历史阶段，国君由侯爵晋升为公爵。古"曲沃"成为武公之后晋国宗庙的所在地，一直到三家分晋。

"晋阳"自春秋晚期赵简子建城以来，历经战国、秦汉、魏晋南北朝、隋唐、五代十国，历时1500年左右，先后有九个朝代在此建都或作为别都、陪都，不仅是我国北方的军事重镇、战略要地，而且是经济繁荣的大都会，在我国建城史上占有十分重要的地位，其中有四段历史具有划时代的意义。一是赵襄子主攻晋阳期间，经过第二次"晋阳大战"，导致了三家分晋，历史进入了战国时代，标志着奴隶制社会的终结和封建制社会的开始。二是汉文帝刘恒当代王时，主政晋阳16年，为日后开创"文景之治"奠定了较丰富的治国理政经验。三是"北齐晋阳"，号称"天府之国"。北魏建都平城，丝绸之路延伸到了平城，大量西域和中亚的商人、文化使者云集晋阳，晋阳成为中外商贸和文化交流的大都会，促进了晋阳的城市繁荣和经济发展，不少西域和中亚人长期留在了晋阳。北齐开创的这个繁荣局面延续了很长时间，有的学者认为一直延续到明代。四是李氏父子晋阳举兵建立大唐，成为当时世界上最强大的国家，晋阳是李氏的"王业所基"。

宋、金、元时期，山西号称"中国戏曲的摇篮"，根据文献记载和文物考古资料，山西遗存有这一时期的大量的戏曲文物：一是在稷山、侯马、新绛、襄汾、垣曲等县市共发现9处30座金代戏曲砖墓，有砖雕戏台21座及大量砖雕戏曲人物；二是在平顺、高平、繁峙、浮山、平定等县市古建筑和墓葬壁画中，保存有五代、宋、金时期的大量戏曲壁画、石刻和金代舞亭；三是据文献记载，尧都、万荣、芮城、大同原有4座金代戏台，现毁之不存；四是现存10座元代砖木结构戏台，为全国仅有，如尧都王曲村东岳庙戏台、翼城四圣宫戏台、沁水郭壁村府君庙戏台、芮城永乐宫无极门戏台等；五是万荣、芮城、洪洞、河津、沁水等地尚存有6座元代砖木结构戏台遗迹；六是据文献记载，洪洞、襄汾、新绛、万荣、河津等地原有15座元代砖木结构戏台，现毁之不存；七是新绛、芮城、洪洞等县砖雕、寺观壁画、石刻中存有不少元代戏曲文物。以上这些文物和文献资料，见证了山西省宋、金、元时期戏曲艺术之繁荣。

山西的关隘很多，约有500余处。除书中所列之外，在山西北部，较著名的有太原尖草坪区天门关、阳曲石岭关、阳曲赤塘关、忻府区忻口关、繁峙平型关、原平阳武关、五台长城岭、朔城区和神池宁武交界的陈家谷、应县茹越口、右玉杀虎口、灵丘隘门口、大同得胜口等。在山西中部，较著名的有平定固关、盂县十八盘、灵石冷泉关、灵石阴地关、灵石高壁岭、灵石雀鼠谷、左权黄泽关、左权黑虎口、汾阳黄栌关、孝义白壁关、柳林孟门关、石楼东辛关等。在晋东南，较著名的有屯留上党关、黎城东阳关、平顺虹梯关、泽州羊肠坂、高平高平关、高平长平关等。在山西南部，较著名的有吉县壶口、永和永和关、芮城风陵关、稷山玉璧关、盐湖区虞坂等。这些古关隘在古代和近代史上都有一段不平凡的历史故事。

一些重要的古建筑轶闻轶事，既是历史又是文化，本应收入书中，但由于篇幅所限，实在不能展开详述。如明代妙峰和尚建造无梁殿的故事。梁思成发现佛光寺的经过，调查大同、晋汾古建筑的情况，还有他给应县照相馆写信，请拍摄木塔照片的故事。另有帝国主义盗窃山西石窟寺、寺观壁画的罪行等。此外，永乐宫搬迁的逸闻轶事，也很生动。永乐宫搬迁是新中国成立后我国自行设计、自行施工的第一处大型古建筑搬迁工程，显示了党和政府对文物保护的高度重视，在我国文物保护史上是一件重大的历史事件。特别是1000余平方米精美壁画的揭取、加固、安装的成功，更是史无前例。本应对其搬迁原因、何时开始策划、何时动工拆迁、何时在新址上建成、有什么人参与、有何成功经验等大书特书，但限于体例要求，也只好忍痛割爱了。

由于作者水平所限，本书完成得步履蹒跚，不足之处，大有所在。但内心仍然充满感激之情。感谢许赟、郭潇、宋毅飞、梁健、苏毅南、叶若琛等研究生为本书绘制了线条插图；感谢十二五国家重大出版工程《中国古建筑丛书》总编委对作者的信任和包容；感谢文物保护专家杨子荣、科技史专家高策二位先生对本书的认真审阅。

仅以此书纪念驾鹤仙逝的两院院士周干峙先生、文物保护大家罗哲文先生和恩师高珍明教授。

王金平
2015年9月于太原理工大学

作者简介

李会智，1957年生，汉族，祖籍辽宁省瓦房店市，研究馆员。国家文物局及山西省发改委、科技厅、文物局专家库专家。1989年毕业于山西师范大学汉语言文学专业（自考专科），1976年知青，1979年山西省文物工作委员会工作，1989年山西省古建筑保护研究所第四研究室主任，1991年山西省文物技术中心副主任，1995年山西省古建筑工程有限公司副总经理、总工程师，2002年至今山西省古建筑维修质量监督站站长，2006年兼任应县木塔修缮管委会办公室主任。1993年破格晋升副研究馆员，2005年晋升研究馆员，2011年聘任为太原理工大学校外硕士生导师。一直从事文物保护管理、施工、研究工作，主持代县边靖楼、文水则天庙、怀仁清凉寺华严塔等10余项文物保护工程，完成文物保护及仿古建筑设计近100项，发表学术论文10余篇，参加起草《古建筑修建工程施工与质量验收规范》（JGJ159-2008）。

王金平，1966年生，汉族，祖籍山西省孝义市。1988年毕业于太原工业大学建筑学专业，1997年获工学硕士学位，1999年破格晋升太原理工大学副教授，2005年聘任太原理工大学教授。国家四部（局）传统村落保护与发展专家委员会委员，住房和城乡建设部传统民居保护专家委员会委员，天津大学"中国历史建筑与传统村落保护协同创新中心"外聘专家，山西省城市科学研究会常务理事，山西省城市规划学会理事。多年来，一直致力于聚落和建筑遗产的调查、研究、保护、发展工作，取得较大进展和成果。主持包括国家自然科学基金在内的各类研究项目10余项。完成城乡规划、建筑设计任务100余项。获得各种奖励10余项。发表学术论文50余篇，著有《山右匠作辑录》、《良户古村》等6部专著。

徐强，1970年生，汉族，祖籍广东省五华县，国家一级注册建筑师，高级工程师。现任太原市聚川建筑工程设计事务所（甲级）合伙人总建筑师。中国民族建筑研究会民居建筑专业委员会学术委员，山西省土木建筑学会理事。1992年毕业于太原工业大学建筑学专业，2000年获得天津大学建筑学硕士学位。曾先后在山西省建筑设计研究院、程泰宁建筑工作室、天津华汇建筑设计工程有限公司、华森建筑与工程设计顾问有限公司广州公司工作，主持完成工程设计项目百余项，其中多项获奖。2003年起执教于太原理工大学建筑系，聘任副教授，一直致力于建筑设计的实践、教学与理论研究工作，发表论文10余篇，著有《山西民居》、《苗族建筑：延承民族文化的载体》等3部专著。